AINDA ESTOU VIVO
UMA AUTOBIOGRAFIA

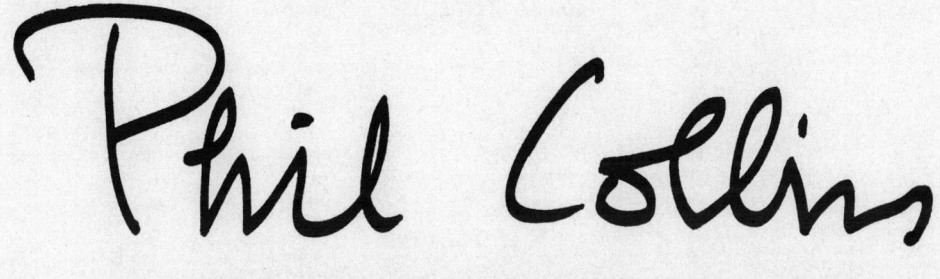

AINDA ESTOU VIVO

UMA AUTOBIOGRAFIA

Tradução
Phellipe Marcel

3ª edição

Rio de Janeiro | 2025

CIP-BRASIL. CATALOGAÇÃO NA PUBLICAÇÃO
SINDICATO NACIONAL DOS EDITORES DE LIVROS, RJ

C674a
3ª. ed
Collins, Phil, 1951-
    Ainda estou vivo: uma autobiografia / Phil Collins; tradução Phellipe Marcel. – 3ª. ed. – Rio de Janeiro: Best*Seller*, 2025.

Tradução de: Not Dead Yet
ISBN: 978-85-465-0119-9

1. Collins, Phil, 1951-. 2. Cantores – Inglaterra – História. 3. Músicos de rock – Inglaterra – Biografia. I. Marcel, Phellipe. II. Título.

18-47267

CDD: 927.824166
CDU: 929:78.067.26

Texto revisado segundo o novo Acordo Ortográfico da Língua Portuguesa.

Título original
NOT DEAD YET

Copyright © Philip Collins Limited 2016
Copyright da tradução © 2018 by Editora Best Seller LTDA.

Publicado originalmente como Not Dead Yet pela Century, um selo da Cornestone Publishing. Cornerstone Publishing pertence à Penguin Random House.

Adaptação de capa: Anderson Junqueira
Foto de capa: Lorenzo Agius
Foto de quarta capa: Mick Gregory
Editoração eletrônica de miolo: Abreu's System

Todas as imagens do encarte são cortesia do autor, exceto: David Bailey (página 13, topo); Patrick Balls (página 25); Ronnie Caryl (página 4, no topo à direita); Armando Gallo (página 6, abaixo; página 7, topo; página 11, abaixo); John Gardey (página 17, abaixo); Genesis Archive (página 4, topo à esquerda); Ron Howard/ Getty (página 4, abaixo); Kmazur/ Getty (página 23); Herbie Knott/REX/Shutterstock (página 9, abaixo); Polaris/Sam Emerson (páginas 14 e 15); Tim Stewart (página 5, topo); Times/REX/Shutterstock (página 22, topo); Keith Waldegrave/ Associated Newspapers/REX/Shutterstock (página 12); Graham Wood (página 5, abaixo); Graham Wood/ Stringer/ Getty (página 7, abaixo); Aldo Viola (página 31, abaixo; página 32)

Todos os direitos reservados. Proibida a reprodução,
no todo ou em parte, sem autorização prévia por escrito da editora,
sejam quais forem os meios empregados.

Direitos exclusivos de publicação em língua portuguesa para o mundo
reservados pela
EDITORA BEST SELLER LTDA.
Rua Argentina, 171, parte, São Cristóvão
Rio de Janeiro, RJ – 20921-380

Impresso no Brasil

ISBN 978-85-465-0119-9

Seja um leitor preferencial Record.
Cadastre-se e receba informações sobre nossos lançamentos e nossas promoções.

Atendimento e venda direta ao leitor
mdireto@record.com.br ou (21) 2585-2002

O que você está prestes a ler é a minha vida, vista pelos meus olhos.

Pode até não corresponder às lembranças de outras pessoas envolvidas, mas é o modo como eu me lembro.

Sustento, desde sempre, a crença de que todos temos os nossos momentos de enquadre fotográfico, quando vamos recordar uma mesma cena de maneiras diferentes, ou nem mesmo nos lembraremos dela. Às vezes essa lembrança pode moldar a vida de uma pessoa, embora outras pessoas envolvidas já tenham se esquecido dela.

Sumário

	PREFÁCIO	9
1.	SEM ME AFOGAR, SIGO A MARÉ	13
2.	VIAJANDO NOS ACORDES DE UMA BATERIA DIFERENTE	32
3.	"BATERISTA PROCURA BANDA; BAQUETAS INCLUÍDAS"	50
4.	*ALL THINGS MUST PASS*, E PASSARÃO	71
5.	A GÊNESE DO GENESIS	86
6.	DO JAVALI AZUL À CABEÇA DE RAPOSA	99
7.	*LAMB LIES DOWN* ENCANTA, O VOCALISTA DESENCANTA	115
8.	UM LÍDER, UM HOMEM DE FAMÍLIA	131
9.	O DIVÓRCIO QUE RUGE	151
10.	O VALOR DO ÁS	165
11.	OI, DEVO ESTAR OCUPADO	181
12.	OI, DEVO ESTAR OCUPADO II	198
13.	O LIVE AID: MINHA PARCELA EM SUA QUEDA	210
14.	O GRANDE ROUBO DE CÉREBROS	225
15.	MAS SÉRIO MESMO, PESSOAL	243
16.	O CASO DO FAX	259
17.	O CASO DOS IMPOSTOS	278
18.	UMA BIG BAND, O REI DA SELVA E O BARCO NA SUÍÇA	287
19.	ADEUS A TUDO ISSO	305
20.	LIGA OUTRA VEZ, DESLIGA DE NOVO	325
21.	CAMISA DE FORÇA OBRIGATÓRIA	343
22.	AINDA ESTOU VIVO	363
	AGRADECIMENTOS	376

Prefácio

Maiores sucessos, piores desgostos.

N ão ouço nada.
Por mais que eu tente me balançar para me livrar do entupimento, meu ouvido direito é implacável. Faço uma pequena inspeção com um cotonete. Sei que isso não é recomendável — o tímpano é sensível, especialmente se você passou a vida inteira afetado pelas baterias.

Mas estou desesperado. Meu ouvido direito está *kaput*, destruído. E esse é o meu ouvido *bom*; o esquerdo está ferrado há uma década. É o fim? A música finalmente acabou comigo? Estou surdo, enfim?

Imagine a cena (e é melhor que os leitores com predisposição ao nervosismo desviem os olhos agora): estou no chuveiro. Estamos em março de 2016, na minha casa, em Miami. Esta é a manhã de um show muito especial — minha volta aos palcos depois de anos, e, mais importante ainda, minha primeira apresentação realmente pública com um de meus filhos, Nicholas, de 14 anos.

Ele vai estar na bateria, e eu, no microfone. Esse é o plano, pelo menos.

Voltando um pouquinho: 2014 testemunhou o lançamento da Little Dreams USA, o braço americano da organização filantrópica que minha ex-mulher Orianne e eu fundamos na Suíça em 2000.

A Little Dreams proporciona apoio a crianças oferecendo bolsas de estudos, treinamento e orientação em música, artes e esportes.

Para arregaçar as mangas nos Estados Unidos, e arrecadar algum dinheiro, planejamos por um bom tempo um concerto de gala para dezembro de 2014. Só que, nesse ínterim, enfrentei inúmeros problemas de saúde. No dia do show, eu não tinha condições de cantar.

Precisei ligar para Orianne, mãe de Nic e de seu irmão Matthew — que tinha acabado de completar 10 anos —, e avisar que eu estava sem voz e não poderia me apresentar. Não contei que minha confiança também havia me abandonado: há um limite na quantidade de notícias ruins que você pode relatar em um telefonema para a sua ex. Especialmente, talvez, quando ela é a sua terceira ex-mulher.

Dezesseis meses depois, eu tinha que compensar. E 2016 não me parecia só um novo ano, mas sim um novo eu — estou pronto para esse show! Só não estou pronto para me apresentar em um show inteiro propriamente dito, então, nós precisamos de um elenco de artistas de apoio.

Se bem que, mesmo com essa ajuda musical, compreendo que esse show vai se reduzir principalmente a... mim. Esse é um cenário familiar, de quarenta anos de turnês, consecutivas, trinta anos de álbuns solo e do Genesis, um atrás do outro: estou sendo escalado para um roteiro que não produzi completamente. Mas não posso cair de novo. Não se quiser estar vivo no meu aniversário de 66 anos.

Alguns músicos, parceiros de muito tempo, me encontram para ensaios em Miami, assim como Nic. Ele sabe que vamos tocar "In the Air Tonight", mas, à medida que fica evidente que ele se tornou um ótimo baterista, incluo mais algumas canções na lista: "Take Me Home", "Easy Lover" e "Against All Odds".

Os ensaios estão indo bem; Nic fez a lição de casa. Mais do que isso: ele é melhor do que eu era na sua idade. Como acontece com todos os meus filhos, estou explodindo de orgulho paterno.

Caso eu não esteja convencido, dessa vez minha voz parece e soa forte. Em certo momento, o guitarrista Daryl Stuermer, um camarada de muitos anos, pergunta:

— Posso colocar alguns vocais nas caixas de som de retorno?

Bom sinal: ninguém quer o cantor nas caixas de som de retorno se ele está fazendo um trabalho de merda.

Na manhã seguinte, dia do concerto de gala, estou no chuveiro. E é aí que minha audição some. E se não consigo ouvir, claro que não consigo cantar.

Ligo para a secretária de um dos meus médico em Miami — a esta altura do campeonato já tenho o número na discagem rápida. Uma hora depois, estou passando por uma cirurgia, com um especialista em audição usando seu aparelho de sucção, que mais parece um equipamento de mineração, em meus dois ouvidos. Ainda não estou surdo. *Not deaf yet.*

No palco, naquela noite, no Jackie Gleason Theater, tocamos "Another Day in Paradise", "Against All Odds", "In the Air Tonight", "Easy Lover" e "Take Me Home". Nic, que entra no palco depois do número de abertura sob os gritos da plateia, dá conta de tudo isso. Brilhantemente.

É um enorme sucesso. Muito melhor — e muito mais divertido — do que eu achei que fosse ser.

Depois do show, me vejo sozinho no camarim. Fico sentado lá, curtindo o clima, me lembrando dos aplausos. "Que saudade disso." E, "Sim, Nic *é* muito bom. Muito, muito bom."

Eu não esperava viver novamente a sensação de um show bem-feito. Quando me aposentei das turnês solo em 2005, do Genesis em 2007 e das gravações de álbuns em 2010, estava convicto de que tinha chegado ao fim. Na época, já estava nessa roda-viva — de tocar, compor, me apresentar e entreter — havia meio século. A música me deu muito mais do que eu poderia ter imaginado um dia, mas também me tirou mais do que eu podia temer. Eu estava acabado.

No entanto, aqui em Miami, em março de 2016, eu a vejo fazendo o contrário do que fez por anos. Em vez de me separar dos meus filhos — de Simon, Nic e Matt e de suas irmãs, Joely e Lily —, a música está me conectando com eles.

Se existe algo que me faz baixar a guarda, é tocar com as crianças. Uma proposta de 1 bilhão de dólares por um dia de trabalho não me colocaria de volta no mercado para me reunir com o Genesis. Uma chance de tocar com o meu garoto, sim.

Agora, antes de prosseguirmos, precisamos olhar para trás. Como foi que eu cheguei aqui, e *por que* cheguei aqui?

Este livro é a minha verdade sobre tudo. As coisas que aconteceram, as coisas que não aconteceram. Não há um placar fechado, mas alguns erros que serão corrigidos.

Quando voltei para lá, olhando para o passado, com certeza, deparei com surpresas. Por um lado, como trabalhei! Se você consegue se lembrar dos anos 1970, certamente não esteve em tantas turnês do Genesis quanto eu, Tony Banks, Peter Gabriel, Steve Hackett e Mike Rutherford. E se você se lembra dos anos 1980, peço desculpas por mim e pelo Live Aid.

Estamos em 2016 e já perdemos tantos colegas... Então, tive motivos para refletir sobre minha morte, minha fragilidade. Mas, também, por cortesia dos meus filhos, fui obrigado a pensar no meu futuro.

Ainda não estou surdo. Ainda não morri. *Not deaf yet. Not dead yet.*

Dito isso, não há novas sensações. Fui tocado pela morte quando meu pai faleceu, justamente no momento em que a decisão de seu filho hippie de trocar uma vida segura por uma vida na música começou a render frutos. Também fui atacado quando, no curto período de dois anos, Keith Moon e John Bonham morreram, ambos aos 32 anos. Eu os venerava. Lembro de ter pensado, na época: "Esses caras deviam durar para sempre. São indestrutíveis. São bateristas."

Meu nome é Phil Collins, sou baterista e sei que não sou indestrutível. Esta é a minha história.

1
Sem me afogar, sigo a maré

Ou: minhas origens, minha infância e como meu relacionamento com meu pai era meio aguado.

Nós achamos que nossos pais sabem tudo. Mas a verdade é que eles vão inventando as coisas, deixando o barco correr. Todo dia improvisando, saindo pela tangente, fazendo cara — às vezes falsamente — de mau. Desconfiei disso a infância inteira, mas só tive a confirmação quando me tornei adulto, e só com alguma ajuda do Outro Lado.

Em uma noite cinzenta de outono de 1977, eu consulto uma médium. Ela mora em Victoria, no centro de Londres, nas imediações dos fundos insalubres do Palácio de Buckingham, em um apartamento que fica quase no alto de uma torre. Não é nenhuma caravana de ciganos, mas acho que isso significa mesmo que ela está mais perto do céu.

Não tenho nenhuma afinidade especial com espíritos — isso virá muito, muito depois, e será mais um vício que uma afinidade —, mas minha mulher, Andy, é meio inclinada a essas coisas. Minha mãe também é chegada a um tabuleiro *ouija*. À noitinha, na casa da nossa família, que ficava na periferia suburbana da zona oeste de Londres, minha mãe, minha avó e minha tia, junto com meus tios por consideração, Reg e Len, se divertiram muitas vezes, no fim dos anos 1950, começo dos anos 1960, invocando espíritos queridos. Melhor isso que os escassos programas em preto e branco que piscavam em nossa TV modernosa.

O motivo da nossa visita — minha e de Andy — à tal Madame Arcati das alturas: um cachorro bagunceiro. Ben, o lindo boxer que temos em casa, costuma arrastar de debaixo da nossa cama uma pilha de cobertores elétricos. Temos esse tipo de roupa de cama por causa dos nossos filhos — Joely está com 5 anos e Simon, 1 ano —, para quando pararem de molhar a cama e precisarem de um calorzinho a mais. Eu nunca tinha me dado conta de que cobertores elétricos dobrados talvez propiciem mais do que uma cama quentinha — fios dobrados podem quebrar e pegar fogo. Talvez Ben saiba disso.

Andy chega à conclusão de que há um componente sobrenatural no ritual noturno de Ben. Ele, provavelmente, não é clarividente, mas, com certeza, existem coisas que nós, humanos, desconhecemos.

Nessa época, estou absurdamente ocupado, em turnê com o Genesis — acabamos de lançar o álbum *Wind & Wuthering*, e Peter Gabriel me delegou alguns vocais. Com isso tudo, vivo ausente como marido e como pai, logo, estou sempre por fora dos assuntos domésticos e familiares. Nem posso me opor às estratégias de Andy.

Então, vamos ver a médium. Chegamos ao agitado bairro de Victoria, entramos no elevador do prédio, tocamos a campainha e batemos um papo com o marido, que está assistindo a *Coronation Street*. Nada pode ser menos espiritualizado que isso. Enfim, ele se afasta da TV e faz um sinal para mim:

— Ela vai te receber agora.

É uma dona de casa de aparência comum, apertada atrás de uma mesinha. Nenhum sinal de dons extraterrenos. Na verdade, ela aparenta ser uma pessoa completamente normal, supercomum. Isso me decepciona e me quebra, e agora meu ceticismo desponta com um sopro de confusão e certa indisposição. Antipatia.

Como as leituras sobre I Ching de Andy informaram a ela que são os espíritos do meu lado da família que implicam com cachorros, tomo a iniciativa de começar a conversa na câmara do sobrenatural. Rangendo os dentes, relato à médium as artimanhas noturnas de Ben. Ela assente, meio solene, fecha os olhos, aguarda um tempo considerável desse modo e, então, finalmente replica:

— É o seu pai.

— Hein?

— Sim, é o seu pai, e ele quer que você separe umas coisinhas: o relógio dele, a carteira dele e o taco de críquete da sua família. Você quer que eu sintonize o espírito dele para falar através de mim? Assim você poderia ouvir a voz do seu pai. Mas às vezes os espíritos não querem ir embora, e aí a coisa fica constrangedora.

Engasguei um "não". A comunicação com meu pai não era das melhores quando ele estava vivo. Falar com ele nessa ocasião, quase cinco anos depois de sua morte, no Natal de 1972, por intermédio de uma dona de casa de meia-idade, em um apartamento desconcertantemente cinzento localizado em um prédio no coração de Londres... seria meio esquisito.

— Bem, ele está dizendo para você entregar umas flores para sua mãe e pedir desculpas a ela.

Claro. Um cara de 26 anos relativamente racional, que gosta de ter os pés no chão, regradamente — afinal, sou baterista... Eu deveria ter interpretado isso como algum tipo de charlatanismo esotérico. Mas acabo concordando: o fato de o nosso cachorro sempre arrastar os cobertores elétricos de debaixo da nossa cama reflete um comportamento possivelmente estranho ao plano mortal. Além disso, Madame Arcati disse algumas coisas sobre meu pai que não poderia saber, muito menos o lance sobre o bastão de críquete. Ele fazia parte do escasso equipamento esportivo do clã Collins há mais tempo do que eu consigo lembrar. Fora da família, ninguém saberia disso. Não digo que estou convencido, mas estou intrigado. Andy e eu saímos da antessala do outro lado e regressamos ao mundo real. De volta à *terra firme*, conto as novidades a ela, que responde com um olhar de quem conhece os dois lados do véu:

— Eu te avisei.

No dia seguinte, ligo para minha mãe e narro os acontecimentos da noite com a vidente. Ela fica animadamente espirituosa, mas nem um pouco surpresa — nem com a mensagem, nem com a médium.

— Aposto que ele quer me dar flores — diz ela, meio rindo, meio ironizando.

E é aí que ela me conta tudo. Meu pai, Greville Philip Austin Collins, não foi um marido fiel para minha mãe, June Winifred Collins (sobrenome de solteira: Strange). Ele começou a trabalhar aos 19 anos e sempre foi funcionário, assim como o pai dele, da London Assurance Company, na cidade de Londres. "Grev" usava sua existência cotidiana — um suburbano de chapéu-coco que trabalhava de 9 às 17h no esquema casa-trabalho, trabalho-casa — para manter uma vida secreta com uma namoradinha do escritório.

Meu pai não tinha nenhuma pinta óbvia de garanhão ou mulherengo. Ele era meio rechonchudo, e o bigodão típico da Royal Air Force — grosso, escovadinho, em cima do lábio inteiro — era a cereja do bolo para sua cabeça semicalva. Evidentemente, herdei toda a minha aparência da minha mãe.

Mas parece que, por trás do ar de corretor de seguros apagado, se escondia um sedutor à la Lotario, do *Dom Quixote*. Minha mãe me conta de um incidente em particular. Alma Cole era uma moça muito amável que trabalhava na loja de brinquedos que minha mãe gerenciava para uma amiga da família. Alma era do norte da Inglaterra, e tudo que ela dizia vinha com um certo ar de teoria da conspiração.

Elas eram próximas, e um dia, meio mal-humorada, Alma comentou, fungando:

— Eu vi você e o Grev no sábado dentro do carro e você nem me cumprimentou.

— Eu não saí de carro com ele no sábado! — A passageira, sem dúvida, era uma "amiga" do meu pai, dando uma voltinha romântica no nosso velho Austin A35.

Quase cinco anos depois de meu pai ter falecido, enquanto eu me maravilho com esse tipo de confidência da minha mãe, fico, ao mesmo tempo, puto e triste com as revelações que escuto. Agora eu sei que o casamento de meus pais não terminou paulatinamente, em parte pelo fato de o meu pai ter, digamos, arranjado uma distração fora de casa... A infidelidade dele é uma grande novidade para mim.

Mas por que não teria sido? Eu era um garotinho na época e, para mim, meus pais pareciam delirantemente felizes. A vida em casa parecia normal e bem calma. Direta, simples. Na minha cabeça, os dois sempre foram felizes e apaixonados ao longo da vida de casados.

Mas eu sou o temporão, o bebezinho da família, quase sete anos mais novo que minha irmã Carole, e nove anos mais jovem que meu irmão Clive. É bem verdade que os aspectos adultos de uma vida familiar nem passavam pela minha cabeça. Agora, quando reflito sobre fatos diante de mim nesta noite de 1977, acho que consigo deduzir uma corrente subterrânea de instabilidade na casa, algo de que eu era completamente inconsciente na época. Pensando bem, talvez eu tenha sentido essas perturbações na minha água: mijei na cama até uma idade embaraçosamente elevada.

Quando conto, mais tarde, essas novidades aterrorizantes para Clive, ele é bem direto. As longas caminhadas repentinas para as quais os meus irmãos me levavam? Os passeios preguiçosos e enevoados até as casinhas pré-fabricadas construídas depois da Segunda Guerra Mundial, na reserva Hounslow Heath, com meu irmão e minha irmã? Não era a rotina alegre e despreocupada de uma infância inglesa suburbana simples do final dos anos 1950, começo dos anos 1960. Na verdade, eu estava sendo, involuntariamente, cúmplice da dissimulação.

Ainda tenho muita dificuldade para aceitar o desrespeito do meu pai com seus votos de casamento. Não consigo aceitar. A desconsideração dele pelos sentimentos da minha mãe está além do que eu consigo tolerar. E, antes que alguém decida dizer algo como "Me admira você, Phil", que fique registrado: eu te entendo.

Estou decepcionado por ter casado três vezes. E ainda mais decepcionado por ter me divorciado três vezes. Fico consideravelmente menos chateado pelo fato de essas separações terem resultado em acordos com minhas ex-mulheres da ordem de 42 milhões de libras. Também não reclamo do fato de essas quantias terem sido amplamente noticiadas e conhecidas. Hoje, com a idade que tenho, nada mais é confidencial. A internet se encarregou disso. Além do mais, se três divórcios podem sugerir uma atitude desleixada para com a *ideia* do matrimônio, isso não poderia estar mais errado. Eu sou um romântico que acredita e tem esperanças de que o laço do casamento dure e seja apreciado.

Ainda assim, é claro que essa tríade de divórcios demonstra meu fracasso em coexistir feliz e em entender minhas parceiras. Indica meu fracasso em formar, e em manter, uma família. Sugere o meu fracasso, ponto final. Ao longo das décadas, tentei da melhor maneira possível fazer todos os aspectos da minha vida — pessoal e profissional — funcionarem como um reloginho; mas tenho que reconhecer que, muitas vezes, "o melhor" não era o suficiente.

De todo modo, eu sei o que "normal" significa — está no meu DNA; cresci com isso, ou pelo menos com algo que se parecia com isso, nos subúrbios de Londres —, e foi para ter isso que me esforcei tanto enquanto tentava ganhar a vida com a música.

Tenho me esforçado para ser sincero com todos os meus filhos sobre a minha vida pessoal. Porque ela os envolve. Ela os afeta. Eles vivem com as consequências das minhas ações, inações e reações todos os dias de suas vidas. Tento ser o mais forte e franco possível. Vou fazer o mesmo ao longo desta narrativa, mesmo nas passagens em que eu não faça o papel do mocinho. Como sou baterista, me acostumei a bater. E também me acostumei a apanhar.

Retornando para minha mãe: seu estoicismo, força e bom humor diante dos "perdidos" do meu pai (para usar a palavra correta) diz muito sobre essa geração que viveu a guerra e que enfrentava poucas e boas para manter seus compromissos conjugais. Todos nós poderíamos aprender com isso, inclusive eu, sem dúvida.

Diante disso tudo, quando penso sobre minha infância daqui, da posição privilegiada da minha idade avançada, vejo que um desconforto e uma confusão emocional muito grandes talvez tenham penetrado minha juventude, mesmo sem que eu soubesse disso.

*

Nasci no Putney Maternity Hospital, na região sudoeste de Londres, em 20 de janeiro de 1951, o terceiro filho temporão — e, de qualquer maneira, não esperado — de June e Grev Collins. Ao que tudo indica, minha mãe inicialmente deu entrada no West Middlesex Hospital para me dar à luz, mas os atendentes não foram muito gentis com ela, então, ela cruzou as pernas, virou as costas e se encaminhou para o Putney.

Fui o primeiro filho londrino, já que tanto Carole quanto Clive tinham nascido em Weston-super-Mare depois que a família inteira foi transferida para lá pela London Assurance antes da Blitzkrieg. Carole não ficou muito feliz com minha chegada. Ela queria uma menina. Clive, por sua vez, ficou nas nuvens — finalmente um irmãozinho com quem jogar futebol, lutar e, quando se cansasse disso tudo, alfinetar e torturar com suas meias fedorentas.

Quando cheguei, minha mãe tinha 37 e meu pai, 45, o que os caracterizava, para a época, como pais velhos. Isso não incomodou minha mãe nem um pouco. Ela continuou sendo uma mulher generosa e amável a vida inteira, sem falar mal de ninguém até o dia de sua morte, no seu aniversário de 98 anos, em 2011. Sejamos sinceros: certa vez ela chamou um policial de Londres de "babaca" por tê-la criticado enquanto ela dirigia em uma pista exclusiva para ônibus.

Meu pai, nascido em 1907, vinha da então charmosa Isleworth, um bairro à beira de um rio no lado mais a oeste de Londres. A casa da família dele era grande, escura, com cheiro de mofo, bem imponente, mas nem um tantinho assustadora. Tampouco seus parentes. Não tenho lembranças do meu avô paterno, funcionário da London Assurance a vida inteira, assim como seu filho seria. Mas tenho memórias vívidas de minha avó. Ela era afetuosa, receptiva e muito paciente comigo, mas parecia ter sido congelada no período vitoriano, e como se tivesse que provar isso, andava permanentemente coberta por longos vestidos pretos. Talvez ainda estivesse de luto pelo príncipe Albert.

Nós dois éramos muito próximos. Eu passava muito tempo em seus sempre úmidos cômodos, sob as escadas, vendo-a pintar aquarelas de barcos e do rio, uma paixão que herdei.

A irmã do meu pai, tia Joey, era uma mulher formidável, armada com uma piteira e uma voz rouca e gutural, meio que como a vilã da animação *Bernardo e Bianca*, da Disney: "Querido, *eeeeennntreee...*" Seu marido, tio Johnny, também era uma figura. Ele tinha um monóculo e sempre vestia ternos de tweed, outro Collins da terra que o século XX esqueceu.

A história da família conta que uns dois primos do meu pai tinham sido encarcerados pelos japoneses na famosa prisão Changi, em Cingapura. Todos tinham muito orgulho deles — eram heróis de guerra, homens que sobreviveram à impiedosa campanha no Extremo Oriente. Eu tinha outro primo que, aparentemente, foi o primeiro cara a instalar lavanderias na Inglaterra. Aos olhos da família do meu pai, todos eram, cada um a seu modo, "alguém na vida". Dizia-se que H. G. Wells vivia ligando para a residência dos Collins.

É evidente que a família do meu pai influenciou seus modos, sem contar sua vida profissional — apesar de, depois de sua morte, eu ter descoberto que ele havia tentado escapar do recrutamento para a London Assurance indo para a Marinha Mercante. No entanto, sua rebelião pelos oceanos não durou muito: mandaram que ele desistisse disso, se recompusesse e voltasse para o batente como corretor de seguros, subjugado pelo próprio pai. Ser certinho era a ordem do dia. Com isso em mente, dá para imaginar que meu pai tinha um pouco de inveja da liberdade que os anos 1960 dispuseram a Clide, a Carole e a mim mesmo, em nossos campos de escolha profissional: cartunismo, patinação no gelo e música. Você chama essas coisas de emprego? Meu pai não chamava.

Não se pode dizer que Grev Collins um dia tenha se acostumado com o século XX. Quando o gás do mar do Norte foi canalizado e todos os aquecedores do Reino Unido foram convertidos, meu pai tentou subornar o Conselho de Gás para nos deixar de fora das conversões, convencido de que havia, em algum lugar, um gasômetro que poderia prover de combustível apenas a família Collins.

Por alguma razão, meu pai adorava lavar louça, e insistia em fazê-lo aos domingos, depois do almoço em família. Ele preferia fazer isso sozinho, já que era uma chance de evitar socializar à mesa. Tudo ia bem, até que ouvíamos uma explosão na cozinha. Todos paravam de conversar, e minha mãe ia até as portas da varanda fechar as cortinas. Depois de alguns momentos de barulheira, podíamos ouvir meu pai xingando alto, e então ouvíamos o ruído da louça batendo contra alguma panela. A porta de trás era brutamente escancarada, a louça era jogada ruidosamente no jardim e meu pai saía chutando e xingando ainda mais.

— Seu pai está matando os pratos — explicava minha mãe, cansada, enquanto nós, crianças silenciosas, encontrávamos algo profundamente interessante para olhar na toalha de mesa. Um almoço tradicionalmente britânico em família.

Meu pai não era incompetente em consertos domésticos, mas não tinha o menor interesse neles. Para ele, se as coisas estavam funcionando, então tudo estava ótimo. Principalmente quando se tratava de instalações elétricas. No final dos anos 1950, as tomadas eram de baquelite marrom, e os fios tinham uma cobertura de tecido entrelaçado. Não dava para confiar muito neles, e no quarto dos fundos, onde guardávamos o rádio, a tomada principal, no rodapé, normalmente fornecia energia para outras cinco ou seis tomadas. Os eletricistas chamam isso de "árvore de Natal". A nossa, em geral, soltava faíscas, e não é um som que você quer ouvir nas instalações elétricas. Clive, o mais velho entre nós, era sempre o escolhido para enfiar mais uma tomada no soquete já sobrecarregado. Carole e eu ficávamos observando com um fascínio malicioso quando ele levava um choquezinho que lhe corria pelo braço como se estivesse fazendo cócegas.

— Isso significa que a tomada tem energia. Não tem problema aí — comentava meu pai, antes de se sentar com seu cachimbo para ouvir rádio ou assistir TV, ignorando o pobre Clive e seu braço torrado.

Antes de eu nascer, minha família não tinha carro, já que papai só viria a ser aprovado no exame de direção em 1952, um ano depois de eu chegar ao mundo. Era sua sétima tentativa. Se o carro não se "comportava" bem, meu pai o xingava, acreditando que o mau funcionamento do motor era parte de um complô contra ele. A clássica cena da série *Fawlty Towers*, de 1975, em que Basil Fawlty — interpretado por John Cleese — surra seu Austin 1100 Countryman furiosamente por considerá-lo desleal, dá uma boa noção do que era nossa vida familiar.

Foi mais ou menos nessa época que, a bordo do seu primeiro carro, meu pai decidiu me levar e a Carole para uma voltinha pelo

Richmond Park. Ele achou que era uma boa oportunidade de levar a cabo uma série de observações de segurança aleatórias em seu novo veículo. Eu estava esperando no banco de trás do carro, tudo parecia bem normal. De repente, sem avisar, meu pai testou os freios. Meu corpo voou, velozmente, para fora do banco. Por sorte, o painel do carro e meu rosto amorteceram a queda. Ainda tenho as cicatrizes dos dois lados da boca.

Meu pai era tão atrelado ao passado que, quando nosso sistema monetário adotou o padrão decimal, em 1971 — antes a libra era composta, por exemplo, por 240 pence —, ele declarou que não conseguiria sobreviver. A nova cunhagem de moedas do país era uma ameaça. Pensando a longo prazo, não tenho motivos para duvidar de que o descarte dos xelins colaborou para matá-lo de preocupação.

Minha mãe foi outra pessoa a dedicar a vida inteira a Londres. Ela cresceu na North End Rad, no bairro de Fulham: uma entre três irmãs costureiras. Seu irmão Charles foi piloto do avião Spitfire, abatido no ar e morto na guerra. Uma de suas irmãs, Gladys, morava na Austrália, e nós sempre trocávamos fitas cassete no Natal. Ela também morreu antes de eu ter oportunidade de conhecê-la pessoalmente. A outra irmã da minha mãe, tia Florrie, era muito amável, e quando eu era criança, a visitava uma vez por semana em seu apartamento na Dolphin Square, no distrito de Pimlico. Minha avó materna, "vovó", como eu a chamava, era um amor, outra influência feminina forte e marcante em minha juventude.

No final dos anos 1930, pouco antes de chegar aos 20 anos, minha mãe dançou com Randolph Sutton, o cantor *superstar* da famosa balada "On Mother Kelly's Doorstep", antes de arranjar um emprego em uma loja de vinhos. A família do meu pai sempre fazia questão de deixar claro que ele havia se casado com alguém de posição inferior quando se juntou com uma vendedora. Mas quando os dois se conheceram, em um passeio de barco pelo rio Tâmisa à igreja St. Margarets, foi amor à primeira vista. Eles se casaram seis meses depois, em 19 de agosto de 1934. Minha mãe tinha 20; meu pai, 28 anos.

Quando eu apareci, 16 anos depois, a família Collins morava em Whitton, no bairro de Richmond upon Thames. Depois, fomos para uma casa eduardiana no número 34 da St. Leonards Road, em East Sheen, outro subúrbio no sudoeste de Londres.

Como minha mãe trabalhava em período integral na loja de brinquedos, vovó cuidava de mim enquanto Clive e Carole estavam na escola. Vovó me adorava, e nós dois tínhamos uma ligação maravilhosa. Em nossas perambulações com meu carrinho de bebê, ela me empurrava ao longo da Upper Richmond Road, onde sempre me comprava um pãozinho doce na padaria. O fato de eu ter lembranças muito vivas desse prazer diário diz muito sobre a minha proximidade com vovó.

Meu pai não era muito chegado em progresso ou em agito, pelo menos não superficialmente, tanto que, quando minha mãe perguntou se podíamos nos mudar da St. Leonards Road para uma casa maior, melhorzinha e um pouco menos úmida, ele respondeu:

— Pode se mudar se quiser. Mas você vai ter que achar uma casa que custe o mesmo que nós vamos ganhar com a venda desta. Eu vou sair para trabalhar amanhã e quero estar na nova casa quando voltar do trabalho, com toda a mudança feita. — E foi assim que minha mãe, que Deus a abençoe, recebeu o aval, e deu conta de fazer tudo isso.

E foi assim que, aos 4 anos, passei a morar no número 453 da Hanworth Road, em Hounslow — a casa que minha jeitosa mãe encontrou e para a qual nos mudamos em apenas um dia.

A casa em que você mora quando é pequeno sempre parece enorme. Visitá-la anos depois pode ser um choque. Como é que todos nós cabíamos ali? Minha mãe e meu pai ficavam no quarto maior, claro, e o quartinho de Carole ficava ao lado. Clive e eu dormíamos nos fundos da casa, em um beliche. Nosso quarto era tão apertado que tínhamos de sair dele para pensar. Quando me tornei adolescente, mal tinha espaço para esconder debaixo da minha cama uma coleção de revistas eróticas que, sei lá como, vim a possuir. Dividimos aquele espaço ao longo da minha infância até 1964, quando, aos 22 anos, Clive saiu de casa.

Nascer no começo dos anos 1950 significava crescer em uma Londres que ainda se recuperava dos ataques de Hitler. Se bem que não tenho lembrança de lugares bombardeados ou de qualquer tipo de devastação em nosso bairro.

A única vez que me lembro de ter visto algo parecido com o resultado de um bombardeio foi quando a família se aventurou até a cidade para assistir às apresentações no escritório do meu pai. A London Assurance organizava peças com seu clube de teatro, e a família, obedientemente, fazia a longa viagem de Hounslow, passando pelo Cripplegate, até o distrito industrial de Londres. Minhas recordações dessas viagens estão sedimentadas com as imagens de uma terra devastada ao redor da velha London Wall, a muralha construída na Antiguidade que cercava a cidade. Era meio parecido com as cenas do filme *Grito de indignação*, de 1947, produzido pelos estúdios Ealing, complementado por crianças de rua brincando em meio a escombros.

Na verdade, a Londres da minha infância era bem parecida com a que se pode ver nos filmes da Ealing, ou nos do meu herói da comédia, Tony Hancock, habitante de um endereço ficcional no subúrbio de Londres, o número 23 dos Railway Cuttings, a leste do vilarejo de Cheam. Nenhum trânsito, mesmo na área central de Londres, e, certamente, nenhum engarrafamento ou problema para estacionar — tenho um vídeo caseiro feito por Reg e Len na Great West Road, e é possível contar quantos carros passam. Multidões de cavalheiros de chapéu-coco caminhando na Waterloo Bridge, repleta de torcidas de futebol, os torcedores sacudindo suas boinas para um homem. As férias no litoral — no caso de nossa família, em Bognor Regis ou Selsey Bill, em West Sussex —, com os homens entrando nas ondas do mar depois de abrir um pouco as camisas e afrouxar as gravatas. Em casa, o ritual familiar das 16h45 de se sentar ao redor da TV, tomar chá e comer torradas com as mãos molhadas, ouvindo o placar do jogo de futebol. Vislumbrando o mundo lá fora pelo filme da Disney, *Davy Crockett, o rei das fronteiras*, de 1955, um momento revelador que inaugurou um interesse pelo Álamo que duraria a vida inteira.

É quase um idílio, que tem muito a ver com aquele tempo e aquele lugar. Meu tempo, meu lugar, meu pedacinho.

Hounslow fica nos arredores de Middlesex, onde a capital se encontra com os condados da periferia. Na extremidade mais a oeste, na última parada da linha de metrô Piccadily. No meio do nada, próximo de nenhum centro. Uma jornada de 45 minutos de trem até o West End. É Londres, mas não é. Nem isso nem aquilo.

Como eu me sinto tendo crescido no final dessa linha? Bem, para ir a qualquer lugar é necessário fazer uma caminhada, depois um ônibus e, depois, mais um tanto de caminhada, e depois um trem. Tudo é um sacrifício. Então, você é obrigado a ter senso de humor. Infelizmente, o humor que funciona com algumas crianças não funciona comigo.

Na Nelson Infants School, Kenny Broder teima em implicar comigo. Ele é aluno da St. Edmund's Primary, que, desnecessariamente, fica do outro lado da rua. Assim como eu, ele tem 10 anos, mas ostenta uma cara de boxeador, com maçãs do rosto altas e um nariz que já levou umas porradas. Morro de medo de ver Broder surgir dos portões de sua escola ao mesmo tempo que eu saio da minha. Ele me encara ao longo de todo o caminho para casa, ameaçando me bater em silêncio. Parece que sempre me pegam para Cristo — e, aos meus olhos, sempre sem motivo. Tenho algum adesivo na testa, uma placa "me chute" grudada no short?

Até o meu primeiro contato com o sexo oposto é transgredido pelo prisma da violência infantil de colégio. Estou indo com Linda, minha primeira namorada, para um parque de diversões na reserva de Hounslow Heath, os bolsos estufados com as moedinhas esforçadamente economizadas que nos comprarão as entradas para a Torre do Amor e/ou para os carrinhos bate-bate, o que tiver a menor fila. Mal chegamos e sinto um calafrio no pescoço. "Ai, meu Deus", penso. "Ali está Broder e sua gangue."

Concluo que ficarei mais seguro a alguma altura do chão, então subo no carrossel com Linda. Mas, à medida que os cavalinhos giram, a cada passagem minha, a gangue me olha mais feio, e cada vez parece que há mais garotos com eles. Tão certo quanto dois e dois, tenho certeza de que vou entrar em uma briga. Dito e feito: assim que descemos do carrossel, Broder começa a me provocar e me dá uma pancada. O caubói aqui tenta não chorar. Volto para casa com um olho roxo.

— O que aconteceu? — pergunta minha mãe.
— Me bateram.

— Por quê? O que você fez?

Como se fosse minha culpa.

Aos 12 anos, consigo finalmente brigar de verdade em um parque de diversões instalado ao lado da loja de brinquedos onde minha mãe trabalha. Quase sempre nos reunimos lá, perto de um bebedouro de cavalos de tempos imemoriais e de uma estrada vicinal onde o trólebus 657 dá a volta. Esse é, lembre-se, o fim da linha.

O parque, então, era território nosso. Não pertenço a nenhuma gangue específica; somos apenas um grupo de jovens metidos a valentes dedicados a defender nossa área. Especialmente se vierem mais uns camaradas grandalhões do bairro para nos ajudar, se fosse o caso.

Um dia, o parque é invadido por um grupo de moleques. Trocamos alguns xingamentos:

— Ei, seu cagão. Babaca.

— Tá me chamando de babaca?

É como se estivéssemos no musical *Amor, sublime amor*, e fôssemos as gangues dos Jets e dos Sharks, mas com menos jazz estridente. A provocação continua, e em pouco tempo estou rolando, socando e pulando em cima de um moleque. Logo desistimos. Não estamos chegando a lugar nenhum. Empate. Talvez alguém tenha saído com o nariz sangrando.

Ambos sentimos que paramos com honra. Mas então os garotos mais velhos chegam e insistem em realçar nossa vantagem. Eles me pressionam para saber de onde são os invasores. Dave, o Gordão — apelido que pouco falavam na cara dele, especialmente eu —, dispara: "Vamos dar uma lição nele."

— Para com isso. Já combinamos que deu empate — tento dizer, mas ele ignora meus gritos.

Eu me sinto muito mal porque, à distância, vejo o Gordão pulando para cima e para baixo na bicicleta do meu adversário, parada do outro lado da rua, logo na frente da loja de doces. Bom, pelo menos não vão perturbar em Hounslow por algum tempo.

No subúrbio, as pessoas encontram diversão onde e como podem. O lado ruim é que isso pode significar os bate-bocas mais comuns entre garotos de escolas diferentes, violência causada pelo tédio. O lado bom é que minha mãe gerencia uma loja de brinquedos, o que significa que eu posso escolher os lançamentos quando eles chegam. Nada de brindes; só algumas facilidades. Eu me interesso muito por montar miniaturas de aviões, então, quando chega um novo kit da Airfix, fico em volta dele feito formiga atrás de mel.

Os arredores do pub local, o Duke of Wellington, de repente viram um ponto de encontro, e eu me torno amigo do filho do proprietário. Charles Salmon é uns dois anos mais novo do que eu, mas acabamos nos tornando muito próximos. Nos anos da adolescência, desenvolvemos maus hábitos em comum, como liberar o consumo de bebidas alcoólicas da loja autorizada do pub — quando era proibido fazê-lo — e, quando a irmã mais velha de Charles, Teddy, está atrás do balcão, surrupiar cigarros aos montes. Nós nos escondemos no barracão de seu jardim e fumamos até enjoar. Charutos, cigarrilhas, cigarros franceses, tudo. Aos 15 anos, já fumo cachimbo, como meu pai.

Também fico bem amigo de camaradas do bairro como Arthur Wild e seu irmão mais novo, Jack. A minha vida e a de Jack mais tarde vão se cruzar: como atores mirins, compartilhamos o palco no West End, ele interpretando Charley Bates, melhor amigo de meu personagem, Artful Dodger, na primeira encenação de *Oliver!*, o musical. No entanto, ele vai me superar, interpretando o Dodger no filme de Carol Reed vencedor do Oscar de 1968.

Então, essa é a minha vida, aqui no fim da linha. Não faço ideia do que acontece um pouquinho para baixo da estrada. Hounslow acaba e então se chega a... Londres? Parece outro mundo. A cidade propriamente dita, onde meu pai trabalha, não existe de modo algum em minha cabeça.

Como com qualquer garotinho, o futebol emerge e cresce na minha vida. No começo dos anos 1960, sou ardente fã do Tottenham Hotspur, e venero Jimmy Greaves, a máquina de fazer gols. Ainda consigo lembrar o nome de cada jogador do time, tamanha a minha fixação na época. Mas o Spurs é um time do norte de Londres, e o norte de Londres pode estar localizado em Marte. Eu nunca arriscaria me aventurar para tão longe da minha zona de conforto.

O Brentford Futebol Clube é o time grande mais próximo de Hounslow, então, eu assisto a suas partidas com regularidade. Até frequento os treinos, ficando conhecido no campo. Às vezes, assisto a algum jogo do Hounslow Futebol Clube, mas eles são muito inexpressivos. Tanto que um dia o outro time simplesmente não compareceu à partida.

Meus horizontes, de algum modo, são ampliados pelo Tâmisa. Meu pai pode não ser homem de demonstrar muita paixão, mas qualquer entusiasmo que ele possa ter é focado em assuntos fluviais.

Grev e June Collins adoram um barco, e ajudam a administrar o recém-fundado Converter Cruiser Club. Fazem parte de um círculo social mais amplo de amantes de rios, que inclui Reg e Len Tungay, os "tios" mencionados anteriormente. Os irmãos têm seu próprio barco, o *Sadie*. A embarcação é outra veterana de guerra, membro da flotilha Dunkirk, e é grande o suficiente para dormirmos nela, algo que fiz em várias felizes ocasiões.

Muitos finais de semana e muitas quintas-feiras (a noite fixa de reunião entre os membros do clube) são passados na companhia de outras pessoas com barcos: passeando em um clube temporário, ou atracando em algum lugar, remando por aí só pelo lazer, descansando no rio. Logo compartilho com meu pai o amor pela vida aquática.

Há um evento anual, realizado na ilha Platt's Ait, em Hampton, onde os membros do clube se reúnem por um final de semana com seus amados barcos e fazem corrida a remo, cabo de guerra e competições de nó. Considerando que sou um cara pequeno, isso é grande coisa, despertando uma sensação de importância. No mundo de hoje, pode soar meio entediante, mas não para alguém da minha idade. Ainda sinto uma ponta de honra por ter frequentado a escola Nelson Infants. Uma observação sobre a água e sua influência em nossa família: meu pai nunca aprendeu a nadar. Seu pai lhe insuflou um medo que não permitia que ele ficasse na água para além de sua cintura. Algo acima disso e ele se afogaria. E ele acreditou no pai. E esse é o homem que tentou fugir para se juntar à Marinha Mercante.

De um jeito ou de outro, o Tâmisa desempenha um papel muito importante em meus anos iniciais. Em muitos fins de semana, mesmo bem novo, pego um barco a remo e sigo calmamente entre pontes. Na época, o Converter Cruiser Club ainda não possui sede própria, então, nós usamos o estaleiro de Dick Waite, às margens de St. Margarets, onde meu pai atraca sua pequena lancha *Teuke*. Por fim, Pete Townshend compra o lugar e o transforma em seu estúdio de gravação Meher Baba Oceanic. Em uma fotografia antiga que tenho, minha mãe está comigo em seus braços naquele mesmo lugar, então, fiz uma cópia de presente para ele. Peter, sempre um cavalheiro, me escreveu uma carta muito amável, manchada de lágrimas, agradecendo. A foto ficou pendurada no estúdio por muitos anos.

No final dos anos 1950, o clube aluga um terreno na ilha de Eel Pie por 1 penny ao ano. Gastei boa parte da minha juventude ajudando a construir a sede permanente do clube, depois me juntando às apresentações e pantomimas organizadas pelos membros. Posso me orgulhar de ter tocado nesse famoso espaço no meio do Tâmisa — o ponto de onde o blues britânico dos anos 1960 explodiu para o mundo — muito antes dos Rolling Stones, de Rod Stewart e do Who.

Tirando isso, passo meus dias vagabundeando no rio. Mas as apresentações em clubes náuticos, no fim das contas, realmente me deram a oportunidade de tocar bateria em público pela primeira vez. Há filmagens de uma versão minha, aos 10 anos de idade, me apresentando como membro do Derek Altman All-Stars, liderado pelo maestro tocador de sanfona. Carole e Clive também se envolvem nas performances, se apresentando em esquetes de comédia. Até minha mãe tem seu momento, cantando "Who's Sorry Now?" com alguma emoção.

A verdade é que a família inteira é parte de uma trupe de ribeirinhos. Meu pai regularmente tira da cartola sua música de sempre sobre um fazendeiro, que faz ruídos grosseiros para interpretar os animais. Até hoje divirto meus filhos mais novos com essa música: *"There was an old farmer who had old sow..."* (insira aqui vários barulhos de peidos).

Essas são as raras ocasiões em que meu pai se livra do chapéu, do terno e da gravata e se torna um amigável panaca. Infelizmente, não tenho muitas lembranças detalhadas do meu pai, feliz ou não. As imagens que eu tinha foram incluídas em uma música, "All of My Life", do álbum ...*But Seriously*, de 1989: meu pai chegando em casa do trabalho, trocando de roupa, se sentando para jantar, depois assistindo TV à noitinha, com seu cachimbo, e só ele lhe fazendo companhia. Minha mãe não aparece nessa cena; eu estou no andar de cima ouvindo música.

Repassando esse cenário agora, fico tomado de tristeza. Há tantas coisas que eu gostaria de ter perguntado ao meu pai se soubesse que ele morreria quando eu tivesse 21 anos. Simplesmente, não tínhamos muita intimidade, nem mesmo diálogo. Talvez eu tenha enevoado as lembranças. Talvez elas nem existam.

Algo de que me lembro vivamente é o fato de ter molhado a cama, e de acordar com um lençol de borracha colocado embaixo do de algodão. Se eu tivesse "um acidente", o lençol de borracha simplesmente evitaria que o líquido se espalhasse, o que me fazia dormir dentro de uma pequena piscina de urina represada. O que você faz em uma situação dessas? Você vai dormir com sua mãe e com seu pai e, então, molha a cama *deles*. Isso deve ter verdadeiramente me feito estreitar laços com meu pai. Não tínhamos chuveiro em nossa casa geminada, e tomar banho de banheira de manhã não é muito normal, então eu temo que, por uns bons anos, meu pai tenha ido trabalhar todos os dias com leves notas de xixi sobre o corpo.

Talvez seja inevitável, mas, independentemente do quanto ele ame o rio, meu pai não consegue senão retornar ao seu estado ocasionalmente insensível. Tenho provas cinematográficas. Um filme caseiro gravado por Reg Tungay mostra-nos, eu e meu pai, na margem do rio na ilha de Eel Pie. No vídeo eu devo ter uns 6 anos. Estou na beirada de uma construção a uns 4,5 metros do Tâmisa.

Hoje eu sei, assim como sabia então: o Tâmisa é um rio muito perigoso. Tem correntezas subterrâneas fantasticamente fortes, e muitas baixas e altas de marés. Vira e mexe, cadáveres são trazidos pelas comportas da ponte-eclusa em St. Margarets. Como todos os membros do Converted Cruiser Club sabem bem, não se pode dar mole no Tâmisa.

Na filmagem, vejo meu pai se virando abruptamente e indo embora. Ele claramente não diz nada para mim, não me adverte de qualquer risco. Só me deixa lá, andando hesitantemente na beirada da construção. Seria uma queda feia naquela água cheia de pedregulhos. Se eu caísse, me machucaria de verdade, isso se não fosse arrastado pela correnteza. Mas meu pai me abandona ali, sem nem olhar para trás.

Não estou dizendo que ele não se importava, mas acho que, às vezes, ele não pensava. Talvez, quando me abandonou, periclitante, nas margens do Tâmisa, sua mente, suas emoções, estivessem em outro lugar. Ele se esforçava todos os dias.

Quando me tornei adulto, também passei a fazer isso. De certa forma, de modo positivo e criativo: sou compositor, um músico, e o esforço é a alma desse negócio. Mas também, admito, agi de modo negativo. Ao fazer constantes turnês mundiais por quatro décadas, no Genesis e como artista solo, eu me ancorava, quase sempre, em uma ficção: a de que eu conseguiria manter minha própria existência em uma família sólida enquanto mantinha uma carreira musical.

Nós, mães e pais, não sabemos tudo. Longe disso.

2
Viajando nos acordes de uma bateria diferente

*Ou: as aventuras de um jovenzinho idealista
dos anos 1960 abalando palcos e baterias.*

É tudo culpa do Papai Noel.
 Sim, estou culpando o velhinho vermelho fofo e barbudo em uma tentativa de explicar as raízes de uma paixão que dura a vida inteira, de um hábito instintivo que me faria batucar nas coisas com variados graus de satisfação até o momento fatídico em que, talvez meio século atrás, antes a carne e depois o espírito começaram a me decepcionar.
 Como se já não estivesse fazendo barulho suficiente sendo um típico bebezinho tirânico, aos 3 anos recebo uma bateria de plástico de presente de Natal. A família Collins está passando o feriado, como de hábito, com Reg e Len Tungay. Munido dessa nova bateria, fica explícito imediata e barulhentamente para todos à minha volta que já estou completamente viciado. Ou que o instrumento está viciado em mim completamente. Mesmo nessa tenra idade, não tenho dúvidas do brilho versátil do novo brinquedo. Agora posso "me comunicar" batendo nas coisas conforme o desejo do meu coração.
 Os irmãos Tungay, visitas frequentes do número 453 da Hanworth Road, especialmente nos almoços de domingo — a oportunidade semanal para minha mãe cozinhar assiduamente todas as

verduras antes que elas fiquem cinza —, reparam no meu entusiasmo nessas questões percussivas e rítmicas. Talvez não estejam tão cientes da visão do meu pai sobre o assunto.

Quando completo 5 anos, Reg e Len fazem em casa um conjunto para mim. Dois pedaços de madeira são aparafusados para formar uma cruz. Cada uma das quatro extremidades tem um furo, no qual eles enfiam uma vareta. As quatro varetas são completadas com duas latas de biscoito, um triângulo e um tamborim de plástico barato. É dobrável e cabe certinho em uma mala marrom.

Chamar isso de "conjunto" de bateria é forçar a barra. Está mais para um cartum de Heath Robinson do que para o instrumento de verdade de Buddy Rich. Mas eu me sinto no céu, e esse aparelho de pancada, porrada e explosão vai servir tanto de ferramenta musical quanto de melhor amigo por muitos barulhentos anos.

Pratico nele onde quer que esteja, a qualquer hora, mas normalmente na sala de estar de casa, quando todos estão assistindo TV. Me instalo no canto e acompanho aquela experiência visual obrigatória do final dos anos 1950: o programa de variedades *Sunday Night at the London Palladium*. Minha mãe, meu pai, Reg, Len, Clive e Carole suportam pacientemente minha algazarra, que não conta com nenhuma aula ou treinamento, tentando assistir aos últimos números dos comediantes Norman Vaughn e Bruce Forsyth e a qualquer banda pré-rock'n'roll que estivessem recebendo na semana.

Bato o conjunto seguindo o grupo Harmonics e suas gaitas. Finalizo as melhores piadas dos comediantes com um "tadá". Nem precisa ser um ato. Toco por qualquer coisa, com qualquer um. Já sou um versátil baterista que atende a pedidos.

Chegando à adolescência, meu compromisso se consolida. Peça a peça, monto um conjunto quase aceitável. Um tarol é seguido por um címbalo, que é seguido por um bumbo comprado do meu vizinho do outro lado da rua. Isso me supre até os 12 anos. Agora, à beira da adolescência, minha mãe diz que vai dividir comigo os custos da compra de um conjunto adequado.

Estamos em 1963, e os anos 1960 estão a toda. Os Beatles aterrissaram, agora o futuro pode começar. Seu primeiro single, "Love Me Do", saiu em outubro de 1962, e a Beatlemania já me dominou de maneira irreversível. Faço o sacrifício definitivo: vendo o trem de brinquedo do meu irmão para levantar minha metade da negociata que fiz com minha mãe. Não me ocorreu que talvez devesse ter pedido a permissão dele antes.

Abastecidos com as 50 libras, minha mãe e eu vamos à Albert's Music Shop em Twickenham e compramos um conjunto Stratford de quatro peças em branco-pérola. Estou sentado atrás desse conjunto na minha foto de 13 anos que estampa a capa do meu álbum, *Going Back*, de 2010.

Sinto que essa minha brincadeira com a bateria está subindo de nível, não por acaso, já que toco sempre que possível. Tenho certeza de que devo ter depositado nessa prática minhas 10 mil horas de treinamento mesmo antes de me tornar um adolescente, como meus vizinhos dos números 451 e 455 da Hanworth Road poderiam confirmar. Quando estou em casa, toco bateria, excluindo qualquer outra atividade, um fato que os professores que corrigiam meu dever de casa antes na Nelson Infant e depois na Chiswick County Grammar certamente atestariam.

Mas não sou um baterista burrinho: aprovado na admissão ao ensino fundamental, estou certificado para ultrapassar a estrutura de formação geral de baixo nível para entrar no ensino médio.

Admito, no entanto, que, pensando no tempo que passo em meu quarto, pouco dele é dedicado aos estudos. A Stratford domina o espaço, e eu me sento nela sem prazo para terminar, tocando, tocando e tocando, de frente para o espelho. Isso é parcialmente vaidade, claro, mas também significa aprendizado. Observei Ringo Starr com ardente fascinação, e se meu som não se parece com o dele, pelo menos posso me parecer com ele enquanto toca. Então, quando, no começo de 1964, os Rolling Stones chegam ao terceiro lugar das paradas com seu terceiro single, "Not Fade Away", em minha inconstante juventude, sigo em frente e passo a imitar Charlie Watts.

Mas, mesmo com todo o meu empenho pela bateria, também cresce em mim outro interesse: atuar.

As sementes foram plantadas naquelas pantomimas do clube náutico, apresentadas no Isleworth Scout Hall, quando impressionei a todos nos papéis de Humpty Dumpty e Buttons. Foi em uma dessas excepcionais performances que meu pai, vestido de Sir Francis Drake, precisou sair para pegar ar fresco. Logo ao lado, havia uma igreja antiga com um monte de tumbas abertas, cortesia das bombas de Adolf Hitler. Meu pai, fumando seu cachimbo, envolto na névoa de meia-noite do rio, parecia um fantasma saindo de sua sepultura. Essa aparição tomou de assalto um motorista que passava, sob o foco de seu farol. Freando bruscamente e fazendo um cavalo de pau, esse motorista avisou a polícia local. Por sua vez, a polícia avisou a imprensa local. Não surpreende a manchete daquela semana do *Richmond and Twichenham Times*: "Fantasma de Sir Francis Drake é visto em Isleworth."

É mais ou menos na mesma época que tenho uma infeliz mas misericordiosamente breve explosão na carreira como modelo mirim. Junto com meia dúzia de outros adolescentes, estrelo em propagandas usando estampas de tricô. Com uma franja loura descolada e um sorriso de querubim, visto um feio pijama e interpreto um ótimo esportista com blusa de lã.

Ainda exultante por ter assistido ao meu Humpty Dumpty shakespeariano e impressionada com meu brilho como modelo quase saído de *Zoolander*, minha ávida mãe me coage a passar as manhãs de sábado fazendo aulas de impostação de voz em um porão precário na Jocelyn Road, em Richmond, com uma senhora chamada Hilda Rowland. O chão é de linóleo, há espelhos de estúdio de balé nas paredes e um leve odor de hormônios femininos no ar. Mrs. Rowland tem uma amiga especial chamada Barbara Speake, que fundou a escola de dança que leva seu nome em Acton, em 1945. Minha mãe fica amiga de Miss Speake. Sem ter o que fazer, tendo deixado de administrar a loja de brinquedos, mamãe começa a trabalhar com ela, lançando a agência de teatro da escola direto da nossa casa. June Collins fornece todas as crianças que cantam e dançam para o West End de Londres e para o crescente mundo dos comerciais de TV e dos filmes.

Então, naqueles primeiros dias de propaganda na TV, sempre precisam de crianças. O papel de garoto-propaganda do Milkybar é o mais procurado. Montar o elenco para esse e muitos outros comerciais desafia minha mãe diariamente a decidir que criança representada por ela seria a mais adequada para a campanha. Ela se entrega a essa atividade completamente, e é assim que, em 1964, mamãe fica sabendo de uma audição para *Oliver!* A adaptação musical feita por Lionel Bart de *Oliver Twist*, de Charles Dickens, já está no seu quarto ano, de um total de dez, com sucesso absoluto de audiência. Tento o papel de Artful Dodger (Raposa Esperta), personagem já interpretado por Davy Jones, dos Monkees, e em que ele atuaria novamente na montagem da Broadway.

Depois de muitas audições, e de retorno depois de retorno, demais para surpresa e excitação da minha versão com 13 anos de idade, sou escolhido para o papel. Fico feliz da vida. Até onde sei, com minha sagacidade das ruas, o perspicaz Dodger é o melhor papel infantil da peça. Oliver, aquele mocinho de sorriso afetado com seus dois sapatinhos? Sem chance.

Marco uma reunião para ver meu diretor na Chiswick County Grammar e contar as novidades a ele. O corpo discente inteiro morre de medo de Mr. Hands. Ele é um educador velho de uma escola velha, sempre convocando reuniões, com uma toga que flui como asas de morcego, um capelo firmemente plantado sobre a cabeça, bochechas coradas e prontas para um duro dia de trabalho.

Ir ao seu escritório significa uma entre duas coisas: ou você está lá para ser castigado, levando umas chibatadas, ou tem algo a comunicar — melhor que seja altamente importante. Para ser justo com Mr. Hands, ele realmente pareceu satisfeito que eu tenha conseguido um grande papel em uma produção teatral londrina importante e elogiada pela crítica. Mas é também seu dever sombrio me informar de que, caso aceite esse papel, não terei opção senão me desligar da escola.

As regras que regulamentam o trabalho de menores de 15 anos no West End nessa época são estritas. O tempo máximo que você pode ficar em temporada em qualquer lugar é de nove meses. Isso compreende três contratos, de três meses cada, e em cada período as crianças devem ter uma folga de três semanas por contrato. Mr. Hands não podia permitir tamanha frouxidão no período letivo. Eu descobriria tempos depois, por meio de Reg e Len, que ele acompanhou minha carreira com grande interesse e algum orgulho. Recebi a notícia com surpresa, já que ele sempre pareceu tão desleixadamente desinteressado em questões de entretenimento. Quanto a saber se Mr. Hands curtia mais o Genesis ou Phil Collins solo, não há veredito.

Falo com meus pais sobre o ultimato teatro-ou-escola, e a resposta deles é veloz e simples: escola de teatro. Eles me tiram da Chiswick County Grammar e me matriculam na nova escola de atuação de Barbara Speake. O sucesso de minha mãe na administração da Barbara Speake Theatrical Agency é tão grande que ela e Miss Speake transformam a escola de dança em um instituto de ensino de artes performativas.

De muitas formas, isso se provou um ganho duplo para mim. Por um lado, posso atuar o quanto quiser. Por outro, na Barbara Speake Stage School, o número de meninas supera o de meninos consideravelmente. Na "sala de aula" recém-aberta, somos eu, outro garoto — chamado Philip Gadd — e uma dúzia de meninas.

Na verdade, um ganho triplo. Como a prioridade é melhorar minha performance, participar de audições e ganhar papéis, minha educação formal meio que para por aí. Eu sou um adolescente normal, então, isso é o paraíso para mim. Só mais tarde vou desejar ter tido um pouquinho mais de aprendizado tradicional e um pouco menos de balé. E eu gostaria de ter aprendido sapateado. É uma coisa que todos os grandes bateristas do passado, lendas como Buddy Rich, sabiam fazer. Da mesma forma, grandes dançarinos, como Fred Astaire, também eram grandes bateristas. Essas duas habilidades são primas rítmicas, e hoje eu gostaria de ter tido mais interesse nesse fato. Você não teria curtido ver um pouco de sapateado no Live Aid?

Quando me matriculo na escola de teatro, estou com 13 anos. Minha adolescência começa com uma pancada, em todos os sentidos. Sou baterista, o que é descolado no colégio. Estou em uma grande peça no West End, o que é motivo de inveja para os meus colegas. E sou um dos dois únicos garotos em uma turma literalmente repleta de meninas — meninas com inclinações artísticas. Extrovertidas.

Hesito em dizer que me dou muito bem com todas as alunas em meus quatro anos de escola de teatro, mas suspeito realmente que só uma ou duas tenham escapado da minha atenção. Nunca fui tão maneiro. Nunca mais vou ser tão maneiro de novo.

A história sugere que eu tenha feito sexo pela primeira vez aos 14 anos. Digo "sugere" porque terminou tão rápido que, na estatística das relações sexuais, talvez nem conte. Mas, como um adolescente tarado em um bairro muito próximo, suas opções são limitadas. Quando você chega a estar em uma situação em que *aquilo* talvez aconteça, já está em apuros, e já queimou a linha de partida. Então, Cheryl — com 14 anos, como eu, e uma pretensa modelo, também como eu — e eu caímos na pegação em um jardim comunitário. Eu não queria que rolasse do lado de fora, na terra, no meio de mudinhas de batatas e cenouras, mas não tive muita escolha.

Eu tive, claro, muita experiência sexual solo. Como artista solo. Hoje fico envergonhado só de *pensar* nisso, em como deve ter sido tão descaradamente óbvio para os outros membros da minha família. Sem entrar em mais detalhes do que o necessário, posso revelar que frequentemente me recolhia ao banheiro do número 453 da Hanworth Road com minha grande coleção de revistas eróticas *Parade*. Tenho bastante certeza de que todo mundo devia saber o que estava acontecendo. As passadas de página, senão os outros barulhos, me entregavam.

Voltando à narrativa normal: na escola de Barbara Speake, conheço duas garotas que vão desempenhar papéis significativos e duradouros em minha vida, pessoal e profissional, por um longo tempo a partir de então. Nos anos de minha adolescência, ou estou saindo com Lavinia Lang ou com Andrea Bertorelli. Nós três parecemos namorar em alta rotação, e esse vaivém vai reverberar nas décadas futuras.

Aquele primeiro ano de minha adolescência é muito marcante. No começo de 1964, minha agente — minha mãe — me manda ir até o Scala Theatre, na Charlotte Street, no centro de Londres. Enquanto me desloco na linha Piccadilly naquela tarde, não faço ideia do que seja o trabalho. Acho que isso faz parte do plano, já que nenhum dos adolescentes reunidos na pequena multidão dentro do teatro parece saber o que está acontecendo. Se quiser uma resposta genuína da plateia, encurrale um monte de garotos em frente a um palco vazio, deixe ali alguns instrumentos musicais e não conte a ninguém quem está prestes a aparecer.

Dito isso, sou íntimo de algumas informações internas: eu reconheceria a bateria Ludwig de Ringo Starr em qualquer lugar. Mas nunca adivinharia que os Beatles estavam fazendo um filme.

De repente, uma comoção nas laterais. Como que por mágica, o palco é ocupado com Ringo, John Lennon, Paul McCartney e George Harrison, trajando seus fabulosos ternos cinza de *mohair* com colarinho preto. O Scala Theatre explode.

Essa é uma cena de show que se tornará o encerramento da estreia dos Fab Four — os Quatro Fabulosos — no cinema, *A Hard Day's Night*, ou *Os reis do iê, iê, iê*. Enquanto éramos filmados na plateia, havia dublês no palco. Mas quando John, Paul, George e Ringo tocam, estão a uns 10 metros de mim. Eu, que era membro do fã-clube dos Beatles — com carteirinha e tudo —, não consigo acreditar na minha sorte. Não só estou na melhor localização possível em um show intimista (ou quase) como estou sendo imortalizado em celuloide ao lado de meus primeiros heróis musicais.

Não era para tanto. O grande Philip Collins tem uma ausência impactante do filme, que foi lançado naquele verão. Minha performance naquele dia acabou cortada na sala de edição. Será que eu não estava gritando o suficiente?

Vamos dar um pulo ao começo dos anos 1990. O produtor daquele filme, Walter Shenson, me visita no estúdio de gravação do Genesis, The Farm, em Surrey. É o trigésimo aniversário de Os *reis do iê, iê, iê*, e ele pede que eu grave a narração de um *making of* que seria lançado em DVD. Shenson me manda, então, as "minhas" cenas cortadas.

Congelo cada quadro várias vezes com o propósito de encontrar meu eu aos 13 anos. Eu sabia que estava lá: havia recebido minha comissão de 15 libras e descontado o cheque; aquilo não podia ser o sonho tristemente ilusório de um fã dos Fab Four. Depois de muitas repetições e de atenta perscrutação, encontro alguém que estou convencido de ser eu. Eu me lembro da gravata que estava usando (vermelha, cravejada de cristais; graças a Deus o filme era em preto e branco) e da camisa social rosa que vestia. A mesma camisa, coincidentemente, que estou vestindo na capa do *Going Back*. Já tinha me convencido a me marcarem com um círculo na edição final do DVD. Eis o molecote sentado, em êxtase, entre todos os garotos de pé, gritando e possivelmente se mijando de tanta animação.

Provavelmente, foi esse o motivo pelo qual não apareço no filme: não estou demonstrando suficientemente minha Beatlemania. É possível imaginar o diretor, Richard Lester, gritando para o editor: "Arranca esse quadro daí! Como pode esse moleque estúpido estar sentado?!" Mas eu não estava fingindo ser *blasé*. Só estava absolutamente estupefato por ouvir — e assistir, experimentar — os Beatles. Eu queria *ver*. Não queria atrapalhar tudo gritando.

Foi assim com "Tell Me Why", "She Loves Me", "All My Loving", as músicas que incendiavam minhas sinapses musicais em rápida formação. Isso, eu sabia, era o futuro, o meu futuro, e eu queria desfrutar dele. Esqueça a porra do curso de interpretação. Talvez esse tenha sido o motivo inicial para eu estar na filmagem, mas eu estava completamente desinteressado da lógica da coisa.

Mais tarde na vida, conto essa história pessoalmente a Paul, George e Ringo (nunca conheci John). Quando entreguei a Paul um American Music Award no *supper club* — um tipo de restaurante que também é casa noturna — Talk of the Town de Londres, ele me perguntou:

— Você estava mesmo em *Os reis do iê, iê, iê*?

Sim, eu estava. Posso não ter entrado na edição final, mas eu estava. Mal sabia que terminar no chão da sala de edição se tornaria um tabu para mim. Felizmente você não pode ser editado de um show no West End. Bem, é possível, e eu seria. Mas não por enquanto, pelo menos.

Os horários de exibição de *Oliver!* são tão puxados que eu tenho que me deslocar do West End direto para a escola de teatro todos os dias. Ainda assim, normalmente chego ao Soho por volta das 16h com alguma folga. Normalmente, me jogo em um dos cineminhas espalhados por toda a região central de Londres que exibem desenhos animados de hora em hora. Acho que eles são pensados para migrantes diários que contam com alguns minutos de sobra antes do próximo trem. Eu não sabia de sua outra utilidade. Em uma Inglaterra em que a homossexualidade ainda é proibida, alguns homens usam esses cinemas como "discretos" points de pegação. Um dia, um cara vai se aproximando durante um desenho da Looney Tunes e coloca sua furtiva mão no meu joelho de colegial. Rosno um "Vai se foder", e ele sai correndo mais rápido que o Papa-Léguas.

Nos meses seguintes, acabo me acostumando com esse lado sombrio do West End, e insinuações como essa se tornam quase um ritual enfadonho. Minhas tardes se desenvolvem em uma feliz rotina: trem para Hounslow, cinema, uma vagabundeada pelos cafés e lojas de discos do Soho e um hambúrguer rápido na lanchonete Wimpy. Depois, eu me encaminho para a porta do palco do New Theatre na St. Martin's Lane, não muito longe da Trafalgar Square.

Desde o começo me dou bem em *Oliver!*: é uma peça incrível, está em cartaz e normalmente esgota os ingressos. Não há tempo para nervosismo de estreia, mesmo para um garoto de 13 anos.

Além de tudo, preste atenção, que isto é importante: a entrada da Raposa Esperta é o momento em que a cortina levanta. Esse conto de cortiços operários vitorianos e de pobreza excruciante é puro apocalipse e desespero até que esse moleque animado e de mãos leves surge cantando "Consider Yourself". Então, direto da cabeça de Lionel Bart, a imaginação picaresca e exuberante de um East End dickensiano explode e toma vida gloriosamente. Veja também que a Raposa canta músicas maravilhosas, hoje eternizadas, como "I'd Do Anything" e "Be Back Again" com sua gangue. Essas são as primeiras em que eu sou o vocalista principal, e é uma delícia precisar cantá-las oito vezes por semana, noite após noite (com matinês às quartas e sábados).

E também há uns benefícios inesperados. Enquanto estou rompendo barreiras no New Theatre, minha namorada Lavinia é escalada para *The Prime of Miss Brodie — Primavera de uma solteirona* — no Wyndham's Theatre, pertinho dali. A porta dos bastidores desse teatro dá para a do New Theatre. Nossos intervalos não coincidem muito, mas, antes de a peça começar, normalmente há tempo para dar uma fugida e encontrar o amor da sua adolescência para uns beijinhos e amassos.

Passo meu aniversário de 14 anos atuando em *Oliver!*, e a mudança se aproxima. Uma noite, estou no meio de "Consider Yourself", me esgoelando em um tom alegre, atrevido. Então, da parte de trás da minha garganta, normalmente de ouro, dou um grasnido e um coaxo, e minha voz de repente cede. Resisto bravamente, mas no intervalo corro para o diretor de palco. Não entendo o que aconteceu. Não estou resfriado, nunca tive problemas para cantar antes, nem mesmo em minhas piores noites, e não devem ter sido os cigarros. Com o patrocínio de pequenos furtos da lojinha do pub do pai de Charles Salmon, já sou fumante há anos.

O diretor de palco, veterano de West End e experiente com atores mirins que é, me dá o veredito: minha voz está falhando.

Descarte qualquer sentimento gratificante de que estou virando homem. Aqui e agora, nos bastidores, encolhido atrás da segurança da cortina do palco, estou arrasado. Sei o que isso significa.

Continuo no segundo ato, mas minha voz está afetada. O teatro inteiro sabe disso; por detrás das luzes do palco, posso sentir o descontentamento nas fileiras. É um sentimento horrível. Odeio decepcionar o público, uma preocupação patológica que sempre vou ter. Posso contar nos dedos de uma das mãos o número de shows que cancelei com o Genesis ou em minhas turnês solo. Ao longo da minha carreira, sempre fiz o que tinha de ser feito para garantir que o show continuasse — mesmo isso significando médicos duvidosos, injeções suspeitas, surdezes catastróficas e lesões que mais tarde exigirão cirurgias grandes, invasivas, com direito a rasgos na carne e parafusos nos ossos.

Pois bem, aquele lugar, aquele momento, marcaram o fim do meu tempo interpretando a Raposa Esperta, o melhor papel para um garoto em toda Londres. Com uma eficiência que não dá direito a nenhum sentimentalismo, sou imediatamente desligado da peça e jogado do West End de volta para o fim da linha.

Para um adolescente cheio de hormônios ferozmente obcecado por tudo aquilo que a cada vez mais badalada Londres dos anos 1960 tem a oferecer, *Oliver!* foi uma viagem dentro e fora do palco. Durante os meus sete meses animadamente contratado entre as equipes do West End, cheguei a conhecer os músicos da casa no New Theatre. O líder da banda é o baterista, e felizmente nós pegamos o mesmo trem para casa. Nós conversamos. Bem, eu converso, pressionando o cara para obter informações sobre a vida de um músico, e ele responde com a maior paciência. Logo percebo que ser um músico profissional, fazer shows com bandas, em fossos de orquestras, em boates, é uma carreira ótima! É o que eu quero ser.

Nessa época, já sou um músico inteiramente autodidata. Mas noto que preciso aperfeiçoar minha performance se quiser ter chance de me tornar um profissional.

Começo a ter aulas de piano com minha tia-avó Daisy em sua úmida casa eduardiana na Netheravon Road, em Chiswick. Ela é encantadora, paciente e prestativa, e, para nossa surpresa, aprendo com facilidade. Assim que ouço algo, não preciso mais olhar para o papel. Tenho um bom ouvido, o que é ótimo para aprender música, e não tão bom para ler partituras. Tia Daisy fica chateada com isso, mas não desconta em mim. Ela me deixou de herança um piano de cauda e cordas retas da Collard & Collard. Todo o meu primeiro álbum solo, *Face Value*, foi gravado usando esse piano.

Nunca cheguei a aprender a ler partituras. Se eu tivesse aprendido, as coisas talvez tivessem sido bem diferentes. Quando formei a Phil Collins Big Band, em 1996, precisei inventar meu próprio alfabeto musical de decodificação para me comunicar com aqueles brilhantes e fervorosos instrumentistas de jazz. Eles certamente seriam perdoados se pensassem "Como é que esse palhaço analfabeto ainda quer estar à altura de Tony Bennett e Quincy Jones?".

Ao mesmo tempo, a incapacidade de ler partituras é algo absolutamente libertador para mim. Me confere um vocabulário musical mais amplo. Existem instrumentistas muito cultos, com formação técnica, cujo som parece doutrinado, decorado, asséptico. Talvez um músico que tivesse uma formação mais acadêmica não conseguisse criar uma canção tão heterodoxa quanto "In the Air Tonight". Se você não conhece as regras, não sabe com que regras está rompendo.

Nove anos depois de ter ganhado meu primeiro conjunto do tio Reg e do tio Len, finalmente decido fazer aulas de bateria. Quando entro na escola Barbara Speake, minha rota para a escola da estação Acton Town até Churchfield Road passa pela loja de baterias de um cara chamado Maurice Plaquet. Esse lugar é ponto de encontro de bateristas de toda Londres. O próprio Maurice é músico freelancer e tem grande reputação nesse meio, do qual desejo desesperadamente fazer parte. Como ele é muita areia para o meu caminhãozinho, dou um jeito de abordar um de seus colegas, Lloyd Ryan, professor no porão de Maurice.

Lloyd é um cara jovem e inteligente. Ele tenta me ensinar a ler partituras, e mais uma vez o meu ouvido não ajuda. Cinco anos mais tarde, em 1971, vou voltar a procurá-lo para ter umas aulas básicas depois de entrar no Genesis. Já estamos fazendo shows, mas sinto que vou travar novamente tentando ler partituras. Lloyd está tocando em uma banda que hoje em dia é famosa (pelo menos entre os fãs de hardcore), que faz shows na hora do almoço no Lyceum Theatre, pertinho da Strand Street. No palco, minha armação Dexion que segura uns bagulhos sacolejantes: percussão, gongos, apitos. Uma série sofisticada mas barata de objetos barulhentos. Na aula seguinte, percebo que Lloyd agora tem o mesmo conjunto. Quem está ensinando quem? Não o procuro mais.

No final dos anos 1960, durante outra breve participação em uma peça no West End (novamente em *Oliver!*, mas em um papel mais adulto dessa vez: o do covarde e implicante Noah Claypole), tenho aulas com um cara muito simpático chamado Frank King. Ele leciona na histórica loja de baterias de Chas E. Foote, que fica logo do outro lado da rua da entrada de funcionários do meu então emprego diário no Piccadilly Theatre. E a minha educação musical formal termina aí. Ao longo de toda a minha vida, devo ter assistido a umas trinta aulas de bateria.

Para meu eu adolescente, é mais útil aprender no calor e na crueza do momento, tirando vantagem do ambiente moderninho e descolado que vejo praticamente como meu *playground*. Um pretenso baterista na Londres do meio dos anos 1960 não poderia ter escolhido melhor momento e lugar para aprender essa arte. A música está em tudo e em todo lugar. Com alguma obstinação, muita sorte e uma generosa demonstração de entusiasmo, caio no meio da primeira grande explosão cultural do pop britânico.

O dinheiro que ganho como ator sazonal — recebo 15 libras por semana em meu segundo papel em *Oliver!* —, é inteiramente gasto em meu hobby, que me consume completamente. Viro um ávido colecionador de álbuns e um rato de shows. Depois de ter quebrado meu cofrinho de 45 libras comprando o vinil *It Only Took a Minute*, de Joe Brown, rapidamente mudo de hobby para colecionar qualquer produto da Northern Songs, a gravadora fundada por Brian Epstein e pelos Beatles: "Do You Want to Know a Secret", de Billy J. Kramer, "Hippy Hippy Shake", do Swinging Blue Jeans, e muito mais. Meus ouvidos queimam com a torrente de músicas maravilhosas que de repente passam a ser transmitidas pelo rádio, nos clubes, nos pubs e nos quartos país afora, e então eu sintonizo religiosamente, toda tarde de sábado, o programa de sucessos musicais *Pick of the Pops*, de Alan Freeman, e também o *Saturday Club*, de Brian Matthew, ambos transmitidos pela BBC Light Programme.

Com a mudança de melodias, também vem a mudança de moda. É 1966, e eu compro na loja I Was Lord Kitchener's Valet, na Foubert's Place, perto da Carnaby Street, a marca do momento. Estou em busca do uniforme militar que os protagonistas da cena musical estão usando, especialmente dois músicos de uma nova banda pela qual fiquei obcecado. Eric Clapton e Ginger Baker são, respectivamente, o guitarrista principal maneiríssimo e o baterista insano do Cream, um trio que a história vai reconhecer como o primeiro supergrupo de rock.

Acabo conhecendo o Cream, como se a ironia não fosse suficiente, na minha boa e velha Hounslow. Uma noite, em 1966, estou esperando o último ônibus na estação de Hounslow e consigo ouvir o som de uma banda de blues intensa pulsando pelas paredes de um clube local chamado The Attic. Estou com 15 anos, e ouço o Cream tocando músicas que vão sair em seu álbum de estreia, *Fresh Cream*, a ser lançado no final daquele ano. Nunca imaginei que, com o tempo, eu me tornaria um grande amigo, parceiro, produtor e companheiro de festas do já incendiário guitarrista do grupo.

Claro, claro, 1966 é o ano em que a Inglaterra ganha a Copa do Mundo. Mas, para mim, é um ano de vitória por outra razão: formo minha primeira banda com alguns colegas do Barbara Speake. The Real Thing conta comigo na bateria, Philip Gadd na guitarra, seu irmão Martin no baixo e Peter Newton como vocalista. Como *backing vocals*, as grandes garotas da minha vida, Lavinia e Andy.

Somos alunos de teatro, acostumados a ser relapsos em sala de aula e a ouvir os últimos discos dos Beatles e dos Byrds enquanto estudamos, e iniciamos os trabalhos com bastante vontade. Ainda que com algumas limitações — não viajamos com o grupo nem nos apresentamos muito além de Acton. Até mesmo o distrito de East Acton está fora de nossos limites. É um lugar letal para nós, estudantes de teatro, já que abriga a Faraday School, repleta de cabeças-duras que não gostam de nada mais do que espancar garotos conhecidos por vestirem *collant*. Pobre Peter, que é negro e mora perto da estação de East Acton, logo na zona de perigo. A cor de sua pele significa que ele leva ainda mais porradas, com mais regularidade e dedicação.

Destemido (na maior parte das vezes), The Real Thing absorve música soul e lançada pela Motown, e apresenta versões cover de tudo que conseguimos encontrar. Essencialmente, saqueamos a lista de músicas da banda The Action. Eles são um grupo de *mods* bem-vestidos de Kentish Town, a noroeste de Londres, cujo dançante single de estreia, "Land of a Thousand Dances", de 1965, foi produzido por George Martin. Peter e eu nos consideramos seus maiores fãs. Ainda sou fã até 1969, quando eles se reintitulam Mighty Baby. Em 2000, o guru *mod* Rob Bailey me passa o telefone de Roger Powell, da banda, provavelmente minha maior influência na bateria. Ligo para ele e nos tornamos grandes amigos. Graças a essa amizade, tenho a sorte de me juntar à reunião do Action para um show no 100 Club na Oxford Street, em Londres. Tocando ao lado do meu herói, Roger, finalmente consigo conhecer a banda inteira, quarenta anos depois de persegui-la no clube Marquee. Não estou exagerando quando, mais tarde, revelo para o *Guardian* que, para mim, foi como tocar com os Beatles.

Ao longo de 1966 e 1967, Peter e eu tentamos ir a todos os shows do Action que conseguimos no melhor estabelecimento de

Londres, o Marquee. Depois resenhamos tudo para nossos colegas da Real Thing e tentamos tocar o que ouvimos: "You Don't Know Like I Know", da Stax, "Double Dynamite", da dupla Sam & Dave, "Do I Love You", do grupo de soul norte-americano completamente feminino The Ronettes, "Heatwave", de Martha Reeves & The Vandellas. As letras que não conseguimos acompanhar, nós inventamos. Os demais alunos do colégio, em geral nossa plateia, não sabem mais do que nós. E como se isso já não fosse suficientemente entusiasmante, em 1967 o Tottenham Hotspur vence a Copa da Inglaterra.

Tentamos imitar o Action de qualquer jeito. Roger tem uma fantástica jaqueta de náilon azul. Como bom groupie e aficionado por roupas que sou, depois de bater perna pelas principais pontas de estoque *mod* da Carnaby Street, consigo encontrar um modelo perfeito. Eu o uso, adorando, por umas duas semanas, e então minha mãe o lava. De algum modo, a roupa sai encolhida e em retalhos. Está acabada. Para um jovem *mod*, isso é uma adaga no coração.

Eu me recupero rapidamente. Aqui, no âmago dos anos 1960, a mudança é a única constante. Semana sim, semana não, compro todas as publicações sobre música — *New Musical Express*, *Record Mirror*, *Melody Maker*. Me aprofundo em cada matéria, especialmente nos anúncios de shows nas últimas páginas: preciso saber quem está tocando onde e com quem. Até coleciono esses anúncios em álbuns, que também contêm, manuscritas, minhas próprias críticas dos shows. Vivendo no fim da linha, o que mais um estudante esforçado e obcecado por música pode fazer? Na minha então distante vida adulta, vou mostrar meu álbum de recortes do Action para Roger e os demais membros vivos. Eles ficam tão emocionados que chegam a chorar. Eu mesmo devo ter suado um pouco nos olhos. Também vou patrocinar a escrita de um livro que conta sua história, *In the Lap of the Mods*, só para ter uma cópia dele.

Começo a frequentar o Marquee uma ou duas vezes por semana. Vou direto da escola para o Soho. Normalmente, sou o primeiro da fila. Logo o empresário, John Gee, começa a me deixar entrar de graça, em troca de meus serviços de limpeza e de arrumação das cadeiras, além de eu aturar suas investidas inofensivas (e as de seu assistente, Jack Berrie). "Ah, Philip", suspira ele, "quantos anos você tem mesmo?" Ao longo do tempo, nos tornamos grandes amigos.

Nesse momento das muitas encarnações dessa instituição da Wardour Street, o Marquee não tem um bar de fato. Só se pode comprar Coca-Cola, e de uma prateleira nos fundos. O espaço ali é para shows — 1.200 pessoas podem ser espremidas naquele lugar. Isso está, sem dúvida, muito além da regulamentação anti-incêndio, mas ninguém liga para essas preocupações, assim como ninguém liga para cintos de segurança, cigarros que provocam câncer ou 100 mil homens e garotos entulhados nas arquibancadas de estádios de futebol sem cadeiras ou barreiras antichoque. Tempos mais simples. Se você sobreviveu a eles.

Hoje em dia, o Marquee tem um bar de verdade, que limita sua capacidade quase à metade da que tinha antes, mas não a excitação. Naqueles dias, alguém entrava em uma banda à tarde e tocava com ela à noite. Jeff Beck entrou para os Yardbirds em uma tarde, Jimmy Page, na seguinte. E eu estava na plateia em ambas as estreias.

Sou fã dos Yardbirds, e quando eles se rebatizam The New Yardbirds, também viro fã do baterista deles, John Bonham. Junto com Roger, do Action, ele é meu herói da batera. Vou assistir ao Tim Rose — tenho uma queda por esse cantor-compositor norte-americano, e adoro sua versão de "Morning Dew", de Bonnie Dobson —, porque Bonham é o baterista contratado para a turnê. Eu e meu amigo mais antigo, Ronnie Caryl, conversamos sobre esse show no Marquee:

— Deus, o que ele estava fazendo com o pé?

Bonham era incrível.

Por ser um cara assíduo e um fã que leva as coisas a sério, estou frequentemente no lugar e na hora certa: por acompanhar o progresso de Bonham, assisto no Marquee ao primeiro show londrino dos New Yardbirds, em breve renomeados Led Zeppelin. Testemunho alguns shows arrasadores, o máximo de R&B, do Who. Tenho o privilégio de ouvir a música do Yes em seus primeiros anos, por volta de 1968, quando eles eram bons. Como aconteceu com minha futura amizade com Clapton, eu nunca poderia ter imaginado que me tornaria um colaborador próximo de heróis da minha adolescência, como Robert Plant e Pete Townshend, ou que Bill Bruford, do Yes, um dia me ajudaria a me tornar um relutante líder de banda assumindo as baterias do Genesis.

No meio da minha adolescência, na Londres de meados dos anos 1960, aquele presente que Papai Noel dera ao meu eu de 3 anos continuava me rendendo muita alegria. A primeira bateria infantil me situou em uma trajetória que me levou ao epicentro de uma revolução. A bateria continua a me impulsionar para a frente, para cima, às vezes até para os lados. Mas, agora, ela dá o pontapé inicial para algo que vibra na minha cabeça em uma agitação gradativa.

Nessa época eu ainda sou um garoto. Um moleque de colégio. Um estudante que mora longe, a oeste, na cada vez mais claustrofóbica periferia. Isso me dá nos nervos quando começa a atrapalhar minha presença nos shows. A sequência de apresentações noturnas no Marquee normalmente funciona assim: banda de abertura, banda principal, banda de abertura novamente, banda principal de novo. Normalmente consigo assistir aos três primeiros shows, mas preciso ir embora antes do encerramento da banda principal para poder pegar o trem que me deixa em casa a tempo do meu toque de recolher das 22h30. Então, em 24 de janeiro de 1967, Jimi Hendrix toca no Marquee pela primeira vez. O show inaugural do guitarrista norte-americano estreante na casa, aquele que vai entrar para os anais da história do rock como um dos momentos épicos dos anos 1960. Ele é um dos primeiros cantores a apresentar uma longa lista de músicas em vez de duas.

Como quase sempre acontece, sou o primeiro da fila, e consigo logo uma cadeira na primeira fileira... mas então, para minha frustração, tenho que ir embora antes de Hendrix chegar. O último trem para o fim da linha me chama.

Quanto antes eu puder sair daquele bairro, melhor.

3

"Baterista procura banda; baquetas incluídas"

Ou: tentando se dar bem na badalada Londres.
Quão difícil pode ser?

Preciso sair desse lugar. Mas como? Certamente não vai ser por meio da London Assurance, apesar das incansáveis tentativas do meu pai de me convencer a seguir a tradição da família. Sou um garoto típico dos anos 1960, e a rotina de trabalhar das 8 às 17h não combina muito comigo, paizão.

Então, por onde eu escapo, com que meios? A música é a minha paixão, e Londres é o centro global de toda essa cena. Isolado aqui, no fim da linha de Piccadilly, com meu talento na bateria se aperfeiçoando a cada prática, parece que estou tão perto, mas tão longe! Preciso de uma estratégia de fuga, e o ideal é que alguém venha comigo. Por sorte, conheço a pessoa certa.

No começo de 1966, aos 15 anos, chega aos meus ouvidos a notícia de um garoto que aparentemente é tão genial na guitarra quanto eu sou na bateria. Ele é de Hanworth, seguindo direto a estrada depois de Hounslow, e estuda em uma escola de educação artística rival, a Corona Academy. As fofocas entre as escolas de teatro correm, e nos deixam cientes um do outro. As comunidades dos nossos respectivos colégios de música e dança nos acham "descolados".

Descubro onde mora esse suposto craque no dedilhar da guitarra, e em uma manhã de verão caminho vigorosamente alguns quilômetros até a casa dele. Bato na porta e sua mãe atende.

— Por favor, o Ronnie está?

— Ronnie! Tem um garoto de franja loura e camisa rosa aqui na porta para você!

Uma trovoada de pés descendo a escada e ali está, me encarando enigmaticamente, um garoto um pouco mais novo do que eu, com cabelo encaracolado preto e uma grande e interessante boca cheia de dentes.

— Pois não?

— Oi, eu sou Phil Collins. Você quer entrar em um supergrupo?

— Bem, quem mais está nele? — é a resposta de Ronny Carly.

Fico instantaneamente impressionado. Ele não está questionando a ideia de existir um supergrupo formado por meia dúzia de adolescentes na chata Middlesex dos anos 1960. Na teoria, ele topou. Gosto dessa atitude.

— Só você e eu — respondo, confiante.

Em poucos dias Ronnie e eu começamos a tocar na minha sala de estar do número 453 da Hanworth Road, e também brincamos, tentando recriar nossas baladas favoritas do dia: "Cat's Squirrel", "Spoonful" e "NSU", do Cream; "Hey Joe", de Jimi Hendrix — é só pedir que a gente faz uma versão.

Na verdade, posso dizer que começamos a tocar direitinho bem rápido. Tenho uma fita em que Ronnie e eu tocamos por horas a fio, e ela ainda me parece bem impressionante. Apesar do fato de sermos apenas dois, ambos somos bons instrumentistas; a combinação é harmoniosa e tem um tom de blues.

No devido tempo, acrescentamos um baixista, amigo de um amigo chamado Anthony Holmes. Mas logo fica claro que, apesar de *possuir* um baixo, o cara não sabe realmente tocá-lo. Só que isso não intimida Anthony. Ele então toca bem baixinho, para que ninguém perceba se ele sabe ou não. Com nossas apresentações resumidas apenas à sala de estar dos meus pais, isso não chega a ser um problema, tampouco a falta de nome para a nossa banda. Em breve aprendemos todas as músicas do álbum *Fresh Cream*. Também nos dedicamos ao músico John Mayall e a uma impressionante coleção de blues. Se não somos exatamente um supergrupo, certamente somos um trio de respeito.

Dito isso, Lonnie Donegan nos considera um lixo. O "rei do skiffle" é o primeiro pop star que eu conheço pessoalmente quando dá um pulo em nossa casa, em um sábado de manhã, para visitar minha irmã, Carole — agora que ela é patinadora de gelo profissional, eles se cruzaram em algum lugar. Acho que eles têm alguma coisa, ou pelo menos ele queria ter alguma coisa com ela. Ele escuta um dos nossos ensaios, sentado em uma cadeira e vestindo um casaco de pele extraordinariamente grande. Parece meio deslocado nessa paisagem suburbana, assim como sua roupa. Mas quando você é o rei do skiffle, pode fazer o que quiser, penso eu.

Donnegan começa a nos apedrejar. Critica Anthony de modo particularmente brutal. Ele pergunta ao nosso desafortunado baixista:

— Você também não sabe cantar?

Esta pergunta não abala sua confiança, mas confirma o que eu e Ronnie já sabíamos: Anthony gosta da *ideia* de estar em uma banda, e não muito mais do que isso.

Então Donnegan menciona que ele talvez esteja procurando um baterista, e por um segundo vejo um futuro brilhante à minha frente, que vai ajudar a prolongar uma revolução musical que, verdade seja dita, já ultrapassou o skiffle há algum tempo. Infelizmente, percebo que Donegan não tem nenhuma intenção de contratar o irmão de 15 anos de Carole Collins, para começar, porque sou muito jovem para o tumulto de sua agenda frenética de shows. No entanto, ele de fato acha que sou bom, a ponto de sair me oferecendo para que alguma banda me contrate. Apesar do entusiasmo dele, nada acontece.

Pouco tempo depois, Anthony aposenta seu baixo para sempre, mas Ronnie e eu seguimos, destemidos. Melhores amigos para sempre, nossa relação é honesta para o bem e para o mal. Estamos habituados a manter horrendas discussões, normalmente depois de uma ou duas cervejas. Em algum momento dos anos 1960, Ronnie vai se ver com menos um dente, graças a um soco meu. Não me orgulho disso, nem pretendo repetir o feito.

Parceiros musicais e irmãos de banda, Ronnie e eu experimentamos muitas aventuras juntos ao longo dos cinquenta anos seguintes. No começo do espectro temporal, ambos tentamos ingressar no Genesis. Mais à frente nessa linha, quando estou produzindo meu sexto álbum solo, *Dance Into the Light*, de 1996, sei que preciso de um segundo guitarrista para acompanhar Daryl Stuermer, velho de guerra. Convido meu mais antigo amigo para ensaiarmos na Suíça.

Na época, minha banda é composta pela prata da casa dos instrumentistas de Los Angeles, brilhando com sua maestria e com um nível aceitável de tranquilidade. Ronnie, na época, é como sempre foi: um diamante bruto que bebe de tudo, fuma de tudo e, de vez em quando, sai peidando. O choque de culturas é tão imediato quanto inevitável. A trupe de Los Angeles embarca em um motim de silêncio; em uma curta viagem no meu carro, voltando para o hotel, eles me dizem que Ronnie "não serve".

— Ronnie fica na banda ou você sai — replico, tamanho o meu amor e o valor que dou ao seu talento e musicalidade, sem falar no seu bom humor, sempre necessário.

Algumas semanas depois, Ronnie está completamente integrado, e a harmonia reina, como eu acreditava que aconteceria. Conto ao meu mais antigo amigo: "Enquanto eu tiver trabalho, você tem trabalho." Sempre que preciso de um guitarrista, é a ele que recorro. Como sempre foi. Esses são os sólidos laços de alma forjados na fornalha dos primeiros amores musicais. Esses laços me ajudam ao longo da conclusão dos meus estudos nos musicais anos 1960, das sessões de ensaio no quarto até chegar aos pubs, clubes, shows em colônias de férias e muito mais.

Quando chega 1967, o Real Thing está mais para seguro que para real. O entusiasmo selvagem do nosso primeiro combo de estudantes se transformou em empreendimento sério, no sentido de nos tornarmos dançarinos ou atores profissionais, ainda que menos para mim do que para meus antigos parceiros de banda. Mas, sendo eu um jovem arrogante de 16 anos, tenho certeza de que há um caminho livre que vai se abrir para mim mais à frente. Para ser sincero, ainda não estou convencido de que essa então recente banda pop vá durar muito. E, se durar, certamente não será comigo. Mas vou continuar nela até o fim, e então vou participar de alguma gravação em estúdio para outras pessoas. Depois de um bem-sucedido bico, engatilho um show. De uma grande banda. De jazz. Já sou vidrado em Buddy Rich, Count Basie e John Coltrane, e isso parece o caminho natural. Então vou passar o crepúsculo de minha vida tocando no fosso da orquestra em uma das mais importantes apresentações da cena teatral londrina. Os instrumentistas que conheci quando atuei em *Oliver!* me pareciam bem felizes.

Repito aqui: esse parecia o trajeto mais lógico. Mas significava ter de aprender a ler partituras. Voltarei a isso em breve.

Ah, a inocência da juventude. Estamos em 1967, e minha mente de 16 anos está pregada nos discos *Younger Than Yesterday*, dos Byrds, e *Sgt. Pepper's Lonely Hearts Club Band*, dos Beatles. Esses álbuns, pedras fundamentais da história do rock, também são pedras fundamentais da minha vida. Eles saem com uma diferença de cinco meses entre si, e a partir daí tudo muda. Começo a colecionar cartazes inacreditáveis em technicolor, pinto meu quarto de preto — mas agora ele é só meu, pois Clive saiu de casa para se casar com uma mulher muito amável chamada Marilyn e para se dedicar à profissão de cartunista — e cubro uma parede inteira com papel alumínio. Poderiam fincar uma bandeira de aberração da natureza na casa número 453 da Hanworth Road. Ansioso e nervosinho, fico feliz em me inscrever na revolução psicodélica, se me aceitarem. Infelizmente, já estaria comprometido com uma vaca em uma fazenda em Guildford, no condado de Surrey.

Já com alguma experiência conquistada e agora formando da escola Barbara Speake, recebo diversas propostas de atuação. Recuso a maioria, para frustração de minha mãe. Mas decido aceitar um trabalho no cinema a convite da Children's Film Foundation — CFF —, fornecedora saudável de filmes saudáveis para os clubes de cinema de sábado de manhã. Eles proliferam, se tornando muito populares em meados dos anos 1960, explicitamente como lugares em que os pais podem deixar seus filhos com segurança enquanto vão fazer compras. E daí que um filme se chama *Calamity the Cow* [Calamidade, a vaca] e seja improvável encontrar nele qualquer traço de psicodelia divertida? Isso significa que vou ser visto nas telonas por crianças de norte a sul do país. Também significa que vou conseguir juntar algum dinheiro para comprar mais discos, entradas de shows e uniformes militares/de *mods*. Além do mais, o meu papel é o maior do filme — tirando a vaca, claro.

A produção é rodada em Guildford, onde, curiosamente, vou fincar raízes anos mais tarde, quando Eric Clapton e eu nos tornamos vizinhos campestres. Em 1967, Guildford representa, para mim, um lugar que parece muitos quilômetros distante de Hounslow, e lar de um porco de fazenda tão fedorento que sinto seu cheiro até hoje.

Naquele aprazível Verão do Amor, rapidamente fica visível que cometi um erro ao decidir aceitar o papel de protagonista desse filme. Como se trata de uma produção da CFF, direcionada para o entretenimento matinal de sábado, temos de interpretar infantilmente. Muito infantilmente. Infantilmente como nos livros de Enid Blyton. O roteiro pode ser resumido em: garoto encontra vaca, garoto perde vaca, garoto encontra vaca. Eu devia estar progredindo, arrebentando e transgredindo. Em vez disso, estou ficando íntimo do gado.

Para um baterista/estudante rebelde de 16 anos, fascinado por *Sgt. Pepper*, isso é mortificante. É uma sensação que não provoca meu melhor comportamento. Ainda parcialmente munido de meu sotaque meio pivete da Raposa Esperta, decido interpretar meu papel com algo do gingado arrogante do East End. Isso não impressiona o diretor. A parte complicada é que o diretor é também o autor do roteiro. Não muito surpreendentemente, ele é possessivo com seu texto e não está muito a fim de ter sua "visão" atrapalhada por um adolescente melequento.

— Ah, Philip — suspira ele, com seu sotaque australiano aberto, exasperado diante de mais uma tomada com pegada cockney demais —, você não poderia falar *assim* em vez de...

No fim, ele fica cansado de mim e exclui meu personagem: no meio de uma ação, o garoto protagonista desaparece misteriosamente com sua bicicleta.

— Ei, Michael, você realmente precisa fazer esse passeio de bicicleta?

— Sim, acho que preciso... — respondo, desanimado. Saio, perseguido por uma vaca.

O público não recebe nenhuma explicação plausível sobre minha saída; simplesmente desapareço da tela. Com isso, sou descartado das filmagens na metade, mas ainda preciso voltar a tempo de filmar o superclímax de *Calamity the Cow* (alerta de *spoiler*: a vaca ganha o primeiro lugar na exposição do condado). A insatisfação é composta por constrangimento e ampliada por frustração. Suspiro para mim mesmo: *Chega*.

Só que ainda não "chegou". Não exatamente. No começo de 1968, minha mãe me consegue um trabalho em outro filme. Também é uma produção infantil, mas se trata de algo sério: a adaptação de um livro escrito pelo criador de James Bond, Ian Fleming; com roteiro de Roald Dahl; trilha sonora dos Sherman Brothers, compositores da Disney vencedores do Oscar (foram responsáveis por *Mogli: o menino lobo* e por *Mary Poppins*); e direção de Ken Hughes, que trabalhou em um dos filmes do 007, *Casino Royale*, de 1967. Não tenho falas nessa produção — é só figuração, como em *Os reis do iê, iê, iê* —, mas graças a ela fico fora da escola por uma semana, gravando nos famosos Pinewood Studios.

Apesar de tudo, para um garoto de 17 anos irritado com as limitações de sua infância, *O calhambeque mágico* não é nada mau. Pelo menos no papel.

Nos estúdios da Pinewood, há centenas de crianças que atenderam a essa chamada por audições, todas de diferentes escolas de teatro. Há acompanhantes e tutores por todos os lados, e a criançada tenta fugir deles ardilosamente, o máximo que pode. De folga do colégio, quanto menos tarefas escolares, melhor.

Não me lembro de ter conhecido ninguém do elenco. Somos apenas figurantes, então as estrelas não se misturam conosco — nem Dick Van Dyke, nem Benny Hill, nem James Robertson Justice. Mas me lembro de usar alho como um cisto em minha testa, que está enfaixada, sob prescrição médica, com ataduras. Nós, as crianças, cativas do Perseguidor de Criancinhas, devemos parecer combalidas, enlameadas e sujas. Mas na sala de edição minhas ataduras aplicadas com perfeição por um médico chamam a atenção do diretor Ken Hughes e ele me corta do filme. Bola fora novamente, Collins.

Essa foi a pá de cal que faltava para acabar com meu entusiasmo pela carreira de ator. E para ser sincero, pouco me importava. Estamos em 1968, outro momento colossal da música, e algo tinha de rodar.

No ano do *White Album* dos Beatles, do *Odessey and Oracle* dos Zombies, do *Beggars Banquet* dos Rolling Stones, do *Village Green Preservation Society* dos Kinks, de *A Sourceful of Secrets* do Pink Floyd e do *Wheels of Fire* do Cream, abandono o colégio. Faço os testes para o certificado GCE (General Certificate of Education) em artes, língua inglesa e estudos religiosos. Passo raspando. Mesmo se meu futuro fosse, Deus me livre, ser corretor de seguros na cidade, com essas escassas qualificações eu teria dificuldades.

Havia muitos benefícios em estudar na escola de Barbara Speake. Em todo o tempo que passei lá, minha cabeça não estava presente, ou eu não estava presente, ou ambos. Qualquer entusiasmo inicial que eu possa ter tido pelo lugar se devia à chance de escapar da Chiswick Grammar e de conhecer todas aquelas meninas. O objetivo da escola era transformar o aluno em um jovem adulto famoso na carreira teatral. Para mim, isso nunca aconteceria, então eu torcia para sair de lá o quanto antes. Claro que as oportunidades de atuação ajudaram a me apresentar, me empurrando para o palco na frente do público, mas isso nunca pareceu me tornar uma superestrela em nenhuma área.

Precisando de dinheiro, me arrisco mais uma vez no mundo da atuação, com aparições no Piccadilly Theatre em 1969, na minha última participação em *Oliver!*, em um elenco em que Barry Humphries interpreta Fagin. A adaptação cinematográfica feita por Carol Reed no ano anterior renovou o ânimo em torno da peça. Além disso, nessa época sou aquela figura de quem se sente pena: o baterista freelancer sem nenhum frila. Novamente, é a atuação teatral que vai render uma graninha.

Cameron Mckintosh, aos 22 anos, é o assistente de direção de cena dessa vez. Hoje em dia ele é, provavelmente, o homem mais poderoso do teatro, um empresário com um império de 1 bilhão de libras, o homem por trás de *Les Misérables*, *Miss Saigon* e muito,

muito mais. Mas, no finalzinho dos anos 1960, estou mais alto do que ele na hierarquia do Piccadilly Theatre. Digo isso a Mckintosh anos depois, no Palácio de Buckingham. Sir Cameron, Sir Terry Wogan, Sir George Martin, Dame Vera Lynn e eu fomos escolhidos para conhecer a rainha e o príncipe Philip a caminho de uma celebração da música britânica que também contava com Jeff Beck, Jimmy Page, Eric Clapton e Brian May.

Na fila, esperando para nos curvarmos e reverenciarmos as majestades reais, assobio pelos cantos da boca:

— Você sabia, Sir Cameron, que nós trabalhamos juntos em *Oliver!*?

— Não!

— Sim! E aí, o que você tem aprontado desde então?

*

Lá atrás, em 1968, meus anseios se resumem à música. Conto à minha mãe que quero desistir de atuar e que desejo trabalhar como baterista. Ela fala para o meu pai. Dentro das paredes silenciosas da London Assurance, o filho mais novo de Greville Collins ser uma estrela nos palcos e nas telas tem sido motivo de orgulho paternal. Mas tocar com um daqueles grupos *pop*? A curto prazo, ele tem certeza de que, com sorte, eu vou me tornar um desses miseráveis cabeludos que estupram e roubam para conquistar o mundo, pai de uma penca de filhos ilegítimos.

Meu pai me manda para o distrito de Coventry por umas semanas. Simplesmente para de falar comigo, só para demonstrar sua raiva.

Não ligo, não me abalo. Me concentro nas últimas páginas da *Melody Maker*, ou me pego imaginando a frente das blusas fininhas de Lavinia. De vez em quando, faço tudo isso ao mesmo tempo.

Começo a vida de baterista freelancer. Ou melhor: começo a tentar me estabelecer como o tipo de pessoa que poderia ser vista como um baterista freelancer.

Alguns dos meus primeiros contatos profissionais eu devo a Ronnie. Seus pais trabalham *mesmo* com o showbiz. O pai dele, que também se chama Ronnie, é pianista e líder de uma bandinha, de nome muito aventureiro, a Ronnie Caryl Orchestra. A mãe, Celia, é a vocalista da banda, e eles normalmente tocam no Stork Club e no Pigalle, ambos no West End de Londres. Quando estou com tempo e sem dinheiro, me junto a eles.

Os Caryl também têm uma boa rotina tocando em cruzeiros e nas colônias de férias Butlin e Pontin. Nos anos 1960, antes da explosão dos pacotes de viagem dos anos 1970 e muito antes da revolução de barateamento dos voos, as colônias de férias foram essenciais para a vida britânica. Para adolescentes de toda a ilha, também significaram um rito de passagem sexual, já que a ausência de pais e as fileiras de chalés ofereciam muitíssimas oportunidades.

Em um Natal, os Caryl me chamam para entrar na banda que eles montaram para tocar na colônia Pontin de Paignton, no condado de Devon. Faço o possível para me ambientar. Aprendo a modelar meu cabelo com Brylcreem e a colocar gravata-borboleta, visto a jaqueta da banda e logo vejo meus pés dançando valsas, rumbas, *two-steps* e um pouco de rock. Nosso repertório conta com todos os estilos e gêneros.

A Sra. Caryl é uma mulher simpática, dona de um vozeirão e com um charme capaz de contagiar um salão cheio de marmanjos. O Sr. Caryl é um líder de banda refinado e bigodudo, munido de todas as artimanhas do ofício. Ele pode te dar um coice enquanto sorri para a plateia, algo que faz comigo numerosas vezes. Com uma piscada de olhos para os ouvintes que devoram seu frango frito, no meio da performance ele leva a banda para fora do palco a fim de saciar sua sede no bar, me deixando entreter sozinho a multidão com minha apresentação tacanha dos truques de bateria que tenho a meu alcance.

— Quer um solo de bateria, Phil?
— Não!
— Então vai com tudo! ...

Nesses momentos, o palco é meu por algum tempo, que parece não acabar nunca. Enquanto a banda ergue, feliz, seus copos de cerveja brindando a mim, gesticulo freneticamente para que eles voltem ao palco e acabem com meu desespero. E gesticular é um desafio quando se está mantendo o ritmo e segurando duas baquetas.

O solo no palco, é claro, está longe de minha zona de conforto.

Falando sobre aprender o ofício: aprendi muito sobre beber. Mas então, depois do show de encerramento da noite, Ronnie e eu perambulamos animadamente pela colônia de férias, usando com algum gosto a cartada do "tenho uma banda" para todas as garotas que encontramos. E então, em uma noite de sorte, talvez consigamos voltar para o chalé com duas gatinhas devidamente impressionadas.

Há mais ritos de passagem em outro bico que sempre pego nessa época. Por meio do amigo de um amigo, fico sabendo que uma banda precisa de um baterista. O Charge é um grupo semiprofissional de R&B que toca soul norte-americano, liderado por um baixista e vocalista escocês chamado George; uma liderança completamente improvável. Sou, de longe, o melhor músico, mas o menos experiente em shows.

O Charge segue uma linha lucrativa, embora perigosa, ao se aventurar em shows nas bases do Exército dos Estados Unidos em Norfolk e Cambridgeshire. Circulamos pelo interior todo, entulhados em um Ford Transit capenga, tocando os hits do dia das gravadoras Motown e Stax e de James Brown, quanto mais rápido melhor. Com o pôr do sol, os soldados ficam mais animados, mais entusiasmados, mais violentos e mais bêbados. Se é você quem está conduzindo o entretenimento deles, o melhor mesmo é ficar no palco, onde é mais seguro. Parece que a regra no Exército dos Estados Unidos é que em algum momento a corda vai romper; então, quanto mais tempo você puder tocar e distrair todo mundo, menos provável que se envolva em brigas. O Charge toca uma versão dançante do clássico "Night Train", de James Brown, com um vigor satisfatório.

Com 17 anos e mal saído da escola, rapidamente vou desenvolvendo algum tipo de vigor para ficar no palco. Também desenvolvo algum vigor para sair de cena, o que se mostra útil quando o tecladista do Charge me apresenta a um conhecido dele chamado Trevor. Ele também toca teclado — e outras coisas, como o "oboé rosa", nas palavras de Peter Cook, ou seja, o pinto dos outros. Esse rapaz frequenta um fliperama do Soho, um ponto de encontro gay com máquinas caça-níquel. Ele me conta que os Shevelles, uma banda muito famosinha nos palcos dos clubes badalados de Londres, estão procurando um baterista. Dennis Elliot está saindo do grupo, e em breve vai se tornar o baterista do Foreigner.

Nessa época, eu exploro toda e qualquer oportunidade. No Charge, sou um músico profissional em uma banda semiprofissional. Os outros caras têm seus empregos durante o dia, enquanto, para mim, os shows são o *único* emprego. Assim, minha mãe precisa complementar meu escasso salário — talvez umas 5 libras por semana. Ela me ajuda com esse estranho suborno para que eu possa continuar comprando ingressos de shows e passeando com as namoradas. Diferentemente do meu pai, que faz voto de silêncio, ela me apoia muito. Ainda assim, a falta de uma fonte de renda confiável aponta para uma realidade desconfortável: estou preso em uma zona intermediária entre a infância e o mundo adulto, entre o desempregado que fugiu da escola e ainda mora com os pais e o eventual baterista cheio de compromissos.

Ainda sem saber de seu lado decadente, decido dar uma chance a Trevor, que me leva para o Cromwellian Cocktail Bar & Discotheque em Kensington. No andar de cima há um cassino-bar, mas no subsolo funciona uma danceteria bem anos 1960 para o público da casa. Musos talentosos lotam o pequeno palco — Elton John, que ainda atende pelo nome de Reg Dwight, se apresenta com sua banda Bluesology — enquanto instrumentistas visitantes se apresentem para dar uma canja. Ali também é um ponto de encontro gay, e estou prestes a ser firmemente apresentado ao lado mais sujo de Londres em uma noite chocante.

Enquanto estou lá, sentado em meio a uma penumbra de êxtase, esperando minha vez de tocar com os Shevelles, Eric Burdon, do Animals, sobe e pega o microfone. Ainda estou atordoado pela maravilha de ter ouvido a carismática voz de "House of the Rising Sun" quando um dândi magricelo que reconheço imediatamente como Long John Baldry se encosta em nossa mesa.

— E aí, Trevor? — ronrona ele, me dando uma encarada lenta e longa. — Quem é esse?

Em poucos minutos, é a vez de Chris Curtis, baterista do Searchers, chegar. Ele repete a pergunta de Baldry, e começo a me perguntar se realmente estou aqui para um teste musical ou para outro tipo de avaliação.

Finalmente, os Shevelles saem do palco e recolhem seu equipamento. Não sou testado. Trevor tenta aliviar minha decepção me convidando para ir até o apê dele em Kensington. Fico na dúvida, mas já é tarde, e o caminho até o fim da linha de trem é longo.

Sigo para a casa dele. Uma coisa leva a outra — ou seja: a inocência cresce e se torna embaraço. Como ele divide o apartamento, não tenho outra opção senão dormir com Trevor em sua cama. Amedrontado, tento pegar no sono, inquieto, totalmente vestido em cima do lençol. Então a movimentação começa, e logo sinto a mão de alguém me apalpando.

Corro da cama o mais rápido que posso

Nessa época, estou sempre aberto a propostas. Toco em um show esquisito com a Cliff Charles Blues Band, que é muito boa, mas que não desperta muita atenção no mundo da música, e faço uma breve passagem pelo Freehold, outra banda de aluguel sem nenhum real talento na equipe.

A Freehold nos hospeda em um hotelzinho de segunda na Russell Square, em Bloomsbury. É um local típico para músicos pop, cheio de quartos permanentemente reservados para hóspedes interessantes como os roadies das turnês de Jimi Hendrix e da banda The Nice. Jimmy Savile também tem um quarto lá. Rosto conhecido na TV e no rádio — ele foi o apresentador do primeiríssimo episódio de *Top of the Pops*, em 1964 —, raramente está sem companhia no hotel. Um fluxo constante de garotas parece entrar e sair de seu quarto.

Esse hotel é também o lugar em que cruzo com Tony Stratton-Smith pela primeira vez. Uma década antes, quando ele era jornalista esportivo, voou com o Manchester United para cobrir uma disputa da Copa Europeia em Belgrado. Na manhã seguinte à partida, ele perdeu a hora e, com isso, seu voo. O avião caiu depois de uma parada de reabastecimento no aeroporto de Munique, matando 23 das 44 pessoas a bordo, e desse dia em diante Strat passou a só entrar em voos posteriores aos reservados para ele.

Nós dois logo viramos bons amigos, apesar de sua insistência em me chamar de "Pílipi". Strat é um homem nobre e generoso, e se torna essencial para meu futuro e para o futuro do Genesis.

Meu tempo no Freehold chega ao fim quase tão repentinamente como meu início nele, principalmente pelo fato de eu ter me entediado. Persisto, perseguindo aquela grande ruptura inatingível. Ronnie e eu participamos de uma audição para uma banda de suporte a uma versão britânica do quarteto norte-americano Four Tops. Ambos somos aceitos: eu, na batera, Ronnie, no baixo, junto com um tecladista chamado Brian Chatton e com o guitarrista, "Flash" Gordon Smith.

Nós quatro nos autointitulamos Hickory, enquanto os vocalistas são apelidados de The Gladiators. Logo fica visível que os instrumentistas são melhores que os vocalistas, então nós, os Hickory, decidimos pular fora e tentar a sorte sozinhos.

Com muita labuta e alguma sorte, parece que finalmente estou em uma banda de verdade, com perspectivas de verdade. Bastante inspirado, embarco em algo que até agora evitei cuidadosamente: tentar compor uma música.

Em casa, em Hounslow, começo um dia a dedilhar o piano no quarto dos fundos. Fico às voltas com o ré menor — que, como qualquer fã do Spinal Tap sabe, é o acorde mais triste de todos — e vou elegendo algumas ideias líricas. Estou arrasado, vivendo uma desilusão amorosa imaginária provocada pelo simples pensamento de perder Lavinia.

Em pouco tempo acho que tenho algo bom: *"Can't you see it's no ordinary love that I feel for you deep inside? / It's been building up inside of me and it's something that I just can't hide / Why did you leave me lying there, crying there, dying there..."* [Você não enxerga que, no fundo, o que sinto por você não é um amor comum? / É algo que cresce dentro de mim, algo que simplesmente não consigo esconder / Por que você me largou deitado, chorando, morrendo lá? ...].

Eis "Lying, Crying, Dying", e é a primeira música que o Pílipi Collins de 17 anos escreveu na vida. Fico muito satisfeito com minha criação, tanto que resolvo dar outro salto: quero cantá-la também.

O Hickory agenda uma sessão de gravação no Regent Sound, um estúdio de fundo de quintal na Denmark Street. Gravamos quatro faixas, incluindo minha composição, cuja tinta nem secara ainda.

De volta à região oeste de Londres, visito Bruce Rowland. Ele é o filho da minha antiga professora de impostação de voz, Hilda; daqui a um ano, vai tocar com Joe Cocker no festival Woodstock — um divisor de águas — e, logo depois, se tornará baterista na Fairport Convention. Vou comprar a bateria Gretsch dele, um conjunto que guardo até hoje.

Como ele é baterista, pouco mais velho do que eu e claramente destinado a grandes coisas, visito Bruce regularmente em busca de palavras de sabedoria e incentivo. Ele toca para mim "Loving You Is Sweeter than Ever", do Four Tops, me apresentando à frase "escuta a batida. *Linda*. Linda demais". Ele me mostra o álbum duplo ao vivo *Live Dead*, do Grateful Dead, que tem dois bateristas, algo que também ocupará um papel especial na minha vida anos depois.

Com cuidado, toco uma fita da gravação de "Lying, Crying, Dying" do Hickory para Bruce. Para grande alívio meu, ele declara que ama a música. Mais do que isso, que adora minha voz.

— Você devia cantar, não tocar bateria — diz Bruce.

Ninguém nunca elogiou minha voz, provavelmente porque quase ninguém a ouviu depois dos meus dias em *Oliver!* Isso é um belo adendo, mas é tudo que eu consigo ver. Sou baterista, não cantor.

E, temporariamente, sou compositor. Não que eu soubesse isso na época, mas, com minha primeira música, mostrei ao que vim: provei que tenho talento para a composição de músicas tristes, e que aprecio ficar no campo da melancolia. A letra da canção é bem mais ou menos, mas vem direto do coração.

Por meio de outro amigo de um amigo, entramos na órbita de um grupo pop chamado Brotherhood of Man. Com uma formação diferente, eles vão ganhar, em 1976, o Eurovision Song Contest com "Save Your Kisses for Me". Em 1969, John Goodison é membro e compositor do grupo. Por estímulo dele, vamos a um estúdio da CBS Records e gravamos uma cançãozinha pop simples, "Green Light". É nossa primeira experiência em um estúdio de verdade, e estamos gravando um single. Parece que finalmente me dei bem!

Quem dera. "Green Light" é um fracasso, mas o Hickory, destemido, continua a se apresentar em Londres, tocando em clubes suspeitos e fazendo shows, em sua maioria, com versões cover como "Do I Still Figure in Your Life", de Joe Cocker, "I Can't Let Maggie Go", de Honeybus, e duas de Tim Hardin: "Hang on to a Dream" e "Reason to Believe".

O Hickory ensaia na ilha de Eel Pie, no salão de eventos de um hotel perto das instalações do Converted Cruiser Club. Assim como a amizade de minha mãe com o dono do hotel facilitou a escolha desse ancoradouro para o clube naval, também deu à nossa banda acesso à melhor pista de dança de toda a Inglaterra. Não sabemos dançar, mas ensaiamos bastante.

Um dia, dois cavalheiros distintos, muito bem-vestidos, vêm nos assistir. Os compositores Ken Howard e Alan Blaikley são moradores de Hampstead e *habitués* da cena da Swinging London, a Londres moderninha e artística. Esses homens transformadores, agitadores, encantadores, escreveram todas as principais músicas do Herd, que tinha um jovem Peter Frampton como vocalista, e de Dave Dee, Dozy, Beaky, Mick & Tich. Sucessos, muitos sucessos — "The Legend of Xanadu", "Bend It" e muitos outros. São figurinhas frequentes em um clube na Wardour Street, no Soho, chamado La Chasse. Os músicos batem ponto no local, popular pela proximidade com o Marquee, para beber. Todos os caras de bandas se reúnem lá, enfurnados em um espaço modesto, do tamanho de uma sala de estar, na frente do bar — ou, no caso de Keith Moon, atrás do bar.

Quando não está nas baquetas do Who, Moonie parece gostar de brincar de barman no La Chasse. Pago uma rodada para todo mundo com ele numa noite, e ele me devolve mais dinheiro do que eu tinha entregado. Outra razão para amá-lo.

Brian Chatton, o tecladista do Hickory, um carinha boa-pinta de Bolton, mora no West End e é frequentador assíduo do La Chasse. Sempre de olho em novos talentos, Howard e Blaikley ficam em cima dele.

Uma noite, terminada sua gim-tônica, Howard e Blaikley comentam com Brian que estão compondo um álbum conceitual. O *Ark 2* tem como temática a evacuação de uma Terra agonizante, assunto muito corriqueiro no crepúsculo dos anos 1960: há homens voando para a Lua; a corrida espacial está a todo vapor; muita gente está bem doida. Essa dupla, movida a jato de foguete, já tem as músicas; só precisa dos músicos para executá-las. Brian toma a decisão mais acertada e os convida para conhecer sua banda.

Agora, olha eles aqui, na ilha de Eel Pie, assistindo ao ensaio do Hickory. Estamos nervosos por causa dessa audição com camaradas tão bem conectados. Antes disso, meu otimismo com o futuro da banda havia rapidamente se tornado pessimismo — "Lying, Crying, Dying" nunca passou de uma música de demonstração, e mais uma vez parecemos não chegar a lugar algum. Mas aqui estão duas figuras ao estilo Svengali com o potencial de nos dar um gás até a Lua.

Howard e Blaikley gostam do que ouvem, e, sem muita comemoração, o Hickory conquista o posto de veículo interestelar tripulado por seu álbum da era espacial. Decidimos decolar antes mesmo de ouvir qualquer das músicas.

Ronnie, Brian, Flash e eu viajamos para um belo bairro da velha Hampstead para ouvir as demos de *Ark 2*. A casa de Howard e Blaikley é o típico lar luxuoso dos anos 1960, uma residência aristocrática imaculada em vários andares com grama no terraço. E a casa vai se provar o lugar perfeito para olhar para a Lua na noite de 20 para 21 de julho de 1969, quando Neil Armstrong dá seu pequeno passo, gigantesco salto.

Suas demos são, no mínimo, grosseiras, algo que não é ajudado pelas débeis vozes de Howard e Blaikley como vocalistas. O material sonoro vai se constituindo de um modo que se assemelha a um "musical de rock", o que só se soma ao meu acelerado ceticismo: na minha cabeça, aquele "conceito" é coisa de estudante, de adolescente. Do lado do magistral *Tommy*, do Who, lançado naquele maio, o *Ark 2* corre o risco de ser considerado um pouco, bem... idiota.

Mas somos uma banda desesperançosa para a qual esses dois caras, donos de um monte de singles campeões de vendas e crítica, acabam de oferecer uma salvação. Com Brian e Flash no comando dos vocais — ambos são grandes vocalistas — e Ronnie e eu providenciando uma máquina musical elegantemente afinada, o Hickory está confiante de que podemos dar um *up* nesse projeto.

Gravamos nos estúdios De Lane Lea em Holborn, sob os cuidadosos olhos dos produtores Howard e Blaikley. O arranjador Harold Geller é o segundo na linha de comando e já trabalhou com a dupla muitas vezes. Brian e Flash cantam a maioria das músicas, embora eu decole num interlúdio estilo teatro de revista chamado "Jupiter: Bring of Jollity", embora também seja o vocalista principal em "Space Child". Howard e Blaikley trocam nosso nome para Flaming Youth, expressão tirada de um discurso de Franklin D. Roosevelt. "The temper of our youth has become more restless, more critical, more challenging. Flaming youth has become a flaming question" [A índole da nossa juventude se tornou mais inquieta, mais crítica, mais desafiadora. A juventude ardente se tornou uma questão ardente], disse o 32º presidente dos Estados Unidos ao Baltimore Young Democratic Club em 1936.

O *Ark 2* é lançado com um truque publicitário no planetário de Londres. O pessoal metido a descolado dos anos 1960 chega de dois em dois. A essa altura estou me contorcendo com toda essa psicodelia enganosa e ultrafabricada; ela é, ao mesmo tempo, pretensiosa e caricata. Sendo um jovem cabeça-dura de 18 anos, também não aceito a tendência de Howard e Blaikley de nos tratar como se fôssemos criações deles, um quarteto completamente pré-fabricado pelas mãos deles.

Porém, para nossa agradável surpresa, o álbum recebe boas críticas. Para a *Melody Maker*, ele chega a ser o melhor disco de outubro de 1969 ("adult music beautifully played with nice tight harmonies" [música adulta belamente tocada com harmonias bem-amarradas], superando outro lançamento notável do mesmo mês, o *Led Zeppelin II*. Não é a última vez que sou o culpado por estragar as coisas para o Led Zeppelin.

E o álbum se sai bem até internacionalmente. Bem, os holandeses gostam dele, tanto que a Flaming Youth viaja para Amsterdã a fim de gravar uma performance com cinco músicas. É a primeira vez que saio da Inglaterra, a primeira vez que me apresento na TV, mas não a primeira vez que enceno na frente das câmeras. Tudo não passa de mímica.

Em Amsterdã, Howard e Blaikley nos levam para seus lugares favoritos. Estes carregam suas próprias surpresas, como meu primeiro encontro com uma travesti. Eu achava que Londres era badalada, mas a capital da festa da Holanda ganha em todos os quesitos. Apesar de minhas preocupações com a música que estamos sendo forçados a tocar, não posso negar que o *Ark 2* está me conduzindo a novos mundos interessantes.

Ainda assim, apesar das boas-novas e do entusiasmo dos Países Baixos, o *Ark 2* não faz muita diferença, para sorte do Flaming Youth. Ensaiamos até nossos rostos ficarem azuis, refinando nosso estilo e chegando a um novo paradigma, que lembra o pop organizado do Yes. Mas ainda somos uma boa e sólida banda de rock em nossas melhores apresentações no palco. Agora, estamos nos apresentando cada vez menos, e todos os shows que fazemos vêm em duas partes: uma delas consiste em pequenos arranjos de coisas interessantes — a versão do Vanilla Fudge de "You Keep Me Hangin' On", um "With a Little Help from My Friends" à la Joe Cocker e uma das minhas músicas favoritas dos Beatles, "I'm Only Sleeping", além de algumas produções próprias nossas —, e a outra metade é do *Ark 2*. Ao vivo, o álbum não é mais movido a foguetes: é decepcionante. O público fica tão perplexo quanto nós. A viabilidade futura do Flaming Youth se tornou a questão ardente.

Consigo perceber que estamos por um fio, então dou a cara a tapa e começo a procurar outras coisas. Levo Ronnie comigo para ver se consigo algo para nós dois, mas também tento sozinho encontrar uma vaga de baterista. Até agora, minha carreira musical profissional se resumiu a dizer sim para toda e qualquer oportunidade, o que só fez me frustrar com os resultados. Está na hora de insistir um pouco mais e ser empreendedor.

Me torno um candidato profissional em audições, sempre perscrutando os anúncios de "precisa-se de músico" nas páginas finais da *Melody Maker*. Se anunciaram na revista, é porque o trabalho tem alguma integridade. Faço tentativas infrutíferas para o Vinegar Joe, futuro lar de Robert Palmer e de Elkie Brooks. Falho ao tentar impressionar Manfred Mann Chapter Three, um projeto de jazz-rock experimental do produtivo líder de banda Manfred Mann. Tento até mesmo uma audição com o Bunch, uma banda em atividade, mas indescritível, de Bournemouth.

Bem, no caso desta última, não tento exatamente uma audição: quando descubro, pelo telefone, que eles estão instalados na costa sul inglesa, digo que não posso ir porque minha mãe não gosta que eu viaje. Só Deus sabe o que pensaram de mim. "Playboyzinho de Londres" ou "filhinho da mamãe", provavelmente. Não consegui pensar em uma desculpa melhor. Não me ocorreu que eu acabara de viajar para a Holanda. Na verdade, não gostei da ideia de fazer aquela longa jornada de trem, eu e minha bateria.

Estou tomado de um sentimento de urgência nervosa, mas também da sensação de não saber que caminho tomar. Fui o primeiro da fila, praticamente acampei no Marquee, vi todos os bons shows diariamente. Fiquei perto de todos aqueles novos talentos incendiários — The Who, Hendrix, Page, Plant, Bonham, Beck — e, frequentemente, no comecinho de suas carreiras. Encostei nas bainhas de suas bocas de sino. Tão perto, tão longe.

Me preparei e passei a me arriscar. Quando o Yes toca no Marquee em frente a cinquenta corajosas almas, corro para os bastidores no intervalo porque ouvi dizer que Bill Bruford está prestes a voltar para a Leeds University. O líder do grupo, Jon Anderson, me dá seu número, mas nunca me dou o trabalho de ligar. Não sei por quê, mas de vez em quando me pergunto: como teria sido minha vida se eu tivesse aceitado fazer uma audição para o Yes?

À medida que os anos 1970 vão nascendo, e com isso chega ao fim o primeiro ano de minha idade adulta, começo a batalhar por comida, dinheiro e um futuro. Já toquei em algumas bandas, e nenhuma teve grande sucesso. Estou faminto, mas ainda estou preso em Hounslow, e tudo isso combina com a tristeza de morar no fim da linha. Um fato subjacente ao vazio da minha existência é que agora moro sozinho.

Enquanto minha vida dá pequenos passos, há grandes mudanças no número 453 da Hanworth Road. Sem fazer muitos floreios, todo mundo deu o fora e a família Collins se desintegrou. Clive e Carole têm suas respectivas vidas adultas, e o relacionamento dos meus pais acabou. Minha mãe começou a passar cada vez mais tempo na casa de Barbara Speake, mais perto do trabalho. Meu pai está ansioso para se aposentar e para chegar ao momento em que finalmente poderá deixar a barba crescer. Ele visita frequentemente a cidade litorânea de Weston-super-Mare, e fica várias semanas lá. É um lugar que ele aprendeu a amar durante a guerra, quando nossa família foi transferida pela London Assurance e ele foi aquartelado como parte do destacamento local do Exército dos Pais, a Home Guard.

Então, embora eu tecnicamente tenha um teto sobre a cabeça, minha alma não tem residência fixa.

Preciso sair desse lugar. Mas como?

É quando um Beatle resolve me dar um refresco...

4

All Things Must Pass, e passarão

Ou: (não) conheça os Beatles.

Quando a oportunidade bate à porta, estou, literalmente, saindo da banheira da casa em que cresci. É uma silenciosa tarde de quinta-feira; na maior parte do tempo eu moro sozinho na deserta — exceto por mim — casa dos Collins, e minha única expectativa é ver o *Top of the Pops* na TV, acompanhado de chá com uma torrada coberta de feijão. Talvez eu veja TV e jante só de cueca. Só porque eu posso. Estamos em maio de 1970, tenho 19 anos e os badalados anos 1960 acabaram, enfim. Que comecem os ensopados anos 1970.

Continuo sendo uma estrela menor na órbita de Ken Howard e Alan Blaikley. Eles são colegas de um cara chamado Martin, outro conhecido do La Chasse, que por acaso é motorista de Ringo Starr. Uma noite, no clube, Martin pergunta a Blaikley se ele conhece bons percussionistas:

— Claro, vou encontrar alguém — responde Blaikley.

Ele me liga quando ainda estou pingando do banho.

— O que você vai fazer hoje à noite? — ele quer saber.

— Bem, vai passar o *Top of the Pops*... — respondo, saindo pela tangente. Ultimamente, ver bandas promovendo seus singles na revista semanal televisionada é o mais próximo que chego de shows ao vivo.

— Deixa disso. Quer ir ao Abbey Road para uma sessão?

Ele não me dá nenhum detalhe do artista principal que vai fazer a gravação em estúdio, mas, ao ouvir "Abbey Road", subitamente meu desinteresse começa a desaparecer. Não importa quem seja. Vou poder ver onde os Beatles gravaram! Apenas umas semanas antes McCartney anunciou que estava deixando a banda, e seu primeiro álbum, *McCartney*, acabou de sair. Não se fala em outra coisa que não o fim dos Fab Four. "Let It Be", o canto do cisne, a despedida dos Beatles, mal chegou às lojas e já existe uma intensa discussão na imprensa musical sobre o primeiro álbum solo pós-Beatles.

Enquanto estou de pé e pingando, de toalha, fico pensando, mas não consigo avançar muito. Nesse ponto de minha carreira musical obstinadamente embrionária, marcada por inícios e paradas, essa é a chance de demonstrar meus talentos na bateria para um artista bom a ponto de agendar uma sessão no Abbey Road. Sou um baterista freelancer sem frila, e isso é um frila.

— A que horas eu chego?

Me visto a caráter para a ocasião: camiseta e calça jeans. Sou um cara de 19 anos com cabelo comprido, e esse é o meu estilo. Chamo um táxi, embarco nele e fico extraordinariamente contente em poder pedir o seguinte destino:

— Para a Abbey Road, por favor, motorista.

Quando chego, Martin, o motorista de Ringo, está esperando na entrada do estúdio em St. John's Wood, área noroeste de Londres.

— Entra, entra! Nós estávamos te esperando.

— Sério? Eu? — pergunto. — E quem é "nós"?

Ele me leva para dentro e batemos um papo.

— Eles já estão aqui há quatro semanas — diz. — Gastaram *mil libras*. E não gravaram nada.

Me pego pensando: "Caramba, isso deve ser sério."

Entro no Abbey Road Studio Two, uma cena que hoje em dia é famosa. O elenco dessa misteriosa "gravação" está no meio de uma sessão de fotos, o que significa que todos os envolvidos estão em fila: George Harrison com seu cabelão (me sinto até bem com meu penteado nesse momento); Ringo Starr; o produtor Phil Spector; Mel Evans, o lendário produtor de turnês dos Beatles; uns membros do Badfinger; Klaus Voormann, um artista plástico que virou baixista; Billy Preston, virtuose do órgão elétrico modelo Hammond; Peter Drake, estrela das guitarras estilo *pedal steel*; e Ken Scott e Phil McDonald, os engenheiros de som dos Beatles.

Mais tarde vou me lembrar do pessoal dessas sessões e reparar que Ginger Baker ainda não estava no grupo na época. Descubro também, depois, que Eric Clapton havia acabado de sair quando cheguei.

A ficha cai: aquela dinâmica toda é George preparando seu primeiro álbum solo pós-Beatles, e eu, de repente, caí no meio disso. Bem, à beira disso.

Todos param de falar quando entro. Recebo aquela olhada coletiva e sarcástica: *Quem é esse moleque?*

— O percussionista chegou — anuncia o motorista, Martin.

Eu realmente não sei qual é o meu papel naquele processo, mas "percussionista" me parece adequado, ainda que eu não me considere exatamente isso. De todo modo, não há tempo para tirar dúvidas, porque agora George está realmente falando comigo.

— Nossa, cara — ele diz, de modo arrastado, naquele conhecido dialeto *scouse* —, por pouco você não chega a tempo para estar na fotografia.

Rio nervosamente, meio envergonhado.

Estou tremendo na minha calça boca de sino? Não mesmo. Digamos que estou confiante, mas não presunçoso. Eu sei que tenho trabalho pela frente: em primeiro lugar, impressionar a galera; depois, tocar bem a percussão — uma habilidade que nada tem a ver com tocar bem bateria. Percussão pode significar um monte de coisas diferentes, compreendendo congas, bongôs, pandeiros e muito mais. Não se trata apenas de bater em um instrumento diferente; cada um possui sua própria arte. Eu já sei disso, mas logo vou descobrir as peculiaridades.

O clima é... relaxado. Não há nenhum cientista altamente treinado da EMI vestido com jaleco branco de laboratório, mas também não há, ainda, nenhum sinal de fumo. Mais tarde leio que George instalou ali uma área de incenso, mas não sinto cheiro de nada esquisito.

Com a sessão de fotos terminada, todos voltam às suas posições. Sou levado para o andar de cima, até a sala de controle, a mesmíssima em que George Martin se sentou durante a monumental exibição *Our World*, em 1967, quando os Beatles apresentaram "All You Need Is Love" para 400 milhões de telespectadores. Sentado na mesma cadeira de produtor em que Martin ficara anos antes está Spector, que décadas mais tarde se envolveria em casos de homicídio. Somos apresentados, e ele é educado, mal puxando conversa. Momento sombrio: sala escura e ambiente pesado. Pelo menos não há nenhuma arma na sala. Não que eu consiga enxergar algo, aliás.

Desço a escada e Mel Evans, com seus óculos gigantes e sua franja curta — até a equipe de apoio dos Beatles era mítica —, me mostra o meu lugar.

— Aqui estão as suas congas, garoto. Do lado da bateria do Ringo.

Fico encarando aquela bateria. *Quero encostar nessa bateria*. Sentir essa bateria. Se eu achasse que conseguiria encostar minha bochecha no couro dos pandeiros e sair impune, teria feito isso. *Como é que o Ringo conecta o microfone na sua bateria? Olha! Ele coloca uma toalha em cima do tarol. Que interessante*.

A meu ver, Ringo é um excelente baterista. Nesse período, ele está recebendo críticas pesadas. Mas eu sempre achei, e ainda acho, que aquilo que ele tocava era mágico. Não era sorte. Ele tinha um tato incrível. E sabe disso. Anos depois, quando nos encontramos em melhores condições, digo a ele que sou seu defensor. Naquela época, o baterista norte-americano Buddy Rich não parava de xingá-lo, e até Lennon o colocava para baixo.

Aquilo era legal, né? O mundo ouvindo que você não é nem mesmo o melhor baterista dos Beatles. Eu me lembro de ler uma entrevista na *Modern Drummer* — eu a lia religiosamente — em que Ringo dizia que as pessoas comentavam coisas do tipo "é engraçadinho como o Ringo preenche os silêncios das músicas com suas batidinhas". Com muita razão, ele se chateava com isso. "Nem batidinhas nem engraçadinhas. O que eu faço é coisa séria", defendia-se. Quando você escuta "A Day in the Life", vê que é algo realmente fantástico, complexo, incomum, heterodoxo. Não é nem um pouco simples, como Ringo faz parecer. Então, quando é necessário, saio, feliz e contente, em defesa de Ringo Starr.

Enfim, Abbey Road, uma quinta-feira à noite no fim da primavera/começo do verão de 1970. Estou com minhas congas, Ringo está à minha direita e Billy Preston à minha esquerda. Em algum lugar, George e Klaus. Vamos gravar uma música chamada "Art of Dying".

Ninguém se prontifica a tocar a música para mim antes da gravação. Nada disso. Nem George, nem Ringo, nem Spector. Ninguém me entrega um roteiro, tampouco. Não sei minha entrada nem minha saída. George não se aproxima para fazer isso. Não me entrega nada. Ele está por ali, fazendo alguma coisa, balançando a cabeça, sei lá.

Em vez disso, ouço a contagem:

— Um, dois, três, quatro!

Depois de uma tomada inicial, muito pouco preliminar, cometo um erro. Infelizmente, não seria o último. Realmente não fumo mais, mas estou tão nervoso e ansioso para me encaixar naquele grupo que peço a Billy Preston:

— Me passa um cigarrinho?

— Claro, garoto.

Em pouco tempo não consigo parar de fumar. Pego dois cigarros de Billy e roubo mais dois de Ringo. Estou me sentindo mal, e não é só porque estou rapidamente tragando quase um maço inteiro. Sinto que estou tirando todos do sério. Anos depois, eu devia entregar um prêmio a Ringo no Mojo Awards, e já tinha separado um maço de Marlboro para ele. Infelizmente, passo mal e não consigo comparecer à cerimônia. Então, o fato é que ainda devo aqueles cigarros a Ringo.

Não passa muito tempo e Billy começa a gritar comigo:

— Caralho, cara! Compra uma porra de um maço!

Bem, pelo menos é isso que ele parece dizer. É o único momento realmente esquisito durante tudo isso. Pelo menos foi o que achei.

A noite cai. Estamos tocando e tocando, e eu, tragando e tragando (e mendigando e mendigando). Estou usando fones de ouvido, e escuto as instruções de Spector:

— Ok, vamos ouvir só as guitarras, o baixo e a bateria agora... E agora só o baixo, o teclado e a bateria...

E assim, pelo jeito, é que ele fazia aquelas gravações maravilhosas. E toda vez que ele diz "bateria", eu acabo tocando. Prefiro errar para mais, por precaução, do que para menos, correndo o risco de ouvir o famoso grito (para não dizer "tiro") eufórico de Spector: "Por que você não está tocando, cara?" Então eu toco, e continuo tocando. Por não ser um percussionista e por causa da ansiedade, talvez toque mais do que devia. Então eu estou *dando conta*! Uma hora depois, minhas mãos estão daquele jeito. Vermelhas, cheias de bolhas. Muito depois, vou ter experiências parecidas com o percussionista favorito de Elton John, Ray Cooper, um grande instrumentista que sempre se supera. As paredes saem ensanguentadas. Não é à toa que Elton o adora.

Uma dúzia de tomadas depois, ainda não me pediram para tocar nada em particular. Então toquei apenas aquilo que achei que fosse apropriado. Continuo tocando, tocando, tocando. Depois desse tempo todo, não recebo nenhum feedback de Spector, o que é meio desconcertante. Mas tento me encaixar, parecer bacana, sem deixar a peteca — ou a baqueta — cair.

Em dado momento, Martin, o motorista, se aproxima de mim e pergunta se está tudo bem.

— Claro, claro. Ótimo. Tem um cigarro? — respondo, já pedindo.

Finalmente, depois de incontáveis performances de "Art of Dying", ouço as fatídicas palavras de Spector:

— Ótimo, pessoal. Congas, chegou sua vez. Pode tocar agora?

Nem mesmo tenho um nome! E o pior: ele nem me escutou ainda. Nenhuma vez.

Estou lá, olhando para as minhas mãos sangrando, provavelmente meio tonto de tanto cigarro, e penso: "Spector, seu *canalha*. Minhas mãos estão trucidadas e você nem me ouviu."

Billy e Ringo, um de cada lado, riem. Vejo que estão com pena de mim. Sabem que trabalhei duro, e devem entender quão nervoso aquele adolescente está. Quão nervoso ele deve estar a noite inteira. Tão entusiasmado no começo e, depois, cruelmente baleado.

Porém, isso pelo menos quebra o gelo, e nós tocamos a música mais algumas vezes. Então, todos desaparecem. Assim, do nada. Saio e ligo para Lavinia do telefone público do salão de entrada.

— Você nunca vai acreditar onde eu estou! No Abbey Road! Com os Beatles! — Na verdade, o que estou dizendo é: — Caralho, não acredito na minha sorte. Você vai mesmo querer dar uns amassos comigo depois disso!

Mãos machucadas? Que mãos machucadas?

Volto para um passeio no estúdio vazio. Ele está parecendo aquela embarcação, *Mary Celeste*, encontrada vazia, à deriva, no século XIX. George, Ringo, Billy, Klaus, Mal — todos sumiram. É evidente que deve estar acontecendo uma festa em algum lugar, e é evidente que não fui convidado. Então Martin, o motorista, aparece.

— Oi, acho que encerramos por hoje. Acho que eles vão assistir a um jogo — diz ele, indicando a tentação de ver uma partida de futebol da Inglaterra na TV.

— Puxa, não consegui me despedir de ninguém... — foi o que consegui responder, triste. Não tive oportunidade de dizer "Valeu, Ringo. Valeu, George, pegue meu telefone. Billy, se um dia estiver de novo na cidade..." Nada assim. Tudo que tive foi Martin, o motorista, me perguntando se eu precisava de um táxi.

Já está escuro quando vou embora. Faço a longa viagem até em casa me lembrando claramente de cada nota da sessão. Minhas mãos ainda estão ensanguentadas, latejantes, mas sou um pretenso músico com 19 anos de idade e acabei de gravar no Abbey Road. *Com os Beatles*! Tudo bem, tudo bem, com metade dos Beatles. Ainda assim, vitória.

Algumas semanas depois, recebo o cheque pelo correio. É da EMI, no valor de 15 libras, e se refere a serviços prestados ao Sr. George Harrison, na produção do álbum *All Things Must Pass*. Eu até teria guardado o cheque como lembrança, se não tivesse precisado desesperadamente do dinheiro.

O próximo passo é adquirir o álbum em pré-venda. Vou até a loja que frequento em Hounslow, a Memry Discs.

— Quero encomendar o álbum do George Harrison, o *All Things Must Pass*. Eu toquei nele, sabia? — Não digo isso. E não *acho* que tenha dito. Acho que não seria capaz disso.

Então, depois de uma espera interminável, no fim de novembro, o telefone toca.

— Olá! Sr. Collins? É da Memry Discs. O seu disco chegou.

Sim. O *meu* disco. E finalmente está nas lojas.

Eu poderia ir andando até lá, mas é urgente. Pego o ônibus — 110, 111, 120, não importa: todos eles passam pela loja. Pago pelo disco, que é lindo. Aquela embalagem charmosa, com álbum triplo, tudo em uma caixinha. Saio do estabelecimento virando o álbum nas mãos, pensando: "Aqui dentro... eu estou aqui... em um disco dos Beatles."

Já na calçada, abro a embalagem. Os olhos correm para os créditos. Klaus Voormann... Ginger Baker... Billy Preston... Ringo Starr... Todos estão devidamente citados, os figurões que vi no estúdio naquela noite, e alguns mais, de Eric a Ginger, até o futuro baterista do Yes, Alan White, e o posteriormente saxofonista dos Stones, Bobby Keys. Todos lá. Todos, menos eu. Deve ter sido um erro. *Meu nome não está lá.* Eles me deixaram de fora.

Que tremenda decepção. Estou arrasado. Mas logo me animo. Bem, deixa pra lá. Vou para casa escutar. Se não consigo ver meu nome na capa, pelo menos me ouço nas ranhuras do disco. Mas, assim que a agulha toca o biscoito e a música começa, percebo que não estou em "Art of Dying". Nem mesmo usaram o arranjo em que trabalhei. *Meu Deus!* O que está acontecendo?

Nessa época, ainda não conheço o conceito de gravar diferentes versões de uma música. Sim, já participei do *Ark 2* com o Flaming Youth. Mas, tirando isso, sou um jovenzinho mal saído das fraldas que mal frequentou estúdios de gravação, muito menos o mais famoso estúdio do mundo, com o mais famoso produtor norte-americano do mundo, com um *Beatle*. Não faço ideia de que isso tudo é feijão com arroz para Phil Spector: "Vamos descartar as gravações da semana passada. Tive uma nova ideia..."

Vou do êxtase à depressão.

Não é como se eu tivesse pensado: "Bem, vou ter notícias de George Harrison hoje. Quando ele partir em turnê em carreira solo, vou ser seu baterista. Ou pelo menos o carinha que toca as congas." Mas pelo menos o *All Things Must Pass* estaria no meu currículo, certo?

Esse tipo de experiência, esse tipo de legitimação, é extremamente importante para mim. Esqueça *Oliver!*, ou o fato de que eu aparecia em livros de agência como um ator infantil de prestígio. Ali eu poderia ser um concorrente, mas atuar não me interessava. Tudo o que eu quero ser é baterista, por isso já mapeei a vida inteira na minha cabeça: ser famosinho enquanto puder, depois tocar nos shows da banda de Ray McVay às sextas e sábados no Lyceum. Talvez fazer algumas sessões em estúdio e, se eu aprender a ler partitura, tocar no fosso da orquestra.

E aí caio da cama: recebo uma ligação para tocar com um Beatle em seu primeiro álbum solo pós-Beatles. Esqueça o fosso, o vaivém de showzinhos e de apresentações em festas vespertinas. Vou ser um baterista de verdade!

E aí eu caio da cama 2: esse mesmo Beatle me corta do álbum, e ninguém se dá o trabalho de me contar. Primeiro me tiram de *Os reis do iê, iê, iê*, e agora isso. O que será que eu fiz de mal para os Fab Four?

All Things Must Pass, e passarão. Escrevi, para mim mesmo, uma história para relatar os acontecimentos em torno daquele fatídico dia em Abbey Road. Várias histórias. Afinal, tive trinta anos para juntar memórias daquele encontro cheio de mágoas e literalmente ensanguentado, tentando encontrar motivos para que tivessem me rejeitado. Trinta anos para justificar o fato de que os músicos heróis da minha adolescência decidiram me driblar, me dar um perdido e, depois, me jogar fora.

Então, e foi isso que eu disse a mim mesmo, eis o que aconteceu: *eles decidiram tentar outras coisas na produção da música*. É claro que tinha sido isso. Afinal, o produtor era Phil Spector, conhecido justamente por essa prática. Era um cara genialmente louco, e um dia ficaria ainda mais louco.

Ou então: *George resolveu deixar a música com outra cara*. Aposto que sim. Esse era o seu disco pós-Beatles, com o qual ele tinha de causar boa impressão — um álbum triplo, com 28 faixas, uma cacetada de ideias. Era mais do que *natural* que ele mudasse conceitualmente o rumo de "Art of Dying".

Além do mais, era George Harrison, dos Beatles. O Silencioso. Ele tinha motivos para ser chamado assim. Não chega a surpreender que não tenha me contado.

*

Em um dia de 1982, estou com Gary Brooker — do Procol Harum — no estúdio Farm, trabalhando em seu álbum *Lead Me to the Water*.

— Vamos chamar o Eric ou o George para a guitarra? — pergunta Gary, que passou os últimos dois anos em turnê na banda de Clapton. Ao mesmo tempo, conhece Harrison: também tocou em *All Things Must Pass*, mas ao menos seu piano sobreviveu à edição.

Então, só porque pode, Gary convida ambos para tocar guitarra, e os dois aceitam. Quando George chega, eu me apresento:

— Sim, George. Nós já nos conhecemos... — começo, e então conto a ele sobre aquela noite de maio em Abbey Road, 12 anos antes.

— Sério, Phil? Eu não me lembro disso mesmo.

Fantástico! Um Beatle arruinou minha vida e nem mesmo se lembra do que sucedeu. Se eu já estava me sentindo mal, imagine...

Pelo menos George me relaxa em relação à outra questão. Falavam que eu devia entrar para a banda Wings, de seu antigo parceiro McCartney. Esses rumores eram falsos, embora parecessem uma ideia intrigante. George me assegura, rapidamente, que aquela não era a oportunidade que eu estava esperando. Me tornar o quinto baterista do Wings teria sido "um destino pior que a morte".

Enfim: ainda não consegui ficar contente com isso. Ao longo dos anos 1980 e 1990, quando as coisas estavam muito bem, nada conseguia me livrar dessa problemática pulga atrás da orelha. Eu realmente havia sido jogado para escanteio do *All Things Must Pass* por não ser bom o suficiente?

Em 1999, estou na festa de aniversário de 60 anos da lenda da Fórmula 1 Jackie Stewart. Nos conhecemos nos movimentados anos 1980, e nos damos muito bem. Jackie me levava para práticas de tiro ao alvo — de objetos voadores, como pombos de argila —, o que não era muito a minha praia, e eu arrumava ingressos para ele ir a shows do Genesis, convidando seus filhos, Paul e Mark, para minhas apresentações.

Para consolidar ainda mais nossa amizade, ocorreu o fato de, em 1996, eu comprar a casa de Jackie na Suíça. Então, pelo final dos anos 1990, quando ele está inaugurando a equipe de corrida Stewart Grand Prix com seu filho Paul, já somos grandes amigos. Eu nunca havia ido a uma disputa dessas, mas George e Eric são muito fãs de corridas automobilísticas. Então, minha esposa Orianne e eu somos convidados para esses belos fins de semana — vamos para o autódromo de Hockenheim e conhecemos Schumacher, Coulthard, Barrichello e todos os outros membros da elite dos pilotos de Fórmula 1. O dia da corrida é um show à parte, porque você nunca vê nada em um Grand Prix. O ideal mesmo é ficar em uma caravana e assistir a tudo pela TV. O dia de testes e de classificatórias, por outro lado, é pura alegria. A mais refinada hospitalidade da alta velocidade.

Aqui estamos, na festa de aniversário de Jackie, em sua nova casa no Reino Unido, perto de Chequers, a residência oficial de campo do primeiro-ministro inglês, em Buckinghamshire. Entre os presentes há grandes apostadores, aristocratas e pilotos de corrida. Estou em uma mesa com os filhos da princesa Anne, Zara e Peter. Também presente, como não podia deixar de ser, George.

Até então, eu já o havia encontrado algumas vezes com Eric. Passei a vê-lo como um homem muito admirável, meu Beatle favorito. Então, acho que já somos íntimos o suficiente para eu mandar, alegremente, um "E aí, George, como você está?" E mais uma vez, discretamente (ou assim espero), pergunto sobre o *All Things Must Pass*. Infrutífero. Nenhuma lembrança. Nada, nada, nada.

Talvez, tendo passado trinta anos, eu devesse finalmente acreditar na versão de George sobre sua obra-prima solo. *All Things Must Pass*, tudo deve passar, especialmente minha rejeição com um dos melhores álbuns de todos os tempos.

Um ano depois, um jornalista musical se aproxima de mim na cidade alemã de Hockenheim.

— Phil, você participou do *All Things Must Pass*, não foi? — pergunta ele, do nada.

Por dentro, estou confirmando com um "SIM! Participei, sim!" Mas, em vez disso, resolvo fingir que não me importo e respondo algo como "Bem, isso é uma longa história...". E ele rebate:

— Você sabia que o George está remixando o disco para uma edição comemorativa de trinta anos dele? Eu conheço o George. Assim que ele conseguir todas as fitas-mestras, vou pedir para encontrar a sua gravação.

Bem, depois de tanto tempo, não fico tão extasiado. No fundo, no fundo, não tenho certeza se vou voltar a saber sobre esse assunto. Então, na quarta-feira seguinte, recebo um pacotinho pelo correio. É uma fita acompanhada de uma carta manuscrita.

— Caro Phil. Será que essa é a sua parte? Com carinho, George.

Logo penso: *"Finalmente!* Em algum lugar nessa fita..." É quase como se eu estivesse com o Santo Graal nas mãos — o Santo Graal das gravações juvenis de conga, ressaltemos. "Eu não estava sonhando! E George não precisou recorrer àquela loja de Tóquio famosa por contrabandear qualquer artigo dos Fab Four." Afinal, eu mesmo já tinha ido a essa loja e não havia encontrado a gravação. "Foi o próprio George que me mandou isso."

Não escuto a fita imediatamente. Não posso. Mas, finalmente, entro sombriamente no meu estúdio de casa. Fecho a porta, puxo uma cadeira, coloco a fita e aperto o *play*. Fico ansioso, escuto uns silvos, e logo entra a bateria.

Bá-dá-tat dum!

Então o som das congas explode nas caixas de som. Para ouvidos treinados, as falhas daquela algazarra de espasmos sem ritmo é imediatamente aparente. *Meu Jesus Todo-Poderoso!* Desliguem isso!

Tinham dado liberdade demais àquele bebezinho hiperativo. Bem, é possível reconhecer que o instrumentista tinha algum talento — não está completamente perdido. Mas, para qualquer um que fosse responsável por fazer os cortes, era evidente que aquela parte devia ser perdida! "Alguém ponha esse moleque para fora!"

Estou chocadíssimo. Não me lembro de ter me saído tão mal. Estou tocando muito freneticamente, muito nervoso, com muito amadorismo. E, claramente, longe dos padrões dos Srs. Harrison e Spector.

A fita vai acabando à medida que as pessoas vão parando de tocar os instrumentos. Então, ouço uma voz distinta. É Harrison falando com Spector:

— Phil? Phil? Você acha que podemos tocar mais uma vez, mas sem o carinha da conga?

Volto quatro ou cinco vezes, até ter certeza de que ouvi corretamente — Harrison gritando com Spector, me descartando para a lata de lixo: a realização dos meus piores pesadelos.

Phil? Phil? Você acha que podemos tocar mais uma vez, mas sem o carinha da conga?

De repente, e finalmente, a verdade. Todos esses anos eu pensava — esperava — que eles tivessem decidido seguir outra direção musical naquela faixa do álbum. Já estava consolado, tinha arrefecido minha decepção diante de uma espera de trinta anos estagnado nesse pensamento. E agora me dou conta: fui demitido. Eles não haviam desaparecido para assistir a uma partida de futebol ou para se drogar. Estavam se livrando de mim. Alguém deve ter dito: "Dá um perdido no carinha da conga. Vamos cair fora." Qualquer um faria isso na falta do que dizer, especialmente quando se é uma grande estrela do rock. As pessoas caem fora e deixam o trabalho sujo para Martin, o motorista: driblar o moleque de 19 anos.

Alguns dias depois, enquanto estou colocando meu filho mais novo, Mathew, para dormir na cama, o telefone toca. É Jackie Stewart.

— E aí, Phil? Como vai? — inicia o bate-papo, mas logo emenda: — Achei que fosse te ver no tributo a John Lennon no Royal Albert Hall, umas noites atrás...

— Mas houve um show? — respondo, tentando soar indiferente. — Nem sabia.

— Houve, foi uma noite incrível. Tinha um monte de bateristas lá.

— Sério mesmo?

— Sim. E um monte de caras que tocam conga.

Fico meio perdido. Desde quando Sir Jackie Stewart, lenda das corridas e campeão de tiro ao alvo, está interessado em instrumentistas de conga?

— Estou aqui com um amigo seu, e ele quer dar uma palavrinha contigo.

Ele então passa o telefone para George Harrison, que começa a falar:

— Oi, Phil. Recebeu a fita?

E finalmente trinta anos de mágoa extravasam:

— George, seu maldito.

— Hein? Por quê?

— Bem, por trinta anos eu nutri minha própria versão do que teria acontecido naquela noite. Por que eu teria sido cortado do *All Things Must Pass*. E agora descubro que eu era tão ruim que você e o filho da puta do Phil Spector me demitiram.

— *Não, não, não!* Fizemos aquela fita uns dias atrás — fala Harrison, rindo.

— Hein? Como assim?

— O Ray Cooper estava no estúdio me ajudando a remixar o álbum. Pedi para ele tocar congas muito mal em "Art of Dying" só para nós gravarmos uma tomada especialmente para você!

Digo e repito: George, seu maldito. Trinta anos nesse turbilhão de emoções e, agora, mais esse baque. Não era eu na fita. Era Cooper, caçoando de mim com Harrison.

Passa um tempo até que eu entenda o lado engraçado, especialmente quando George me confirma que — pelo menos em suas lembranças — eu não fui demitido.

E George em algum momento me conta o que aconteceu com a verdadeira gravação? Não. Ele não se lembra. Não tem nenhuma recordação daquelas sessões. Acredito, mas acho difícil entender. Como alguém não se lembraria da produção de *All Things Must Pass*? Havia tantas lembranças ali, mas ainda assim ele parece ter perdido boa parte delas. Talvez haja tanta coisa para ser lembrada por um Beatle que às vezes é mais fácil esquecer.

No encarte que acompanhava a edição comemorativa de trinta anos, lançada em março de 2001, sete meses antes de ele morrer, havia novas anotações do próprio George. E, finalmente, apareço ali: "Não me lembro disso, mas aparentemente Phil Collins, ainda jovem, participou..."

George, que Deus o abençoe, me mandou um exemplar da reedição remixada do álbum. É maravilhoso, mas, é claro, teria sido imensuravelmente aprimorado se a "minha" versão de "Art of Dying" tivesse sido incluída.

Ainda tenho aquela fita em que ele tirou sarro de mim. É um dos meus tesouros. Dedico este capítulo a você, George — seu maldito adorável.

5
A gênese do Genesis

Ou: os começos dos meus começos.

A primavera está terminando e se tornando verão em 1970, e posso descrever meu humor como florido e murcho ao mesmo tempo. Sendo otimista, eu estive no Abbey Road com dois Beatles, e tenho os dedos e as palmas das mãos em carne viva, cheios de bolhas, como prova. Até onde sei, estou escalado para o álbum *All Things Must Pass*, que só tem estrela. Apesar das mãos exaustas, isso é o máximo na vida de um baterista de 19 anos tremulamente ambicioso com suas baquetas.

Sendo pessimista, o Flaming Youth, para ser elogioso, está no máximo em banho-maria. O *Ark 2* tinha planejado atingir o centro do Sol, mas acabou se estatelando na Terra. Sei que sou um bom baterista, mas não imagino, nem por um segundo, que George Harrison vai me convidar para participar de sua banda de turnê. Preciso de um emprego em tempo integral, ou de um emprego melhor. Preferencialmente, os dois.

Toda quinta-feira corro até a banca de jornais e compro as publicações sobre música da semana — todas elas. Como qualquer fã de futebol, eu leio de trás para a frente. Escrutino os anúncios de emprego, descartando os que acho inadequados: "Quarteto de *skiffle* procura percussionista. Exigências: ter a própria *washboard* e dentes"; "Banda *country* contrata baterista calmo com chapéu de caubói". Também estudo as listas de shows para ver que grupos são mais solicitados em suas agendas. Estou empenhado em evitar outra banda de fundo de quintal como o que se tornou o Flaming Youth. Quero sair, ser ouvido por gente, além de nós mesmos.

Finalmente, um anúncio me chama a atenção, porque é rodeado por uma moldura, o que é sempre um bom sinal (se pagaram um pouquinho mais por essa moldura, devem estar levando a coisa a sério): "Tony Stratton-Smith procura guitarrista de 12 cordas e baterista sensíveis à música acústica." Somente uma dessas palavras se aplica a mim, embora em um bom dia eu prefira acreditar que sou "sensível" às necessidades da minha namorada. Como assim música acústica? Essa é uma definição muito rasa. Mas, no final, eu decido: "Foda-se. Sou baterista. Vou assim mesmo."

Um dos motivos de meu interesse é essa menção a Stratton-Smith. Eu o conheço de minhas idas ao Russell Hotel, com o Freehold. Desde então, ele garantiu algum sucesso como empresário dos Koobas, um grupo *beat* de Liverpool, e da Creation, uma banda de rock de Hertfordshire — seus singles "Making Time" e "Pinter Man" ficaram, ambos, no topo das listas. Sei, também, que ele acabou de fundar seu próprio selo musical, o Carisma. Não sou lá muito fã do Creation, e muito menos dos Koobas, mas gosto de Strat e o respeito, e ele gosta de mim. Seu envolvimento no projeto sugere que essa banda talvez seja algo fora da caixinha. Na noite seguinte, procuro Strat no Marques, um de seus lugares favoritos para as biritas. Pago um drinque para ele, refresco sua memória em relação à minha experiência ("Você provavelmente se lembra do Freehold. Não?") e tento cair de paraquedas em sua banda.

— Não, não, não, meu querido — diz Strat. — Esses camaradas são exigentes. Você vai precisar ligar para eles. E vai ter que fazer uma audição.

Esses "camaradas exigentes", me conta ele, são o Genesis. Não sei muito sobre eles, a não ser que estão sempre aparecendo nas contracapas da *Melody Maker* — portanto, uma banda que vive fazendo shows.

Ligo para meu velho amigo Ronnie Caryl. Acho que, se nos apresentarmos nessa audição como um pacote completo, temos mais chances de conseguir o trabalho. Ele não tem muita experiência com a guitarra de 12 cordas, mas é um ótimo guitarrista e certamente vai conseguir se preparar com pouca antecedência. Ronnie, tão obstinado quanto eu para ter uma alternativa ao Flaming Youth, concorda.

Ligo para o telefone que Strat forneceu e falo com o vocalista do Genesis, que parece estar cuidando das audições. Ele é um cara de voz macia e tom cortês, mas apreensivo, que atende pelo nome de Peter Gabriel. Falo das minhas credenciais e das de Ronnie, sendo bem sincero, mas enfatizando nossa sensibilidade para a música acústica, e ele nos pede, com muita polidez e civilidade, que compareçamos à casa de seus pais em Chobham, condado de Surrey, em uma semana.

Então nós decidimos tentar. E fazemos isso seguindo no carro fodido de Ronnie, um já decadente Morris Minor, lotando-o com as guitarras do meu amigo e com minha bateria Gretsch, que comprei de Bruce Rowland. Saímos de Londres dirigindo rumo a sudoeste, a caminho de Surrey. Passamos por muitas, muitas árvores. Eu já havia visto árvores antes — estou longe de ser um sábio, mas não sou tão imbecil —, mas esse é o primeiro indício de que estou viajando para um território inexplorado. Percebo que sou um cara urbano e que estamos nos frondosos condados domésticos. E em seguida pensamos: "Nossa, o pessoal daqui é endinheirado."

Depois de alguma leitura confusa do mapa e de algumas curvas feitas erroneamente em estradas vicinais, chegamos ao endereço informado. Ronnie vai subindo com seu Morris Minor um caminho pedregoso, e paramos do lado de fora de um palacete de campo superdimensionado, lindo. A bateria e as guitarras parecem estar pulando do carro, instantaneamente fazendo todo o cenário se tornar muito menos arrumado. De repente me dou conta do meu figurino. Minhas surradas calças boca de sino e minha camiseta têm um ar meio baixo padrão demais para esse trabalho. Toco a campainha, e depois de uma aparente eternidade uma senhora de meia-idade, de aparência distinta, abre a porta. De algum modo, a Sra. Gabriel nota que não estamos aqui como vendedores da *Encyclopædia Britannica* ou candidatos a membros do seu clube de *bridge*. Com certeza, estamos aqui para concorrer às vagas no grupo de pop do seu filho.

— Ah, entrem — ela convida, sorrindo. — Vocês estão um pouco adiantados. Fiquem à vontade para esperar na piscina.

Eu penso: "Uau, árvores *e* uma piscina!" Tudo muito bonito. Se pelo menos eu tivesse trazido minha roupa de banho para essa audição de rock... Mas, com ou sem roupa de banho, resolvo dar um mergulho. Se aprendi algo nos últimos anos, foi a agarrar toda e qualquer oportunidade. Quem sabe quando vou ter outra chance de mergulhar em uma piscina aquecida privativa no campo? Displicentemente, tiro meu jeans, fico só com minha cueca cinza, e então pulo. A piscina é maravilhosa. Isso é luxo de primeira classe.

Chegamos a alguns bateristas por antecedência, e, enquanto brinco na piscina, ouço meus rivais passando o som. O padrão é decente, e logo começo a apreciar o que estou enfrentando. Deixo a cabeça submersa um pouco mais de tempo, acalmando meu nervosismo. Mais tarde descubro que o pai de Peter trabalha na rede de televisão ATV. Ou talvez seja dono da rede.

Refrescado, arrasto minha Gretsch até o jardim e, seguindo as orientações da Sra. Gabriel, vou direto para o terraço nos fundos, tentando não derrubar nenhuma das cerâmicas ou estátuas. A primeira pessoa que vejo é um cara alto, de aparência distinta, calçando pantufas e vestindo o que parece ser um roupão bem ao estilo Noël Coward.

Para compor a indumentária, só falta inalar um cigarro Sobranie em uma piteira. Ele parece jovial, mas incrivelmente casual: o tipo de cara que você quer ser quando crescer. Mas, se esse é o pai de Peter Gabriel, quantos anos tem Gabriel?

Acontece que não é o pai dele, é seu parceiro de banda: Mike Rutherford, de 19 anos, é baixista e guitarrista do Genesis. Como o meu pai, o pai dele tem grande experiência com barcos. A diferença é que o pai dele ocupa a elevadíssima posição de almirante na Marinha Real Britânica.

Um grande piano foi levado para o terraço, e pairando nas sombras, prestes a tocar o instrumento, está outro rapaz. Ele se apresenta como Tony Banks, o tecladista de 20 anos de idade do Genesis.

Minhas primeiras impressões? Não tenho, de fato, nenhuma. Tony é tão reservado que chega a ser invisível, outro carinha tão educado que não é grosso nem com uma mosca — a não ser, logo descobrirei, que essa mosca toque a nota errada.

E finalmente conheço Peter Gabriel. Ele tem 20 anos e está vestido com elegância, como seus parceiros de banda. Sua índole pode ser resumida como hesitante: uma mão apertando o outro braço no cotovelo, um cara quase tímido, muito envergonhado, NÃO OLHE PARA MIM, NÃO ESTOU AQUI. Ele é o responsável — bem, seus pais são os responsáveis, já que esta é a casa deles —, mas não quer parecer o responsável.

— Hum... — começa ele —, talvez seja legal a gente ir para dentro e escutar o álbum na sala.

Esses três, descubro depois, são amigos desde o colégio. Sua *alma mater* é a Charterhouse School, em Surrey, um internato particular religioso enorme e exclusivo — para não dizer caro —, com 400 anos de idade e significativa reputação educacional. Trata-se de um estabelecimento apenas para meninos que, por definição, preza pela tradição, o patrimônio, a herança, a disciplina, a conquista esportiva e acadêmica e muito de uma fraseologia e terminologia enigmática. Ex-pupilos como Mike, Peter e Tony são conhecidos como os *old carthusian*. A Charterhouse também reivindica ter colaborado na invenção do futebol.

Para resumir: é uma instituição Esnobe, com *E* maiúsculo, nada parecida com a Barbara Speake Stage School.

Peter e Tony se conheceram quando ingressaram na Charterhouse em 1963, e Mike, quando entrou um ano depois. O Genesis se formou em 1967, com a junção de duas bandas de escola, contando com colegas como Anthony Phillips na guitarra e Chris Stewart na bateria. Naquele ano, Jonathan King — um *old carthusian* que teve algum sucesso na indústria musical — se tornou o "empresário" do quinteto, e garantiu a eles um acordo de gravação com a londrina Decca.

Com o nome de Genesis (sugestão de King), eles lançaram o primeiro single, "The Silent Sun", em fevereiro de 1968. Naquele verão, Chris Stewart deixou o grupo e foi substituído na bateria por outro garoto da Charterhouse, John Silver. Em agosto, o Genesis gastou dez dias de suas férias escolares de verão para gravar o álbum de estreia, *From Genesis to Revelation*, lançado em março de 1969. Tony Banks daria a entender, mais tarde, que, "depois de mais ou menos um ano", o disco tinha vendido "649 cópias".

No verão de 1969, com estudos já concluídos, o Genesis se reagrupou para cogitar um segundo álbum. Antes de conseguirem fazer isso, no entanto, perderam outro baterista, e Silver foi substituído por John Mayhew. Ele era um carpinteiro eventual que estava procurando trabalho como baterista quando Mike deparou com uma apresentação dele. O Genesis tocou seu primeiro álbum em setembro de 1969 numa festa de aniversário de um adolescente. Agora, 100% dedicados à banda, começaram a ensaiar e a tocar em qualquer lugar, a qualquer momento. Não era de admirar que eu topasse repetidamente com o nome da banda nas páginas da *Melody Maker*. Na primavera de 1970, no meio de uma residência de seis semanas no Upstairs at Ronnie's — um bar com palco para shows no Ronnie Scott's Jazz Club, no Soho —, Tony Stratton-Smith foi assistir a sua apresentação. Prontamente, ele os encaminhou para um acordo de agenciamento e gravação com o selo Charisma Records.

Em junho, o Genesis começou a gravar o que viria a ser seu segundo álbum, *Trespass*, no Trident Studios, no Soho, com o produtor John Anthony. No entanto, em julho, antes de o álbum ser lançado, Ant Phillips anunciou que estava deixando a banda. Ele estava doente por excesso de trabalho, e também atormentado pelo medo do palco.

Isso abateu fortemente Mike, Tony e Peter. Ant foi um dos membros fundadores, um amigo dos velhos tempos, um grande músico. Como Mike diria tempos depois: "Esse foi o momento em que chegamos mais perto de rompermos. Por algum motivo, nos sentíamos tão próximos que, se um saísse, achávamos que não poderíamos continuar. De todas as mudanças que tivemos de enfrentar, sobreviver à saída de Ant foi a mais difícil."

Mas eles decidiram prosseguir com um novo guitarrista, com a ressalva de Tony de que eles também tinham a oportunidade de substituir Mayhew por — sendo brutalmente sincero — um baterista melhor. A perda de bateristas estava virando, definitivamente, um hábito para aqueles caras. Bem, pelo menos não estavam entrando em combustão espontânea. Ao menos não que eu estivesse percebendo.

Devido a tudo isso, houve o anúncio na *Melody Maker* em julho de 1970 — quando Tony, Mike e Peter já passaram por muita coisa em seus sete anos de amizade e produção musical. Eles têm certos métodos, certas expectativas e, certamente, um jeito específico de se relacionar um com o outro.

Vou demorar um bocado até entender essas dinâmicas. Tony e Peter, por exemplo, são, ao mesmo tempo, os melhores amigos e os piores inimigos. Tony é explosivo, mas isso só se mostra para mim mais tarde, quando Peter e Tony se revezam em seus acessos raivosos enquanto saem dos estúdios. Mike preserva um equilíbrio delicado entre os dois. Mas os três são o que são: ex-alunos de um colégio de elite tradicional e exclusiva, com todos os privilégios e bagagem proporcionados por esse tipo de histórico. Criados imaculadamente como autoridades e cavalheiros de um tempo que já passou — talvez uma forragem menos óbvia para um grupo de rock ascendendo do tumulto dos badalados anos 1960.

Do mesmo modo, não sei, neste momento, se eles são dados a discordâncias e, portanto, quanta coisa está por trás dessas audições. Tampouco estou ciente de quão frágil é a simetria criativa elegantemente balanceada do Genesis. Anteriormente, a banda teve a vantagem de contar com duas duplas de compositores: Mike e Ant, Tony e Peter. E então se reduziram a três membros.

Assim, o clima hoje na mansão de Gabriel é delicado e tenso. Assim como assustadoramente reservado, altamente estressante, nem um pouco rarefeito e terrivelmente tenso. Para resumir, então, nada parecido comigo e com meu histórico. Como poderia dar certo?

Mas há uma coisa que todos temos em comum: somos bons músicos.

Nesse momento, entretanto, Ronnie e eu desconhecemos essas sutilezas e enigmas. Estamos sentados ao lado de um bando de outros jovens esperançosos desorientados, em uma gigantesca sala que evoca uma atmosfera cavernosa, sobretudo pela ausência do grande piano, agora no terraço. Fora de casa, perto da piscina, ele se esconde embaixo de um gigantesco guarda-sol. É uma natureza-morta, um Salvador Dalí visto pelos olhos de Storm Thorgerson, uma imagem com ambição de ser capa de um álbum de rock progressivo dos anos 1970.

Peter aparece empunhando o ainda não lançado *Trespass*. Ele toca três faixas: "Stagnation", "Looking for Someone", "The Knife". Para ser bem franco, não tenho ideia do que fazer com isso. Não consigo perceber muito bem a bateria — é meio desajeitada, sem muito ritmo. Há algumas harmonias suaves, que me lembram Crosby, Stills & Nash. Mas o disco inteiro me parece meio gelatinoso. Você poderia enfiar o dedo nele que, ainda assim, ele manteria o mesmo formato.

Ronnie vai na frente, tentando a sorte, tocando com Mike. Em mãos a guitarra de 12 cordas. Então, logo que Mike reaparece, finalmente chega minha vez. Vamos para o terraço. Baseado nessa exposição rápida e sem direito a repetição das faixas do *Trespass* — um álbum com apenas seis faixas, com média de uns sete minutos cada —, tento causar boa impressão no Genesis. Agora, enquanto Tony toca piano, Mike guitarra e Peter o seu bumbo (ele se autoproclama baterista, o que vai se provar perigoso nos meses e anos subsequentes), devo fazer minha entrada com o que quer que eu ache adequado, e nos momentos solicitados.

Tocamos três ou quatro músicas, inclusive o épico que fecha o álbum *Trespass*, "The Knife", bem como alguns fragmentos acústicos, para eles verem como sou sensível em relação à música acústica.

Sou o único baterista do dia, e tento adivinhar quão bem — ou mal — me saí. Em vão. Esses rapazes são ex-alunos ingleses de elite, tensíssimos: a reserva e a polidez são suas principais técnicas de batalha. Sérios, avisaram que "fariam contato".

Ronnie e eu juntamos nossa bateria e nossas guitarras, entulhamos tudo no Morris Minor e começamos nosso caminho de volta a Londres, de volta ao mundo de verdade.

— Sinto que você foi muito mal — opina Ronnie, cerimonioso. — Acho que fui bem, mas você, com certeza, estragou tudo.

— Sério? — respondo. — Não, acho que fiz tudo certinho. — E novamente começamos a brigar.

À medida que nos aproximarmos dos limites de Londres, começo a sentir cada vez menos certeza sobre a qualidade de minha performance. Não consegui deduzir a reação daqueles caras! Nenhum dos três disse algo como "Isso foi ótimo!". Ninguém se pronunciou; não é o costume deles. Eles iriam conversar seriamente sobre tudo depois. No seu tempo, sem ser apressado por ninguém — muito menos por um esforçado baterista de Hounslow que está procurando emprego —, o Genesis tomaria uma decisão.

Mais tarde eu descobriria que, assim que me sentei para tocar, Peter sabia que eu era o cara certo; aparentemente, o modo seguro como montei minha bateria demonstrou isso. Mike estava menos convicto. Tony, silenciosamente confiante. Mas a historiografia não registrou a opinião da Sra. Gabriel.

Em 8 de agosto, enquanto estou sentado na poltrona de courinho vermelho e ferro fundido branco do número 453 da Hanworth Road, o telefone toca. Uma voz que vou me acostumar a ouvir nos anos seguintes diz, na ligação cheia de cortes:

— Ehm, hum, ah... alô, Phil? Quem fala é Peter Gabriel. Do Genesis. Você foi escolhido para o trabalho, se quiser.

— Sim, Peter, muito obrigado.

Tento dar uma de descolado, mas por dentro estou pulando de alegria. Finalmente encontrei uma banda, ou vice-versa. Até que enfim vou tocar bateria para uma plateia. Nada pode ser melhor do que isso.

Mas vamos colocar as coisas em ordem: ligo para Ronnie.

— Parece que consegui o trabalho com o Genesis.

— Aê! Eles falaram algo sobre mim?

— Hum... não...

— Que merda! Mas, bem, acho que meu estilo é muito blues para eles...

A decepção de Ronnie é compreensível, e também vai levar um bom tempo para passar. Ele vai frequentar religiosamente os shows do Genesis em Londres em apoio a seu velho amigo, mas também, religiosamente, vai sempre nos criticar. Todo fim de show vai ser a mesma coisa: birita, bravata, crítica, sintomas de uma amizade de vida inteira.

Poucos dias depois da ligação o Genesis e seu novo (quinto) baterista se reúnem no escritório de Strat na Charisma, no Soho. Já sinto que subi um nível ou três na carreira. Uma reunião de banda, no Soho, no escritório do nosso empresário, que também agencia as bandas Van Der Graaf Generator e Lindisfarne. Depois de tanto tempo do lado de fora, procurando uma chance, agora sou agraciado com uma oportunidade no centro de tudo. Estou em uma banda que grava para um selo na indústria musical. Eles têm até uma van de turnê! Bem, ao menos têm acesso a uma van de turnê. Uma van de turnê alugada.

A reunião termina bem. O detalhe sobre o Genesis receber um salário semanal de 10 libras é uma surpresa bem-vinda, pois dobra o nível de renda com que estou acostumado. Então, Tony, Mike e Peter largam a bomba:

— Vamos tirar duas semanas de férias para nos reagruparmos.

Fico boquiaberto. Não tenho do que *reagrupar*. Só quero *grupar*! Para ser mais claro: como eu vou ganhar dinheiro?

Então meu sonho de rock'n'roll escorre pelo ralo antes mesmo de começar. Não tenho outra opção a não ser me entregar à ideia de um pensamento francamente odioso: um emprego diário.

Nessa época, posso novamente chamar Lavinia de minha namorada. Ela chegou à conclusão, nesta semana, que gostava de mim, apesar de possivelmente mudar de ideia até sábado. Seus pais são, como sempre, muito simpáticos comigo, e até tentam convencê-la a termos um relacionamento mais solto. Eu conseguiria lidar com isso.

Na pindaíba, sem dinheiro nem para sair com Lavinia, sinto que não tenho alternativa a não ser explorar nosso mais recente episódio de "namoro estável": pergunto ao pai dela se ele tem algum trabalho para mim. Fred Lang é empreiteiro, pau para toda obra, atualmente trabalhando em um grande projeto de decoração de exteriores em Wembley. Grato, mas nem um pouco aflito, troco minhas baquetas por pincéis. O rock, e meu papel no futuro dele, vão ter que esperar um pouquinho mais.

O trabalho envolve repintar todas as janelas e superfícies de madeira do lado de fora da casa desse pobre casal insuspeito. Pintar mesmo é a parte mais fácil. A preparação — remover a tinta antiga e tratar a madeira crua — é que é de morrer. E como a tinta velha normalmente tem chumbo entre os seus componentes, é bem capaz de você morrer mesmo.

Como sou um adolescente irritável e frustrado, além de músico desesperado para passar dos primeiros passos, estou com zero paciência para coisas metódicas como remoção de tinta antiga, especialmente se tenho que fazer isso ao ar livre, durante um verão inglês gelado e úmido. A finesse meticulosa que mais tarde vou aplicar em minhas demos, e mesmo em meus trens em miniatura, não se mostra aqui. O que é uma pena, porque o que esse emprego exige é justamente finesse. Mas, de algum modo, dou conta de dar uma tapeada aos olhos de Fred e finjo que a tal preparação foi levada a cabo perfeitamente, o que me permite executar o estágio final da pintura.

Em relação a carregar a mão na tinta, reconheço ser muito talentoso. No cadeado do galpão do jardim, nas fechaduras das portas, nas esquadrias das janelas — e assim vai, com descuidos a torto e a direito. Claro, deixei um pouco a desejar nas linhas retas que contornavam as janelas. Mas quando descobrirem esses atalhos no meu trabalho manual já vou estar longe. Entretanto, não me ocorre que zonear o local de trabalho do pai da minha namorada talvez não seja a melhor ideia para um esperançoso jovem pretendente.

Depois das duas semanas mais longas da história, Peter, Mike e Tony voltam de férias. Como todos eles moram no entorno de Surrey, e eu, longe, no oeste de Londres, Mike me convida para ficar na casa dos seus pais em Farnham. É outro casarão, apesar de ter um clima muito caloroso e doméstico. Com muita alegria, me despeço de Londres e me mudo para a casa de Mike, resolvendo, também, que nunca mais pegaria em um pincel.

O resto da minha vida finalmente se inicia, pontuado pela nova sequência de músicas dos primeiros ensaios do Genesis em setembro de 1970, nos Maltings, um complexo de Farnham que mais parece um celeiro, coberto de cocô de pombo. Montamos nosso equipamento e começamos a tocar com o que posso descrever como um entusiasmo nebuloso: vários amigos de escolas de elite de Peter, Tony e Mike aparecem, e eu descubro novos alimentos exóticos, como as pastas Marmite e tahine, e tudo isso é constantemente cercado pelo doce cheiro de grama.

Uma presença constante é Richard MacPhail. Ele foi vocalista do Anon, uma das bandas pré-Genesis da Charterhouse. É produtor de turnês e engenheiro de som, além de um grande maconheiro. Talvez tenha que ser, já que dorme nos Maltings, dividindo a cama com pombos e seu guano, cuidando do equipamento. Ele me apresenta às maravilhas da experiência de ouvir música com fones de ouvido. O álbum *Déjà Vu*, de Crosby, Stills & Nash, mal saiu e Richard já consegue o LP, enrola um enorme baseado e me ensina e a Mike a submergirmos nas harmonias sônicas imponentes de "Carry On". Não é exatamente uma abertura completa das portas da percepção, mas a onda bate.

Eu gosto de morar na casa dos pais de Mike. Tem ovos cozidos no café da manhã e sempre alguém preparando alguma coisa no fogão. Por alguma razão, também escuto frequentemente Mike e Tony conversando sobre algo que chamam de *kedgeree*. Não faço ideia do que seja isso.

Se eu me sinto meio jeca? Sem dúvida, um pouco. Mas eu já sei que posso contribuir para o Genesis. Com algo de que a banda precisa. Não só com minha habilidade musical, apesar de estar ciente de que, comigo na bateria, posso deixar aquele manjar tão rígido quanto precisamos que ele seja.

O mundo em que cresceram Peter, Mike e Tony é diferente do meu. Nossas famílias, classes, formações escolares — se fôssemos anotar, veríamos que não podíamos estar mais distantes. Durante toda a experiência anterior do Genesis com apresentações e gravações, eles ficaram enclausurados. Eu aprendi aos trancos e barrancos da vida de um ator e músico freelancer. Trabalhei no palco do West End de Londres, fui assíduo no Marquee, baterista de um raio quase cômico de tão diverso de grupos, bandas e combinações. Fui do luxo ao lixo no badalado Soho dos anos 1960, e tenho energia, ímpeto e entusiasmo para provar. Posso aplicar tudo isso a esse Genesis mais conservador e menos mundano.

E também sou um engenhoso piadista, um atributo capaz de melhorar o humor de qualquer um e que é útil quando Peter, Mike e Tony voltam às suas briguinhas típicas de crianças no recreio. Quando eles começam a discutir sobre quem roubou o transferidor de quem, posso sempre intervir com minha simpatia aprazível. Minha personalidade e minha habilidade de quebrar o gelo é exatamente do que esses alunos engomadinhos de elite precisam, mesmo que não saibam disso. A discrição inglesa não leva ninguém muito longe. Analogamente, minha limitada experiência como compositor significa que vou acabar sendo o arranjador musical da banda nesses primeiros anos, mas que também vou conseguir rearranjar seus humores.

Diante de tudo isso, para mim, esse é o emprego perfeito. O Genesis é uma banda ocupada, com shows, bem-vista e com acordo de gravação. Acima de tudo, eu gosto desses caras. Eles são interessantes. Não rolam blues de 12 compassos aqui. Nós somos diferentes, mas temos muito em comum. Eu posso fazer isso dar certo. Definitivamente, posso.

6

Do Javali Azul à cabeça de raposa

Ou: Genesis em turnê...
com roupas extravagantes.

Ensaiando nos Maltings, nossa química fica rapidamente aparente. É um velho celeiro amistoso, e lá nós nos sentimos confortáveis tocando, improvisando e compondo. Um teste mais verdadeiro dessa sequência experimental de músicas vai ser o show. Ou, para ser exato, a viagem até o show. Como os elementos combustíveis do "novo" Genesis vão se combinar no ambiente mais controlado de um carro de passeio arquejante, pequeno e feito por britânicos?

Como nossas ambições são consideravelmente maiores do que Surrey, na zona rural, nos últimos meses de 1970 é possível nos ver tocando de norte a sul do país, andando por aí no Hillman Imp de Peter ou no Mini Traveller de Mike. Mesmo assim, velhos hábitos de colégio não morrem facilmente, e uma certa hierarquia logo se torna aparente. Sem nenhuma surpresa, sou o último da escala.

Ser o motorista coloca a pessoa em uma posição de autoridade. Ou seja: você está no controle e pode guardar para si mesmo os cupons de promoção dos postos de gasolina depois de abastecer. Peter e Mike vão se tornar os orgulhosos donos de um jogo de jantar de 24 peças antes mesmo de eu conseguir colocar as mãos em um pires.

Quando Peter está dirigindo, Tony geralmente ganha a disputa pelo banco do passageiro. Os demais ficamos espremidos no banco de trás, lutando por algum espaço com uma diversidade de guitarras elétricas e acústicas.

Por enquanto, "os demais" significa três de nós, já que outro guitarrista, Mick Barnard, entrou no Genesis. Depois da audição em que Ronnie foi reprovado, prosseguimos como um quarteto, sem guitarrista, com Tony habilidosamente tentando tocar todas as partes de guitarra em seu piano elétrico Hohner por meio de uma *fuzzbox*. Então encontramos Mick. Ele é um cara legal, um bom guitarrista, mas não dura muito. Minha lembrança mais vívida do breve tempo de Mick no Genesis não contempla uma performance sua nem nada musical, mas sempre nós o deixando, depois dos shows, no posto Toddington Services, na autoestrada M1, perto da cidade de Dunstable, condado de Bedfordshire. Como ele chegava em casa a partir dali, não faço ideia.

Assim, a busca por um guitarrista continua. Em outra semana, perscrutando a *Melody Maker*, lemos o anúncio de Steve Hackett. O texto começa com "A able accordionist" (um hábil acordeonista) o que é um modo muito inteligente de garantir o primeiro lugar na ordem alfabética, e Peter acha que isso é interessante o suficiente para ser considerado. Convidamos Steve para ir ao novo apartamento de Tony, no distrito de Earls Court. Assim ele pode nos mostrar seu material. Ele chega completamente vestido de preto, algo que passaremos sempre a esperar dele, com sua personalidade intensa. Um claro e grande fã do guitarrista Robert Fripp, do King Crimson, Steve nos impressiona. Menos pela técnica, mais pelas ideias. E agora nós viramos cinco.

Esses tempos são emocionantes — ainda estou a alguns receosos meses do meu aniversário de 20 anos, tenho gastado 10 libras por semana (mais do que posso) e acho absolutamente inebriante o romance da vida na estrada com uma banda de verdade.

Esse romance toma formas incomuns, e uma delas é parar na megaloja de conveniência Blue Boar (Javali Azul), em Watford Gap, na estrada M1.

Um monte de bandas para lá quando volta dos seus shows no norte. Comer um prato de feijão com torrada logo cedo e reclamar, com outras bandas, dos estudantes da Universidade de Leeds são o elixir para roqueiros exaustos. E, daqui em diante, o caminho fica mais iluminado: até esse ponto, só há olhos de gato na estrada. Mas a partir de Watford Gap a rodovia conta com postes de luz que nos guiam para o sul, até em casa. Na falta de anfetaminas ou de outras drogas, isso é o mais perto de um despertador que teremos.

Quando Peter dirige, ele conversa. Estamos subindo a M1 a caminho dos Midlands e de repente somos surpreendidos por um chiado agudo. Não sou eu reclamando, no banco de trás, da minha escassez de cupons. É Peter, andando a 130 km/h em segunda marcha. Ele fica tão envolvido com o que está tentando dizer que esquece de mudar de marcha. Ele finalmente o faz, e o carro relaxa.

Dessa vez, temos dois roadies: Gerard Selby, outro *old carthusian*, e seu irmão de 19 anos, Adrian. Mais tarde descobrimos que Adrian tem sido nosso "gerente" há um ano. Ninguém se importou de nos avisar, e nós não pensamos em perguntar. Infelizmente, nesse tempo todo, ele não guarda nenhuma cópia das faturas, ou de qualquer dos recibos de luzes ultravioleta, cortinas, baterias, cabos e coisas do gênero. O Genesis tem acumulado uma quantia razoável nesses trabalhos, mas gastado muito mais na produção deles. Quando chega o final do ano fiscal, estamos enrascados, mas Adrian também: demitido.

Nosso público é majoritariamente masculino, majoritariamente cabeludo, majoritariamente de estudantes. Valorizam chapéus de pescador e casacões, e têm como acessórios pilhas de discos carregadas sob os sovacos, digamos, cheirosos. Definitivamente, não é o melhor traje para trabalhos empapados de suor em estabelecimentos pegajosos. Logo nos familiarizamos com a constante de que a moda não está do nosso lado.

Aceitamos trabalhos em qualquer lugar, em qualquer dia, com níveis variados de sucesso. Abrimos o show da banda Atomic Rooster em uma universidade de Londres. Nunca admirei muito o trabalho de Carl Palmer como baterista, mas ele é um cara legal, e enquanto a banda toca estou me arrastando nos bastidores, tentando achar um lugar ideal de onde assistir ao show.

Tem um emaranhado de tomadas enfiadas em um soquete em que, na escuridão, consigo tropeçar. Arrebento tudo. A eletricidade do palco é completamente perdida, e tudo entra em colapso: as luzes, o som, a vibração. Caio fora antes que os líderes da banda, agora subatômica, consigam me ver.

Na maioria das vezes, porém, os trabalhos são conduzidos de maneira bem profissional: chegamos, nos apresentamos, voltamos. Uns baseadinhos, mas nenhuma bacanal indecente. O mais perto que chegamos disso foi em um show na cidade universitária de Londres, que acabou sendo o primeiro trabalho de Steve com o Genesis. Nossa entrada no palco está atrasada, então passo meu tempo me afogando em cervejas Newcastle Brown Ale. Na hora de entrarmos no palco, estou mais perdido que cego em tiroteio. Literalmente. Faço todas as entradas certas, mas parece que sempre uns 5 centímetros afastado dos tambores. Esqueça a prática da guitarra imaginária. Isso aqui é bateria imaginária. Logo depois, me recolho à minha insignificância: "O que esse novo guitarrista deve estar pensando? Meu primeiro show e o baterista só faz cagada." Essa é a primeira vez que toco em um show bêbado, e também a última.

O que não significa que eu seja avesso a beber umas depois dos shows, especialmente quando há outros músicos com quem fazê-lo. Tony Stratton-Smith tem a bela ideia de agendar uma turnê com três de suas bandas mais fortes, tocando em nove casas de concerto de norte a sul do país. A Charisma Package Tour estreia no Lyceum, em Londres, em 24 de janeiro de 1971. Pelo preço camarada de 6 xelins (30 libras, convertendo para a nova moeda), pode-se assistir ao Genesis ("Agora, sem dúvida, eles chegaram à maturidade" — revista *Sounds*), ao Lindisfarne ("Suas músicas fortes, claras e diretas são sua marca" — revista *Melody Maker*) e, como a cereja do bolo, ao Van Der Graaf Generator ("Como se estivesse anunciando o armagedom, o VDGG usa habilmente acordes de impacto e silêncios abruptos para enfatizar sua chocante tensão de altos decibéis" — revista *New Musical Express*).

A turnê é um tremendo sucesso, colocando as três bandas no patamar dos grandes grupos, que enchem as casas de show. A *New Musical Express* está de prontidão para descrever as cenas em Newcastle:

"Bem mais de quinhentas pessoas tiveram de ficar do lado de fora, no frio, enquanto 2.500 entusiastas criaram cenas de uma histeria quase inigualável [sic] no santuário do City Hall." Em Manchester, o Free Trade Hall "ficou com filas de jovens cabeludos ao seu redor, atrás de ingressos remanescentes". E os bastidores também são divertidos, com muita animação movida a cerveja nos ônibus de turnê que compartilhamos para viajar pelo país. Me aproximo muito de Alan Hull e seus Lindisfarne Boys (um pessoal muito caloroso de Newcastle) e divido duas ou três vezes um fumo com os roadies. Mas, para o Genesis como um todo, talvez achem que há diversão demais rolando: é nossa primeira turnê de ônibus, e vai ser nossa última. Viagens de ônibus são mais lentas que as de carro, e as rotas tendem a se alongar muito mais do que deveriam. De Londres a Newcastle, um total de 441 quilômetros, de acordo com o caderno do Alcoólicos Anônimos, o percurso não termina nunca dentro de um ônibus. Então decidimos nos separar e, daí em diante, voltar aos nossos próprios meios de transporte: o Hillman Imp de Peter e o Mini Traveller de Mike.

Como um sinal do que está por vir, dividimos as críticas. A *New Musical Express* cobre o sexto show da turnê, no Manchester Free Trade Hall: "Na figura demoníaca e coberta de preto de Peter Gabriel, o Genesis tem um intérprete vocal que possui o magnetismo precoce com que os heróis contemporâneos do pop são talhados. Um empreendedor macabro, Peter apresenta cada seleção com estranhos monólogos neofantásticos, o que, às vezes, beira a insanidade."

"O Genesis, composto com seu novo mas bem-preparado guitarrista Steve Hackett, tocou bem", começa a resenha da *Sounds* da última parada da turnê, na Brighton Dome, e continua: "embora tenha perdido o ânimo que normalmente recebe do auditório... Peter Gabriel foi impressionante, como de hábito, embora tenha sido uma daquelas noites em que seus pequenos monólogos engraçadinhos não caíram muito nas graças do público."

Só para recapitular: nosso líder de banda é um herói do pop contemporâneo, um empreendedor macabro e, também, um piadista que faz monólogos de que ninguém gosta.

Por alguma razão, o Genesis faz incursões decentes na Bélgica. Depois de minha viagem para a Holanda com o Flaming Youth, tudo de que preciso é de um pouco de amor de Luxemburgo, e posso dizer com confiança: sou um sucesso no bloco Benelux: Bélgica, Holanda e Luxemburgo.

Então, em março de 1971, o Genesis faz seu primeiro trabalho internacional em um pequeno clube em Charleroi chamado Ferme Cinq. Atravessamos o canal da Mancha de ferryboat, e quando chegamos, nosso entusiasmo diante do fato de sermos uma banda em turnê internacional é diminuído quando descobrimos que o nosso palco é feito de engradados de cerveja. Temos que arrumá-los, cuidadosamente para que não se desequilibrem e derrubem o cara dos estranhos monólogos neofantásticos. Pelo menos conseguimos ficar de pé, e a partir daí tudo é um espetáculo. Toda a meia dúzia de shows é do mesmo jeito: todos lotados, todos incríveis. O Genesis finalmente decolou. Bem, ao menos na Bélgica.

Em casa, ainda estamos tocando em lugares como o Farx, um clube dentro de um pub perto da estação de Potters Bar, em Hertfordshire; e também outro Farx, na Uxbridge Road, em Southall. Este último é um dos únicos shows aos quais meu pai assiste, já que fica perto da casa de Barbara Speake, onde minha mãe estava morando, e nada longe de Hounslow, onde ele está se hospedando por uns últimos meses antes de se mudar definitivamente para Weston-super-Mare.

Dito isso, a única lembrança que tenho desse acontecimento é que ele compareceu ao show. Nenhum outro detalhe me ocorre; não tenho nenhuma memória de o meu pai ter dito algo como "Bom trabalho, filho". Talvez ele tenha ficado só o tempo necessário para beber meia caneca de cerveja. Imagino que tenha mantido a opinião de que não sou grande coisa, afinal estou me apresentando em um mero pub, e seu filho mais novo parece estar tocando em um grupo musical com pouca musicalidade legível para ele. Mais ou menos por essa época, no Genesis, não é nada raro tocarmos melodias ainda sem letra, bem como músicas que estão claramente incompletas. Além disso, Peter, às vezes, simplesmente canta sílabas aleatórias.

O público parece não perceber. Será que já se deixaram levar completamente pela nossa música maravilhosa? Ou estão putos da vida? É provável que tenha a ver com o fato de que nosso sistema de amplificação de som, tão usado e abusado, estava tão exaurido que ninguém conseguia discernir direito as letras, de qualquer forma. Coitado do meu pai. Não é de estranhar que ele raramente vá aos shows. Não é de estranhar que ele tema pelo futuro de seu filho.

No final das contas, contudo, apesar da pressão implacável de trabalhos em shows, essas melodias sem palavras (ou com algumas palavras sem sentido), somadas a algumas passagens musicais nebulosas, se unem, formando novas músicas. Finalmente estamos prontos para gravar meu primeiro álbum com a banda, o que significa que é hora desse "novo garoto" se tornar um membro puro-sangue do Genesis.

Ironicamente, esse também é o momento em que meus laços de sangue reais são forçados até o limite. Em junho, minha mãe e meu pai finalmente decidem vender o número 453 da Hanworth Road. Mas aqui, no verão de 1971, com um ano de entrada no Genesis, a vida da banda avança inexorável, e nós fugimos para a Luxford House, na cidade de Crowborough, distrito de East Sussex. É uma casa alugada por Strat, e também sua sugestão: está na moda que as bandas se organizem no campo — ou seja, que componham algumas músicas longe do tumulto das cidades. Se deu certo com o Traffic e com o Led Zeppelin, vai dar certo com o Genesis.

A casa é uma linda estrutura da dinastia Tudor, uma mansão digna de cartão-postal com uma edícula externa que vai servir de instalação para as sessões de composição. Fazemos ótimas refeições preparadas por um dos roadies, bebemos barris de vinho tinto, vamos toda hora para o gramado jogar croquet. Esse jogo antigo, aristocrático e muito inglês é inspiração para a arte de capa do álbum que está prestes a surgir, o *Nursery Cryme*. Pessoalmente, acho as ilustrações, feitas por Paul Whitehead (ele também havia cuidado das que estão no *Trespass*), meio clichê. Mas sou voto vencido, e ele também vai criar a arte de nosso próximo álbum, o *Foxtrot*.

Já em relação à escolha de quartos na Luxford House, mais uma vez a ordem hierárquica entra em jogo: Pete, Mike e Tony escolhem suas acomodações antes, e os novos garotos — Steve e eu — ficam com o que sobrou.

No saldo, não fico chateado, já que há coisas mais importantes em que pensar — esse vai ser o álbum de estreia da nova formação do Genesis. Nós compomos "The Fountain of Salmacis" e "The Return of the Giant Hogweed". Estou bem à vontade, curtindo a liberdade criativa, no livre fluxo de ideias, na escala de nossa ambição, na duração de nossas músicas. Me sinto animado e liberado, encorajado a contribuir com os garotos.

E também há espaço para manobra. Algumas sessões de composição exigem que nos reunamos ao redor de Tony, sentado à frente de seu órgão Hammond, enquanto Mike toca uma guitarra de 12 cordas e Peter improvisa nos vocais. Também improviso. De modo semelhante, Peter compõe "Harold the Barrel" no piano, comigo ao seu lado, cantando ao estilo *harmony* e contribuindo com ideias. Consigo tirar alguns acordes no piano, apesar de sentir minha insegurança gritar: "Eles já ouviram tudo isso antes!" Uma coisa que aprendi com esses caras foi nunca aceitar a primeira ideia melódica que você canta. Cave mais fundo, brinque com isso. Explore. Se você ouve a canção "She Loves You", dos Beatles, nota uma sequência de acordes simples, mas a melodia que se sobrepõe a essa simplicidade é lindamente construída. Eu absorvo todos esses truques e dicas de Peter, Mike e Tony, compositores consideravelmente mais experientes que eu.

Uma consequência natural dessas sessões de composição é que o baterista cante uma música. Nada muito longo, e é apenas uma única música, mas é uma música. Esse momento chega quando Steve surge com a proposta de uma canção em guitarra no estilo pop-pastoral britânico, e eu componho a letra.

Para familiarizar os garotos com a letra e a melodia, abro a boca e vou em frente... mas nem tanto. Não estou tão certo disso — para mim, minha voz soa fraca e oscilante. Mas eles gostam dela, e isso basta para mim. Para ser sincero, "For Absent Friends", com exatamente um minuto e 44 segundos, é, a rigor, mais um "interlúdio" do que uma "música". Mas é a primeira vez que assumo o vocal do Genesis.

Na época, em todas as gravações do Genesis, qualquer voz que se escute além da de Peter, como *backing vocal* ou harmonia, é minha. Os outros garotos, para ser franco, simplesmente não são bons cantores. Mas fico feliz em cantar, ao fundo, do conforto do meu banquinho.

O *Nursery Cryme* — gravado no Trident Studios, com John Anthony, que produziu *Trespass* — é lançado em novembro de 1971. Ele atinge a quarta posição em vendas na Itália, o que a torna a segunda nação europeia a abraçar o Genesis. Tocamos no Palazzetto dello Sport, na capital italiana, um estabelecimento construído para as Olimpíadas de 1960, que comporta 3.500 pessoas sentadas, e 10 mil na pista. Elas nos amam.

Esse é o maior lugar em que já tocamos, e vamos tocar nele por muitos anos. As plateias italianas são extraordinárias. Não apenas nos amam de paixão como realmente "entendem" a coisa. Eles gritam e aplaudem até mesmo uma mudança de humor, algo de que o Genesis é adepto — em apenas uma sacudida de nossos cabelos, podemos ir da aceleração total até um sussurro inaudível e um interlúdio de pop-pastoral. Não é de estranhar que os italianos sejam tão entusiasmados conosco: somos uma banda inglesa que se mistura com a tradição da ópera.

É um caso de amor mútuo que chega ao seu clímax trinta anos depois, em 2007, quando o Genesis termina a primeira parte de sua turnê de "retorno", *Turn It On Again,* com um show gratuito no Circo Massimo (Circus Maximus), diante de um público estimado em meio milhão de pessoas. Como sou um apaixonado por história romana, um estabelecimento onde bigas já competiram em corridas para agradar o imperador é, para mim, o epítome do rock'n'roll máximo.

Mesmo em 1972, esse sucesso italiano é sensacional, maior do que o da Bélgica. Dezoito meses atrás eu era um garoto do fim da linha de trem de Hounslow. E agora essa ovação internacional (ou quase)! Pouco importa que na Grã-Bretanha ainda não estejamos muito longe de shows em pubs, ou em cima de engradados de cerveja, ou as duas coisas ao mesmo tempo. Sim, no mundo real ainda estamos chegando aos nossos shows em uma van, normalmente alugada de uma empresa duvidosa em Kensington. A qualidade de uma van alugada é que vai determinar mesmo se nós vamos ou não chegar pontualmente aos nossos shows. Elas têm o hábito de enguiçar na estrada. Eventualmente, mais de uma vez na mesma viagem. A caminho da Aberystwyth University, quebraram três vezes na ida, chegamos atrasados para nos apresentarmos, e quebraram duas vezes na volta.

Viramos madrugadas em um caos alegre e itinerante, dormindo em sofás. De vez em quando, volto para o número 453 da Hanworth Road, enquanto a casa ainda não foi vendida, escapulindo da van em algum momento do meio da noite. Ou, se temos um show no dia seguinte, vou para a casa de um dos garotos, normalmente Richard Macphail. Comemos uns flocos de milho no final da madrugada/começo da manhã, fumamos um baseadinho, dormimos, comemos mais flocos de milho e estamos prontos para o trabalho de novo.

A gente força a barra, e força mais. Em outubro de 1972, 11 meses depois do lançamento de *Nursery Cryme*, chega *Foxtrot*. O quarto álbum do Genesis, meu segundo com a banda, é gravado com o coprodutor Dave Hitchcock e o engenheiro de som John Burns nos estúdios Island, em Notting Hill, onde, dois anos antes, Led Zeppelin gravou seu *IV*, e Jethro Tull, seu *Aqualung*. Doze anos mais tarde eu voltarei a esse lugar, para gravar "Do They Know It's Christmas?", fazendo parte do grupo filantrópico Band Aid.

O *Foxtrot* apresenta "Supper's Ready", a composição musical de 23 minutos que vai, na maior parte dos anos 1970, contribuir para a percepção pública do Genesis. Muitos "especialistas" na banda a consideram nossa obra-prima, e eu concordo com isso. É maior do que a soma de suas partes, embora algumas dessas partes sejam brilhantes, notadamente "Apocalypse in 9/8 (Co-Starring the Delicious Talents of Gabble Ratchet)" e "As Sure as Eggs is Eggs (Aching Men's Feet)".

Dessa vez, a composição do álbum ocorre a 1 milhão de quilômetros de uma mansão bucólica: antes de entrarmos nos estúdios Island, nos escondemos no porão da escola de dança Una Billings, no distrito de Shepherd's Bush, a oeste de Londres. Se antes podíamos apreciar o cheiro fresco de grama recém-cortada, agora estamos chapados com o fedor de sapatilhas de balé. Montamos nosso equipamento no porão da Una e começamos a escrever.

Certo dia, fico fora da Una Billings por algumas horas e, quando volto, Tony, Mike e Steve bagunçaram com um riff da "Apocalypse in 9/8". Não faço ideia do que está acontecendo, e apenas começo a tocar. Em alguns pontos, toco o *riff*, em outros, sigo Tony. Ainda estou imensamente orgulhoso da performance final que gravamos para aquilo que se tornou a "Apocalypse in 9/8", pois ela me captura fabricando a música enquanto a toco.

No entanto, a maior parte do crédito deve ser dada a Tony, Mike e Peter, por terem visto que todas aquelas partes podiam ser unidas em algo que compunha mais do que simplesmente cinco músicas amarradas em 23 minutos.

Estamos preocupados, contudo, pois não sabemos se "Supper's Ready" realmente se encaixa no álbum: quanto mais músicas você tem em um disco de vinil, mais rasos ficam os sulcos, e mais baixo é o volume. Vinte e três minutos significa esgarçar os limites de um dos lados de um LP de 33 rpm. E pior: se você tem um aparelho de fita cassete Stereo 8 no carro — como muita gente tinha em 1972 —, simulam-se automaticamente encerramentos e aberturas de músicas, com o volume diminuindo e aumentando, umas três ou quatro vezes. Hoje em dia é uma loucura pensar nesse tipo de limitação física para a música.

Consequentemente, o Genesis está literalmente ultrapassando as fronteiras do que as bandas podem fazer em um álbum. O único outro produto musical comparável em ambição e extensão ao nosso, na época, é o álbum *Tubular Bells*, de Mike Oldfield, que entrou na trilha sonora do filme *O Exorcista*. Logo que esse álbum foi lançado, sete meses depois de *Foxtrot*, em nossas apresentações deixamos essa estreia paradigmática de Mike Oldfield tocando nos alto-falantes. Essa trilha está lá para energizar a audiência antes de entrarmos no palco, e também para nos ajudar com os horários dos nossos preparativos. Era assim que sabíamos em que pé estávamos para uma sessão em particular. "Ih, já tá tocando 'Bagpipe Guitars', pessoal. Já tá na hora!"

Tocar "Supper's Ready" era um desafio por si só. Mais ou menos nas primeiras dez vezes que o fazemos, inclusive em sua estreia na Universidade de Brunel em 10 de novembro de 1972, nós cinco constantemente tentamos ficar sincronizados, tamanha é a concentração exigida para apresentar uma composição musical tão longa. Porém, desde o início, a música é um sucesso com o nosso público, e sempre damos um suspiro de alívio quando chegamos ao seu final. Especialmente se chegamos ao final todos ao mesmo tempo. Se ao menos esse fosse o único desafio que enfrentamos no palco...

Em 19 de setembro de 1972, no mês do lançamento de *Foxtrot*, temos um show agendado no National Stadium, em Dublin. Me provoca certo nervosismo tocar nessa arena de shows com capacidade para 2 mil pessoas. É nossa primeira vez na Irlanda, e temo que estejamos dando chance para o azar, nos arriscando em um estabelecimento desse tamanho e desse tipo. Mas nós nos jogamos no palco e somos levados pela música. Iniciamos com a versão instrumental da faixa de abertura do *Nursery Cryme*, "The Musical Box", que é bem longa. Longa o suficiente, de fato, para dar tempo de colocar um vestido.

Depois de sair voluntariamente do palco, Peter agora ressurge pela coxia. De soslaio, consigo enxergá-lo, acompanhando atentamente seu caminho de volta ao microfone. Por que ele está demorando tanto? Normalmente ele estaria de novo no palco com sua "máscara de velho", um acessório criado por Peter com que ele cobria a cabeça, o que o fazia parecer imediatamente um velho careca fodão. Essa era sua indumentária-padrão para o encerramento de "The Musical Box".

Quando a iluminação de palco chega a ele, a confusão só faz aumentar, e é substituída por perplexidade: Peter está vestindo uma bata (de sua esposa Jill, descobrimos mais tarde) e uma máscara de raposa. Todo mundo fica boquiaberto, dentro e fora do palco. É uma surpresa igual tanto para Mike, Tony, Steve e eu quanto para os 2 mil moradores de Dublin que compareceram ao show.

No camarim, depois, Peter não está muito a fim de ouvir comentários da equipe da banda em relação a seu fantástico traje de Sra. Raposa. Assim que ele põe as patas dentro da sala, mal se move. Então, embora não haja nenhum grito de "Cara, aquilo foi fantástico!", também não há nenhuma reclamação. Apenas damos de ombros, coletivamente, em sinal de "Ok...". Peter, por sua vez, não dá nenhuma explicação para a ideia, e eu também não critico. A música ainda é nossa preocupação principal, então, não estou realmente incomodado. É só Pete com suas manias. Ele sempre aparece com algo quando estamos em meio a longas sessões instrumentais.

Antes disso, não havia sinais de que Peter estava cogitando uma nova orientação de indumentária usando fantasias. Analogamente, para falar do futuro, não há nenhum alerta de que ele vai usar uma máscara em formato de flor na seção "Willow Farm" do "Supper's Ready", tampouco uma caixa triangular na cabeça na seção seguinte, "Apocalypse in 9/8". O restante do Genesis fica sabendo de tudo junto com o público. Ele não vai estimular nenhuma ideia de uma decisão coletiva da banda. Em sua cabeça, ser democrático quanto a esse caráter teatral dos shows só atrasaria o processo e levaria a debates sobre de que cor o vestido usado deveria ser, e qual flor florescia o ano todo, inclusive no inverno, e qual era perene só nas estações mais quentes.

É assim que Peter Gabriel agora se comporta no palco com o Genesis. Depois de Dublin, a Sra. Raposa aparece em todos os shows no mesmo momento do nosso setlist. Rapidamente nos acostumamos com isso, e devíamos mesmo: uma foto de Peter em seu novo figurino vai parar direto na capa da *Melody Maker*, e imediatamente nosso cachê aumenta uma casa decimal! Passamos de uma banda que recebia 35 libras por noite para um patamar de 350 por noite.

*

O final de 1972 se aproxima e eu nem desconfio de que meu pai está doente. Ele se esconde em Weston quando se muda para lá, e mal vai ao norte, a Londres. Mas o número 453 da Hanworth Road finalmente foi vendido, é o fim de uma era, e minha vida precisa seguir em frente. Alugo um apartamento úmido na Downs Avenue, na cidade comercial de Epsom, adaptado mal e porcamente dentro de uma casa dilapidada de arquitetura georgiana. As paredes são finas como papel; quando chove, o apartamento fica tão molhado por dentro quanto por fora.

Em dezembro de 1972, fazemos nossos dois primeiros shows nos Estados Unidos. Nossa chegada meteórica ao Novo Mundo não é algo incrivelmente auspicioso. Descobrimos, ao aterrissarmos, que nosso agente estadunidense, Ed Goodgold, agendou um show na Universidade Brandeis, perto de Boston, em Massachusetts. Na hora do almoço. Então, nosso primeiro show em solo norte-americano é uma decepção extrema. Os estudantes da Nova Inglaterra são menos ligados em bandas de rock britânicas do que achávamos, e parecem mais interessados em seus estudos ou seus sanduíches. Isso não é um bom presságio para a sorte do Genesis nos Estados Unidos da América.

Ao nos aproximarmos de Nova York pela primeira vez, ficamos abismados, a enormidade absoluta da cidade esmagando uma banda de cabeças baixas depois da desanimadora Boston. Mas, chegando à tardinha, de carro, pela George Washington Bridge, a linha do horizonte pisca, cheia de vida, iluminada por milhões de luzes. Nova York! Já vimos nos filmes, e agora estamos aqui.

Meus sentidos cambaleiam com a constatação crescente de fumaça saindo dos respiros de esgoto, com o cheiro de pretzels assando, com o incessante ronco de táxis amarelos e a visão de vertiginosos desfiladeiros de metal. Com isso tudo, vou guardar aquela primeira visita a Nova York comigo independentemente de quantas vezes retorne à cidade.

Fazemos o check-in em nosso hotel, The Gorham, um lugar meio artístico, meio apagado, em Midtown, perto da Quinta Avenida. Reconhecemos um pouco o território e depois dormimos. No dia seguinte, tiramos algumas fotos promocionais no Central Park e na frente do lendário clube de rock de Greenwich Village, o Bitter End. Depois, partimos direto para o Philharmonic Hall, onde fazemos a passagem de som e descobrimos um grave problema: o sistema elétrico diferente dos EUA faz nossos instrumentos que têm motor funcionarem com sessenta ciclos, e não com cinquenta, como no Reino Unido. Isso significa que o Mellotron (um novo brinquedo que adquirimos do grupo King Crimson) e o órgão Hammond estão desafinados em relação às guitarras.

Criamos uma solução improvisada e, naquela noite, nos viramos com o setlist. O público não parece perceber nenhum desvio, mas, apesar de nós cinco estarmos em uma sincronização telepática, para o Genesis o show é uma bagunça. Saímos do palco, entramos no elevador para subir para o camarim e o ar fica carregado de raiva. Anos depois, até mesmo a simples menção desse primeiro show em Nova York já nos enervaria com a volta daquelas memórias.

Tendo em vista todas as variáveis, volto para o Reino Unido meio deslumbrado. E daí que a primeira viagem do Genesis aos Estados Unidos não foi inteiramente favorável? Pelo menos eu fui lá, algo incomum para a maioria das pessoas que eu conheço em 1972.

O Natal se aproxima e eu ligo para meu pai para saber se ele ainda viajaria de Weston-super-Mare para Londres para as festas de "família". Não o vejo há mais de um mês, e o plano é que o clã fragmentado dos Collins se reúna na casa de Barbara Speake em Ealing para comemorar algo próximo de um feliz Natal. Ele me garante que vai.

Então, do nada, Clive recebe um telefonema: meu pai teve um ataque cardíaco. O médico garante a Clive que meu pai tem condições de viajar, então ele dirige até Weston, para apanhá-lo lá.

Quando chegam à casa de Clive, em Leigh-on-Sea, meu pai tem uma noite de descanso. Mas, na manhã seguinte, sofre uma recaída, e Clive o leva para um hospital perto da cidade de Southend-on-Sea, onde ele piora ainda mais. Estamos na véspera de Natal.

Meu pai morre no dia de Natal, às 8h.

Para ser sincero, talvez eu esteja muito preocupado para sentir alguma angústia (isso vem depois), mesmo quando meu irmão relata as tristes condições de vida do meu pai: tanta umidade que as infiltrações eram visíveis por todas as paredes da cabaninha em que ele morava — um ambiente terrivelmente insalubre, especialmente para alguém com problemas cardíacos. Também é possível que ele tivesse diabetes, e quando chegou ao hospital, chegaram mesmo a cogitar amputar suas duas pernas. Minha mãe e Clive concordaram que meu pai não teria querido continuar vivendo se tivessem feito isso.

O funeral do meu pai ocorre em 1º de janeiro de 1973. Eu me lembro do caixão entrando no forno crematório, enquanto ouvíamos "Jesu, Joy of Man's Desiring", uma de suas peças favoritas de Bach. Não me lembro de ter chorado. Talvez tenha acontecido. Mas é fato que o sofrimento aumentou conforme fui envelhecendo. Com cada um dos meus cinco filhos, sou muito mais ciente do meu papel em suas vidas por ter perdido o meu pai quando era jovem. E o Natal também sempre chega com um pouco mais do que a tristeza habitual.

Meu pai nunca entendeu por que eu queria fazer minha vida com música. Ele tinha pouco ou nenhum interesse em música em geral, especialmente no tipo que era produzido nos anos 1960. De fato, uma das únicas memórias musicais que tenho do meu pai é dele cantando *"Hi-diddle-dee-dee, an actor's life for me..."*, da trilha do filme *Pinóquio*, quando soltou o selim da minha bicicleta pela primeira vez quando eu era um garotinho. Continuei pedalando, sem saber que não havia ninguém me segurando.

Estou com 21 anos. Minha vida adulta, profissional, começou, mas meu pai morreu.

Tudo parece abafado, arrasado. Me pego pensando em algo que vai me deixar apreensivo em vários momentos, em vários níveis, nos anos à frente: será que meu pai, no final, acha que seu filho tomou a decisão correta? Teria ficado impressionado por eu ter conseguido ganhar meu sustento, ainda que por uma via não ortodoxa? Será que Grev Collins teve algum tipo de satisfação paterna por seu filho mais jovem ter atravessado o Atlântico?

Eu gostaria de pensar que sim, ele finalmente ficou orgulhoso de mim, mas normalmente me questiono sobre qual teria sido o ponto de inflexão. Talvez as quatro noites em que lotamos o estádio de Wembley? Ou então: "Meu filho tocando para o príncipe de Gales — *maravilhoso*." O selo real de aprovação teria outorgado o selo paterno de aprovação. Teria sido uma solução.

Post scriptum: durante a redação deste livro percebi que meu pai nunca recebeu um marco onde suas cinzas foram depositadas. Jurei consertar isso, e Clive levou a cabo alguns requerimentos. Meu irmão descobriu que, graças a uma confusão entre ele e minha mãe, as cinzas do meu pai de fato nunca foram recolhidas. Portanto, os restos mortais do meu pai foram deixados para se deteriorar no crematório de Southend. Até hoje, ninguém sabe onde ele está.

7

Lamb Lies Down encanta, o vocalista desencanta

*Ou: me acabando, literalmente,
nos Estados Unidos.*

Por sorte, talvez, eu não tenha muito tempo para lidar com a morte do meu pai. A turnê do *Foxtrot* continua em Croydon, ao sul de Londres, em 7 de janeiro de 1973, seis dias depois do funeral dele. E ela segue pelo restante da Europa, retorna ao Reino Unido e, depois, cruza o oceano para os Estados Unidos, onde tocamos no Carnegie Hall. A agenda só fecha quando chegamos a Paris e a Bruxelas, em 7 e 8 de maio. Um período pesado demais, em um tempo intenso, com o figurino de Peter cada vez mais extravagante à medida que as viagens se sucedem.

Para a "Watcher of the Skies", ele se fantasia com uma tinta facial fluorescente, uma capa e asas de morcego na cabeça. E nem estamos no encerramento do show: essa é a música de abertura dele. E a sensação dramática é acentuada com Tony tocando uma introdução longa e sombria no Mellotron (que agora está funcionando nos ciclos corretos).

A teatralidade de Peter está integrada em nossas apresentações ao vivo. Essa é, segundo a percepção da imprensa e do público, a marca do Genesis. E no contexto do começo dos anos 1970 não parece algo tão doido. Alice Cooper faz coisas esquisitas com cobras,

Elton John se veste de pato e usa óculos maiores que sua cabeça, The Who produz álbuns conceituais a torto e a direito. Conosco, no entanto, há um tipo diferente de peculiaridade, um quê britânico de estranheza, que talvez seja uma das razões pelas quais isso dá tão certo nos Estados Unidos.

Nas palavras da resenha da *Rolling Stone* do álbum *Genesis Live* lançado naquele ano, em julho de 1973: "(...) esse álbum se aproveita bem da mística e da capacidade que o grupo tem de prender a atenção de seus fãs, e muitos deles consideram o Genesis 'a melhor banda ao vivo de todos os tempos'. Títulos como 'Get 'Em Out by Friday' e 'The Return of the Giant Hogweed' dizem muito desse *modus operandi* da banda: um moralismo estranho e visionário remanescente tanto do Yes quanto do Jethro Tull. Entretanto, o Genesis antecede ambas essas bandas em suas produções audiovisuais, e a dedicação é comprovada pelo alto nível com que desenvolve múltiplos temas tanto na esfera lírica quanto na instrumental."

Depois do lançamento do *Genesis Live*, mal paramos antes de nos reunirmos em uma casa de campo muito agradável porém decadente, em Chessington, Surrey, para compor o álbum seguinte. Não consigo me lembrar de como paramos lá, mas os proprietários eram um casal simpático, e eu sei que algumas de suas atraentes filhas eram um dos motivos. Montamos nosso equipamento em sua sala de estar, então só posso imaginar que o casal estava ausente.

É nessa instalação estranhamente doméstica que nascem "The Battle of Epping Forest" e, mais importante ainda, "The Cinema Show". Baseada em um riff de guitarra 7/8 de Mike, "The Cinema Show" vai se tornar uma favoritíssima dos palcos nos próximos anos. Também concluímos em Chessington uma música que havíamos começado na Una Billings durante as sessões de *Foxtrot*, a "I Know What I Like (In Your Wardrobe)".

O álbum resultante disso, *Selling England by the Pound*, é lançado em outubro (novamente eu canto como vocalista principal em uma faixa, a "More Fool Me"), e não demora muito até voltarmos em turnê. Não paramos até maio de 1974, quando "I Know What I Like (In Your Wardrobe)" vai nos dar nosso primeiro prêmio de 30 músicas mais tocadas no Reino Unido, o Top 30 Single.

No estúdio, a música não nos parece particularmente "pop", embora tenha a duração de um single pop. Temos acesso a uma cítara, algo usado pelos Beatles. Steve toca o riff básico, que soa bem, eu começo a tocar um *groove* no estilo Beatles, e sigo daí. A letra de Peter chega meio atrasada, porque foi influenciada pela pintura de Betty Swanwick (*The Dream*), que estampa a capa do álbum. É possível ouvir minha voz na faixa, em algo como um dueto com Peter. E é isso. O Genesis tem seu primeiro sucesso. *Top of the Pops*, aí vamos nós!

Só que não. Recusamos um convite da instituição semanal da BBC porque achamos que nossos fãs nos execrariam por aparecermos em um programa tão mainstream. Fundamentalmente, nós desaprovamos isso também. Estamos construindo nosso próprio caminho e, pela mesma razão que não confiamos em festivais (não podemos controlar o palco, não é nosso público), não confiamos na televisão. Além do mais, já na época nos orgulhamos de nossa apresentação, e "I Know What I Like" não é uma música em que caiba prontamente muita apresentação. Ainda não, pelo menos. Na turnê do álbum, Peter vai ostentar um chapéu pontudo — um capacete militar que de algum modo sobreviveu à Guerra dos Bôeres — e, com um canudo preso entre os dentes, imitar o movimento de um cortador de grama com o zumbido que inicia a música.

É por volta dessa época que a miserável contabilidade de Adrian Selby bate à nossa porta e nós descobrimos que o Genesis está com uma dívida que bate 150 mil libras. Uma fortuna para aqueles dias, algo em torno de 2 milhões de libras, corrigindo para os valores atuais. Ainda assim, recusamos a maior oportunidade de propaganda televisiva do país.

É aqui que Tony Smith entra em cena. Só a título de esclarecimento: ele não deve ser confundido com Tony Stratton-Smith. Strat é nosso empresário, e também o chefão de nosso selo, Charisma. Ele deu o pontapé inicial para o Genesis e nos manteve funcionando por um bom tempo, mas, inevitavelmente, isso criou um conflito de interesses em relação às negociações entre empresário e empresa fonográfica. Então, embora o amemos e confiemos nele de coração, temos de ser profissionais e pensar no futuro. Principalmente quando estamos diante de dívidas desesperadoras.

Tony Smith, por outro lado, é sócio de uma consolidada empresa do ramo de divulgação de shows, com Mike Alfandary e Harvey Goldsmith. O pai de Tony, John, também era promotor — já trabalhou com os Beatles e Frank Sinatra —, então Tony teve um professor de alto padrão. Na verdade, eles também promoveram a Charisma Package Tour. Assim, Tony conhece todas as pessoas de quem devemos nos aproximar ou nos afastar, inclusive empresários notáveis como Don Arden e Peter Grant. Mas ele resolve sacrificar todo esse dinheiro certo de shows de sucesso para gerenciar uma banda que está em todas as páginas — inclusive nas páginas policiais, dada nossa falência e nosso endividamento.

A turnê do *Selling England* é a primeira das épicas peregrinações do Genesis pela América do Norte, e o primeiro grande projeto de Tony Smith conosco. Já havíamos feito shows por um mês no continente na turnê do *Foxtrot*, mas aqui vai a bomba: vamos precisar de muito mais do que isso para conquistar os Estados Unidos e o Canadá. Enfim, aqui vamos nós.

Os canadenses do lado francês nos adoram. Estreamos a turnê com dois shows em uma noite em Quebec; eu os imagino como a galera beatnik, fascinada com nossa veia artística. Também damos um baita show no Tower Theater, na Filadélfia. Nos apresentamos bastante em Nova York, capital e interior, e no nordeste do estado; em muitos casos, as oportunidades foram conseguidas por um jovem promotor chamado Harvey Weinstein, o mesmo Harvey que por muito tempo comandou a Weinstein Company e que foi um dos mais bem-sucedidos produtores cinematográficos de todos os tempos.

Ao longo dos meses seguintes, acabamos muito populares na Costa Leste. Quase delirantemente populares. Dito isso, não podemos considerar que estamos a salvo de problemas. Fizemos um show desagradável com o Spencer Davis Group no pessimamente atapetado e acusticamente morto Felt Forum, sob o Madison Square Garden. Estávamos esperando nos apresentar no Square Garden de verdade, mas, em vez disso, ficamos com seu primo feio. Parece que até hoje Boston nos odeia, embora, no final das contas, nos prestigiem.

Para generalizar bastante, nos EUA, como um todo, em cidades como Ypsilanti, Evanston, Fort Wayne e Toledo, tocamos para pessoas com cara de interrogação. Estamos, na prática, nadando contra a correnteza musical. Nunca ouviram nada como o nosso som antes. Não improvisamos tanto quanto o Yes. Também não somos virtuosos como o Emerson, Lake & Palmer. Mas somos muito mais excêntricos que qualquer um por aí, e pagamos o preço por isso.

Quando é hora de chegarmos a Los Angeles, já perdemos qualquer traço de inibição, estamos leves como o ar. Ficamos no Tropicana, um verdadeiro motel (o que é animador para nós, garotos ingleses). Vamos de quarto em quarto apertando baseados — afinal, estamos em LA! — e comemos no térreo, no Duke's Coffee Shop, uma lanchonete famosa que atrai todas as bandas de fora da cidade. LA corresponde a todas as expectativas. Todos os marcos são claramente visíveis: a boate Whisky a Go Go, o letreiro de Hollywood, a Capitol Records Tower. Palmeiras, tempo quente, o estranho drinque tequila sunrise: estamos todos muito felizes.

Fazemos seis shows no Roxy em apenas três dias. A casa de espetáculos fica no Sunset Boulevard, e ostenta sobre si outro clube, muito chique e exclusivo para sócios, chamado On The Rox. Aqui, Jack Nicholson, Warren Beatty, Joni Mitchell e diversas outras personalidades eminentes da moda se encontram para as noitadas. O Roxy mesmo não faz jus à sua fama de grande: é um estabelecimento de apenas quinhentos lugares, e, provavelmente, são as mesmas quinhentas pessoas que comparecem a todos os seis shows. Mas pelo menos o selo, Atlantic Records, nos agrada: eles promovem uma festa privê para rapazes, e exibem o filme mais quente do ano anterior. Não me refiro ao *Poderoso chefão* ou a *Cabaret*. Estou falando de *Garganta profunda*, já na época uma das mais notórias produções pornô de todos os tempos. Dito isso, nenhum de nós é realmente muito afeito a cinema pornô. Tudo de que me lembro é de um monte de cabelo. É bem tenebroso. A parte da sala em que nós, britânicos, estamos fica aos burburinhos, mas, estranhamente, o papo não é nada erótico, e não se distancia muito de uma aula de biologia.

Com tudo isso dito e feito, não posso afirmar que essa jornada seja uma turnê de ônibus extenuante pelos altos e baixos dos Estados Unidos, porque não é. Não estamos em uma turnê de ônibus. Temos duas grandes limusines.

Tony Banks odeia aviões — ele vai se acostumar com eles anos depois —, e o restante de nós também não é muito fã. A ideia de viver o sonho do rock'n'roll trafegando de ônibus para fazer nossos shows nos Estados Unidos não nos chama a atenção. Primeiramente porque não somos rock'n'roll. Encher a cara e pegar geral dentro do ônibus de trabalho não nos interessa mesmo. "Lençóis limpos e chocolate", costumava dizer Mike Rutherford quando ele gostava do hotel. Em um ônibus, acho que nenhum de nós conseguiria dormir facilmente, pensando se o motorista ainda está acordado naquela caixa cheia de beliches e com formato de caixão.

Então, são duas limusines, sim, cada uma dirigida por um cara chamado Joe (mais uma coincidência do que um pré-requisito).

E agora, olhando para trás, penso: talvez não haja muita surpresa no fato de termos chegado a 150 mil libras de dívida.

Geralmente, uma limusine é um meio de transporte refinado com o qual se viaja pela América do Norte (a não ser que você seja o último na ordem hierárquica da banda e acabe se sentando na poltrona do meio, na traseira do carro, sobre o eixo. Ah, imagine só quem teve essa sorte...). O único contratempo é que duas limusines cheias de musos britânicos barbados e sem tomar banho podem chamar a atenção, especialmente ao se atravessar fronteiras.

A alfândega canadense está entre as mais rigorosas. Estão acostumados com músicos cruzando a América do Norte com uma reservinha de maconha. As bandas tendem a esquecer de que o Canadá é outro país, o que talvez tenha sido a razão para a infame prisão de Keith Richards em Toronto em 1977. Inevitavelmente, quando entramos no Canadá, a caminho de Toronto, a polícia aduaneira nos enquadra na Peace Bridge, na fronteira das cataratas do Niágara. O carinha que cuidava da nossa iluminação, Les Adey, um chincheiro entusiasta e extremamente diligente, fica branco como uma folha de papel. Logo, logo nossos corpinhos igualmente brancos como uma folha de papel são expostos, quando nos submetemos a uma revista completa. Nosso gerente de turnê, Regis Boff, que devia ser um pilar de força, está tremendo como uma vara verde. Mau sinal.

Que se concretiza. Quando começam a vasculhar minhas coisas, de repente me lembro da pontinha de baseado que eu estava guardando para um dia chuvoso na carteira do meu pai, um *memento mori* que agora eu carregava.

A polícia aduaneira prontamente encontra essa parte do filtro do cigarro. Enquanto estou lá, de pé, com a cueca abaixada na altura dos calcanhares, na sala de interrogatório, me vem um pensamento: "Não vou passar o Natal em casa." Misericordiosamente, o chefe do escritório da alfândega joga fora o baseado. Nem mesmo para a rigorosíssima alfândega canadense esse transporte insignificante de drogas é algo relevante para prender alguém. Somos liberados, apesar de sofrermos com o temor de Deus em nós.

A turnê Two Joes, para usar a palavra com que o Genesis até hoje a descreve risonhamente, é um sucesso. Alguns públicos finalmente entendem nosso jeito de fazer as coisas, e estamos evoluindo para ser uma banda com um séquito de respeito. Em relação à logística, isso também sublinha nossa convicção de que não precisamos ser maria vai com as outras e usar ônibus de turnê. Mais à frente, até tomamos a direção dos carros. Acho que Tony Banks está até hoje terminando de pagar as multas por excesso de velocidade nos Estados Unidos recebidas nos anos 1970.

Seguimos. O Genesis toca no Winterland Ballroom, de Bill Graham, em São Francisco — que era uma oportunidade lendária, mas não para nós. Esse é o país de Jefferson Starship e Janis Joplin. Não apreciam ingleses barbudos que andam de limusine. O público fica selvagemente desinteressado. Mas temos de ir a esses lugares, porque não conseguimos muito espaço no rádio. Há algumas áreas em que DJs nos apoiam — Nova York, Chicago e Cleveland me vêm à mente —, mas não muito mais que isso. Essa falta de reação se reflete, compreensivelmente, em muitos de nossos shows. Em cidades onde tocamos ao vivo, temos uma multidão entusiasmada. Onde nos esforçamos para conseguir um espaço no rádio, nos esforçamos também para ter um público.

Há uma antipatia no sul, um rincão continental que é letal para o Genesis. Eles simplesmente não entendem nossa proposta. Estamos no alto, ou nas profundezas, da extravagância besta inglesa. Sobre o que eles estão cantando? O que estão apresentando? E o que é essa maquiagem do vocalista? Em alguns lugares, só falta mesmo uma cerca de galinheiro em frente ao palco.

Em Nova York, tocamos três noites na Academy of Music. Mas, depois de nosso primeiro show, nossas guitarras são roubadas durante a noite. Isso parece uma grave violação. Não contamos mais com nosso precioso equipamento. Precisamos de um descanso. Até cancelamos nosso segundo show, só para ajudar na nossa recuperação e dar a Mike tempo para comprar novos equipamentos. Pedir emprestado? Está louco? Seria como brincar com a mulher dos outros. No fim das contas, nos recuperamos, tocamos no terceiro show e seguimos nosso caminho.

De volta ao Reino Unido. E o trabalho só continua. Tocamos por cinco noites no Theatre Royal de Londres, na Drury Lane, e Peter decide realmente se dedicar. Afinal, estamos em um teatro, onde estavam acostumados a encenar Peter Pan voando em cabos. Nosso vocalista veste uma roupa prateada e pinta a cara de branco. Quando ele joga no chão sua capa e a caixa fluorescente que guardava sua cabeça, no clímax de "Supper's Ready", seu corpo decola no ar.

Mas Peter não contava com o fato de que, enquanto está pendurado, ele lentamente vai rodopiar. E começa a chutar para tentar encarar a plateia — *"and it's hey babe..."* —, concluindo a música desse jeito, se agitando de um lado para outro. Apesar de o efeito ser meio escroto, saímos na capa da *Melody Maker* novamente, então, ainda assim, interpretamos o feito como um grande sucesso. Nossa estética não está certinha. Não ainda.

A mais ou menos quatro semanas do final dessa turnê de oito meses, começamos a trabalhar, em junho de 1974, no álbum que vai nos quebrar... em todos os sentidos. Estamos nos estúdios Headley Grange, em Hampshire, construídos em 1795 como um asilo, mas que se transformaram, recentemente, no lugar em que tanto Led Zeppelin quanto o Bad Company gravaram seus discos. E não sabemos qual banda tinha acabado de passar por lá, mas ela deixara as instalações em um estado horrível, fedorento. E os ratos se aproveitam disso. Estão em todos os lugares, andando pra cima e pra baixo nas escadas, cheias de rangidos, guinchando nas trepadeiras que cobriam as árvores, apostando corrida nas videiras que cobrem a casa. Dezenas, centenas deles. E esses são os que conseguimos ver. Bem, ainda é um asilo. De ratos.

O único fator redentor sobre esse lugar, para mim, é o fato de que John Bonham gravou seu incrível *groove* da "When the Levee Breaks" naquela escadaria. Posso quase sentir o cheiro da música. Mas é mais fácil sentir o dos ratos. Aos milhares. Chego por último, quando os melhores quartos já foram escolhidos, claro. Então fico com um quarto de merda, com ratos de todos os tamanhos. À noite, consigo ouvi-los sapateando suas patinhas sob e sobre mim. Pelo fato de "Supper's Ready" ter se saído tão bem na turnê *Selling England*, decidimos levar em frente a ideia de uma música com narrativa ou de um encadeamento musical para um álbum duplo. Chega a era de *Tommy* (The Who), *The Rise and Fall of Ziggy Stardust* (David Bowie) e de *The Dark Side of the Moon* (Pink Floyd), quando os álbuns conceituais dominam a Terra. Não é nada intimidador, ou ridículo, ao menos não para nós. Para mim, *Tommy* está um nível acima dos demais. Sou persistente fã do Who, e eles mal sabiam o que fazer com o tanto de mágica que tinham.

Surpreendentemente, Mike vem com a ideia de fazermos algo baseado no clássico infantil *O pequeno príncipe*, mas não chegamos a lugar nenhum com isso. Várias outras ideias de narrativas são escanteadas. Peter e Tony devem ter se desentendido seriamente em algum momento, porque Tony, em particular, não quer que Peter componha todas as letras. Mas o argumento de Peter é: se nós vamos ter um álbum com uma narrativa, apenas uma pessoa deveria escrever a história e, portanto, o álbum inteiro.

Peter ganha e fica de compor o que vai se tornar a história alegoricamente surreal de Rael, um garoto porto-riquenho que mora em Nova York, e ela vai se chamar *The Lamb Lies Down on Broadway*.

Montamos nosso equipamento na sala de estar principal, enquanto Peter instala a si mesmo sobre um piano velho e pegajoso que está acumulando poeira em outra sala. Nós quatro improvisamos, ele anota suas ideias líricas, e eu gravo tudo em meu confiável gravador de fita cassete Nakamichi.

Compomos algumas belas músicas — "In the Cage", "Riding the Scree", uma porrada de boas canções —, e muitas delas vêm enquanto Peter está em outra sala, batendo no piano, compondo as letras. É um processo esquisito, mas parece estar funcionando.

Infelizmente, Peter está ficando sobrecarregado, e não apenas com as demandas de trabalho.

As coisas vão mal em casa — sua esposa Jill está enfrentando uma gravidez de risco, o que é algo com que, na época, não estou familiarizado. O resultado é que ele de vez em quando se ausenta, o que significa que nós conduzimos as tarefas sem ele, e isso não facilita em nada a unidade de um projeto tão ambicioso.

Simultaneamente, enquanto ainda estamos na fase da composição, surge a proposta de uma direção insuspeita: William Friedkin, diretor de *O exorcista* e vencedor do Oscar por *Operação França*, quer fazer um filme de ficção científica e está procurando (como Peter descreverá mais tarde) "um roteirista que nunca antes tenha se envolvido com Hollywood". Ele leu as anotações da quarta capa do encarte do *Genesis Live* — um conto fantástico típico de Peter — e foi seduzido por seu humor surreal e seco. E acha que talvez Peter possa colaborar. Todos assistimos a *O exorcista* durante a turnê do *Selling England*, e adoramos, então sabemos que Friedkin é um cara de valor.

Para Pete, é um sonho se realizando: a chance de colaborar com um artista visionário no topo de sua área em outra mídia, de trabalhar de casa, e também de estar com sua esposa.

— Podemos adiar o álbum? Me deem um tempo para fazer isso, e depois eu volto — pede ele, sem dizer que estava deixando a banda.

— Desculpe, Peter, mas não. Ou você está dentro ou fora — respondemos todos.

Do meu ponto de vista, e se chegasse a isso, a saída de Peter não precisava ser o fim do mundo. Minha solução estoicamente prática é que reconfiguremos o Genesis em um quarteto instrumental. Ao menos desse modo a música finalmente vai ser ouvida em sua integralidade.

A reação dos outros três membros a essa minha proposta pode ser resumida nas seguintes palavras: "Caralho, deixa de ser burro.

Nós quatro, sem vocalista, sem letras? Volta para sua casinha, vai, Phil." E, é claro, eles estavam certos.

Antes de qualquer coisa mais concreta acontecer, Friedkin ouve dizer que sua oferta poderia resultar no fim do Genesis. Ele não quer isso, especialmente porque seu projeto de ficção científica não passa de uma ideia nebulosa. Umas duas semanas depois de a oferta ter sido feita, ele dá para trás.

Então Peter volta. Mas volta porque não tem melhores opções. Não são exatamente as melhores condições para se reunir um grupo. Seguimos trabalhando nosso perdão e nosso esquecimento, ou ao menos fingimos isso.

Entramos em estúdio para gravar esse esboço de música em uma fazenda de Gales, a Glaspant Manor, acompanhados dos estúdios Island Mobile, novamente com John Burns. Nos damos conta de que o ambiente do estúdio de gravação estava nos asfixiando e de que estávamos nos esforçando demais para ficar tão animados na gravação quanto ao vivo. Ao usarmos John e um estúdio ambulante, tomávamos uma decisão que nos dava quase que alguma liberdade. John está quase começando a se sentir membro da banda.

Peter ainda está compondo as letras, enquanto nós quatro estamos gravando; mas esse é um intervalo relaxado, especialmente por ser uma grande oportunidade de Peter, Mike e Tony demonstrarem todo o seu amor pelas caminhadas no campo.

É muito comum, nas turnês, estacionarmos, comprarmos algumas cebolas, cenouras, queijos e pães e irmos para algum campo fazer piquenique. Parece meio hippie, mas não há nada de errado com uma boa fatia de cheddar e uma cebola.

De volta a Londres, fazemos a mixagem de *The Lamb Lies Down on Broadway* nos Island Studios, na Basing Street. Depois de dois meses gravando esse épico em Gales, estamos felizes por voltarmos à grama de casa. Enquanto estamos gravando as faixas, recebemos a notícia de que Brian Eno está preparando um novo disco no estúdio do andar de cima, trabalhando em seu segundo álbum solo, o *Taking Tiger Mountain (By Strategy)*. Não sou lá muito fã da banda Roxy Music, mas o restante dos caras a adora. Peter sobe para dar um alô e pergunta se podemos passar alguns vocais em seu computador. Em troca, Eno pergunta se eu posso subir e tocar uma faixa sua chamada "Mother Whale Eyeless". Não ligo de ser usado como moeda de troca.

Eno e eu nos damos bem de cara. Ele é um personagem interessante, não correspondendo muito ao formato normal de uma pessoa "pop", o que talvez tenha sido uma das razões que o levaram a sair do Roxy Music, e fico fascinado por seu método de trabalho. Acabo tocando em seus álbuns *Another Green World*, *Before and After Science* e *Music for Films*.

Durante as sessões de mixagem na Basing Street, desenvolve-se uma ruptura entre o Genesis diurno e o Genesis noturno. Peter e eu às vezes preparamos as mixagens até as 2h da madrugada, então Tony chega no dia seguinte, odeia tudo e apaga o trabalho. Às vezes ainda estamos gravando enquanto deveríamos estar mixando. O tempo é curto, o clima está tenso e todos estão cansados. Há muita música. Há muitas letras. Estamos correndo para concluir, as nuances narrativas desse álbum duplo conceitual são um mistério para todos nós (inclusive, suspeitamos, para Peter) — e a qualquer minuto vamos ter que sair em uma turnê já agendada. Uma turnê para a qual decidimos tocar esse álbum inteiro. Uma turnê envolvendo uma enorme produção.

Inevitavelmente, inescapavelmente, o show de *The Lamb Lies Down on Broadway* promete a grande revelação de um álbum duplo de 23 faixas que ninguém nunca ouviu antes, tocado por uma banda que está, ela mesma, correndo para entendê-lo, apostando em um conceito ainda muito imaturo e fresco, carregando uma produção ambiciosa nunca antes testada. Tudo isso em uma turnê mundial com shows agendados para 104 datas diferentes.

Direto para Dallas... O Genesis está ensaiando na sede da fabricante Showco, que está alugando seu equipamento de som e de iluminação para nós. Estamos tentando ajeitar a iluminação e dar sentido aos slides que, supostamente, ilustrarão toda a narrativa do *Lamb*. Mesmo antes de começarmos, já é um desastre. Sincronizar as três telas, muito antes do advento da tecnologia confiável, está se provando uma impossibilidade. E se não está funcionando nos ensaios, não vai funcionar na estrada. Além do mais, como foi previamente estabelecido, muitas das parafernálias teatrais são inacessíveis ao restante de nós. Peter está planejando quais fantasias usar, e algumas delas são simplesmente impraticáveis, no sentido selvagem, provocando risos. Quando ele está usando a fantasia de "Homem Pantufa" — uma roupa extremamente desagradável que contém uma parte com bolas infláveis (sim, "bolas": testículos mesmo. Algo que se assemelha ao modelito Homem Elefante) —, não consegue aproximar o microfone da boca. Quando a "Lâmia" se apresenta, um casulo giratório de gaze colorida, ela desce do alto, e o cabo do microfone sempre fica preso enquanto Peter gira e gira, o que significa que boa parte do show é desperdiçada tentando freneticamente soltá-lo. Tudo é muito corrido, e nunca temos tempo de diagnosticar problemas.

Direto para Chicago... Na noite de abertura da turnê do *Lamb Lies Down on Broadway*, na metade de nossa sequência de músicas, percebo que um objeto grande está sendo bombeado com ar perto de mim. É um enorme pênis inflável. Mas é claro que é. A próxima coisa que vejo é Peter, vestido de Homem Pantufa, rastejando sobre o pênis inflável.

Direto para Cleveland... Cinco dias depois do começo da turnê, estamos hospedados no Swingos, um hotel moderno mas fuleiro da cidade. Cada quarto é decorado com um motivo bizarro — listras, bolinhas, o que seja.

Em uma dessas instalações bizarras, Peter conta para Tony Smith que está saindo da banda. Tony o persuade a levar a turnê até o fim.

Direto para a Escandinávia... A pirotecnia sai de compasso. Muitos estrondos, pouca fumaça e pedaços de madeira saindo de caixas de som estouradas por todo lado. De repente, perdemos um membro da equipe. (A título de esclarecimento, ele não foi incinerado, mas ficou tão queimado conosco que foi demitido.)

Direto para Manchester... No nauseante Midland Hotel, Peter finalmente me conta que está nos deixando. Não consigo esconder minha tristeza. Construímos uma sólida relação dentro e fora da banda. Além do mais, somos ambos bateristas, e os corações dos bateristas batem juntos.

Apesar da iminente saída de Peter, a maioria das memórias fotográficas que tenho da turnê do *Lamb* são ótimas. Grande parte do tempo, verdade seja dita, estou no paraíso. Estou usando fones de ouvido para conseguir me escutar cantando, e conto com uma incrível mesa de som. Algumas partes das músicas são ótimas de tocar: "The Waiting Room" é inovadora e diferente toda noite, o trecho de teclado de Tony em "Riding the Scree" e a suave "Silent Sorrow in Empty Boats" são jubilosos sons ambientes.

No entanto, o sentimento geral é o de uma banda que corre atrás do próprio rabo. O álbum foi lançado no Reino Unido em novembro de 1974, e a turnê estreou em Chicago dois dias depois, então, nem mesmo os fãs mais ardentes têm muito tempo para digerir quatro lados de um álbum conceitual de música ambiente-progressiva. É um trabalho enorme para ser mastigado com apenas uma mordida, em um show. Na intimidade, tudo está ficando turbulento com esse jeito nada auspicioso de começar qualquer turnê, quanto mais uma turnê dessa magnitude, ambição e custo.

Mas, abençoados sejam os fãs, eles dão o seu melhor. Quando o espetáculo de noventa minutos termina, com duas versões de Peter cantando o número de encerramento *"it."* (uma música cujo título se grafa em caixa-baixa, em itálico, e é ornado por um ponto final), todo mundo está enxergando em dobro. Triunfamos, mas não do jeito que teríamos triunfado se a música fosse conhecida e nosso enredo, mais acessível.

A turnê de *The Lamb Lies Down on Broadway* será eternizada de modo mitológico, sem exagero, no filme *Isto é Spinal Tap*. Essa turnê daria um material perfeito para roteiristas e atores. E quando aquele casulo cenográfico não abre no meio do show? Já passei pela experiência, preso no palco com adereços defeituosos e um guitarrista enfurecido. Talvez não seja coincidência que Derek Smalls, baixista do Spinal Tap, seja um sósia de Steve Hackett nesse momento...

No público, de vez em quando tocamos em casas semicheias. No privado, Peter tem seu próprio camarim, com maquiagem e espelho, enquanto nós quatro somos visitas bem-vindas. Ele não é nenhuma prima-dona, mas recebe um monte de carinhas de gravadoras no camarim depois do show, elogiando barulhentamente: "Que show, Pete!"

Essa pagação de pau toda acaba enchendo o meu saco e o de Tony. Peter está sendo visto como o glorioso arquiteto. O Genesis corre o risco de ser ofuscado por ele. Dito isso, não me lembro de Peter já ter agido, de forma correspondente, como estrelinha. Nos bastidores, apesar de seu camarim separado, ele continua um de nós.

Finalmente chegamos à França e, para alívio de todos, ao final da turnê. Logo antes de entrarmos no palco em Besançon, uma cidadezinha infausta perto da fronteira com a Suíça, Tony Smith nos diz que o último show, em Toulouse, está cancelado, por falta de interesse. Faça as contas. Então o penúltimo show, em Besançon, se torna o último. E de repente nos damos conta: é mais do que provável que essa seja nossa última vez, não apenas tocando músicas como "The Colony of Slippermen" e "Here Comes the Supernatural Anaesthetist", mas também nosso último show com Peter. É a última vez que vamos vê-lo rastejando sobre um caralhão. Estamos em 22 de maio de 1975.

Peter toca "The Last Post" em seu oboé. Nada mais anticlimático. *The Lamb Lies Down on Broadway* e, finalmente, a turnê fecha seu ciclo e não se abre mais. E agora somos quatro.

Fico ressentido com Peter por sua saída? Absolutamente não. No âmbito pessoal, continuamos tão próximos quanto éramos quando entrei no Genesis, cinco anos antes, e com todas as dificuldades e as situações cômicas involuntárias da turnê do *Lamb*, eu me diverti. Profissionalmente, se serviram para alguma coisa, os desafios uniram ainda mais o restante de nós. Nem eu nem Tony, Mike e Steve levantamos o assunto de desistir também. Nós estamos comprometidos a continuar. Não sabemos como. Mas vamos. Então, precisamos de um novo vocalista e líder. Vamos empurrando com a barriga, até não dar mais.

Aceitamos todos, amigavelmente e tanto quanto possível, manter sigilo quanto à saída de Peter. Queremos estar prontos, com material novo, antes que a notícia se espalhe.

E agora? E o *Lamb Lies Down on Broadway*? É um dos poucos álbuns do Genesis com que ainda me surpreendo, não que eu me lembre de alguma vez tê-lo ouvido em sua integralidade. Mas é um importante marco para a banda em alguns sentidos, e até mesmo a referência do Spinal Tap é um elogio, um cumprimento ou algo do gênero. Para citar as últimas palavras de Peter no palco com o Genesis: "It's only rock'n'roll, but i like it" — É só rock'n'roll, mas eu gosto disso.

Quanto a mim, estou animado com o que o amanhã reserva. Afinal, agora tenho outras obrigações. Obrigações pessoais. Na temporada canadense da turnê do *Selling England by the Pound*, reacendi uma antiga paixão, e fiquei extasiado por descobrir que ela vinha com um bônus: uma filhinha.

Estamos em meados dos anos 1970. A década começou comigo encontrando uma banda, continuou comigo perdendo meu pai e, agora, em sua metade, me redefine, do nada, como um homem de família.

8

Um líder,
um homem de família

Ou: tentando manter todos felizes.
Resultado: confusão.

Pausa, rebobina, reflita.
 Estamos em março de 1974, 14 meses antes de Peter deixar o Genesis. A turnê do *Selling England by the Pound* avança sobre Vancouver para um show no Garden Auditorium. Tenho 23 anos. Estou animado. Essa cidade na distante costa do Pacífico do Canadá é onde Andrea Bertorelli, minha namorada de idas e vindas da adolescência, está morando.
 Andy, como vocês devem lembrar, era da mesma série que eu no Barbara Speake's Stage School. Como fomos o primeiro amor um do outro, sempre passamos um bom tempo nas casas das respectivas famílias. Eu *adorava* a mãe de Andy, e sempre que a oportunidade surgia ficava feliz em curtir no restaurante Bertorellis'. Os Bertorelli eram da equipe do famoso restaurante familiar londrino de mesmo nome, e tanto o senhor quanto a senhora B. eram ótimos cozinheiros. O lanche pós-jantar era igualmente bem-vindo: eles não se importavam que o namorado de sua filha passasse a noite em sua casa. Eu já fazia parte da família.
 No final dos anos 1960, tanto Andy como eu íamos seguindo diferentes caminhos — o motivo, como de costume, era o fato de

eu ter reatado com Lavinia Lang —, e os nossos laços familiares estavam cada vez mais frágeis. Depois da morte do pai de Andy, sua mãe retomou o relacionamento com um antigo amigo, oficial da Força Aérea Real Canadense, que serviu em Goldaming, no condado Surrey, durante a guerra. Eles se casaram, e depois emigraram para Vancouver. Andy, sua irmã Francesca — uma coelhinha da *Playboy* — e seu irmão John foram junto.

Por volta da primavera de 1974, faz três ou quatro anos que não vejo Andy. No entanto, sei de algumas de suas novidades. A Sra. Bertorelli escreve para minha mãe, e minha mãe conta que Andy foi para o interior, conheceu uma pessoa, se mudou para uma cabana por um curto período e engravidou. E, no fim, foi abandonada pelo pai da criança. Andy teria voltado para a casa da família, em Vancouver, no dia 8 de agosto de 1972 — dois anos depois de eu ter me juntado ao Genesis —, e teve uma bebezinha que foi batizada de Joely Meri Bertorelli.

Assim que a banda chega a Vancouver, ligo para convidar a família Bertorelli para o show. A mãe de Andy, generosa até o fim, insiste que eu me hospede com eles durante minha curta estadia na cidade. O reencontro é maravilhoso. Aceito com grande alegria o convite da Sra. B. para jantar com a família. Acabo conhecendo o padrasto canadense, Joe, um ávido jogador de boliche (virei a patrocinar seu time muitos anos depois), e Joely, então com 16 meses, um pesseguinho. Mesmo antes de terminarmos a sobremesa, aqueles antigos sentimentos que rolavam entre mim e Andy já voltam a acender e se expandir.

Ela é linda e tem um corpo espetacular. Andy é absurdamente sexy, o motivo pelo qual vivia partindo corações. Devo confessar que longos trechos da letra de "Invisible Touch", de 1986, do Genesis, foram escritos pensando nela.

Se Andy estava satisfeita, tanto eu quanto a Sra. B. estávamos satisfeitos — ela sempre quis um genro. Quando o Genesis vai embora de Vancouver, Andy e eu já somos um casal novamente. E eu me torno, pelo jeito, pai. A vida mudou rapidamente, mas eu não olho para trás nem para os lados. Desde que estudamos juntos, Andy é dona de um pedaço do meu coração. Ela tem uma filha? Nem penso nisso.

O próximo show é em Nova York, seis dias depois, de volta à Philharmonic Hall, então logo estou de volta à estrada. Mas, ao longo do mês seguinte, mantemos contato pelo telefone, nos apaixonando novamente. Minha vida dá um *reset*, direto para a minha adolescência, mas também para o futuro.

A turnê dá um giro e volta a Nova York, onde se encerra com três noites agendadas na Academy of Music. Andy me encontra na cidade. Joely dorme entre nós dois na cama, e eu me lembro dela olhando pra mim, como que dizendo "Mas o que você está fazendo aqui?".

Passaram-se menos de seis meses desde nosso reencontro em Vancouver e já decidimos: voltamos a namorar, e Andy vai retornar comigo para o Reino Unido. Comecei a turnê como um homem solteiro, mas volto fisgado. E pai. Somos uma família, e eu não poderia estar mais feliz.

De volta à Inglaterra, o Genesis tem um mês de recesso antes de começarmos a compor e gravar o álbum/conceito/visão/marco/pedra angular que se tornará o *The Lamb Lies Down on Broadway*. Não demora até que Andy e Joely estejam comigo em minha quitinete em Epsom. Vamos descobrir que lá não é um bom lugar para uma jovem família. Felizmente, em breve nos mudaremos para Headley Grange...

... onde somos confrontados pela horrível visão de todos aqueles ratos naquela casa velha e fedorenta. Não tenho tempo para lidar com essas condições, já que imediatamente estou abarrotado de trabalho. O que, para mim, não é problema algum — estou trabalhando *e* minha nova família está comigo. Mas como vão as coisas para Andy e Joely? Elas foram arrancadas de um lar do outro lado do mundo, jogadas no caos de uma banda e então entregues à sua própria vontade, com nada para fazer a não ser se sentar na grama e contar ratos. Algo intimidador, insuportável, assustador — escolha o adjetivo.

Este não é o melhor ambiente para casais, para não dizer coisa pior. Como Peter vai descobrir mais tarde com sua própria família (literalmente) embrionária, dentro do Genesis não dá para pedir licença por compaixão ou para passar tempo com a família. Trabalhamos à noite, nos fins de semana, todo e qualquer Sabá. Logo, como de hábito, voltamos a levantar as baquetas e trabalhamos ainda mais. É assim que as coisas são.

Para piorar, a gravação do *Lamb* acaba engatilhando na turnê do *Lamb*, então o mundo do Genesis anda ainda mais frenético que o normal. Pesando o caos e o custo do show, Andy e Joely não podem mais me encontrar na turnê, e nós acabamos ficando muito mais longe do que gostaríamos. Desde o começo de nosso relacionamento, ela tem sido forçada a ficar sozinha. Desde o primeiro dia, ela é uma viúva do rock'n'roll. No entanto, não me lembro de isso parecer afetar Mike, Tony ou suas companheiras. Eles parecem onipresentes. Talvez eu é que não seja bastante assertivo.

Conseguimos nos mudar daquele pulgueiro de Epsom para uma casa em Queen Anne's Grove, no distrito de Ealing. Mas temos que esperar até o ano seguinte, até o final da turnê do *Lamb*, para nos casarmos, o que ocorre no cartório de registro civil de East Acton, a oeste de Londres. A noiva, linda, veste branco, o noivo usa um cravo, uma barba bem-aparada e tênis All Star novinhos, comprados especialmente para a ocasião. Como esperado, não temos tempo para a lua de mel.

Enquanto isso, depois que Peter saiu da banda, o Genesis ainda precisa resolver o problema capcioso de encontrar um vocalista. Encomendamos um anúncio na *Melody Maker:* "Procura-se vocalista para grupo no estilo do Genesis." Achamos que esse texto estrategicamente manteria a discrição quanto à seleção; pelo menos evitaria a imprensa.

Mas a tradição prova que estamos errados: recebemos quatrocentas respostas ao anúncio. Não acredito nisso, mas talvez o escritório de Tony Smith tenha separado mais joio do trigo do que eu imaginei. Só sei que recebemos todo tipo de gente. Fitas até o limite. Carinhas cantando com nossas músicas ao fundo. Tocando guitarra com nossas músicas ao fundo. Outros tocando um pouquinho de piano, um pouquinho disso, um pouquinho daquilo. Algumas pessoas enviaram fitas cantando Frank Sinatra ou Pink Floyd. Fazemos uma triagem até chegarmos a um número aceitável antes de iniciarmos as audições.

Ao mesmo tempo, estamos escondidos no porão de Maurice Plaquet, na Churchfield Road, East Acton, que conheço dos poucos dias em que tive aulas de bateria. Mergulhamos nas sessões de composição do sétimo álbum da banda, nosso primeiro como um quarteto, embora Steve inicialmente falte em alguns encontros enquanto dá os últimos retoques em seu primeiro álbum solo, *Voyage of the Acolyte*. Minha impressão é que ele queria mais oportunidades para compor — Tony, Mike e Peter monopolizavam a composição do material da banda, e, para ser sincero, escreviam melhor do que Steve. Com certeza, melhor do que eu. Mas, até chegarmos ao *Lamb*, eu mal tinha participado da composição, então não tenho problemas com isso. Steve, no entanto, quer um tempo fora, então, sem resmungos ou discórdia entre nós, dá um salto independente. Mike e eu tocamos no *Voyage of the Acolyte*. Prestativo, assumo o microfone em "Star of Sirius". É tudo bem amigável.

A princípio, o trabalho sem Steve nos revela rapidamente que, para nosso grande alívio, ficaremos bem sem Peter. As músicas vêm com a mesma facilidade de antes, e são boas. Já compusemos "Dance on a Volcano" até antes do retorno de Steve. "Squonk" e "Los Endos" vêm a seguir, servindo como abre-alas para o álbum que intitularemos *A Trick of the Tail*.

Então, um desastre: outra primeira página de Peter na *Melody Maker*: "Gabriel deixa Genesis." A notícia vazou antes de termos tempo de recompor o grupo.

A boca-pequena dos círculos de ídolos comenta que isso significa o fim do Genesis. E, é claro, significa mesmo: como é que uma banda consegue sobreviver à perda do seu líder, especialmente um líder tão carismático e criativo quanto Peter Gabriel? Temos que acelerar nossos planos, antes de a ideia de que estamos mortos cole de modo irresgatável.

Todo o jornalismo especializado e os fatos disponíveis ajudam a reforçar a opinião consolidada de que o Genesis acabou. Um pouco antes disso, em outubro de 1975, antes mesmo de termos a chance de gravar *A Trick of the Tail*, o álbum de Steve é lançado. Outra coisa que também atrapalha é o fato de eu ter escolhido esse período para começar a ver outra banda.

Meu relacionamento de idas e vindas com o Brand X começa no final de 1974, quando recebo um telefonema de Richard Williams. Esse ex-colunista da *Melody Maker* é agora chefe da divisão de artistas e repertório da Island Records. Ele me diz que está com um grupo interessante, uma *jam band* com quem assinou contrato há não muito tempo, e que estão procurando um novo baterista.

Eu me junto a eles para ensaiar, e nós nos divertimos muito. Na época, o Brand X faz mais funk do que jazz. Eles têm um vocalista, mas em grande parte do tempo o cara não tem muito o que fazer, então, se joga nas congas (sinto empatia por ele, tendo em vista os tremeliques e o repentino espectro de Phil Spector). Muito improviso em torno de um ritmo e de um acorde. *Horas de improviso*.

No entanto, eu gosto desses caras, e da liberdade que eles oferecem, então aceito me juntar ao Brand X como membro eventual, mesmo sem saber exatamente ao que estou me juntando. Não há shows agendados, e existem apenas rumores distantes da gravação de um disco. No fim das contas, o guitarrista e o vocalista dão adeus à banda para fazer qualquer outra coisa, abandonando a mim, ao baixista Percy Jones, ao tecladista Robin Lumley e ao guitarrista John Goodsall.

Quando nós quatro, instrumentistas, começamos a tocar, o Brand X se torna algo completamente diferente. Estamos no tempo do fusion e do jazz-rock, e algo disso me soa definitivamente muito bobo e autoindulgente. Mas gravamos alguns álbuns interessantes, notadamente os dois primeiros: *Unorthodox Behaviour* (1976) e *Moroccan Roll* (1977).

Mas agora, no outono de 1975, os membros do Genesis, órfãos de Peter, estão unidos como os Mosqueteiros. O sentimento que nos desafia pode se resumir a um *Vamos mostrar a eles*. Então, Peter é o Genesis, né? Ele escreveu tudo, não é mesmo? Bem, não é porque perdemos a cabeça que o corpo inteiro morreu. Ok, estamos procurando um vocalista, mas o novo material com que ele vai trabalhar é incrível. Os rumores da morte do Genesis foram exagerados demais.

Pisamos fundo no acelerador, e toda segunda-feira fazemos audições com quatro ou cinco cantores em potencial na Churchfield

Road. Eu ensino as partes vocais para eles, cantando enquanto Steve, Tony e Mike tocam calmamente. Escolhemos algumas canções que poderiam indicar rastros dos talentos dos candidatos. A faixa "Firth of Fifth", do álbum *Selling England by the Pound*, é uma, e "The Knife", do *Trespass*, é outra — dois exemplares-guia que podem mostrar alcance e qualidade. Apenas trechos delas, mas isso já demanda muito de qualquer pretenso líder de banda. Temos que proceder dessa maneira: somos uma banda exigente, e substituir Peter não é tarefa fácil.

Não estamos buscando alguém que tenha apenas habilidades vocais. Nós nos perguntamos: ele vai ser um bom parceiro para compor? Como ele vai contribuir para a banda? Estamos sondando se queremos essa pessoa na nossa família, porque, agora que estamos por um fio, o Genesis anda muito unido. Uma banda de irmãos.

Começo a gostar dessas rotinas de segunda-feira, quando tenho a oportunidade de cantar. Sempre levantamos a hipótese de, nesse álbum, eu assumir os vocais, como líder, de algumas músicas acústicas — que fosse "Entangled" ou, sei lá, "Ripples". Mas eu sei que nunca vou ser capaz de cantar "Squonk", "Dance on a Volcano" ou outras das mais pesadas.

Isso, contudo, não é um problema: precisamos de um novo vocalista e estamos dando o nosso máximo para encontrar um. Não me ocorre — nem a nenhum dos demais colegas — que eu possa remotamente ter a chance de ser o líder.

Especialmente, claro, porque acabamos de lançar *The Lamb Lies Down on Broadway*: um álbum duplo grande e denso com muitos vocais — muitos vocais refinadíssimos — e uma produção teatral à altura. Como eu poderia me nivelar àquilo? Nunca conseguiria. E para ser sincero, não tenho o menor interesse em fazê-lo. Estou contente lá atrás, fora dos vocais.

Do mesmo modo, ainda estou pronto para dar a última cartada: preferiria estar em uma banda instrumental a assumir o microfone.

Infelizmente, essa ideia é de novo jogada para escanteio. Tony e Mike há muito almejam ser compositores — ou seja, escrever músicas com letras, letras que precisam ser cantadas. Mais do que isso: eles querem escrever músicas de sucesso, singles que alcançarão status entre as mais populares. Sempre quiseram isso; sempre quiseram compor como os Kinks ou como os Beatles. E não se consegue fazer isso se a banda não possui um vocalista, ou letras, ou refrãos.

Há certa ironia no fato de demorar quase dez anos para suas habilidades como compositores "amadurecerem" e chegarem a se tornar sucessos — o que coincide exatamente com outra realidade: estou me tornando o vocalista-padrão da banda... pelo menos no porão da Churchfield Road.

Toda noite volto para casa para ver Andy.

— Já encontraram um vocalista?

— Não. Ninguém preenche os requisitos.

Fazemos audições por cinco ou seis semanas, e assistimos às apresentações de mais ou menos trinta garotos. Começa a ficar chato. O tempo está passando — não é surpresa alguma: já corre o papo de entrarmos em turnê novamente — e não temos alternativa senão entrar em estúdio. Pelo menos já compusemos um material bem forte.

Entramos no Trident com um novo coprodutor, Dave Hentschel, e gravamos a toda velocidade. Fico mais envolvido com a faixa "Los Endos", que concebo sob o ritmo de "Promise of a Fisherman", de Santana, de seu álbum de jazz-fusion recém-lançado, *Borboletta*. Já "Squonk" tem uma *vibe* Led Zeppelin. Por fim, também contamos com "Robbery, Assault and Battery", para provar que as músicas com narrativa pelas quais o Genesis é conhecido ainda têm espaço.

Estamos realmente satisfeitos com essas músicas. Soam fortes, frescas e um tanto diferentes. Nos sentimos como uma nova banda, e parecemos uma.

Então, somos energicamente forçados a voltar para os negócios, distribuindo as *backing tracks* e decidindo quem assume a autoria por cada música. E a pressão só aumenta, porque as faixas estão gravadas e ainda não temos um vocalista. Dito isso, finalmente concordamos em permitir que um cantor entre em estúdio. Mick Strickland é um pouco melhor que os demais, e nós o convidamos para ir ao Trident e dar uma canja. Pedimos que ele cante "Squonk". O primeiro verso é do caralho: *"Like father, like son..."* Não exigimos nenhuma nota ou escala musical de Mick. Só lhe entregamos a música. Se vira.

Pobrezinho. Não chega nem perto. Somos obrigados a dizer um "Valeu aí. Tchau...". Em retrospecto, me sinto mal por Mick. Eu fui o soldado que precisou cantar a música no tom pedido. Naqueles dias, entretanto, nem vimos isso como problema.

Mas "Squonk" é nova, e gosto de sua batida. Para ser mais correto, agora não temos outra opção, tampouco nada a perder, e as horas de estúdio estão se acumulando. Então, proponho: "E se eu fizer uma tentativa?" O restante dos garotos dá de ombros: "Pode ser."

No fundo, no fundo, eu sei que consigo dar conta, mas cantar, *de fato*... isso é completamente diferente. Às vezes o seu cérebro diz *sim*, mas sua voz grita *não*.

Eu faço uma tentativa, mesmo com as letras de Mike me confundindo. Mike e Tony mais tarde me contam que foi como se uma daquelas lâmpadas de "eureca" de desenho animado tivesse se acendido. Eles se olham mutuamente na sala de controle e suas sobrancelhas dizem tudo: *Por São Jorge! Acho que ele conseguiu!* Pensando no passado, esse momento foi um divisor de águas para mim. O ambiente do estúdio era o máximo, permitia que ficássemos elaborando os vocais até que o canto funcionasse e se encaixasse na música. Lembrando: eu ainda não queria assumir a frente do grupo e cantar.

Ainda assim, ainda assim... estamos atordoados e confusos. O cara que achamos, finalmente, que iria dar conta dos vocais, se provou uma cilada... e agora o baterista tem um rompante e não soa nada mal... Mas colocá-lo no microfone no álbum inteiro? Seria a solução mais esperta?

Testamos algumas tomadas, as refinamos, voltamos na manhã seguinte, escutamos novamente, e todos concordamos: o material ainda parece legal.

Estou *muito* inseguro, mas será que acabamos de encontrar um vocalista? Foi, contudo, uma coisa do tipo encontrar uma nota de 5 libras atrás do sofá.

Deixando as dúvidas de lado por enquanto, temos que prosseguir. Terminamos uma música depois da outra. "Robbery, Assault and Battery" se destaca e funciona muito bem desde o princípio — eu acrescento um tom de Raposa Esperta aos vocais. Paulatinamente, vou mostrando que consigo não apenas cantar essas músicas, mas também adicionar algo a elas. Um pouco de personalidade, em todos os sentidos da palavra. Posso me colocar nelas sem precisar recorrer aos acessórios visuais de Peter.

Algumas músicas exigem mais do que outras. "Mad Man Moon" é uma das faixas compostas por Tony, e suas melodias me levam para fora da minha zona de conforto, principalmente se você precisa aprendê-las aos trancos em estúdio. Eu acabaria me acostumando com isso já nos próximos anos. "A Trick of the Tail" é outra de Tony, mas me soa mais natural. Contudo, pensando como um todo, cantar esse álbum é mais fácil do que eu imaginava.

De repente, nós terminamos. E eu só consigo pensar que esse é um caso isolado. Eu teria cantado no álbum como solução provisória; fazê-lo no palco seria algo completamente diferente. Então, de fato, ainda não temos um vocalista.

Volto para casa, em Ealing, para Andy e Joely.

— Como está o trabalho com o álbum? — pergunta Andy.

— Cantei todas, e ficou muito bom — respondo.

— E por que, então, você não vira o vocalista? — replica ela.

— Tá doida?! Sou o baterista. Me recuso a ir lá para a frente balançar a bunda. Tem um manto protetor entre mim e a plateia: minha bateria. E é assim que eu quero ficar.

Assim que terminamos as gravações, abrimos novamente a temporada das fitas de audições.

— Tem *certeza* de que não havia mais ninguém?

Não, não havia. Nem há.

— Porra, que merda! Ok, acho que eu poderia ser o vocalista, mas... — digo, no fim das contas.

Estamos presos entre a segurança e o conforto. Tendo explorado todas as perspectivas, parece que o baterista é a única opção como última tentativa, última saída. Nenhum de nós consegue levar isso totalmente a sério. O membro mais "de trás" da banda é quem vai passar para a frente dela, afinal? Certamente, há algo errado aí. Estou tão dividido quanto todo mundo, mas principalmente porque

Meu pai à esquerda e o pai dele à direita. Essa é a única foto que tenho do meu avô. Ele era muito amado por todos. Minha avó e ele eram primos que se conheceram e se apaixonaram. Quando meu avô insistiu para que meu pai desistisse da "ideia boba" de trabalhar no mar, ele seguiu as instruções. Meu pai tinha grande respeito pelo meu avô, apesar de comentarem que ele nunca o perdoou por tê-lo demovido daquela ideia. Meu avô morreu dois meses antes de eu nascer. Hoje em dia, no Tâmisa, são poucos os que se aventuram a remar vestidos de camisa social, terno e gravata.

Vovó e o bebê Philip Collins. Minhas primeiras lembranças são de nós dois juntos: comprando pãezinhos doces ou esperando do lado de fora da casa de East Sheen, na chuva, quando ela esquecia a chave. Tínhamos de esperar meu pai chegar do trabalho para podermos entrar. Uma vez ela me colocou para dormir em uma tarde de sábado para que eu pudesse ficar acordado até mais tarde. Lembro-me de ouvi-la perguntar: "Está dormindo, Philip?" Ao que eu respondi: "Estou." E assim acabou a esperança de eu ficar acordado até altas horas.

Meu pai fumando cachimbo: é assim que sempre me lembrarei dele. Observação: acho que o cachimbo tinha apagado.

Minha linda mãe, com seu sorriso "Lady Di". Algo nesse sorriso a fazia parecer feliz e radiante.

Meu pai, um pequeno Phil Collins e minha avó às margens do rio em St. Margaret's, Twickenham, bem em frente ao estaleiro de Dick Waite. Às vezes me ressinto com meu pai por ele não ter proporcionado lembranças suficientes de nós dois juntos. Ele morreu quando eu ainda era jovem (21 anos), e isso não ajudou em nada. Ele se foi de uma hora para a outra, acho que fiquei zangado com a imprevisibilidade dos acontecimentos. Ainda tínhamos muito a resolver.

Natal em família: meu pai, tio Reg, tio Len, eu, minha mãe, Carole e Clive em um hotel de Brighton. Embora tenhamos passado muitos Natais na casa de Reg e Len, às vezes o jantar da festa era feito nesse belo estabelecimento. É assustador que eu esteja posando com uma garrafa vazia de uísque, considerando o que aconteceria muitos anos depois. Mas agora está tudo bem.

O estaleiro de Dick Waite em St. Margaret's, por volta de 1954. Esse cantinho se transformaria, mais tarde, no estúdio de gravação Meher Baba Oceanic, de Pete Townshend. Sou o bebê no colo de minha mãe, com minha irmã Carole ao nosso lado, à esquerda. Essa é a foto que enviei para Pete e que ficou pendurada no estúdio por anos. Tio Len Tungay está lá atrás, à direita, perto do rio, onde as cinzas de minha mãe foram espalhadas anos depois. Atualmente estamos tentando instalar um banco ali, em homenagem ao meu pai.

Eu, como Raposa Esperta, em 1964, no New Theatre, localizado na St. Martin's Lane, no "faiscante" West End de Londres. Ainda me lembro do nome de todo mundo nessa foto. Da esquerda para a direita: Michael Harfleet (nos falamos até hoje), Ralph Ryan, Arthur Wild, eu, Jack Wild, Beryl Corsan, Jimmy Thomas e Christopher Cooper. *Oliver!* era uma peça fenomenal, e, quando escrevi a versão de *Tarzan* para a Broadway, aproveitei tudo o que havia aprendido com ela.

Ronnie Caryl e eu em meados dos anos 1960 em uma cabine fotográfica em algum lugar. Eu me lembro muito bem desse casaco Afghan. Eu o usava o tempo todo. Ficou tão sujo que já andava sozinho, e apareceu nas filmagens do Flaming Youth na Holanda.

Essa foi uma foto de divulgação do Flaming Youth que surgiu enquanto eu trabalhava neste livro. Nossos empresários, Ken Howard e Alan Blaikley, nos vestiram como se fôssemos uma banda, mas nunca quisemos parecer (literalmente) tão montados assim. Em cima: Flash Gordon, Brian Chatton, Ronnie Caryl. Sentado: eu.

No Gorham Hotel, em Nova York, por volta de 1973, escolhendo algo para ouvir. O único motivo de eu estar usando essa cueca era que ela combinava com o papel de parede. Esse é meu estilo David Niven (leitores jovens: pesquisem esse nome). Nem lembro de ter tido esse bigode, mas é claro que eu tive. Na época, a vida era tremendamente empolgante. Um novo país para desbravar, uma ótima música na rádio, um novo desafio todos os dias.

Em meu hábitat, no final dos anos 1970. Nessa foto eu posso estar tocando para o Brand X ou para o Genesis. Independente disso, sei que estava no auge. Não era um dos "melhores do mundo", como diriam alguns, mas era muito bom. Mesmo que seja eu mesmo dizendo isso.

Ronnie (no canto esquerdo) e eu no Reading Festival em 1972 ou 1973, trabalhando para o Genesis. Meu senso estético melhorou, pode acreditar. Até nessa foto parece que Ronnie e eu estamos prestes a sair no braço, mas eu o amo, e sempre amarei.

Eu e Peter Gabriel esperando algo acontecer na Una Billings School of Dance, no distrito de Shepherd's Bush, a oeste de Londres. Estávamos compondo o *Selling England by the Pound*. Estou sentado no bumbo de Peter, o que provavelmente era a melhor opção para aproveitá-lo. Estávamos claramente muito cansados. Nós nos reuníamos para compor nos intervalos dos shows que rodaram o país. Tudo ia bem quando estávamos em meio à magia da escrita, mas, nesses intervalos, o cansaço se instalava.

O fotógrafo Armando Gallo foi um entusiasta do Genesis desde o começo, e continua a ser um amigo até hoje. Acho que ele tirou essa foto em Woolwich, Londres, na época em que ensaiávamos lá. Não acredito que estávamos tão entediados quanto parece, mas sabe-se lá.

Eu, Andrea e uma Joely jovenzinha, nos estúdios Headley Grange, por volta de 1974.

Papai feliz: uma das fotos favoritas em que aparecemos juntos. Joely tinha 4 anos. Eu a adotei quando Andy e eu voltamos, em 1974. Para mim, ela foi, e sempre será, minha filha. Hoje em dia é uma mulher maravilhosa, muito bem casada e me deu uma neta encantadora, Zoe.

Nesta foto estou fantasiado de Gumby, personagem de Monthy Python, Joely está vestida de enfermeira, e Simon de caubói. Estávamos a caminho da festa à fantasia de Eric Clapton, no Ano-Novo, em Hurtwood Edge, por volta de 1980. Todos estavam usando fantasias, conforme nos foi orientado. Eric, no entanto, se recusou, então eu fui encarregado de levá-lo para cima e vesti-lo. Juntei um belo vestido da Pattie e uma esponja de banho para servir de peruca. Apesar da sua resistência, descemos para a festa, e sua fantasia fez muito sucesso. Foi nesse dia que encontrei Ginger Baker pela primeira vez.

Simon foi meu primeiro filho, e nós somos muito próximos. Fazê-lo comer nem sempre era uma tarefa simples! Acho que essa foto foi tirada quando eu estava em turnê em Paris, no ano de 1978, perto do fim do meu casamento com Andy.

O lendário chefe da Atlantic Records, Ahmet Ertegun – um homem incrível. Ele tinha um cérebro feito para a música, um coração gigantesco, e grande talento para piadas. Nós escutávamos tudo o que ele falava com atenção. Enquanto esteve vivo, ele apoiou a mim e ao Genesis, mas com a minha carreira solo, particularmente, ele sempre ia além do esperado. Ahmet costumava dizer que eu era o filho que ele nunca teve.

Tony Smith e o Genesis nos bastidores, na cidade de Milton Keynes, em 1982. Estávamos comemorando os dez anos de Tony como nosso agente. Uma barba e tanto, você não acha? Da esquerda para a direita: Steve, Peter, TS, Mike, PC, Tony e Daryl. Também estão presentes: meus dois filhos, Simon e Joely, Kate Rutherford e Ben Banks. Estávamos em Milton Keynes no mês de outubro – só o Genesis mesmo para fazer um show ao ar livre na Inglaterra em outubro. Caiu um temporal – a parte à frente do nosso palco virou puro lodo. Mas os fãs do Genesis são os mais resistentes do mundo, e o resultado foi uma encharcada celebração do passado e do presente da banda.

Com Miles Davis em uma pequena festa particular depois dos Grammys de 1986. Nesta foto ele estava me falando sobre o quanto ama "Separate Lives" – não tive coragem de contar a ele que essa não fui eu que escrevi. Lá atrás temos Doug Morris, presidente da Atlantic Records na época, conversando com Graham Nash. Miles era uma lenda, e ali estava ele, falando *comigo*.

Eu e Jill no dia do nosso casamento, em frente ao cartório de Guildford, Surrey, em 4 de agosto de 1984. Eu havia passado a noite anterior na casa de Eric e Pattie, que não deixou que eu fosse embora sem passar a minha camisa. Eu estava feliz com os amassados. Ela, nem tanto.

Ao lado da piscina no Sir George Martin's AIR Studios, em Montserrat. Estava produzindo o que viria a ser o álbum *Behind the Sun* de Eric. Sting apareceu, pois estava lá de férias, e Stephen Bishop resolveu se juntar a nós. Acabamos gravando uma de suas músicas, "Leaving the Hall Light On", para o próximo álbum. Todos nós, formando uma banda bem OK, tivemos participação na canção. Sting até cantou um dos versos.

Com Bob Geldof nos bastidores do Live Aid, 1985, em uma foto tirada pelo lendário David Bailey. Acho que eu ainda não havia me apresentado, então, essa foto foi feita antes de toda a loucura começar. Até Bob parecia razoavelmente calmo nesse momento. Ele foi muito grato por tudo o que eu fiz no Live Aid. Fui um dos primeiros a me comprometer com a Band Aid e estava sempre disposto a fazer qualquer coisa que ele me pedisse.

Um grupo seleto: Lionel Richie, Michael Jackson, Quincy Jones e eu no Grammy Awards de 1986. Eu havia acabado de apresentar "Sussudio" na cerimônia, e Michael inclinou-se na minha direção perguntando quem havia organizado a parte das trompas.
Ele, Lionel e Q estavam prestes a ganhar o prêmio de Gravação do Ano por "We Are The World". Lionel continua sendo um bom amigo, assim como Q, que acabou se tornando um grande parceiro.

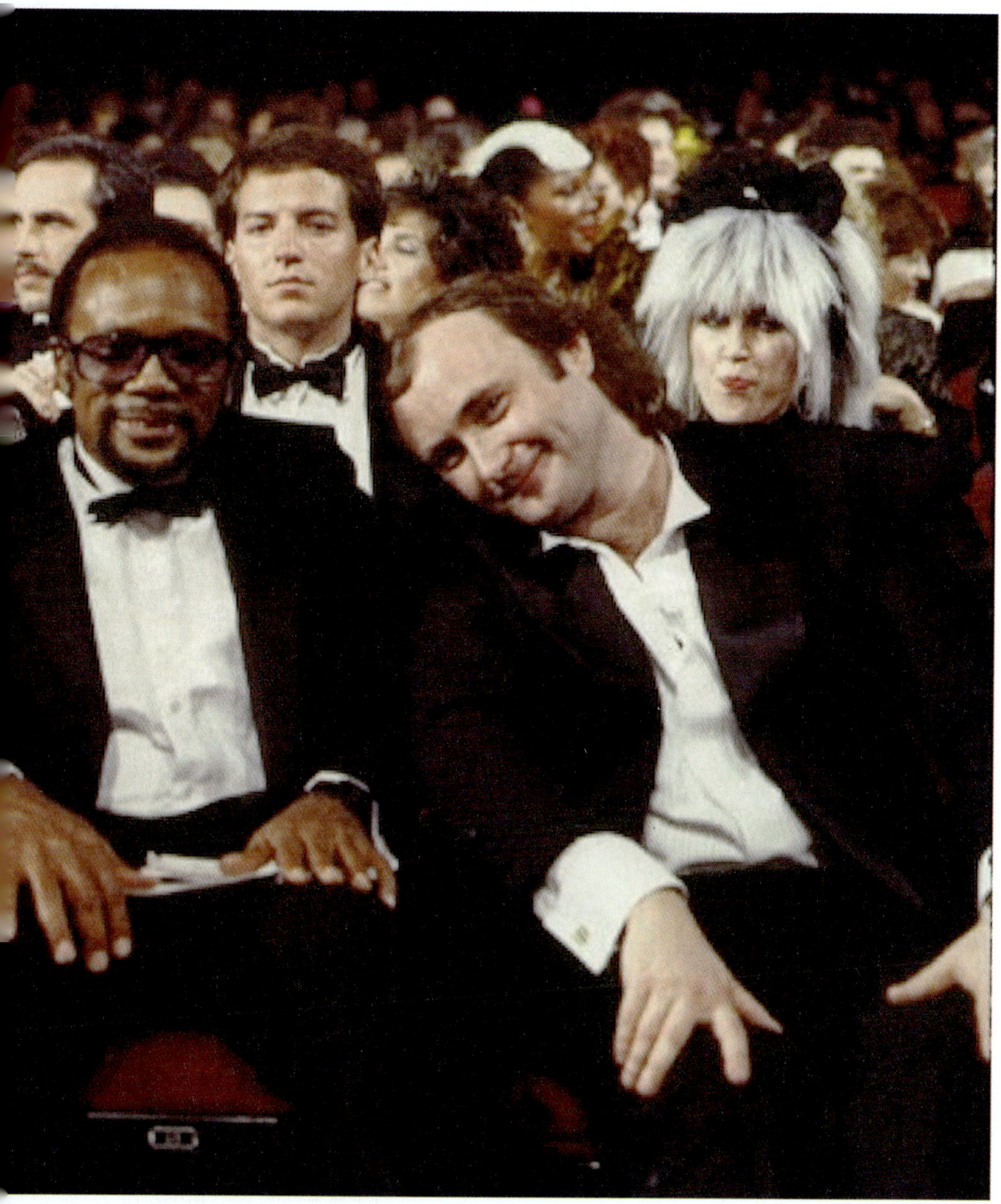

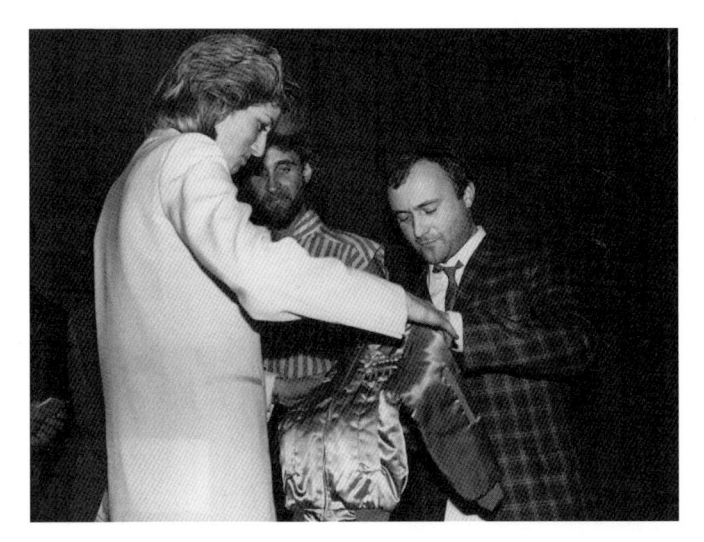

Esta foto foi tirada durante a turnê *Mama* no Birmingham NEC, 1984. Estava entregando para Diana, princesa de Gales, uma pequena jaqueta da turnê como presente para o, ainda bebê, príncipe William. A foto é bastante significativa, já que o príncipe William está prestes a ocupar o trono. Talvez agora o filho dele, George, seja o dono dessa jaqueta de cetim.

Tentando ensinar sua Alteza Real, o príncipe Charles, a tocar bateria durante a semana do Prince's Trust, evento que arrecada dinheiro para a caridade, em Caister, Norfolk. Como baterista ele é um ótimo príncipe, então não precisei abrir mão do meu trabalho. No último dia do evento anual, o príncipe Charles andava pelo lugar, fazia questão de conhecer os jovens e observar o que cada um estava aprendendo. Sempre havia algum músico entre eles, e eu fazia parte das oficinas, além de ensaiar uma pequena apresentação para a sua Alteza Real ao final da visita. O evento foi um sucesso estrondoso, já que nenhuma das crianças fazia ideia de que ele apareceria e que, ainda por cima, se envolveria tanto no processo.

Mamãe, Carole e Clive vivendo bons momentos na estreia de *Buster: Procura-se um ladrão* no Odeon da Leicester Square. Todos estavam muito orgulhosos por eu ter feito um bom filme, principalmente com alguém como Julie Walters. Depois da estreia fizemos uma festa no museu de história natural de Londres. Não sei como nos permitiram isso, considerando a quantidade de relíquias ali expostas, mas o fato é que confiaram na gente. Irônico, já que o filme era sobre um ladrão de trens...

Como não amar essa mulher? Julie e eu em Acapulco, perto do fim da filmagem de *Buster*. A essa altura a gravidez dela era bem visível, e Julie estava radiante com isso. Ela é uma pessoa brilhante e naturalmente engraçada, dona de uma personalidade atraente, e era sempre muito gentil com todo mundo no set. Durante a festa de encerramento todos haviam bebido muita tequila... então, é claro, pessoas foram sendo atiradas na piscina da casa em que filmamos. Eu e o futuro marido de Julie, Grant, a pegamos no colo cuidadosamente e colocamos na água.

Tommy, da esquerda para a direita: Uncle Ernie, Cousin Kevin, Pete Townshed, Pinball Wizard, Roger Daltrey, John Entwistle, The Seeker, e Acid Queen. Fotografia tirada nos bastidores, no Royal Albert Hall, no primeiro de dois shows em Londres que reproduziram o álbum clássico do The Who, *Tommy*, em um palco. É difícil se manter fiel ao trabalho de Keith Moon, mas eu fiz o melhor que pude. Permaneci perto de Pete e Roger.

Com Steven Spielberg no set de *Hook: A volta do Capitão Gancho*. Ele está tentando me acalmar depois de me informar que eu teria que fazer minha cena de primeira: sem cortes, sem chance de tentar outra vez. Uma pressão tremenda. Além disso, Robin Williams e Dustin Hoffman estavam assistindo a esse momento e aguardando. Uma pressão ainda maior.

(À esquerda) Com a minha mãe no palácio de Buckingham em 1994, depois de aceitar meu título de tenente da Real Ordem Vitoriana. Não, eu também não fazia ideia de que isso existia. Mas parece que é algo importante, e o título me foi concedido por conta do meu trabalho de caridade. Isso me lembrou o momento em que meu herói, Tony Hancock, exigiu receber uma medalha pela sua doação de sangue, mas, de qualquer forma, fiquei muito grato pelo reconhecimento. Foi o príncipe Charles quem me prestou a homenagem, e eu fiquei bastante emocionado. Foi no auge do "caso do fax" e na mesma época em que conheci Orianne, então eu a aconselhei a não estar presente. Minha mãe, é claro, queria ir de qualquer maneira.

Eu e a rainha, 1º de março de 2005, no palácio de Buckingham. Ela organizou uma homenagem à música britânica, e eu fui convocado a uma antessala junto com Sir Terry Wogan, Sir Cameron Mackintosh, Dame Vera Lynn e Sir George Martin, para que ela pudesse nos cumprimentar e agradecer. Assim que ela terminou de apertar minha mão e se dirigiu ao próximo, comecei a assobiar a música-tema de *Contatos imediatos do terceiro grau*. Ela parou, virou para trás e me perguntou o que estava havendo. Nervoso, eu disse "nada, não". Ela sorriu e me olhou como se eu fosse doido. Provavelmente estava certa.

Mark Knopfler, Eric, Sir George, Macca e eu no AIR Studios em Londres, ensaiando para o concerto Music for Montserrat de 1997. Como de costume, a atmosfera era bastante amigável e livre de disputas de ego. Todos tivemos momentos ótimos gravando no estúdio de George em Montserrat, e quando a ilha foi dizimada por uma erupção vulcânica, nós logo nos reunimos pela causa.

Com o meu bom amigo Planty, que me entregou um International Achievement Award no Ivor Novello Awards em Londres, 2008. Eu amo Robert. Nós dois temos um ótimo senso de humor e ele, assim como George Harrison quando estava vivo, cultiva certa suspeita pela fama e a devoção cega que a acompanha. Ele tem o costume de sair da sua zona de conforto, e eu o respeito por isso.

Com Orianne no dia do nosso casamento em 1999. Eu estava tão apaixonado. É incrível que estejamos juntos novamente. Temos dois filhos maravilhosos, e eu não gostaria de estar com qualquer outra pessoa que não fosse ela.

O bebê Nic sentado no meu colo, tocando bateria. Aos 2 anos de idade, Nic tinha uma versão pequena dela. Ele ficava de pé e começava a tocá-la. Eu registrei tudo enquanto as crianças cresciam, e elas adoram rever essas lembranças. Quando revimos esses registros recentemente, fiquei impressionado com o domínio de ritmo que uma pessoa tão pequena poderia ter.

Noite do Oscar, 2000. Eu havia encontrado Elton em um evento de MusiCares na semana anterior, e ele me disse onde seria sua festa e falou que, se eu tivesse sorte, como eu acreditava que teria, poderia aparecer lá e me exibir. De fato eu tive sorte e fui à sua festa do Oscar, com o prêmio firme na minha mão. Elton estava tão feliz por mim! Ele é um homem muito, muito amável, e um músico de verdade. O que ele mais ama fazer é tocar piano. Há uma certa vaidade resultante disso, mas, lá no fundo, ele é um muso. Eu o amo.

O trio dinâmico, Steve "Pud" Jones, Matt e Danny Gillen. Na data em que escrevo, Pud completou 41 anos ao meu lado, e Danny está comigo desde *Buster*, em 1987. Não consigo imaginar o que seria de mim sem eles – Pud e Danny são grandes exemplos de lealdade e carinho.

No Álamo com Nic e Matt, procurando por vestígios de bombardeio nas colunas da igreja. Essa foto captura o interesse de Matt pelo assunto. Ele agora está mais focado no futebol, mas ainda tem um lugar especial para o Álamo em seu coração. Dá para ver os lugares em que as balas de canhão mexicanas acertaram a igreja. Saber como a batalha aconteceu foi um grande aprendizado para os meninos.

A única foto recente da formação original do Genesis. Eu sou o jovem bonitão no topo da escada. É incrível pensar que nós cinco estivemos juntos de alguma forma por 46 anos – ou mais, se contarmos os tempos de Chaterhouse Genesis. Isso é dez vezes mais do que muitas bandas conseguem durar hoje em dia. E ainda continuamos bons amigos.

Essa é a minha ideia de paraíso: tocar bateria com The Action, minha banda favorita de todos os tempos, sem contar com os Beatles. Posamos para essa foto atrás do lendário 100 Club em Londres, em junho de 2000. Meu grande herói da bateria era Roger Powell (primeiro à esquerda). Infelizmente, o baixista Mick Evans (segundo à esquerda) e o vocalista Reg King (o último à direita) vieram a falecer. Esses caras foram os responsáveis pelo desenvolvimento do meu gosto musical com suas versões de Motown e clássicos do soul.

PG ao lado de PC, seu eterno súdito. Acho que essa foto diz muito: Peter, um pensador sério, e eu usando meu chapéu ridículo e com um sorriso abobalhado. Eu o considero um grande amigo, e gosto de pensar que ele me vê da mesma forma.

Tenho escrito bastante sobre Simon e Nic, ambos bateristas, mas não cheguei a mencionar o jeito de Matt para o futebol. Ele tem um talento nato para esse esporte. Seus treinadores dizem que ele é capaz de ir longe, e é isso o que pretende fazer. Seus passes têm algo de David Beckham e Paul Scholes. Olha isso...

Joely, Dana e Lily no estádio de rugby de Twickenham durante a reunião do Genesis em 2007. Foi uma turnê alegre – sem muita chuva, tirando em Katowice, na Polônia. Genesis é uma banda de longa data, cheia de história. Crianças nasceram e cresceram ao longo do nosso período de existência.

Meu aniversário de 60 anos, em 2011, junto com todos os meus filhos na torre de Londres. Dana e Lindsey organizaram um fim de semana de diversão para toda a família Collins: Clive, Carole e seus companheiros, mamãe, sobrinhas e sobrinhos – todo mundo. Fomos à London Eye e fizemos um brinde com champanhe, depois fizemos o passeio pela torre com um ótimo guia, que mostrava às crianças em que lugares exatamente as pessoas eram executadas. Até eu aproveitei.

A adorável Lily finalmente conseguiu fazer com que seu pai dançasse no Crillon Debs' Ball em Paris, 2007. A essa altura Lily já tinha uma carreira estabelecida como modelo e estava prestes a fazer o mesmo com sua carreira de atriz. Sempre achei que ela tinha capacidade de fazer qualquer coisa que lhe desse na telha, e ela provou que eu estava certo.

A encantadora Zoe com o avô em Vancouver, no aniversário de 4 anos dela. Amo ler para crianças e ajudá-las a desenvolver confiança. Nesta foto estamos abrindo seus presentes. Ela é uma garotinha muito, muito esperta.

Meus três filhos, Simon, Matt e Nic, no terraço do Berkeley Hotel em Londres. Mesmo que estejam há algum tempo sem se ver, toda vez que se encontram é como se nunca tivessem se separado. Tenho orgulho de todos.

Meu cunhado Bob, Nic, Carole, eu, minha cunhada Lynne, Matt e Clive em Londres para um fim de semana em família. Meus filhos dão muito valor às suas origens e, por isso, ficamos juntos sempre que possível.

Foto tirada no dia 2 de junho de 2016, em um show para a Little Dreams Foundation em Lausanne, Suíça. Esse momento pode ser encarado como um ensaio do que estava por vir, como se eu estivesse colocando um pé na água para ter certeza de que queria voltar a mergulhar. Bom, eu adorei a experiência, e estou certo de que tenho muito pela frente. Mas o meu maior motivo de orgulho é aquele rapaz atrás de mim. Nic tocou em três shows comigo até agora e estará presente caso eu faça mais apresentações. Ele foi esplêndido, assumiu uma grande responsabilidade e se saiu muito bem.

Foto tirada em Genebra, a caminho de Lausanne para o show da Little Dreams Foundation em junho de 2016. Estava muito feliz por estar junto com meus filhos e a mãe deles novamente. Acho que dá para perceber.

eu de fato adoro tocar bateria. Ela é a minha casa. Ainda assim, não há como negar a verdade: eu sei *mesmo* cantar as músicas.

Enfim, um meio-termo: eu posso até cogitar essa hipótese, desde que escolhamos um baterista de quem eu goste, porque não quero ficar olhando para trás o tempo todo, checando e criticando silenciosamente. E também não topo assumir as duas funções — isso seria uma merda. Don Henley, dos Eagles, ia razoavelmente bem em uma ou duas canções; Levon Helm, da Band, fazia até um excelente trabalho em uma ou duas também. Mas nenhum dos dois conseguiria ter mantido contato com o público ao longo de um show de duas horas. Sendo líder da banda, um vocalista atrás de uma bateria acaba se separando da plateia. Há um instrumento retumbante atrapalhando qualquer conexão entre o cantor e a multidão.

Com cautela, relutantemente, impondo algumas ressalvas e rangendo um bocado os dentes, começo a alimentar a ideia. E, no fim de tudo, sou o mandatário da minha própria desgraça.

Ex-membro do Yes, Bill Bruford é um grande amigo que me viciou em um monte de bateristas de jazz. Ele aparece em uma das sessões de ensaio da Brand X — estamos compondo o *Unorthodox Behaviour* — e me pergunta:

— E aí, como andam as coisas no Genesis? Já encontraram um vocalista?

— Não... Acabei cantando no álbum, e eles querem que eu tente ocupar o posto. Mas para isso nós precisamos encontrar um baterista.

— Ué, por que não me convidam?

— Você não aceitaria. Meio Yes demais pra você. Tem certeza?

— Tenho. Eu aceitaria, sim.

E assim, do nada, o Genesis tem um novo baterista.

Agora não tenho mais desculpas.

Todos passamos algum tempo juntos, sem muita cerimônia, para nos acostumarmos a essa nova configuração. Acontece naturalmente. Não me lembro nem dos ensaios nem do anúncio.

Bill se integra bem, embora seja o tipo de baterista que gosta de tocar algo diferente toda noite. Apesar de eu apreciar seu espírito inovador, alguns trechos de bateria são deixas, algo de que Tony, Mike e Steve dependem para suas entradas.

Então, bum, nós decolamos. Outra turnê, outro capítulo.

O *Trick of the Tail* sai em fevereiro de 1976. Esse novo Genesis está, definitivamente, se sentindo um azarão. Talvez tenha sido justamente por isso que o álbum recebeu críticas favoráveis: as expectativas a respeito da viabilidade futura da banda andavam muito, muito baixas. Então as pessoas ouvem o disco, acham tudo maravilhoso, e esses azarões talvez tenham tirado a sorte grande: o álbum fica em terceiro lugar nas listas do Reino Unido, o que de fato o iguala ao sucesso do *Selling England by the Pound*.

No mês seguinte, fugimos para Dallas, a fim de fazer ensaios ao vivo. A primeira data da turnê do *Trick of the Tail* está chegando. Será no dia 26 de março, na Londres de Ontário, no Canadá. Não estou especialmente nervoso pelos vocais, tampouco pelo mero fato de que vou ter que encará-los diante da plateia. Me acostumei com isso em *Oliver!*, muito tempo atrás. Mas me apresentar apenas com um microfone, de pé, em vez de ter pratos, címbalos, entre mim e o público é algo que preciso superar. Se você não está predisposto a usar arcos com orelhas de morcego e a voar amarrado em cabos, o que faz para passar o tempo lá na frente quando não está cantando nada?

Há outras preocupações práticas. Já deixei muito claro que não vou conseguir fazer o que Peter fazia. Não vou pegar emprestada a camisola de Andy nem usar uma fantasia de texugo. Mas o que eu *vou* vestir? O mesmo macacão de operário passável que vestia quando era só o baterista? Ou isso seria, bem, muito operário? Posso usar uma boina e um sobretudo eduardiano feminino em "Robbery, Assault and Battery", mas isso é o máximo de teatralidade para que estou preparado.

Sugerem que eu encomende algumas roupas. Elas ficam prontas a tempo para o show de abertura, mas não vou estrear como vocalista no palco vestindo algo que não tem a ver comigo. Tenho que me sentir totalmente confortável. Macacão de operário é a escolha.

Então, temos outra preocupação. Peter aperfeiçoou seu domínio de palco contando historinhas enquanto Mike, Tony e Steve afinam seus instrumentos. Ele é o "Mysterious Traveller" — em referência ao álbum do Weather Report —, enquanto eu estou mais para "Uncle Phil". Então, na viagem de carro de Toronto à cidade de Londres, freneticamente rabisco ideias do que posso dizer entre as músicas. "Essa música é sobre... ah... eh... Merda, não tenho nada a dizer sobre ela..."

As luzes diminuem na London Arena. Xingo silenciosamente, mas engulo a seco, fazendo barulho. Como vai ser? Todos estão morrendo de medo. Levei a sério a responsabilidade, então, não bebo nada que possa me dar confiança rapidamente, muito menos fumo uma ervinha. De repente, a grandeza desse momento me atinge. O Genesis está entrando no palco com um novo vocalista. A maioria das bandas nem mesmo se arriscaria a essa ousadia, muito menos sobreviveria a isso. Muita gente tem certeza de que não vamos conseguir, e já até escreveram o nosso epitáfio: "Genesis: no começo era o verbo... e no final foi um desastre quando tentaram substituir um brilhante vocalista por um bem-sucedido baterista. Que descansem em terna idade."

Passo quase o show inteiro escondido atrás da base do microfone — sou um varapau de 24 anos, um magrelo. E nem quero encostar no microfone. Tirá-lo da base me tornaria um... *vocalista*. Mas passo pelo show com poucos cortes e ferimentos na minha frágil autoimagem de líder da banda.

Para o segundo show, no Kitchener Memorial Auditorium Complex de Ontário, tiro da cartola uma das roupas encomendadas: um macacão laranja-mostarda. Com boca de sino, botões na frente, um pouquinho apertado demais, então o meu piu-piu fica marcando — o que, acredite em mim, é muito intimidador durante um show inteiro. Além do mais, ele é feito de um material sintético que começa a feder com o suor.

É uma tortura desde o primeiro minuto em que piso no palco. Nunca mais vou usá-lo novamente. Nunca. Juro.

Deixando de lado o guarda-roupa problemático, os dois primeiros shows dão fantasticamente certo. Fazemos um *pot-pourri* com o *Lamb* — vamos oferecer à plateia algo que ela conhece —, mas nada dele me intimida. Eu o conheço muito, muito bem. Ouvi tudo até cair duro. E é nossa incumbência tocar as favoritas dos fãs, independentemente de sua complexidade, duração ou intensidade. Temos que passar a mensagem-chave da melhor forma possível: *Para o Genesis, esse é mais um trabalho, como sempre.*

Ainda assim, minhas mãos ficam enfiadas nos bolsos por longos períodos enquanto estou cantando. Levo algum tempo até encostar no microfone, soltá-lo de seu pedestal e realmente caminhar com ele nas mãos. Só quando isso acontece é que sinto que é oficial: eu, Phil Collins, sou um cantor. Um vocalista.

É uma turnê de seis semanas nos Estados Unidos, e, novamente, essa é a primeira etapa de uma turnê mundial. Pode-se dizer que os Estados Unidos ainda são nossa prioridade. Ainda não vendemos todas as cadeiras na Alemanha — é só no álbum *Duke*, de 1980, que eles vão gostar de nós —, mas sabemos que podemos, desse modo, ganhar dinheiro nos States.

Quem está à nossa frente é o Led Zeppelin; já passaram da linha de chegada. Nossos pares britânicos são o Yes, o Emerson, Lake & Palmer, o Supertramp, entre outros. Mas ainda não conseguimos emplacar internacionalmente um single. Só tocamos nas rádios FM. Somos uma banda cult. Uma grandiosa banda cult.

Fico animado com as resenhas e as entrevistas, e também com o encorajamento de Andy nas ocasiões em que ela e Joely vêm me visitar em turnê. Todos ficam surpresos com nossa qualidade. "Uau", me dizem. "Sua voz é ótima! Parece a do Peter." Não sei se devo entender isso como um elogio. Mas, a essa altura, estou aceitando *qualquer crítica*.

E a boa repercussão continua chegando. Da cidade de Londres, em Ontário, adiante, o Genesis e os nossos fãs suspiram aliviados. Ficamos muito tranquilizados em descobrir que nossa solução para o problema da partida de Peter *de fato* funcionou melhor do que esperávamos. Substituir Peter com alguém de fora teria sido muito difícil. Mas também se pode ponderar que substituí-lo com alguém de dentro é tão espinhoso quanto.

Em maio, voltamos para casa e, depois de um mês de recesso, em 9 de junho de 1976, faço minha estreia como vocalista do Genesis no Reino Unido, na primeira de seis noites no Hammersmith

Odeon. Por um lado, me situo como vocalista. Por outro, depois de uma maratona de shows nos Estados Unidos, você se acostuma com a turbulenta resposta da plateia. O som ambiente que os norte-americanos fazem durante o show é surpreendentemente alto. De volta à Europa, a banda é atingida por um silêncio reverente: *Porra, eles estão ouvindo!* Todos apertam os cintos.

Mas os shows no Hammersmith são geniais. Agora já decidi meu uniforme: macacão branco e jaqueta branca. É neles que me sinto confortável. Tem sido muito fácil minha transição para os holofotes. Fico cada vez mais à vontade no palco, mesmo que ainda não tire o microfone do pedestal. A comunicação com o público tem melhorado também, o que é uma ferramenta muito útil a ser desenvolvida, já que agora sou a pessoa que todos querem entrevistar. Fico lisonjeado, claro. Finalmente posso contar ao mundo como as coisas realmente são. Só mais tarde é que percebo que dar seis entrevistas em um dia de show pode prejudicar meu desempenho vocal à noite.

À medida que vou ficando um pouquinho mais expert, invento uma nova maneira de tocar tamborim. No meio desses dias inebriantes de shows e mais shows, começo a bater a cabeça contra o instrumento. Não uma, não duas, mas muitas vezes. Ritmicamente, no fim de "I Know What I Like". Essa loucura vai se transformar em uma coreografia conhecida como A Dança do Tamborim. É uma mistura da marcha folclórica chamada "Morris Dance" e do esquete Ministry of Silly Walks, do Monty Python, interpretada por John Cleese no filme *Flying Circus*. Uma atração teatral que tanto eu quanto a plateia adoramos.

Afinal, o Genesis conseguiu sobreviver com o que tinha. Mais do que isso: nós rejuvenescemos.

A turnê acaba no verão de 1976, e em setembro estamos nos Relight Studios, na cidade de Hilvarenbeek, Holanda, gravando o oitavo álbum do Genesis, *Wind & Wuthering*, repetindo a produção fundamental de Dave Hentschel. É nossa primeira vez gravando fora do Reino Unido, e completamos todas as *backing tracks* em vinte dias. Nosso entusiasmo dobra.

É algo que fica evidente para o publicitário do selo fonográfico a cargo de escrever o material para imprensa. "Apesar de toda essa atividade, o incansável Phil Collins ainda deu conta de se apresentar e de gravar com sua 'segunda' banda, a Brand X", corneta o material de divulgação do *Wind & Wuthering*, "bem como de fazer outras sessões...".

De ligeiramente duvidoso líder de banda, agora sou confiante sem (espero) arrogância. Somos carregados de mais material e corremos com ele. Mais uma vez, os créditos de composição são compartilhados. Steve e eu somos coautores de "Blood on the Rooftops", e todos metemos o bedelho em "... In That Quiet Earth". Defendo um ritmo meio Weather Report em "Wot Gorilla", na qual Tony e eu dividimos os créditos de composição. Mas é durante essas sessões que Steve começa a sentir a comichão de compor.

Entretanto, de longe, a coisa mais importante no meu mundo nessa época é o fato de que, a qualquer momento, Andy vai ter nosso primeiro filho. Isso seria, obviamente, fenomenal em momento melhor, mas, para mim, que fico longe de casa por tanto tempo, só adicionou uma ressonância emocional. Andy já estava grávida no início de 1976, então não pôde me encontrar na maior parte da turnê do *Trick of the Tail*. Enquanto ela estava presa em casa em Ealing, eu estava fora, no mundo, tentando me tornar o líder da banda.

Simon Philip Nando Collins nasce em 14 de setembro de 1976. Homenagens: Philip, a mim, Nando, ao pai de Andy. Teoricamente, o Genesis poderia ter adiado o início do álbum para que eu pudesse estar em casa no nascimento de meu filho sem que qualquer pânico ou emergência avançasse sobre o mar do Norte. Mas o Genesis é o Genesis, e o show tem que continuar. Em retrospecto, eu poderia ter dito: "Foda-se, Genesis. Tô fora para cuidar da minha esposa." Mas se esperava de todos nós que déssemos tudo pela banda, mesmo que houvesse, mais tarde, tentativas de malabarismos para reverter a culpa nessas situações: "Bem, se você tivesse falado conosco, poderíamos ter adiado a data de início." Mas, embora eu tenha sido encorajado como intérprete para me tornar o líder da banda, a portas fechadas sou tímido demais para falar mais alto. Velhos hábitos de hierarquia, doméstica ou profissional, são duros de eliminar.

Em outras palavras: todos os músicos são criados igualmente, mas alguns são mais iguais que outros. Sou o homem da frente, dou tudo o que tenho — para ser franco, fui a chave para salvar a banda da desintegração —, mas ainda assim sinto como se não devesse sentar na janela. A insegurança dos Collins ataca novamente.

Por sorte, recebo a ligação a tempo de chegar em casa para o nascimento de Simon no Queen Charlotte's Hospital, em Hammersmith, a oeste de Londres. Ele fica em quarentena por um tempo por causa de um problema dermatológico. Eu o visito, a ele e a Andy, regularmente. Fico lá por poucos dias, e logo preciso voltar para a Holanda e me reunir à tropa. Minha visita muito-rápida-demais só aumenta a impressão de Andy de que ela está em segundo lugar, depois da banda. Mas, do meu ponto de vista, só nesse momento a obrigação precede a emoção: temos outro álbum para concluir, e outro problema pessoal a enfrentar.

Bill Bruford decidiu sair do Genesis depois da turnê do *Trick of the Tail* para formar sua própria banda, a UK, então somos uma banda em transição novamente. Convido Chester Thompson, um grande baterista norte-americano. Eu já o vi com o Weather Report e o ouvi com Frank Zappa, em seu álbum ao vivo *Roxy and Elsewhere*, onde ele está acompanhado de um segundo baterista, Ralph Humphrey. Os dois arranjaram um fantástico riff duplo de bateria na música "More Trouble Every Day", do Zappa — quero um pouco disso em nossa banda.

Ligo para Chester e ele aceita sem nem mesmo nos conhecer. Ensaiamos algumas vezes e é isso: ele está dentro. Chester vai ficar conosco até o fim de nossa turnê de reencontro, em 2007.

O *Wind & Wuthering* é lançado em dezembro de 1976, e nós iniciamos o ano de 1977 como queríamos prosseguir: a turnê começa no dia de Ano-Novo, e reforçamos nossa produção ao vivo. Agora temos lasers e 747 luzes de aterragem. O Genesis está se tornando dono de uma turnê jumbo.

Para mim, como líder da banda, todos os sinos, apitos e lasers são usados com o maior bom gosto. Não distraem. Na verdade, esses efeitos visuais substituem o equipamento de Peter. Com luzes e mágicas suficientes — sem falar em um farto material inédito —, as plateias parecem já ter esquecido que o líder do Genesis era conhecido por se vestir como um centurião, ou como os personagens Bill ou Ben do programa infantil inglês *Flower Pot Man*.

Agendamos grandes shows agora. Em Londres, tocamos no Rainbow — dizem que 80 mil pessoas competiram por 8 mil ingressos. Três noites no Earls Court. No Madison Square Garden, em Nova York. Vamos ao Brasil pela primeira vez, onde tocamos para 150 mil pessoas. A cada um de nós foi reservado um guarda-costas particular armado, para evitar que sejamos sequestrados. Isso é uma experiência de alteridade, algo completamente diferente. Nos engalfinhamos com a Polícia Militar, e quase somos esmagados por um caminhão em uma via expressa. Tocamos com músicos locais em bares. Desfrutamos de extravagâncias da gravadora perto de favelas dominadas pela pobreza. Enfim, flertamos com o vodu. Toda a viagem é interessante e assustadora. Compro alguns instrumentos de percussão tradicionais do Brasil (inclusive o surdo, um bumbo portátil que um dia tocarei na música "Biko", de Peter). E, claro, uma piranha empalhada.

Os meses se arrastam. Concluímos a turnê do *Wind & Wuthering* no Olympiahalle de Munique em 3 de julho de 1977. Tiramos o mês de agosto de folga e em setembro começamos a trabalhar em nosso nono álbum. Simon completa um ano naquele mês.

A base de fãs do Genesis cresce muito, e paulatinamente. Agora tocamos em arenas, e, profissionalmente, nada poderia estar melhor. No entanto, a vida familiar está sendo atropelada, graças à minha contínua ausência. Com dois filhos pequenos para criar, Andy fica presa em casa, e sua frustração começa a aparecer.

Nessa época, a frustração de Steve também começa a ficar visível. Ele lançou seu álbum solo, mas, em vez de isso reduzir a pressão, aumenta. Ele quer ter mais músicas nos álbuns do Genesis. O que é bom para um pode não ser para outro: sem que esperássemos, a nova formação do Genesis lançou novos métodos de composição musical e, embora eu me sentisse cada vez mais confiante como compositor, Steve ainda não conquistou o espaço criativo que acredita merecer.

Naquele verão, estamos em Londres, mixando o *Seconds Out*, um álbum ao vivo gravado durante nossa temporada de quatro noites no Palais des Sports em Paris, em junho. Estou dirigindo do Queen Anne's Grove até o Trident Studios, e vejo Steve na rua em Notting Hill.

— Quer uma carona para o estúdio, Steve?
— Ah, não. Te ligo mais tarde.

Chego ao estúdio e relato esse estranho encontro.

— Ih, ele não te contou? Ele saiu da banda — revela Mike.

Acho que Steve ficou envergonhado demais para me contar. Além disso, descubro mais tarde que ele temia que eu fosse a única pessoa que pudesse persuadi-lo a repensar sua decisão.

Então, Steve vai embora. Novamente caímos em desgraça. Mas, se conseguimos sobreviver à perda de um vocalista, também conseguiremos sobreviver à perda de um guitarrista. Continuamos, destemidos, com Mike se esforçando na condução do baixo *e* dos solos de guitarra.

Naquele outono, voltamos para gravar em Hilvarenbeek, e lá pelo fim do ano terminamos de gravar mais um álbum: ... *And Then There Were Three...* O Genesis nunca teve tanto sucesso. O trio está funcionando. Minha presença nos vocais está funcionando. A sensação é a de que estamos prestes a decolar para outro nível. Se estivermos preparados para o trabalho braçal. Sim, ainda mais trabalho braçal do que já doamos à banda.

E os incêndios domésticos? Estão se apagando, mas, ao mesmo tempo, se reacendendo. Com duas crianças pequenas embaixo da asa, Andy aturou bastante — *bastante* — solidão. Nas raras ocasiões em que estou em casa para algo próximo de um longo período, a atmosfera é tensa. Não conseguimos conversar com mais do que duas frases e já começamos a brigar. Nós nos amamos, isso é certo, mas, às vezes, fica claro que não *gostamos* um do outro.

Em um relacionamento, é vital que os parceiros se completem. Isso não está acontecendo em nosso casamento. Não sou de levantar falsas suspeitas. Não sou, ouso dizer, paranoico. Andy, no entanto, logo capta um olhar estranho, ou algo que alguém tenha dito, e passa isso pela lente de aumento em um cuidadoso escrutínio, infinito, cansativo. Não lido com isso muito bem. A ponte levadiça se ergue.

Na verdade, nenhum de nós dois está lidando muito bem com isso. Me puxam daqui, me puxam de lá. Fui de baterista a rock star, mas, no fundo, ainda sou um homem de família e, no âmago, um pai. Olho para dentro do bercinho de Simon e penso: "Você não faz ideia do que está acontecendo." E quando penso nisso, acho que nem eu fazia ideia. Quero que meu filho e minha filha tenham um pai e uma vida familiar normais. Mas, do jeito que o barco segue, todos vamos terminar decepcionados. O sucesso do Genesis conspira contra nós.

Menos de quatro anos se passaram desde que minha namorada da adolescência e eu nos reconectamos em Vancouver. Na época, absorvemos mudanças sísmicas: uma mudança transatlântica, a criação de uma família, a partida de um líder de banda, a ascensão de um baterista, a transformação de uma banda cult amada por estudantes em, talvez, um fenômeno do rock internacional.

O fato de eu ter assumido os vocais do Genesis sobrecarregou minha vida profissional de modo que eu nunca poderia ter imaginado. Mas parece que também acelerou o declínio da minha vida pessoal.

Mas eu me arrependo ou me ressinto pelo fato de a banda ter se tornado o que se tornou, ou pelo que isso fez comigo? Não posso dizer que sim. Não havia alternativa. Eu precisava assumir.

9

O divórcio que ruge

Ou: como as múltiplas turnês nos Estados Unidos arrasam meu primeiro casamento, dão um pontapé na minha carreira solo e originam "In the Air Tonight".

Começo de 1978. Como o título de nosso novo álbum diz ... *And Then There Were Three...*: ... *Então, éramos três*...

Assim que Tony Banks, Mike Rutherford e eu acabamos de gravar, Tony Smith convoca uma reunião com a banda. Esses encontros, em geral, são agendados para discutirmos nosso futuro, e normalmente pressupõem nossa ida ao quartel-general da banda, em Londres, com algumas reclamações e chá.

As reuniões do Genesis sempre são um bom ringue para uma briga. Smith sugere algo e eu respondo:

— Quantas vezes tenho que te falar isso, porra? Não quero fazer esse caralho dessa... [*inserir nome de turnê/campanha promocional/ apresentação no Top of the Pops*]. Aliás, diferentemente do que mostra a sua agenda, um mês tem só quatro semanas, não cinco, então nós não vamos dar conta de todo esse trabalho.

Pela primeira vez, contudo, todos nós concordamos plenamente com alguma coisa (talvez porque agora haja menos membros de quem discordar): as rádios dos Estados Unidos estão tocando pouco Genesis. Não tocam o suficiente para irmos além dos grandes centros metropolitanos — Nova York, Filadélfia, Chicago, Los Angeles. E não estamos indo além dessas cidades porque não somos, para ser sincero, uma banda de rock'n'roll. Somos observadores, às vezes, até demais; ocasionalmente, uns cabeludos ingleses indulgentes que inspiram nosso público a ficar confortavelmente sentado enquanto assiste à nossa apresentação.

Então, se quiser ganhar o Sul, o coração dos EUA, o Genesis vai ter que tentar outros caminhos. Vai ter que botar o pé na estrada, viajar para as entranhas da América, para atingir os tais mercados secundário e terciário.

Em resumo: para arrasar nos Estados Unidos, temos que tocar em todos os lugares do país.

É claro que nem pensamos na possibilidade de os Estados Unidos arrasarem conosco. Ou, especificamente, arrasar com um de nós. E com o seu casamento.

Corretamente, Smith e Mike Farrell, nosso agente há muito tempo, agendam uma intensa turnê em solo norte-americano. Depois outra. Então outra. E assim foram três turnês lá, em uma sucessão muito rápida. E duas turnês pela Europa. E uma breve turnê no Japão, no final.

Digo um "Ok", afundando novamente.

Chego em casa e conto para Andy:

— Meu amor, ótima notícia: o Genesis está com uma oportunidade fantástica de fazer uma bela entrada nos Estados Unidos...

Para mim, a lógica profissional de passar boa parte do ano viajando com a banda é inquestionável. Já a lógica emocional, pessoal, matrimonial? Digamos que talvez não esteja tão clara para mim.

A reação de Andy pode ser parafraseada deste modo: "Bem, se você fizer isso, daqui a um ano vamos estar separados."

Dá para entender, claro: as pessoas têm sentimentos. Mas eis o meu sentimento: *Isso é a minha profissão*. E, agora que eu sou o líder do Genesis, a vida de outras pessoas também depende da minha profissão.

Argumento com Andy (pisando em ovos) que, quando nos casamos, ela já sabia com o que eu trabalhava. Sabia que eu precisava viajar regularmente, repetidamente, para ganhar a vida. Cordialmente, dou a entender que isso vinha no pacote, e ela o comprou inteiro. E vou além, pressionando: o melhor é que, depois que o Genesis completar esse período épico de turnê, nunca mais vamos precisar fazer algo parecido de novo. Para ser sincero, essa ausência a maior parte do ano não determina o padrão de nossas vidas. Está apenas ajudando a superar uma barreira com o Genesis. Invadir os mercados norte-americanos menores vai facilitar nossas vidas.

Andy e eu acabamos de comprar uma casa, *Old Crotf*, na paróquia civil de Shalford, perto da cidade de Guildford, no condado de Surrey, que fica um pouquinho fora demais de Londres do que originalmente desejávamos. Acessível por meio de estradas rurais sinuosas, está quase pau a pau com a casa dos pais de Peter. Do fim da linha do trem, fui para o fim da estrada. No entanto, nessa época, anda estou longe de ser rico. *Trick of the Tail*, dois anos antes, foi o primeiro álbum em que o Genesis começou a creditar os compositores individualmente, então os *royalties* de cada um estão começando a cair. Mas até agora, com o ... *And Then There Were Three*..., ainda não arrecado muito com os direitos de composição. Então, estamos com uma hipoteca enorme e uma jovem família em expansão — Simon tem 1 ano e meio e Joely, 5.

Outra razão para eu fazer todas essas turnês é menos tangível, algo que minha criação enraizou em mim. Apesar de ter escapado do prospecto repugnante de trabalhar na cidade, ainda sou o filho do meu pai. Sou eu quem coloca o pão na mesa, sou o provedor, o arrimo de família; preciso sair e trabalhar pelos meus. Não faço isso para comprar piscinas com formato de guitarra ou Rolls-Royces cor de champanhe. Faço isso, bem, simplesmente porque é minha responsabilidade.

Então, parto em turnê, e Andy prossegue com o trabalho de construir um lar. A primeira ordem de trabalho para ela: *Old Croft* precisa ser reformada. Uma mão de tinta e assim por diante.

Muito hábil, um parente de Andy, Robin Martin — um cara ótimo, me dou muito bem com ele —, é decorador. Mas ele não consegue dar conta do serviço completo, então traz mão de obra barata para nossa casa. Um dos caras é um sujeito que estudou em uma dessas exclusivas escolas de elite, com cachimbo na mão e chinelo nos pés. Bem a imagem que qualquer um faz de um pintor e decorador, né? Ele está em situação vulnerável, desempregado, então Robin o contrata para trabalhar em nosso recém-comprado lar, doce lar.

E é assim que o caso começa.

E eu descubro.

E, infelizmente, eu me lembro de ter descoberto — ao longo de uma conversa telefônica particularmente tensa —, durante uma das viagens. Mas, a não ser que eu queira abandonar a turnê e arcar com todos os danos financeiros colaterais, tenho que prosseguir e segurar a barra.

Volto para casa sabendo que preciso enfrentar essa reviravolta desastrosa, mas ciente de que vou iniciar outra turnê quase imediatamente. As turnês dos anos 1970 não são como as de hoje. Não existe e-mail, Skype, FaceTime ou telefone celular. Não estamos muito longe dos velhos tempos do telegrama.

Quando chego em casa, temos muita coisa para discutir, digamos assim. Só que, quando tentamos nos comunicar, não chegamos a lugar nenhum. Sei que não é assim que Andy enxerga as coisas, mas é, sinceramente, o modo como me lembro delas.

Uma tarde, Andy liga para casa enquanto estou lá com as crianças:

— Não volto hoje à noite. Vou dormir fora.

E eu sei com quem.

A raiva toma conta de mim. Esmurro uma parede, criando um buraco do tamanho de um punho. Se não tivesse sido a parede, teria sido outra coisa. Cheguei a esse ponto. Na manhã seguinte, ela aparece, e estou furioso. Também estou muito, muito triste. Agora sei que acabou. Ela é bem aberta quanto a isso, no estilo "Andy" com que me acostumei. Não consigo parar de pensar no que provavelmente aconteceu na noite anterior. Ela parece não estar nem um pouco afetada pelo que fez, e por todos os óbvios desdobramentos. Também não parece estar aborrecida pela minha instabilidade emocional. Andy parece dizer: "Eu avisei que isso aconteceria. A culpa é sua."

Há um monte de moedas em uma bandeja perto do telefone, e, antes que eu ataque outra parede, jogo algumas delas no corredor. Não pretendo ficar fisicamente violento; esse é o meu máximo.

Inevitavelmente, isso afeta as crianças. Mais tarde, ouço Joely e Simon brincando de mamãe e papai na sala de jantar. Simon chega em seu velocípede. Joely diz:

— Como assim, você voltou? Você não devia estar aqui! — epifanias de bebês...

Apesar de tudo, acredite ou não, ainda estou desesperadamente a fim de fazer tudo isso — nosso casamento, nossa família, nossa casa nova, a banda — dar certo. Assobiar chupando cana.

Suplico para Andy:

— Pelo menos espere até que eu volte. A turnê termina em duas semanas.

— Ok... Vou esperar — ela responde.

Quando estamos no Japão, já no fim da turnê, não são só os pratos da bateria que balançam. Como Mike Rutherford escreverá mais tarde em seu livro *The Living Years*, minhas pernas tremem mais do que bambu verde naquele país. Descobri o saquê, o que nunca me impediu de me apresentar. Também aprendi que estar tão longe da Hora de Greenwich fode com nossa cabeça. Para o europeu médio, estar no Japão quarenta anos atrás é como estar em um mundo completamente alienígena, sem conhecer ou entender nada; cego para a língua, os costumes, as regras; se digladiando com uma diferença de fuso horário que quase impossibilita que se converse, por telefone, com seus entes queridos em casa. É extremamente desorientador. Então, me agarro ao saquê em meio à névoa do pesadelo.

Finalmente de volta ao Reino Unido no final de 1978, minha lembrança persistente hoje é a de ter ido a um restaurante na cidade de Bramley, no condado de Surrey, não muito longe de *Old Croft*. As memórias que se tem em um momento de crise são esquisitas. Lembro de ter pedido risoto. Lembro de não ter conseguido comê-lo. Também lembro de Andy me dizer que estava tudo terminado entre nós. E não só isso: ela vai pegar nossos filhos e voltar para o Canadá.

Estou sonhando com um Natal cinza: nessa época não tão festiva, Andy parte para Vancouver. Mas não vou desistir do meu casamento sem uma última briga. Peço para alguns dos roadies do Genesis que embalem e transportem o mobiliário de *Old Croft* porque, no começo de 1979, decido que vou para o Canadá atrás dela. Vou morar em Vancouver, comprar uma casa e seduzir minha esposa novamente.

Antes de ir embora para o Canadá, tenho uma reunião com Tony, Mike e Smith no pub The Crown, na cidade de Chiddingfold, em Surrey.

— Se nós conseguirmos seguir com o trabalho enquanto eu estiver em Vancouver, ainda vamos ter uma banda. Mas como nós vamos estar a quase 8 mil quilômetros, a oito fusos horários e a dez horas de voo de distância, duvido que consigamos. Então, acho que isso significa que tenho que deixar o Genesis.

Tony, Mike e Smith me pedem para colocar o pé no freio. Se eu precisar de uma licença para resolver assuntos pessoais, eles me liberam.

Então, zarpo para a costa oeste do Canadá. E nada disso — morar no exterior, comprar uma casa, seduzir a esposa — faz nenhuma diferença. Depois de quatro meses, nada muda. Meu casamento acabou.

Em abril de 1979, estou de volta a Shalford, com o rabo entre as pernas, caixas ainda a desfazer nessa casa em que mal morei. A tinta ainda está praticamente molhada nas paredes. A tinta usada pelo cara que está dormindo com a minha mulher. Decidimos fazer o acabamento com tábua corrida e tijolinhos — *très chic* no final dos anos 1970 —, então, tudo parece ainda mais triste. Tudo, inclusive eu, está desolado.

Estamos, eu e as caixas de papelão, fazendo eco na casa. Eu teria corrido de volta para o Genesis, mas Mike e Tony aproveitam minha licença sabática emocional para começar a produzir seus há muito desejados álbuns solo. Ao longo de 1979, ambos passaram algum tempo em Estocolmo, gravando nos Polar Studios, do ABBA. Não esperavam que minha viagem de decepção amorosa em Vancouver fosse ser tão abruptamente breve. Nem eu.

Antes de sair completamente dos trilhos, começo a canalizar minhas energias para qualquer distração musical que encontro. Alguém indica meu nome para John Martyn, cantor e compositor inglês, o mesmo do álbum seminal de folk jazz lançado em 1973 *Solid Air*. John me chama para tocar bateria no disco que se tornaria o *Grace & Danger*. À medida que nos aproximamos, ele descobre que eu sei cantar um pouquinho, e adiciono um *backing vocal* à linda faixa "Sweet Little Mystery".

Me apaixono por John e sua música durante essas sessões. Ambos parecemos combinar em nossos gostos musicais — tanto que, dois anos depois, produzo seu próximo álbum, *Glorious Fool*. Mas, antes disso, *Grace & Danger* acaba sendo, seguramente, um de seus melhores trabalhos. Infelizmente, Chris Blackwell, o chefe da Island Records, não tem tanta certeza. Assim como eu, John está passando por um divórcio, o que talvez seja um dos motivos pelos quais nos afeiçoamos tanto. Porém, Blackwell sente que as músicas são um pouco sinceras demais. John e sua esposa, Beverley, fizeram músicas juntos para a Island, e Blackwell é muito próximo dos dois. Consequentemente, ele está relutante em lançar um conjunto de músicas tão emocionalmente cruas.

O *Grace & Danger* finalmente é lançado, um ano depois. Com muita sobra de tempo, caio na estrada com John e os mesmos caras que produziram o álbum. Para mim, dessa vez, é um lançamento maravilhoso. É rejuvenescedor, até pelo fato de estarmos a 1 milhão de quilômetros do peso do Genesis. Nos divertimos muito, às vezes até demais, talvez. John é bom de copo, fato já conhecido e consolidado na história da música. E também é adepto de outras substâncias, o que pode deixá-lo extremamente, e amavelmente, imprevisível. A dica é: se você estiver *perto* dele nessas ocasiões, afaste-se. Mas para quem trabalha ao seu lado, parece que o homem é o arauto da autodestruição. E ninguém consegue resistir a ser arrastado com ele para o mesmo destino.

Nessa época, John se hospeda em minha casa e toca comigo muitas vezes. Revezamos os telefonemas para nossas — em breve — ex-esposas. As ligações sempre terminam em gritaria e com o telefone no chão.

Então, abrimos mais uma garrafa.

E continuamos.

Também me reaproximo de Peter Gabriel. Ele contrata uma banda norte-americana muito cara.

— Se estiver precisando de um baterista... — sugiro.

Acabo descendo para a Ashcombe House, a casa de Peter, no condado de Somerset, sul da Inglaterra. Eu e outros músicos ficamos morando com ele por mais ou menos um mês. Nós o ajudamos a dar uma chacoalhada nas ideias que vão se tornar seu terceiro álbum, e nos apresentamos algumas vezes: Aylesbury, Shepton Mallet, Reading Festival. Durante esses shows, saio da bateria e me junto a ele na frente do palco nas músicas "Biko", "Mother of Violence" e "The Lamb Lies Down on Broadway".

Considerando todo o interesse histórico na suposta tensão entre o Genesis da época de Gabriel e o Genesis da época de Collins, as pessoas não costumam se lembrar de que toquei bastante com Peter nessa época. Se me dão licença para ser meio metido, sou o melhor baterista que ele conhece. Ele pode confiar em mim. Como ele mesmo é baterista, é uma pessoa muito exigente.

Mas nossa conexão é mais profunda do que meramente musical. Diferentemente do que se pode preferir pensar, nunca houve nenhum atrito entre nós. Éramos grandes amigos. Mas, como os jornais mais sujos dizem, nunca deixe a verdade estragar uma boa história. Depois de sair do Genesis, ele talvez tenha exteriorizado seus sentimentos vez ou outra: "Finalmente estou livre daqueles malditos!" (Estou parafraseando.) Só que ele não tinha nada pessoal contra nós. No âmbito do Genesis, nós dois criamos um laço muito forte. Ele sempre podia contar comigo para ser seu fantoche nas esquetes humorísticas das suas histórias. Ao contrário do que acontecia entre ele e Tony Banks, não tínhamos nenhuma rixa. Talvez Peter tenha ficado satisfeito por saber que eu fui o escolhido para assumir os vocais na sua banda de colégio. Antes isso do que contar com algum novo membro. Não que ele tenha opinado sobre isso antes de sua saída, ou mesmo depois. Ele sempre pareceu simplesmente aceitar que eu assumisse o papel de líder. Claro que, comparado com seus camaradas da Charterhouse, eu era um tapado vindo de escola inferior, de uma *grammar-school*. Mas eu era o tapado *dele*.

Mais tarde, em 1979, continuamos a reunião nos Townhouse Studios, de Londres, onde toco bateria em quatro faixas de seu terceiro álbum solo, que está sendo produzido por Steve Lillywhite. Na engenharia de som, Hugh Padgham. Particularmente, toco em "Intruder", a música em que desenvolvemos o que fica conhecido como estilo *gated* de bateria. Outra vez sem os créditos.

Enquanto isso, de volta para casa, dois dos membros da Brand X, Peter Robinson e Robin Lumley, se mudam para *Old Croft* para me darem apoio moral. Fazendo um retrospecto, não foi uma decisão particularmente sábia. Eles gostavam muito mais de uma farra do que eu.

Robin traz sua namorada dos Estados Unidos, Vanessa, e ela e eu começamos um lance (Robin fica muito satisfeito com isso. Ele anda meio cansado do relacionamento. Não se esqueçam de que somos *très chic* no final dos anos 1970). Peter mora em uma ponta da casa, Robin, em outra, em um dos quartos que seria das crianças. Eu me mudo para o que seria o quarto de casal. Sozinho. A suíte matrimonial mais sem graça do mundo.

Antes de nossa primeira turnê pelos Estados Unidos, a Brand X grava um álbum, o *Product*, no Tittenhurst Park, em Berkshire. Essa é a propriedade que ficou famosa no clipe de "Imagine", de John Lennon, que ele acabou "doando" para Ringo Starr. Embora ainda pertença a Ringo, nessa época ela abriga um estúdio, e quando a Brand X está na área, o estúdio funciona 24 horas por dia. Há o turno diurno e o turno noturno para a Brand X. Eu sou do dia.

Também começo a frequentar o Queen Victoria Pub, em Shalford: lá almoço todos os dias, e janto quase sempre. Fico muitíssimo amigo do dono e da dona, Nick e Leslie Maskrey, confidentes que cuidam de mim nos momentos difíceis. Passo muito tempo lá, algumas vezes na companhia de Eric Clapton. Ele é meu vizinho, no campo, em Surrey, mas nos conhecemos mesmo mais cedo naquele ano, quando eu estava em estúdio, em Londres, com John Martyn.

Eis como fomos apresentados: John tocou com Eric e o conhece bem. Em um dia cansativo de sessões para o *Grace & Danger*, ele está procurando algo que possa, digamos, iluminar seu dia, e acha que Eric pode dar uma força. Então, John telefona e pergunta se nós dois podemos dar um pulo na casa de Eric em Ewhurst, nada longe de *Old Croft*. Eric deve ter dito não — John é o tipo de cara que tem tendência a abusar da hospitalidade alheia, e dessa vez está sugerindo aparecer comigo, um completo estranho, para comprar bagulho. Marcamos de nos encontrar em um pub em Guildford. Eric não faz ideia de quem sou, mas eu bem que me lembro de estar tomando uma Guinness, sentado, de frente para um de meus heróis em outra ocasião. Eu, tomando umas em um pub com o cara que eu idolatrava no Marquee... Infelizmente, dali em diante e por um tempo, temo que Eric ache que não passo de alguém que acompanha John quando ele sai para comprar drogas.

Lá pelo fim de 1979, Eric e eu nos aproximamos muito. A amizade é impulsionada depois que sou apresentado à propriedade Hurtwood Edge, a casa de Eric e sua esposa, Pattie Boyd, em Ewhurst, por um de seus amigos, o compositor Stephen Bishop, que conheci em Los Angeles em uma turnê do Genesis.

Nesses sofridos dias pós-Andy de 1979, subtraído de minhas distrações do Genesis, são muitos os dias em que visito Hurtwood Edge, regularmente passando a noite lá. Faço amizade com todos os amigos de Eric de Ripley, sua cidade natal, companheiros de juventude. Às vezes vamos em comboio até Londres para assistir a partidas de futebol entre o Tottenham e o West Ham, embora Eric seja fã doente do West Brom.

Em um domingo memorável, depois de uma longa sessão de bebedeira em seu pub favorito em Ripley, Eric está muito torto para dirigir. Chegamos ao local com uma das Ferraris de Clapton e temos que voltar com ela para casa. Ele se senta no banco do carona; eu, no do motorista. Eu nunca havia dirigido uma Ferrari. Eric diz que vai passar as marchas e que só preciso pisar na embreagem, no freio, no acelerador. Dirigir. Isso seria um desafio, mesmo eu já tendo conduzido, no passado, o Hillman Imp ou o Mini Traveller nas viagens com o Genesis. É o caos, e começo a sentir pena daquela caixa de câmbio tão bem-projetada e precisa. De algum modo, chegamos à casa dele, e tanto o carro quanto eu suspiramos aliviados.

Outras vezes, jogamos bilhar até de madrugada, bebendo e gargalhando, depois gargalhando e bebendo mais ainda. Passamos noites de *blues* no Queen Victoria, que antecedem dias em que fico triste. É o começo de uma bela amizade, sem falar em um salva-vidas a curto prazo para mim. Eric e eu vamos desempenhar papéis significativos na vida um do outro, pessoal e profissionalmente, nos anos seguintes.

Acabo gostando dessa liberdade imprevista e involuntária. Eu nunca havia, antes disso, "saído para curtir" com colegas ídolos. Minha carreira até agora se resumia a me juntar a algum grupo já constituído — eu nunca havia formado uma banda com um grupo de amigos. A curtição com os colegas é algo novo para mim, e me agarro a esse prazer.

Em *Old Croft* há festas, ou quase isso, em que ficamos acordados a noite inteira, mas principalmente para assistirmos, interminavelmente, ao seriado *Fawlty Towers*. Ficamos somente eu e os caras da Brand X sentados, acordados até de manhã, nessa casa no caminho de uma estrada de pedra em Surrey. O vizinho mais próximo — um camarada aposentado do Exército, general Ling — tem um chalé muito simpático. Uns canteirinhos fantásticos. Coisa de cartão-postal. Temos diversão e jogos. Armas de brinquedo. Estas últimas devem ter, de algum modo, confundido nosso vizinho veterano de guerra.

O Brand X faz uma performance até no disco — no *Product*, Robin recebe créditos de "arma de fogo e serra elétrica" — e no palco, onde os garotos interpretam caubóis e índios tocando jazz. Fazemos uns lances meio doidos, uma coisa ligeiramente Monty Python, com efeitos sonoros de berros de ovelhas e latidos de cachorros. Por um tempinho, o Brand X cumpre bem a tarefa de me salvar de mim mesmo.

Mas essa minha importante fuga, apesar de divertida e realmente útil, em algum momento precisa chegar ao fim. Gosto muito de trabalhar e de fazer música. Demais. Então, dou um chute nas festas deles, e os garotos têm que ir embora. Eu me sento para escrever... bem, não sei direito o que estou escrevendo. Não ainda.

Enquanto isso, de volta ao rancho: quando o Genesis estava no Japão, recebemos de presente a mais nova máquina de ritmos da Roland, novinha em folha, recém-saída de fábrica. A CR-78 é a vanguarda da tecnologia musical. Dizem que esse é o som do futuro. Para mim, ela é um avanço diante da máquina de ritmos de um bar, mas ainda é muito limitada. Mike e Tony aceitam a cortesia. Mas eu sou baterista. Por que iria querer uma máquina de ritmos, um futuro que me remeteria ao passado? Respondo: "Obrigado, mas não. Obrigado."

Porém, já de volta à Inglaterra, nós três começamos a pensar que seria proveitoso para o Genesis se cada um de nós tivesse a oportunidade de gravar em casa suas ideias para novas músicas. No final dos anos 1970, ter seu próprio "estúdio" em casa se torna "modinha".

Um dos membros mais antigos de nossa equipe, Geoff Callingham, desenvolvedor técnico/de estúdio, pesquisa o melhor conjunto para gravação doméstica, e todos compramos um. E, bem, de repente eu quero *mesmo* uma daquelas CR-78. Decido que o quarto principal — que seria o meu quatro com Andy — vai ser meu estúdio. Parece um desvio de uso bastante apropriado.

Instalo nesse cômodo o piano de cauda *straight-strung* da Collard & Collard de 1820 da minha tia-avó Daisy. Também tenho um piano Fender Rhodes e um sintetizador Prophet-5. Para minha sorte, o ex-dono de *Old Croft* era um camarada aposentado da Marinha, capitão de certo renome. Certa noite, esbarro nele no Queen Victoria (ele se mudou só mais para cima na estrada), e o cara menciona que reforçou as vigas no andar de cima. A utilidade disso, para ele, era acomodar sua considerável banheira; para mim, é aguentar tanto o peso do piano de tia Daisy quanto o do meu futuro, seja lá a forma que ele tomar.

Também tenho uma bateria, competindo por espaço ao lado daquela máquina de ritmos que eu disse não querer. Mas em breve a fatídica bateria é deixada de lado, à medida que vou sendo conquistado pela CR-78. Talvez essa tecnologia moderna não sucateie minhas habilidades de trabalho, no fim das contas.

Em meu estúdio particular instalado naquilo que não era um lar, mas uma simples casa vazia, cheia de ecos, em Surrey, fico brincando, em todos os sentidos. Mexendo nas peças. Minhas ambições são poucas. Meu conhecimento técnico estanca assim que abro o manual de instruções. Se vejo os controles da mesa se mexendo e escuto algo sendo reproduzido, já fico feliz. Significa que realmente consegui gravar alguma coisa. A esta altura do campeonato, tanto faz.

Programo umas partes bem simples na máquina de ritmos e remexo na fita. Chego do pub na hora do almoço — depois de duas canecas de chope, no máximo — e remexo mais um pouco. Depois de um ano, essas brincadeiras começam a tomar forma. Mas são brincadeiras. Nada está de fato preparado ou concluído.

Ainda assim, no entanto, gradualmente, sem que eu realmente perceba, as brincadeiras se tornam rascunhos, que se tornam esboços, que se tornam minirretratos. Tornam-se músicas. Elas simplesmente saem de mim, espontaneamente. Estou falando a verdade. É como *jazz*. Improviso, as letras saindo da cabeça enquanto gravo as passagens de voz. Os sons surfam em minha boca, se transformam em sílabas, em palavras, em orações, em versos.

Um dia, do nada, reúno uma boa sequência de acordes. É o completo oposto da faixa "The Battle of Epping Forest", do *Selling England by the Pound*. Enquanto vou descobrindo meu novo estúdio, lidando com os sons que surgem na minha cabeça, as lembranças das antigas músicas do Genesis, como essa, e como outras, do *Lamb*, começam a retumbar em minha memória — músicas escritas sem termos ideia do que iria emplacar, então, era tudo muito agitado.

Nunca houve muito "espaço" no som do Genesis, e isso considerando que eu reivindiquei espaço. É certo que as músicas que eu posso gravar no futuro vão ter espaço para um respiro. Esse número embrionário, construído em torno de uma boa sequência de acordes, é o exemplo perfeito do espaço que estou procurando. Sem nem mesmo refletir, logo tenho um título de trabalho baseado nessas letras que cantei: "In the Air Tonight."

Essa música ainda hesitante é o exemplo clássico de *onde* estou como compositor que mal saiu das fraldas. Ela fala sobre o quê? Não faço ideia, porque, com exceção de talvez uma ou duas linhas ou palavras, é completamente improvisada. Ainda tenho a folha de papel com o manuscrito original, com o timbre da empresa do decorador — não *aquele*; o original, Robin Martin, que contratou o Ricardão dissimulado — na parte de cima. Embaixo do logotipo, escrevi o que acabara de cantar.

Noventa e nove vírgula nove por cento do que canto em "In the Air Tonight" é espontâneo, as palavras como que extraídas de algum sonho.

"*If you told me you were drowning, I would not lend a hand*" [Se você tivesse me dito que estava se afogando, não teria te dado a mão]: esses versos cheiram a ressentimento e frustração, eu sei. Era bem isso que estava acontecendo. "*Wipe off that grin, I know where you've been, it's all been a pack of lies*" [Feche esse sorriso, eu sei onde você tem andado, mentindo sem fim]: estou contra-atacando, me recusando a entregar os pontos.

É um recado para Andy. Sempre que ligo para falar com ela, em Vancouver, tenho dificuldade para manter a conversa, literal e metaforicamente. Parece que não consigo me aproximar dela.

Então, me comunico musicalmente. Quando Andy ouvir essas palavras, vai perceber quão fodidamente magoado estou, e o quanto a amo, e o quanto sinto saudade dos meus filhos. Ela vai entender. E tudo vai ficar bem.

E a fonte não secou: "Please Don't Ask" e "Against All Odds" também estão entre as músicas que compus nessa época.

E novamente: acabei de dizer a ela que, se ela estivesse se afogando, não lhe estenderia a mão. É uma época de altos e baixos. O que escrevo depende das conversas que estamos tendo, ou tentando ter.

Não há um padrão distinguível nos rabiscos musicais que lentamente acumulo ao longo de 1979, assim como a ideia de que Estou Fazendo Meu Primeiro Álbum Solo permanece abstrata e remota. As emoções, a intenção, mudam dia a dia. Um dia Andy pode me irritar muito depois de bater o telefone na minha cara várias vezes. Então, nessa noite, no estúdio de casa, estou apertando o botão do "foda-se". No dia seguinte, entretanto, posso escrever algo como "You Know What I Mean". Uma coisa mais melancólica, profunda, amargurada, carente.

É da emoção crua que emerge a verdade instintiva. As letras e a mensagem de "In the Air Tonight", concluo mais tarde, são consideravelmente maiores que a soma de suas partes. *"I've been waiting for this moment all my life, oh Lord"* [Estou esperando por esse momento minha vida inteira, Deus]... Isso tudo é subliminar, inconsciente. Essas letras se encaixam na música. Os versos contam uma história, mas não há ligação obrigatória entre eles e a raiva. E essas palavras foram dissecadas por muitas, muitas pessoas, inúmeras vezes. Um cara me presenteou com uma tese de conclusão de curso; ele havia analisado quantas vezes usei o artigo definido "the". Já outros propõem uma teoria da conspiração, como se eu tivesse realmente testemunhado um afogamento em algum momento da vida.

E o que significa "In the Air Tonight"? Significa que estou levando a vida. Ou tentando.

10
O valor do ás

*Ou: como algumas canções paridas em meu quarto
rendem algumas cópias.*

O que Tony e Mike fazem com minhas escrevinhações domésticas? Dou a eles a opção de usarem "In the Air Tonight" no próximo álbum do Genesis, o *Duke*, de 1980? Em resumo, mostro a eles meus manuscritos solo?

Mas o júri ainda está fora. Minha fornada de composição de 1979 está fechada. Essas músicas não são, mesmo, gravadas adequadamente, mas as demos estão feitas. Depois desse ano, em que cada um de nós gravou por si próprio, Mike e Tony concluíram seus projetos solo — *Smallcreep's Day* e *A Curious Feeling*, respectivamente — e estão energizados para entrar de cabeça no próximo trabalho do grupo. Isso, para mim, está bem tranquilo — na época, ainda não estou pensando em minha coleção de composições recém-nascidas como um "álbum". Mas estou certo de uma coisa: essas são as músicas mais pessoais que já escrevi, criadas em meio aos escombros emocionais da minha devastada casa matrimonial. O saldo final: quando começamos a trabalhar em *Duke*, no fechar das cortinas dos anos 1970, fico um pouco na defensiva com essas composições.

Tenho a ideia de mudar as sessões de composição para esse novo álbum do Genesis para o segundo quarto principal de *Old Croft*, uma sugestão que Tony e Mike aceitam sem reclamações. Em termos de músicas da banda, estamos zerados. Tirando um ou outro trecho, Mike e Tony usaram nos seus álbuns solo todo o bom material que tinham. Dito isso, o período dos álbuns solo deles foi ótimo para o Genesis. Um grande alívio, uma grande válvula de escape. Antes, quando Tony chegava com uma composição já concluída, meio que jogava no nosso colo assim: "Essa é uma música que eu escrevi, então, é isso que eu quero que o Genesis toque." Não era dito exatamente assim, mas era o que ficava subentendido.

Nós três temos uma conversa e combinamos que qualquer composição que venhamos a concluir individualmente será guardada para nossos futuros projetos solo. Ao mesmo tempo, qualquer ideia inconclusa mas promissora será colocada na mesa e julgada pela banda.

Mike mostra duas músicas realmente fortes: "Man of Our Times" e "Alone Tonight". Tony faz o mesmo: "Cul-de-Sac" e "Heathaze". Eu mostro meia dúzia de músicas, e eles comentam: "Essas duas são ótimas — 'Misunderstanding' e 'Please Don't Ask'." Na primeira, eles captam um quê de Beach Boys, e gostam disso. A última é uma música muito pessoal, minha versão da simulação de diálogo que David Ackles usou em "Down River". Achei que seria uma escolha improvável para a banda — tão íntima, muito diferente de tudo que o Genesis havia feito antes.

Mas, juro de pé junto, não me lembro de não ter compartilhado "In the Air Tonight" com eles. Tenho certeza disso porque, nessa época, não a vejo como nenhuma obra-prima especial, um ponto fora da curva — até onde sei, todas as minhas composições de 1979 estão na mesma curva. Para ser sincero, realmente não quero abrir mão de nenhuma delas, já que tenho um planejamento muito rígido de como quero que elas fiquem, no final. Ao mesmo tempo, ainda não estou muito certo de que vou gravar um álbum solo, então, talvez minha única chance de colocar essas músicas na rua seja nesse próximo álbum do Genesis.

Mas o que eu também sei é que talvez nunca mais tenha esse mesmo espaço musical individual novamente. Uma vez que você submete suas ideias musicais ao comitê da banda, Tony e Mike chegam junto e acrescentam suas próprias ideias. Embora já estejamos bem longe dos dias desconfortáveis e agitados de "The Battle of Epping

Forest", não estamos longe o suficiente da chance de eu dizer algo do tipo "Façam o que bem entenderem com 'In the Air Tonight'".

Ainda assim, só para reiterar, não tenho lembranças de ter escondido essa música deles. Acho que toco para eles praticamente tudo que tenho, com exceção, talvez, de "Against All Odds", porque, para mim, ela não passa de uma faixa para o lado B de um disco... Com base nessa minha recordação, eles escolhem não selecionar "In the Air Tonight". Mike também não se lembra, mas Tony insiste que nunca ouviu essa música — caso contrário, a teria agarrado para incluir em *Duke*.

Ou seja: nunca vamos ter certeza de nada.

Uma coisa de que me lembro é de Tony dizendo constantemente que minhas músicas só possuem três acordes, então, não merecem ser "Genesificadas". De acordo com essa fala, sem a bateria e os arranjos, "In the Air Tonight" não passa de uma peça feita em uma máquina de ritmos, com três acordes. Por isso, é bem provável que ela simplesmente não estivesse no padrão dele.

De *Old Croft* nós nos mudamos, no fim de 1979, para Estocolmo, indo gravar nos Polar Studios. O material que selecionamos para *Duke* é potente mesmo, e agora sou um compositor emergente em treinamento. Só comecei a escrever "bem" no ano anterior. Contudo, apesar de ter sido o autor de "Misunderstanding" e de "Please Don't Ask", meu papel no Genesis continua o mesmo. Tony e Mike gostam dessas músicas, mas sinto que ainda sou considerado principalmente o arranjador da banda. É um morde e assopra na minha confiança.

Mike tem um *riff* lento de guitarra em um tempo esquisito, 13/8, e sugiro que ele o acelere. Isso leva a "Turn It On Again". Uso a CR-78 em "Duchess": a primeira vez que a utilizamos em estúdio. Eu havia trabalhado com ela nas minhas demos e, depois de um ano convivendo com a máquina em meu quarto, sei do que ela é capaz e do que não é. É incrivelmente limitada, mas funciona muito bem em "Duchess".

Em certo momento, "Behind the Lines", "Duchess", "Guide Vocal", "Turn It On Again", "Duke's Travels" e "Duke's End" são reunidas em uma faixa de trinta minutos sobre um personagem chamado Albert. O desenho de capa do álbum, feito pelo ilustrador francês Lionel Koechlin, é um retrato dele. Mas sabemos que uma faixa única, com essa extensão, só vai provocar comparações com "Supper's Ready", então optamos por não seguir essa direção novamente. É uma nova década. Talvez "continuações" que ocupem um lado inteiro de um disco não sejam mais toleradas tão facilmente quanto antes. Precisamos de fluidez.

Duke é o marco comercial para a banda, especialmente na Alemanha. Ele inaugura nossa base de fãs por lá, que leva à comunidade de fãs de Phil Collins. O álbum também vende espetacularmente no Reino Unido, mas recebe uma crítica terrível na *Melody Maker*, e em algumas ocasiões sou premiado com o título de "Decepção da Semana" pela imprensa musical.

E por quê? Bem, existe o clichê de que as *"inkies"* (o modo como a *Melody Maker*, a *NME* e a *Sounds* são coletivamente conhecidas) automaticamente suspeitam de qualquer coisa que vire superpopular — a percepção é de que essa coisa precisou se rebaixar para ser atrativa para as massas. Ao mesmo tempo, a música progressiva está rapidamente se tornando um gênero *non grato* na imprensa musical, agora vidrada no indie, no pós-punk, no new wave. Como líder do Genesis, sou alvo dessa ira. Igualmente, devo admitir, vergonhosamente, que, com todo o sucesso, é bem possível que eu tenha começado a exalar uma certa vaidade não intencional.

Quando o álbum é lançado, em 28 de março de 1980, já começamos a turnê *Duke*. Esse dia em particular é o segundo de três noites no Hammersmith Odeon de Londres, que é quando Eric Clapton — que comparece ao show, por sugestão de Pattie — finalmente nota que sou mais do que um companheiro beberrão e jogador de sinuca, além de mutilador de caixas de câmbio de Ferraris. Ele vê de verdade que eu sou um colega músico, uma revelação que, fico sabendo mais tarde, o surpreende um pouco. A turnê percorre o Reino Unido de cima a baixo até o começo de maio, descansa por uma semana e então prossegue para o Canadá, para uma perna na América do Norte até o final de junho.

O terceiro show canadense é em Vancouver, e quando estou lá aproveito a oportunidade para ligar para Andy. Embora o processo de divórcio esteja se desenrolando, ainda sou gamado nela, e sinto uma saudade desesperadora de meus filhos. Estou pensando: "Pode ser agora que a gente conserte as coisas." A banda vai passar uns três dias na cidade, e fico na casa da mãe dela. Sempre fomos próximos, e eu amo a Sra. B., com ou sem a filha.

Em uma última e otimista tentativa de reconquistar minha esposa, fico hospedado no Delta Inn de Vancouver por uma semana, convido Andy para dar um pulo lá, deixo tocando minha fita de músicas irresistíveis — "Fool (If You Think It's Over)", de Chris Rea, e todos os outros clássicos imortais que conheço — e estouro uma garrafa de champanhe. Flores sobre a cama. O romântico que há em mim pensa: "Tem tudo para dar certo." Cá entre nós, quem é que pode negar o poder dessas músicas transcendentais sobre amor e perda?

Ela não dá a mínima.

De volta ao Reino Unido no verão de 1980, eu me volto para as músicas que escrevi no ano anterior. É hora de sincronizar minhas músicas e minhas emoções.

O modo como produzo o disco que se tornará meu primeiro álbum solo determina o tom do que vou fazer no futuro. Gravar todos os vocais em casa. Cantar daquele jeito improvisado. Tocar novamente e registrar o que canto — ou o que parecer que eu esteja tentando cantar. Trata-se de tomar notas, em um esboço, daquilo que se acaba de cantar. Às vezes, resulta algo quase completamente formado, outras vezes, produz uma coisa inútil. Cedo ou tarde, uma música se desenvolve daí. *Você consegue sentir a inspiração no ar da noite. Mas só às vezes.*

Daí em frente, esse é o processo para todo álbum que gravo.

Ainda assim, nada que faço é um disco, até que tenha 12 ou 13 músicas, coloque-as em uma fita e a toque para outra pessoa. No final das contas, deixo Tony Smith ouvi-las em um dia no rádio do meu Mini, e as toco também para Ahmet Ertegun, nosso chefe do selo norte-americano da Atlantic Records. Verdade seja dita, mostrei minha lição de casa a Ahmet antes mesmo de sairmos na turnê de divulgação de *Duke* — mas só porque fui o felizardo do grupo a quem foi dada a responsabilidade de dirigir até seu apartamento em Londres, enquanto ele está no Reino Unido, para lhe mostrar *Duke* pela primeira vez.

Nem me lembro do quanto bebemos. Ahmet pergunta como estou — ele sabe de meu iminente divórcio — e eu respondo que estou bem, e que, na verdade, tenho trabalhado na composição de algumas músicas...

Estou sendo sincero: não me antecipei tocando nada meu para Ahmet. Mas sempre tenho uma fita no carro para escutar as demos e arejar as ideias sobre elas. Enfim, Ahmet ouve as demos e declara, bastante entusiasmado:

— Isso é um disco! — E logo se esquece do novo álbum do Genesis. — Phil, você precisa transformar isso em um disco. Conte comigo para qualquer necessidade, mas isso precisa ser um disco.

Uau! Quão importante para mim é ouvir isso desse cara que eu respeito tanto. Foi Ahmet quem descobriu Aretha Franklin, Ray Charles, Otis Redding... e agora está me dizendo que eu também sou um vencedor. Ele produziu um monte de artistas que eu adoro, e gosta do que faço. Existe coisa melhor?

E estou precisando. Ando moído com a separação, me sentindo um trapo. Disse para os garotos que ia tirar uma licença para consertar as coisas em Vancouver, e voltei sem conseguir nada. Então, Tony e Mike caíram no mundo, se aventuraram nas suas carreiras solo, e eu, bem, continuei a ser o reles vocalista-baterista de sempre.

Então, sim, tenho me sentido muito por baixo. Contudo, um dos maiores executivos da história da indústria fonográfica está me dizendo que o que eu tenho feito sozinho é incrível. A aprovação de Ahmet finalmente me convence de que, assim que concluir as obrigações com *Duke*, vou gravar meu primeiro álbum solo.

Entretanto, não posso ignorar a ironia: se eu não tivesse me sentido humilhado pelo término do meu casamento, meu compêndio inaugural de composições solo teria tomado um tom muito diferente. Provavelmente, teria resultado em algo meio jazz instrumental, meio Brand X, pelas linhas do Weather Report. Se não fosse tão triste, seria cômico.

Contudo, nem todas as músicas que compus são tristeza e desolação. "This Must Be Love" (*"Happiness is something I never thought I'd feel again / but now I know / it's you that I've been looking for"* [Nunca achei que fosse ser feliz de novo / mas agora sei / que era você que eu estava procurando]) e "Thunder and Lightning" (*"They say thunder / and they say lightning / it will never strike twice / but if that's true / then why can't you tell me / how come this feels so nice?"* [Dizem que trovões / e dizem que raios / nunca caem duas vezes no mesmo lugar / então, por que você não me diz / como isso pode ser tão gostoso?]) são as músicas que avançam com a narrativa pessoal. Essas são as músicas de Jill.

Conheço Jill Tavelman em meados dos anos 1980, em Los Angeles, depois de o Genesis tocar no Greek Theatre na turnê *Duke*. Tony Smith também está se divorciando, então, somos dois recém-solteirões. Geralmente nós nunca saímos depois dos shows, mas, excepcionalmente, dessa vez ele e eu vamos para a cidade juntos.

Nessa noite em particular, decidimos fazer algo diferente para nós dois: pedimos para a limusine nos deixar no Rainbow Room, na Sunset Strip. É uma instituição do rock'n'roll em Los Angeles: não muito um lugar de curtição para as bandas, mas para suas equipes. Também é um lugar de paquera. Talvez esses fatos estejam relacionados.

Pegamos nossos lugares e ficamos sentados, arrefecendo nossa sede pós-show. Estico os braços sobre e atrás da cabeça. De repente, duas mãos seguram as minhas. Olho para trás e vejo uma garota, cabelo curto, graciosa, quase uma Sininho. Está muito feliz. E está com outra garota. Não demora até que estejamos todos sentados juntos.

Ao final, nós quatro entramos na limusine e vamos para o Hermitage, o hotel do momento de Los Angeles. Ainda não sei direito como acontece, mas, nessa mesma noite, estou na cama com Jill e sua amiga. Isso nunca aconteceu antes, nem voltou a se repetir. Devo enfatizar que não fazemos nenhuma sacanagem. O sentimento que não sai de mim é: "E o que vou fazer com duas?" Para outras pessoas, *a vida é isso*. Não para mim. Sou envergonhado demais, acho. O jovem (?) Phil Collins tem medo do palco.

Jill é uma menina bem-educada de Beverly Hills, 24 anos, com seu próprio e distinto gosto musical (Iggy Pop é um de seus favoritos). Reconheço que ela é especial e merece mais do que sexo casual. E parece que o sentimento é recíproco. Nós nos encontramos algumas vezes, e antes de eu ir embora de Los Angeles, ela aparece no hotel para se despedir. Me dá um livro de Steve Martin, *Cruel Shoes*. Ela sabe que sou fãzaço do cara. Descubro que o padrasto dela é o Groucho Marx. Estou com um bom pressentimento sobre essa garota.

Convido Jill para se juntar a mim na turnê e, cinco dias mais tarde, ela pega um avião para Atlanta. Infelizmente, há outra pessoa com sobrenome Collins no Hyatt Regency, e dão a Jill a chave do seu quarto. O cara é um músico de verdade — toca gaita de foles e está na cidade com seu clã para tocar com toda a indumentária típica escocesa —, e quando ela entra no quarto, ele está no banheiro. Ao ouvir uma voz feminina, o tal tocador de gaita se anima, achando que se trata de alguma promessa contratual não lida. A modéstia razoável é preservada entre os apreciadores de uísque, mas Jill leva um baita susto ao descobrir o mistério que atormenta tantos norte-americanos: o que um escocês usa embaixo do *kilt*.

Inesperadamente, parece que somos um casal. Respondo a isso da maneira que está se tornando cada vez mais natural para mim: escrevo sobre ela, me animando, apaixonado, em "This Must Be Love" e "Thunder and Lightning". Nos falamos pelo telefone regularmente, e então, poucos meses depois, quando volto a Los Angeles para gravar as partes em metais de sopro do disco solo que estou produzindo, Jill aparece no estúdio. Ela leva a mãe e nos apresenta. Logo depois, sua querida mãe Jane dirá:

— Bem, querida, o amor é cego.

Isso me machuca um pouco, mas uso minha dor como inspiração: esse verso vai reaparecer na letra de uma música, "Only You Know and I Know", no álbum *No Jacket Required*, de 1985.

Faço uma lista de quem se oferece para ajudar nesse disco (não) jazz solo ainda abstrato: Eric Clapton, David Crosby, Stephen Bishop (o corneteiro do Earth, Wind & Fire — que mais tarde vai me devolver o favor me chamando para cantar "Separate Lives"), Arif

Mardin (arranjador de instrumentos de corda), Alphonso Johnson (baixista de jazz). Todos heróis para mim, basicamente.

Trabalhar com Eric é fácil. A casa dele e de Pattie em Ewhurst fica a 15 minutos de Shalford, então, muitas vezes eu durmo lá. Pattie vai muito com a minha cara, e eu sempre tive uma queda por ela, desde aquele primeiro piscar de olhos interpretando uma colegial em *Os reis do iê, iê, iê.* Tanto que uma vez Eric conta para Mick Fleetwood, brincando, em uma festa de Ano-Novo, que eu e Pattie estamos trepando enquanto ele viaja — e que estou trepando com Jenny, ex-mulher de Mick e irmã de Pattie, de troco. Mick entende a piada, mas é claro que fica vermelho feito um pimentão, principalmente porque Joely e Simon estão sentados ao meu lado.

Então, estou por lá o tempo todo. A gente bebe e, de vez em quando, Eric precisa ser levado para a cama, mas a coisa nunca foge do controle. Esse é o tipo de pessoa — o tipo de bebedor — que ele é. Vai até o limite. Sou muito sensível. Deixo o limite para os outros.

Eric toca em duas faixas que reservei para esse ainda, como sempre, álbum solo sem título: "If Leaving Me Is Easy" e "The Roof Is Leaking". Só eu sei, contudo, que ele está na primeira. Ele vai até minha casa em uma noite e eu toco a demo para ele. A iluminação é fraca e nós já bebemos um pouquinho demais — ele é um convicto apreciador de *brandy-and-ginger*, e já passamos pelo pub. Essa é a nossa rotina de quase sempre.

Toco "If Leaving Me Is Easy" para ele, e o grande lance com o Eric é que ele só toca quando acha que pode contribuir. Ele tira um trecho na guitarra, mas o bom e velho Slowhand — seu epíteto devido ao álbum homônimo, *Mão lenta* — pega leve. Eu esperava que ele fosse mais a fundo, mas ele diz: "Eu não queria tocar... não queria bagunçar esse material."

Embora eu quisesse ir fundo em minha inexperiência e produzir essas músicas sozinho, sei que vou precisar de um assistente de produção e de um engenheiro de som. Então me encontro com Hugh Padgham. Hugh é um baixista que ama bateria, e nós desenvolvemos o som paradigmático da faixa "Intruder", de Peter. Pensando agora, concluo que aqueles dois dias que passei trabalhando no terceiro álbum de Peter, em 1979, nos Townhouse Studios, mudaram minha vida.

— Não dou conta de gravar isso tudo novamente. As músicas estão encharcadas de emoção, e eu gosto disso. Quero usar as minhas demos — digo a Hugh, e então convertemos minha fita *eight-tracks* em uma *sixteen-tracks*, o que existe de mais avançado na época, e ao longo do inverno entre 1980 e 1981 seguimos fazendo o *overdub* do álbum nos Townhouse Studios.

Mexemos em "In the Air Tonight", mas, naquela fase, não há nenhum grande preenchimento com bateria, nada no estilo *gated*, só as minhas entradas na bateria para os últimos refrãos. E é assim que eu acho que deve ficar.

Mas então eu estou lá, sentado na sala de estar do estúdio. Pode-se controlar o clima "ao vivo" que você quer na gravação fechando cortinas pesadas para abafar o som. E se você põe os microfones nos cantos, no alto, na sala, consegue um efeito muito mais vivo da bateria. Para "In the Air Tonight", propomos: "Vamos tentar aquele som que fizemos com o Pete..." Mas o resultado não chega nem perto de quão radical é "Intruder". Mesmo que se coloquem os microfones no mesmo lugar e se tente alcançar o mesmo som, sempre se chega a um bicho diferente. Dia diferente, resultado diferente.

E quanto Àquele Preenchimento de Bateria: me perguntam sobre ele o tempo todo. Um marco de percussão em produção, em *bá-dum, bá-dum, bá-dum, bá-dum, dum-dum*. Imagine focas esganiçadas da próxima vez que estiver em um zoológico. É muito maneiro! E foi usado até em um comercial do chocolate Cadbury em 2007, com um gorila tocando bateria.

Mas, de volta aos estúdios, no começo dos anos 1980, tenho certeza de que nunca disse algo do tipo "Eu sei o que vai funcionar aqui...". Eu simplesmente tocava. Ouvia. Amava. E é isso. O que sei eu? Lembre-se de que eu achava que "Against All Odds" seria uma faixa para o lado B do disco.

Logo me dou conta de que ninguém jamais ouviu uma bateria assim, tão alta e com esse tipo de som. E vou além: liricamente, a música possui um quê que ninguém entende de verdade. Nem mesmo eu. Talvez pelo fato de não ser um compositor — não ainda, não de verdade —, consegui romper com a composição tradicional.

É simples, é fantasmagórica, é cheia de espaço, é um *cri du cœur*. Definitivamente, não deveria ser um single.

Tenho que encontrar um título para o álbum. É óbvio que a maioria das músicas é autobiográfica. Então, penso em chamá-lo de *Exposure*. Ou de *Interiors*. Parecem apropriados. Mas então me lembro não apenas de que *Exposure* é um disco de Robert Fripp como também é o disco em que eu toco. E *Interiors* é um filme de Woody Allen. Entretanto, ainda gosto desse título. Se bem que chamar o trabalho de *Interiors* talvez faça o pintor-decorador achar que o disco é sobre ele, não?

Para a capa tenho a ideia de uma leitura mental através de meus olhos. O que está se passando dentro da mente dessa pessoa? Esse, e não qualquer outro motivo egoico, é que fez a capa ser um *close*. Claro que é em preto e branco. Por outro lado, aquela imagem de capa sublinha uma ideia que acabo de ter para o título: *Face Value*.

Como se trata de um álbum muito pessoal, me dedico a todos os aspectos dele, sou completamente responsável por cada detalhezinho. Por um lado, tem a escolha do selo que vai lançá-lo — e não vai ser um selo de algum modo envolvido com o Genesis. Mesmo que isso signifique desapontar nosso chefe do selo Charisma, meu velho amigo Tony Stratton-Smith, o homem que, uma década alucinante antes, me indicou pela primeira vez para a apresentação do Genesis.

Temos uma reunião regada a álcool em seu quarto no Hermitage, onde anuncio as más notícias. Ele está em Los Angeles porque a equipe do Monty Python está se apresentando no Hollywood Bowl, e John Cleese dá uma passada para cumprimentar Strat. É uma cena típica da série *Fawlty Towers*: Cleese vestido com uma camiseta do time de hóquei Pittsburgh Penguins.

— Foi mal, foi mal... Não sabia que você estava ocupado. Não se preocupe. Eu volto depois — gagueja John.

O uísque da reunião não cai bem com a tequila do nosso almoço mexicano. Um charuto de Strat me detona. Estou tão mal quanto o papagaio norueguês do esquete *Dead Parrot*, do Monty Python.

Talvez seja a penitência mais apropriada por ter escanteado meu antigo benfeitor.

Enfim, vida que segue. Tony Smith faz a propaganda de *Face Value* pelo Reino Unido e a Virgin fica desesperada pelo álbum. Assino na linha tracejada com o selo de Richard Branson, casa dos álbuns *Tubular Bells*, de Mike Oldfield (trilha de *O exorcista*), e *Never Mind the Bollocks*, dos Sex Pistols. Posso me espremer, de algum modo, entre esses dois. Para um observador qualquer, esse é um novo Phil Collins.

Vou para a edição e para a masterização. Anoto à mão tudo que é necessário — a ordem das faixas, os créditos do encarte, até mesmo as questões legais que devem entrar no adesivo do disco. Faço a companhia fonográfica me ceder alguns adesivos em branco, daqueles que ficam no meio do vinil, e escrevo em sua circunferência. Se fico sem espaço, começo novamente. Se sobra muito espaço, começo de novo também. Atenção a esse dado. É meu primeiro álbum solo. Pode ser meu último álbum solo. Vou dar tudo por ele, vou estar em todo ele.

Ainda assim, minhas expectativas vão de baixa a nenhuma. Todas as pessoas próximas que escutaram *Face Value* disseram a mesma coisa que Ahmet: "*Uau.*"

Mas elas são suspeitas. E eu realmente sei que nenhuma delas espera nada, nem em termos de crítica nem de vendas. Nos Estados Unidos, o selo nem mesmo quer lançar "In the Air Tonight" como primeiro single. Apostam em "I Missed Again".

Vou a Nova York me encontrar com Ahmet para discutirmos a campanha promocional desse álbum difícil de emplacar. Fecho com a Atlantic para o lançamento nos EUA, em grande parte por causa de Ahmet. Ele me adora, e a minha música, e preserva esse entusiasmo até o final de seus dias. O cara me enche de coragem e de segurança ao longo dos anos, enquanto vou sendo jogado para a esquerda, para a direita e para o centro. Sempre que recebia artistas novos em seu escritório, Ahmet tocava "In the Air Tonight" e dizia: "Viram? É *isso* que eu quero de vocês."

Minha pergunta para Ahmet e sua equipe é: como eu posso abrir as portas que estão fechadas para o Genesis? Afinal, os relatos iniciais da reação dos DJs dos Estados Unidos a "I Missed Again" são promissores, e vêm acompanhados de um "Cara, isso é de quebrar!".

Logo penso: "Não tem por que esse álbum não chamar a atenção dos fãs de R&B. Tem até os trompetes do Earth, Wind & Fire!"

Então, consigo agendar uma reunião com Henry Allen, o diretor de black music do selo:

— Escuta, eu gostaria que esse disco fosse para as rádios de R&B — proponho.

— Sim... Mas eles não vão colocar você no ar. Você é branco.

— Sim, mas eles não vão saber disso se você não me colocar na capa do disco. Deixe como "Phil Collins and the EWF horns". Ou até "The EWF Horns with Phil Collins". Não me importo como fique, mas sinto que isso pode ser um salto.

— Não. *Eles vão saber.*

Fico chocado com esse delineamento racial. Não estamos nos anos 1950 ou 1960. Estamos na década de 1980. Mas logo descubro que velhos preconceitos perseveram. Quando Philip Bailey, do Earth, Wind & Fire, está se preparando para vir fazer seu disco *Chinese Wall* comigo como produtor em 1984, tem reuniões com Frankie Crocker, o famoso DJ de black music, e Larkin Arnold, o diretor da divisão R&B da CBS.

— Você está indo para Londres trabalhar com esse Phil Collins? Bem, não me volte com um álbum branco — ambos recomendaram.

No final de outubro de 1980, convido Jill para se mudar para a Inglaterra e, à medida que 1981 se desenrola, estamos acomodados em *Old Croft*. Ela sacrificou seu último ano de faculdade — estava se formando para ser professora de ensino médio — para vir morar comigo.

Face Value é lançado no dia 9 de fevereiro de 1981, pouco depois de meu 30º aniversário. Não saio em turnê solo. É muito cedo para algo assim, e quero ter mais músicas em meu repertório. Além do mais, é meio assustador pensar em uma turnê *solo*.

Enquanto isso, o Genesis decidiu segurar o rojão e comprar seu próprio estúdio/quartel-general. Adquirimos uma belíssima casa em estilo Tudor em Chiddingfold, convencidos, principalmente, pela garagem coberta ampla no jardim. É ela que vamos converter em espaço de gravação do complexo que chamaremos de The Farm. Enquanto a conversão ocorre, nos instalamos na sala de estar de pé-direito baixo da casa e começamos a compor o que se tornará o 11º álbum de estúdio do Genesis, *Abacab*.

Durante a composição de *Abacab*, as notícias lentamente vão fortalecendo o sucesso inesperado do *Face Value*. Isso deixa as coisas meio esquisitas. Eu chegava todo animado, genuinamente abobalhado: "Deus do céu! 'In the Air Tonight' está em primeiro lugar na Holanda!" E não é só isso: está estourando no mundo inteiro. As vendas de *Face Value* só fazem crescer. Como Tony Banks diz contundentemente em *Genesis: Together and Apart*, documentário da BBC de 2014: "Queríamos que Phil se desse bem. Mas não tão bem."

Aqui, no começo dos anos 1980, consigo já enxergar como as coisas podem mudar na banda. Imagino que os rapazes devam pensar: "Bem, acabou, né? Phil vai nos deixar." Não que alguém tenha chegado a declarar isso, embora Tony Smith me diga diretamente: "Acho que o Genesis é bom mesmo para você." Outro vocalista deixa o Genesis? Perder um líder de banda é desleixo; perder dois é... O Genesis certamente não sobreviveria a outra ruptura.

Smith, como grande empresário, está certo. E continuará com a razão por muito tempo depois disso. Cada carreira — solo e em banda — fortalece a outra.

Além do mais, é claro que estou *desfrutando* desse sucesso inesperado como artista solo. Antes disso, labutava sob a constante sensação de ser o membro-júnior do Genesis. Anos depois, percebo que subestimei a opinião dos rapazes sobre mim, o que só descubro quando leio o livro de Mike: "Se Phil tinha uma ideia, a gente escutava." Isso é uma revelação para o Sr. Insegurança. Nunca tivemos esse tipo de discussão. Não demonstrávamos essa franqueza emocional na frente um do outro.

Por um bom tempo, contudo, ainda vou me sentir encabulado com o Genesis quando o assunto é composição: "Fiz essa música. Será que está bom?" Com minhas canções, porém, chegando densas e rápidas junto com os anos 1980, vou começar a provar meu valor. "Misunderstanding", a primeira música inteira que escrevi para a banda, é lançada como o terceiro single de *Duke*. E se torna nosso maior sucesso internacional.

Face Value continua a vender. Fica em primeiro lugar no Reino Unido, algo que nos impressiona muito. Sempre quisemos um primeiro lugar para o Genesis.

Tony e Mike estão com inveja? Não que eu saiba. E aquele senso de humor — "Queríamos que Phil se desse bem. Mas não tão bem" — é a maneira como nos tratamos mesmo. Ninguém pode ficar por cima de ninguém.

— Caralho! O "In the Air Tonight" vai ser campeão de vendas em toda a Europa! — comemoro, ofegante.

— Sim. E continua tendo só três acordes — responde Tony, para dentro.

— Quatro, na verdade! — replico, gritando.

E o que Andy acha de eu lavar nossa roupa suja assim, em alto e bom som, para incontáveis milhões de pessoas no mundo? Bem, ela não é o tipo de pessoa que compra as revistas *Sounds* ou *Rolling Stone*, logo, não necessariamente leu alguma crítica às minhas letras. Mas não me contenho ao revelar a entrevistadores ou a qualquer pessoa de que trata o álbum.

E cá estou, no *Top of the Pops*, com uma lata de tinta.

Sobre essa lata de tinta: "In The Air Tonight" é lançado como single no Reino Unido em 5 de janeiro de 1981. Em uma semana, está em 36º lugar, e eu estou na BBC, aparecendo no programa musical semanal que une a nação (os tempos mudaram). Como vou apresentar essa música? Ainda não fico confortável parado lá na frente com o microfone, especialmente na TV. Então, vou tocar teclado. Meu engenheiro, roadie e faz-tudo Steve "Pud" Jones diz:

— Vou pegar um suporte de teclado.

— Nada! Tá parecendo meio Duran Duran para mim. Traz um suporte de ferramentas mesmo. Vai servir.

— Beleza. E onde nós vamos colocar a bateria?

— Hummm... Em cima de um baú de chá?

A lata de tinta? Isso é porque, ensaio atrás de ensaio, os produtores do *Top of the Pops* tentam desesperadamente fazer esse baú de chá parecer interessante. Então Pud vai adicionando uma coisinha aqui, outra ali.

— Uma lata de tinta...?

Então eu encarno, de fato, um visual de bricolagem na infame aparição no *Top of the Pops*. Mas, novamente, isso nada tem a ver com Andy ter me deixado para ficar com o decorador. Aquela performance, bem como a lata de tinta, voltaram para me assombrar várias vezes.

Enquanto estou perambulando pelos estúdios da BBC, converso com o apresentador daquela semana, Dave Lee Travis, o DJ da Radio 1. Ele assiste a um dos ensaios de "In the Air Tonight" e diz:

— Cacete, isso vai ser foda.

— Tem certeza?

— Com certeza. Semana que vem a música vai estar em terceiro lugar.

Pois bem. Subo para o segundo lugar. E parece que chego ao primeiro lugar. Mas então John Lennon é baleado, o que coloca tudo em perspectiva. A vida nunca mais vai ser a mesma. Um dos meus heróis se foi.

11
Oi, devo estar ocupado

Ou: os anos imperiais, e provavelmente mais sucessos, mais turnês e mais colaborações do que o recomendado. Foi mal.

Onde você estava quando a MTV começou a exibir seu sinal, em 1º de agosto de 1981? O que você estava fazendo três dias antes, quando o príncipe Charles se casou com Lady Diana Spencer na Catedral de St. Paul?

Ao longo dos anos 1980, eu e meus vídeos, tanto os como artista solo quanto os com o Genesis, nos tornamos uma fixação nesse novo e revolucionário canal de TV. De certo modo, acabo sendo a referência em entretenimento para Charles e Diana. Nada de casamentos ou bar mitzvahs, mas vou tocar em umas poucas festas de aniversário reais, a certa altura me apresentando involuntariamente em um cenário pesado e inapropriado de divórcio quando houve, infamemente, três pessoas no casamento do herdeiro ao trono. Contudo, a despeito do proeminente papel em minha vida de ambas as instituições — o *status quo* e o anti-*status quo*, se preferirem dessa maneira —, me esforço para me lembrar dos detalhes precisos de meus paradeiros e atividades naquele verão de 1981... e em vários outros pontos ao longo dos próximos cinco anos.

Não posso culpar a senilidade usurpadora — agora, seis meses depois do lançamento de *Face Value*, tenho alegres 30 anos de idade —, tampouco posso culpar a picardia do rock'n'roll. Acho, simplesmente, que estou muito ocupado para me lembrar de tudo anos depois. E estou prestes a ficar ainda mais ocupado. Tão ocupado que nem desconfio de que esteja ocupado. Só sei que cumprir essa dupla tarefa de artista solo e de vocalista do Genesis é, do nada, pedir mais de mim do que eu jamais previ. Mais do que qualquer um tenha previsto, talvez. Poucas pessoas antes ou depois desfrutaram de um enorme sucesso como esse em carreira solo concomitante a um enorme sucesso em sua banda.

Como se isso não bastasse, abraço uma terceira carreira com todo o entusiasmo: produtor fonográfico. O sucesso na banda gera o sucesso na carreira solo, que gera uma enormidade de pessoas querendo absorver um pouquinho de qualquer "mágica" que eu tenha. Não são pessoas velhas; são ofertas que eu só recusaria se fosse estúpido. São de artistas que classifico como amigos e/ou heróis. Eric Clapton, John Martyn, Anni-Frid Lyngstad (do ABBA), Philip Bailey — todos querem que eu produza seus novos álbuns ou, no caso de Robert Plant, me pedem conselhos sobre estúdios.

Nesse ínterim, perdido em meio à agenda exaustiva, vou ficando cada vez mais envolvido com a instituição The Prince's Trust. Esse compromisso com a causa significa noites fora, tocando ou socializando com membros da Casa de Windsor, a família real. Não é absolutamente um sofrimento, mas isso acaba me rendendo uma imagem de conservador, monarquista, lacaio dos sangue-azul. Meu amiguinho Charles recomenda que eu ignore a oposição — ou que simplesmente dê a ordem, que ele alegremente instruirá sua mamãe a decretar: "Cortem-lhes a cabeça!".

Piadas conspiratórias à parte, estou comprometido de corpo e alma com o trabalho desenvolvido pelo Prince's Trust. A instituição de caridade foi fundada por Charles no final de 1976: uma resposta preocupada a revoltas de cidades do interior que refletiam a crescente frustração da juventude britânica. Em sua origem, era comum arrecadar fundos para a organização em shows e estreias de filmes. Ciente do poder de um show de pop ou de rock para se conectar com a juventude — dos mais novos aos mais velhos —, Charles me convidou para participar como curador do fundo.

Um desses shows foi o de Michael Jackson, no estádio de Wembley, em 1988. Charles e vários mandachuvas do fundo estão na Royal Box — o camarote real —, e eu estou sentado atrás de Sua

Alteza, junto com outros plebeus ungidos. Lá pela metade do show, ele se vira para mim:

— Eu queria ter alguma coisa assim na minha festa. Você poderia providenciar?

— Sim, senhor, vou ver o que posso fazer — respondo, automaticamente, ligeiramente atordoado.

E assim, de repente, estou organizando a festa de aniversário de 40 anos do príncipe Charles, inspirada na moda Jackson. Sou encarregado de garantir o entretenimento. Será que ele esperava o típico passo *moonwalk* e a pegada no saco?

Ligo para um dos agentes de agenda do Genesis, Steve Hedges, e ele me envia algumas fitas de uns números que talvez sejam adequados. Se é de alguma banda cover que faça uma versão decente de "Beat It", já é finalista. No fim das contas, escolho um conjunto chamado The Royal Blues. Eles parecem bons, sabem tocar todos os sucessos atuais, e seu nome vai proporcionar algum prazer ao palácio. Descubro mais tarde, com eles, que são a mesma banda que tocou na festa de aniversário de 20 de Charles. Até aí, está ótimo.

A festa deve acontecer no Palácio de Buckingham, e sou convocado mais ou menos com um mês de antecedência para uma passagem pré-festa da agenda. Me encontro com o escudeiro de Charles e com Nigel, o chefe dos carregadores de malas dos Royal Blues.

Discutimos táticas. Parece que confiam que eu seja a atração "surpresa" da noite da festa. Portanto, não vou estar na fila de anfitriões, o que é frustrante — não vou ter a chance de tirar meu chapéu para a Rainha Mãe ou para a Rainha, tampouco de perguntar se elas preferiam os vocais de Peter ou os meus no Genesis.

Chega a hora real, chega o convidado-surpresa: ascendendo para a pista de dança diretamente de uma toca em uma antessala do Palácio de Buckingham, fico instantaneamente impressionado com a presença de tantas estrelas da realeza pan-europeia. Todos os monarcas dignos de sua coroa do continente pareciam estar lá. Diana está à frente, no meio; Elton e Sarah Margaret Ferguson estão trocando dicas sobre tiaras na lateral do pequeno palco, e o príncipe Charles está por aí, nem um pouco próximo da esposa.

Convidei o guitarrista Daryl Stuermer a se juntar a mim, para parecermos um pouco mais profissionais, e ensaiamos uma lista de músicas que inclui todas as que consigo tocar com esse elenco reduzido. Infelizmente, elas se resumem às minhas canções mais tristes, mais apropriadas para fins de relacionamento. E isso não anima ninguém a ir para a pista de dança. E até mesmo nesse estágio avançado de sua vida matrimonial, e a despeito de eu ser razoavelmente próximo de seu círculo social mais íntimo, provavelmente sou a única pessoa presente no Palácio de Buckingham naquela noite que não sabe que Charles e Diana estão prestes a romper.

Antes de me retirar para voltar para casa, cometo outros dois pecados. O primeiro, é me aproximar da rainha e me apresentar, quando o que se deve fazer é esperar que a Rainha se aproxime de você. Também a trato como "Vossa Alteza", quando o correto é "Vossa Majestade". Nenhuma das duas faltas parece aborrecê-la, e ela é muito amistosa, referindo-se a mim como "amigo" de seu filho, o que me arrepia todo. Mal começo a coletar suas opiniões sobre o uso do compasso 9/8 em "Supper's Ready" quando um *beefeater* — um guardião cerimonial — intervém.

Quando finalmente me retiro, impulsionado vigorosamente na direção de algo chamado "A Torre", vejo a rainha e o príncipe Philip dançando "Rock Around the Clock". Definitivamente, nunca vou esquecer aquela noite.

Enquanto isso, minha equipe fica até o café inglês completo ser servido com as tradicionais "carruagens", por volta de 1h30 da madrugada. Os rapazes estão segurando seus pratos cheios de linguiça e feijão, procurando um lugar para se sentar. Veem três cadeiras vagas e vão ocupá-las, só para se darem mal, encontrando Sua Majestade a rainha Elizabeth II sentada na quarta cadeira.

— Sentem-se, sentem-se — comanda ela.

E todos puderam tomar um bom e velho café inglês, repleto de ovos, linguiça, pães, feijão etc.

Encontro novamente a princesa Diana em seu almoço de comemoração de 30 anos em Savoy, em julho de 1991. Novamente, sou a atração, e, novamente, toco uma lista de músicas completamente inadequadas, notadamente "Doesn't Anybody Stay Together Anymore": *Ninguém mais fica junto?* Eu me sento à sua mesa e peço um autógrafo, outra atitude completamente não recomendada no protocolo real.

Mas nessa época parecemos nos encontrar bem regularmente: nos shows e eventos relacionados à instituição de caridade do príncipe.

A título de esclarecimento: eu certamente não era a quarta pessoa no casamento, mas éramos próximos o suficiente para Diana revelar algumas intimidades. Por volta dessa época, eu estava no dentista, na Harley Street. Saindo de lá com Danny Gillen, meu assistente de longa data, uma BMW estaciona ao nosso lado e baixa o vidro. É Diana, e no banco do motorista um oficial de primeira classe que reconheço como James Hewitt.

— O que está fazendo por aqui, Phil? — pergunta ela, sorrindo. Então, acredite se quiser, prossegue: — Acabei de fazer uma colonoscopia. Foi ótimo. Você devia tentar.

Danny e eu nos entreolhamos e perguntamos mutuamente: "Isso realmente acabou de acontecer?"

*

De volta a 1981. Um ano que começou com meu inesperadamente bem-sucedido primeiro álbum solo agora termina com *Abacab*, um disco campeão de vendas do Genesis que misturou as coisas um pouquinho demais — apresenta músicas que são, em geral, mais curtas, mais incisivas e com sons menos pesados e sintetizados que as feitas em outros trabalhos. Entrei na fase dos 30 anos, mas meu enérgico entusiasmo por mudança e aventura prossegue intocável. Vai levar muito tempo ainda até que eu vire um bicho preguiça.

O começo de 1982 traz mais mudança e mais desafios. Anni-Frid Lyngstad, do ABBA, me visita na Farm, deslumbrante, vestindo um enorme casaco de pele. Ela e Benny Andersson também estão se divorciando. Com a fragmentação de sua vida pessoal e com o futuro do ABBA parecendo igualmente pedregoso, ela quer fazer um álbum solo. Tenho a impressão de que Frida viveu por tanto tempo sob o peso opressor do fenômeno ABBA e dos compositores/produtores Benny e Björn Ulvaeus que agora quer relaxar e ser dona do próprio nariz.

Ela não revela muito disso durante nossa reunião na Farm; só que me escolheu para ajudá-la a realizar seus objetivos. Aparentemente, ouviu *Face Value* sem parar, então acredita que eu entendo e posso me conectar com aquilo que ela está atravessando.

Digo que posso fazer o trabalho, e também que amei o casaco de pele dela.

Facilmente lisonjeado por seu entusiasmo com o que tenho feito, aceito voltar mais uma vez aos Polar Studios de Estocolmo para produzir seu primeiro álbum solo da era ABBA. Consegui juntar uma superequipe de músicos: Daryl na guitarra, Mo Foster no baixo, Peter Robinson nos teclados e The Phenix Horns, do Earth, Wind & Fire. Jill também virá para diversas visitas ao longo do período de oito semanas de gravação e mixagem, embora rejeite a oportunidade de ficar. A Suécia é amável, mas Estocolmo não é o lugar mais animador para passar um período mais extenso. Jill até gosta de viajar comigo, mas nem tanto.

Sentados juntos no estúdio, Frida e eu escolhemos as músicas, mas ela tem certos números pré-agendados que inviabilizam qualquer argumento. A gestão do ABBA lança uma chamada mundial de composições e, das centenas de respostas, uma seleção eclética é montada. Acrescentei uma música de meu camarada Stephen Bishop, e ela escolheu um número de Bryan Ferry; uma coautoria com Giorgio Moroder que apareceu em um álbum de Donna Summer no ano anterior; um poema de Dorothy Parker musicado pelo carinha que em breve fundaria o Roxette; uma música que foi a entrada britânica para a Eurovision Song Contest de 1980 e uma reedição da faixa "You Know What I Mean", do meu *Face Value*. Pense naquele excêntrico e típico prato nórdico, o *smörgåsbord*. Então...

Um dia, enquanto estamos gravando nos Polar Studios, Benny e Björn chegam para uma visita. É no mínimo meio esquisito. Naturalmente, são um tanto possessivos. De algum modo, Frida está fragilizada, o divórcio ainda reverbera; eles foram seus produtores ao longo de toda a sua carreira adulta e, agora, falando profissionalmente, ela tem um novo homem em sua vida. Um homem que está produzindo, tocando bateria, cantando com ela e lhe conferindo um ar muito mais complexo do que o ABBA jamais teve. E por que esse álbum se chama *Something's Going On*? Ninguém sabe, nessa época, que o ABBA não vai sobreviver àquele ano, mas o título do disco deu a deixa.

Talvez seja por isso que Stig Anderson, o empresário da banda e proprietário da Polar Music, é o grande babaca que é. Uma vez concluído o álbum, ele convida a todos para um jantar em sua casa. Quando chegamos, ele está completamente bêbado. Ouvimos *Something's Going On* e, ao final, Stig pergunta, bufando:

— É isso?

Frida cai no choro, e todos nós queremos dar uma surra nele. Estou com minha gangue — toda a equipe de roadies do Genesis está lá, incluindo o fortão Geoff Banks, que responde pelo sugestivo apelido de "Bison", *bisão*. Todos nós acabamos apaixonados por essa mulher simpática, e queremos protegê-la. Mas as mentes mais frias, mais sóbrias e menos escandinavas são maioria, e deixamos o local, embora a resposta de Stig tenha azedado o restante da noite.

Something's Going On vende bem, com o sucesso do single "I Know There's Something Going On" em muitos lugares no mundo. Ele também acaba se tornando fonte de *samples* para artistas de hip hop. Mas estou aprendendo rapidamente que o ramo da produção tem suas próprias peculiaridades. Talvez ser um artista solo que também é seu próprio produtor seja mais negócio.

De volta em casa, em *Old Croft*, na primavera de 1982, o telefone toca.

— Oi, Phil. Aqui é Robert Plant.

Apesar de eu ser fã de Plant e do Led Zeppelin há muitos e muitos anos, desde seu primeiro show em Londres, na Marquee, Robert e eu nunca chegamos a nos conhecer.

O Led Zeppelin se separa no final de 1980, depois da morte de John Bonham. Essa tragédia acontece dois anos depois da morte de outro de meus heróis da bateria da adolescência, Keith Moon. Pouco depois da partida de Moonie, eu estava trabalhando com Pete Townshend nos estúdios Oceanic, em Twickenham, ajudando-o nas faixas de um artista de Nova York que ele estava produzindo, Raphael Rudd, brilhante pianista e harpista.

Nessa época, Pete andava rodando pelos clubes de Londres com Steve Strange, um entusiasta do movimento New Romanticism. Ele não estava em sua melhor forma, virando noites para descansar o resto do dia. Pete ainda estava dormindo quando cheguei ao estúdio para a sessão. Assim que acordou, não o deixei escapar:

— E quem vai tocar bateria para o Who agora? Eu adoraria!

— Cara, que merda! Acabamos de convidar Kenney Jones.

Era um convite sério, e fiquei um tanto decepcionado. Eu teria saído do Genesis para me juntar a Pete, Roger Daltrey e John Entwistle. Era o Who, cara! Eu cresci com essa banda. Adorava a energia, e sabia que daria conta do recado. Negada a chance de tocar com um dos grupos formados pelos meus heróis de infância, agora vem Robert Plant me oferecendo outra oportunidade. Ele quer que eu seja um dos convidados no seu primeiro álbum solo. Me envia um monte de demos com Jason Bonham tocando, e ele é fantástico. É exatamente como ouvir seu pai.

Jason e eu nos encontramos em vários shows do Genesis no interior da Inglaterra. Ele estava entre os 20 e os 30, e era fã da banda. Mais tarde, me contaria que seu pai o fez escutar "Turn It On Again", lançada pouco antes de sua morte, e havia pedido que ele tentasse tocá-la. Nem passava pela minha cabeça que John soubesse que eu era baterista.

Agarro a chance de seguir os passos de um, senão de dois, Bonham. Passo duas semanas nos Rockfield Studios, em Gales, tocando em seis das oito faixas do álbum que Robert vai chamar de *Pictures at Eleven*. Gargalhamos muito entre as gravações. Que grupo legal! E estou em uma banda novamente, apesar de por pouco tempo. Os instrumentistas de Robert são uns caras de Birmingham, todos muito sólidos, e não têm a menor reverência pelo estilo Led Zeppelin. Robert está tentando se reinventar, algo que consigo entender.

De volta ao lar, em Surrey, começo a trabalhar em meu segundo álbum. Não tenho muito material — no ano anterior, fui de *Face Value* a gravar *Abacab* a produzir *Glorious Fool* de John Martyn a turnê de *Abacab*, e depois para os discos de Frida e de Robert. Não houve tempo para reflexão ou composição.

Então, deparo com o processo de divórcio com Andy. Ou ele depara comigo. Cartas judiciais parecem chegar com grande regularidade. São feitas exigências por uma parcela desta ou daquela fortuna — uma fortuna que não existe. Embora *Face Value* tenha impressionado e vendido muito, vai demorar até que as empresas fonográfica e publicitária, como de costume nesses ramos, finalmente me repassem os *royalties*.

Por algum tempo, Andy retorna a Londres, com Joely e Simon, e aluga uma casa em Ealing. Seu novo namorado canadense vem junto. Eu e ele nos damos bem (só vivendo minha vida mesmo para acreditar), certamente muito melhor do que Andy e eu. Os pobres Simon e Joely, mais sim do que não, parecem quase ser empurrados porta afora para me cumprimentar quando chego para buscá-los.

Estou tentando ficar bem, mas admito que estou com o pavio curto, e os gritos são constantes. Gritos que vão ressoar nos ouvidos das crianças por anos e anos.

É uma situação frustrante, enervante — uma situação que, infelizmente, não vai terminar tão cedo —, mas também inspiradora. Logo, logo terei composto "I Don't Care Anymore", "I Cannot Believe It's True", "Why Can't It Wait 'Til Morning" e "Do You Know, Do You Care?". A última coisa que quero fazer é um segundo "álbum de divórcio", mas sendo alguém que escreve com o coração, não com a cabeça, nesse momento não tenho alternativa.

A próxima emoção com que tenho de lidar é meu próprio medo: tenho que dar sequência a um primeiro disco solo que nem deveria ter sido um disco, muito menos ter feito sucesso. Posso não estar à altura de compor outro. Eu nem esperava gravar um segundo álbum.

Tampouco o público, aparentemente. "Thru These Walls", lançado em outubro de 1982 como primeiro single de meu segundo disco solo, *Hello, I Must Be Going!*, ocupa uma claudicante 56ª posição na lista do Reino Unido. Nos Estados Unidos, vai ainda pior — o selo de Ahmet, meu robusto apoiador, nem mesmo considera que valha a pena lançá-lo. De minha parte, não entro em pânico, mas sinto um pouco de decepção, e alguma resignação.

Por sorte, a Motown me salva, como havia feito tantas vezes em minha juventude — quando eu era adolescente, esse selo e seus artistas foram a trilha sonora da minha vida, relidos pela banda The Action. Em homenagem a isso, incluo em *Hello, I Must Be Going!* uma versão cover de "You Can't Hurry Love". Penso nela como uma das músicas perdidas dos Supremes, meio que uma zebra; a preferência por "You Keep Me Hangin' On" e "Stop in the Name of Love" parecia conquistar mais tocadas e afeição.

Auxiliado por um vídeo em que apareço alegrinho em múltiplas versões (sim, até mesmo em um único vídeo sou onipresente), "'You Can't Hurry Love" dá uma corrida até o primeiro lugar no Reino Unido. É o único sucesso do álbum (e também atinge o décimo lugar nos EUA), mas ajuda a impulsionar *Hello, I Must Be Going!* até o primeiro lugar na Inglaterra. Um desastre evitado. Será? Estou muito feliz, mas, no fundo, penso: "Uma música que compus não ajudou em nada a promover o disco como seu primeiro single, mas essa mesma versão cover popzinha da Motown chegou ao primeiro lugar. Estou à altura dessa posição com minha composição?"

Em agosto, antes do lançamento de *Hello*, o Genesis põe o pé na estrada por dois meses: América e Europa. É uma turnê de promoção de um álbum ao vivo, *Three Sides Live*, sobre o qual a *Rolling Stone* comenta: "Se antes o Genesis representava um rock artístico em sua expressão mais espetacularmente presunçosa, agora ele mostra quão simples e envolventes suas músicas podem ser." Na turnê, fazemos o máximo para minimizar esse rock artístico espetacularmente presunçoso, e dou o melhor de mim para ser simples e envolvente.

Ainda estamos nos esforçando para ser simples e envolventes em um sábado úmido do outono de 1982, embora os números tenham dobrado de tamanho e as condições climáticas inglesas estejam fazendo o máximo para nos desanimar.

Em 2 de outubro, no National Bowl, na cidade de Milton Keynes, nós três nos juntamos a uma lista de 14 músicas de Peter e, chegando mais tarde, direto da América do Sul, Steve. Pela primeira vez desde 1975 a formação "clássica" do Genesis está de volta, por apenas uma noite, e ainda aprimorada com a presença de Daryl Stuermer e do baterista Chester Thompson.

É estranho participar de reuniões assim, mas é por uma boa causa — um show beneficente que é uma resposta emergencial a um conjunto singular de circunstâncias. No verão, Peter havia organizado o primeiro festival de sua organização, então, com dois anos, chamada WOMAD (World of Music, Art and Dance). Apresentando uma sequência adequadamente eclética de artistas — incluindo Peter, a banda Echo & The Bunnymen, o príncipe Nico

Mbarga (estrela da alta sociedade nigeriana) e os Drummers of Burundi (percussionistas de nome autoexplicativo) —, o evento foi um sucesso de crítica, mas um desastre financeiro. Alguns credores chegaram a ameaçar Peter de morte. Como ele disse mais tarde: "Quando a merda bateu no ventilador, as pessoas me identificaram como o único gato gordo que valia a pena ser perseguido. Então, fui eu que recebi a agressividade, um monte de crítica e telefonemas maldosos."

Mantendo-se como uma banda de irmãos mesmo sete anos depois da partida de Peter, ficamos muito felizes em arregaçar as mangas para ajudar, e o National Bowl reúne 47 mil fãs nesse show, uma oportunidade única. A banda Talk Talk e John Martyn tiram o menor palitinho e ficam encarregados de abrir o show para nós, e a chuva incessante vem com tudo para arruinar o dia. Só tivemos tempo para uns dois ensaios vespertinos durante os recentes shows do Genesis no Hammersmith Odeon, e a escolha das músicas necessariamente é baseada, em sua maior parte, na era Peter da banda. Claro que toda a ideia sai melhor no papel do que na prática. Mas temos que rir quando Peter cisma que vai sair de um caixão durante a introdução de "Back in New York City". Típico de Peter, e tipicamente obscuro e cômico, mas não estou certo de que o público entende.

No geral, contudo, os fãs ficam satisfeitos, bem como a crítica: "Provavelmente, o efeito geral foi aquém dos padrões de perfeição do Genesis e de Gabriel. Mas foi um negócio irreprisável" — *Sounds*.

"Uma reunião improvável de se repetir. O evento de rock do ano" — *Melody Maker*.

E, mais importante, ajudamos a impedir que nosso camarada fosse preso ou coisa pior, e ajudamos a WOMAD a sobreviver para batalhar em outras edições. O show se torna o maior evento anual do calendário musical internacional.

Depois de Milton Keynes, estou em casa tempo suficiente para ver a força de "Thru These Walls" como single, então, meu segundo álbum solo sai em novembro. Imediatamente embarco em minha primeira turnê como artista solo, que se prolonga até fevereiro de 1983.

É isso, percebo, que acontece quando se é um artista solo e concomitantemente se está em uma banda. Não há tempo para parar e colher os louros nem para se lamentar pelos erros e processá-los.

Há, contudo, tempo para ficar nervoso e apreensivo. Tenho feito turnês com o Genesis desde 1970, então, depois de 12 anos, preciso reunir outra grande banda para combater a ansiedade de estar "só comigo mesmo". Consigo reunir The Phenix Horns: Daryl na guitarra, Mo no baixo, Chester na bateria, Peter (Brand X) nos teclados. E a seleção de músicas é tão forte quanto o grupo. Tenho matéria-prima de dois discos para ser usada. Os sucessos ainda são sucessos, e aquilo que não foi sucesso acaba agregando valor ao vivo. "I Don't Care Anymore", por exemplo, cresce e se torna uma grande música de palco.

Sinto que cheguei ao meu primor como artista solo. Nunca tive falta de confiança, mas tenho a convicção de que me tornei um intérprete, liderando na frente do palco e o preenchendo. De algum modo, consigo alcançar os fãs do Genesis que compraram *The Lamb Lies Down on Broadway* e também os fãs pop que compraram o "You Can't Hurry Love", daquele Phil Collins sorridente, maroto. Dou conta também de emocionar na hora do bis — encerramos toda noite com uma versão da "People Get Ready", de Curtis Mayfield, e da "... And So To F...", do Brand X, que fica fantástica com os metais de sopro e ganha um grande reconhecimento, atrasado, na reedição de 2016 de *Hello, I Must Be Going!* Todos voltam para casa felizes.

Para ser sincero, essa época é muito borrada na minha memória, e as lembranças são embaralhadas. Talvez por ter sido quando as coisas ficaram estratosféricas e também por ter sido quando comecei a me dedicar, em carreira solo, ao terreno norte-americano... A turnê de *Hello* só faz seis shows na Europa, quatro deles em Londres, e todo o restante — em dezembro, janeiro e fevereiro — na América do Norte.

Ou minhas lembranças estão fracas porque era isso que eu achava do meu disco? Fundamentalmente, *Hello, I Must Be Going!* não satisfaz muitas de minhas exigências, mesmo que eu saiba que há nele grandes músicas para alguns fãs. Mas não tenho verdadeiras lembranças de quando o compus ou gravei.

Entretanto, sei o que meu segundo álbum fez pela minha carreira: ele me deu minha primeira nomeação para os Brit Awards (como Melhor Artista Masculino Britânico) e minha primeira nomeação ao Grammy (como Melhor Performance Vocal Masculina de Rock), com "I Don't Care Anymore".

Mas o que ele fez pela minha arte, pelo meu coração? Não muita coisa. Fico triste com esse disco.

De volta ao Reino Unido no começo da primavera de 1983, retomo o contato com Robert Plant. Vou mais uma vez a Rockfield, toco novamente em seis das oito faixas que se tornarão *The Principle of Moments*, seu segundo disco solo. Dessa vez, Robert decide sair em turnê, em uma rodada de seis semanas pela América do Norte. Se eu gostaria de me juntar a ele? Pode ter certeza. Depois da loucura de minhas atividades principais, ser um reles baterista, sentar atrás de todos, será como voltar para casa. E fazê-lo para o ex-vocalista do Led Zeppelin é uma honra que eu só recusaria se fosse louco. É um show de um ídolo do rock, tão distante quanto possível dessa nova pegada pop em que agora invisto, então, caio dentro. É o aprofundamento de um grande relacionamento. Algumas pessoas, especialmente estrelas do rock, vão e voltam de sua vida, mas Robert continuou um grande amigo.

Nesse período, não apenas estou longe de casa o tempo todo como estou longe de muitas direções. Jill me acompanha em muitas dessas aventuras — ela adora a turnê de Plant; é seu tipo de música —, mas não em todas, e, provavelmente, não o suficiente. Estamos levando, como uma casa em chamas. O amor ainda está no ar.

Em um breve período em casa, em maio de 1983, me encontro com Mike e Tony na Farm. Depois de todo esse meu frenesi, é bom rever os rapazes. Enquanto embarcamos no que será o autointitulado *Genesis*, o 12º álbum da banda, agora que nosso estúdio está completamente operacional, temos o luxo tanto do tempo quanto do improviso. Mike tem um novo brinquedinho. Ele mesmo descreve mais tarde o som rítmico áspero a que chega com o equipamento: "Programei aquilo com a própria máquina de ritmos LinnDrum, maravilhosa. E fiz algo que os norte-americanos nunca fariam: passei o som pelo amplificador da minha guitarra, um pequeno, e aumentei tanto o volume que ele ficou pulando na cadeira. Os ingleses fazem muito bem uma coisa: pegam um som e fodem com ele. Esse é um exemplo básico. É um som horrível, mas ótimo."

Ele não está errado. O improviso dá certo. Todos nos apaixonamos pelo som e, inspirado, faço minha melhor imitação de John Lennon, e também tomo emprestado um vocal da faixa "The Message", do Grandmaster Flash and the Furious Five, adicionando a gargalhada maníaca.

Eis "Mama", o principal single do álbum *Genesis*. Nosso maior sucesso de todos os tempos no Reino Unido, ambos datados e atemporais, e um clássico duradouro nos palcos. A música é seguida por "That's All". Sua composição começa com um *riff* de piano de Tony, e se torna nosso primeiro single no Top 10 dos EUA. Lançado em outubro de 1983, o disco é outro mais vendido no Reino Unido, e vende 4 milhões de cópias nos EUA, de longe nossa maior marca até essa época. E até então só demos muita sorte. Sabe-se lá qual é o meu segredo ou o do Genesis, mas só faz crescer. Um perfil está fortalecendo o outro, e nossas músicas parecem estar animando mais e mais gente.

Quando chega fevereiro de 1983, pareço ter o olho maior do que a barriga. Antes mesmo de o Genesis concluir suas cinco noites no National Exhibition Centre de Birmingham, as últimas datas de uma turnê de quatro meses quase toda passada na América do Norte, lanço um novo single solo nos Estados Unidos. Ao menos em casa tomo a decisão mais decente: "Against All Odds (Take a Look at Me Now)" só é lançada no Reino Unido depois que a turnê termina, no fim de março.

Bem, eu escrevi "lanço". A ideia, entre outras, de que o artista controla as datas de lançamento de singles é uma das grandes falácias que circulam na indústria fonográfica. Por mim, nem mesmo me envolveria na escolha de quais músicas serão lançadas como singles. Por um lado, não tenho certeza de que sou muito bom nesse tipo de decisão — se você se lembra, ignorei "Against All Odds" quando estava gravando *Face Value*, considerando-a uma faixa para um lado B, na melhor das hipóteses. Nem mesmo foi cogitada para *Hello, I Must Be Going!*, um ano depois. Então, ela se torna meu primeiro nº 1 nos Estados Unidos, garante meu primeiro Grammy e assegura minha primeira indicação para o Oscar.

Por outro lado, entre 1983 e 1984, há tantas outras coisas acontecendo comigo que mal me ocorre pensar em como essa data de lançamento reverbera na agenda de turnê, em como essa obrigação como artista solo impacta minha responsabilidade na banda. Só fui concordando, aceitando o que mandavam.

O fortuito caso de "Against All Odds" prossegue assim: em dezembro de 1982, durante minha primeira turnê como artista solo, Taylor Hackford — o futuro Sr. Helen Mirren — vem me encontrar em Chicago. Ele é o diretor de *A força do destino*, um grande filme daquele ano. Hackford quer uma música para um novo filme que ele está dirigindo, um *thriller* romântico com um quê *noir*. Respondo que não consigo escrever na estrada, mas que tenho uma música inconclusa com o título de trabalho "How Can You Sit There?". Será que essa demo dá para o gasto?

Hackford adora. Eu não li o roteiro, mas ele acha que a letra já está perfeita para o principal tema musical do filme ainda em produção. Então, batalho por uma gravação apropriada. O piano e a orquestra são gravados em Nova York, sob a supervisão do lendário Arif Mardin (que trabalhou com todos, de Aretha Franklin ao Queen), então, no Music Grinder, em Los Angeles, gravo a bateria e os vocais. Arif é um homem adorável, e um produtor fantástico, capaz de conseguir grandes performances sem grandes esforços. Estou animadíssimo por trabalhar com ele, quero impressionar, e ele extrai de mim um poderoso vocal.

Já compus a maior e mais importante parte da letra, notadamente o verso *"take a look at me now"*. Mas Hackford me lembra de que o título de seu filme é *Against All Odds*, no Brasil, *Paixões violentas*, então incorporo algo próximo disso, a expressão "against the odds". Hackford, no entanto, é preciso: insiste que tenho de intitular a música como "Against All Odds", e cantar assim.

O diretor fica empolgado com o resultado final, e eu mesmo fico satisfeito. Em um curto período de tempo, pareço ter me tornado conhecido como um compositor capaz de cristalizar o tumulto emocional. Sou o Phil Collins, da tradição do Genesis, mas, para mais e mais gente, sou o Phil Collins que compôs "In The Air Tonight" e "Don't Let Him Steal Your Heart Away", que consegue escrever com espaço, bem como com um movimento dramático, cinematográfico.

E a música é grande, muito maior que o filme. Agora ela é vista como um paradigma da *power ballad* dos anos 1980, aquele fenômeno da década em que os cabelos eram grandes, as emoções, maiores, e as ombreiras, maiores ainda. Barry Manilow fez uma versão cover dela em seu disco *The Greatest Songs of the Eighties*, e ele é o cara.

"How can I just let you walk away / just let you leave without a trace / when I stand here taking every breath with you / you're the only one who really knew me at all..." [Como posso deixar você sair andando / ir embora sem deixar rastro / quando a cada respiração que dou estou com você? / você é a única que me conhece mesmo por inteiro.] Por que essas palavras e essa música significam tanto? Bem, ela foi composta no auge dos meus problemas com Andy, e, fazendo uma interpretação rasteira, tenho que admitir que é uma canção de adeus, com ressonância e empatia universais. As pessoas odeiam terminar relacionamentos, mas adoram músicas de términos. "Against All Odds" vai no âmago de como é se sentir desolado, e é uma das músicas mais frequentemente mencionadas quando me escrevem, descrevendo que ela ajudou no trauma de um rompimento. E os vocais são grandes: impactantes, crus, reais. Graças a Arif, naquele bom dia no estúdio em Los Angeles. Não me lembro de estar magoado ou triste enquanto cantava na cabine, mas devo ter tirado isso de algum lugar. Era disso que a música precisava, então, eu me esforcei.

Cantando essa música no palco anos depois, não posso dizer que sou arrastado para memórias dolorosas toda vez que o faço. Se eu estivesse sentindo tanta dor assim, noite após noite, seria um lunático. No palco, só se está tentando cantar — se manter afinado, lembrar direitinho das letras. Nem sempre dou conta. *"How can I just let me walk away / when all I can do is watch me leave"*: já troquei esses versos mais do que uma ou duas vezes, é bem impressionante como os equívocos surgem.

Um ano após o lançamento, "Against All Odds" está no páreo para o Oscar de Melhor Canção Original. Normalmente, o artista indicado canta a música indicada. Mas 1985 é o ano em que a Academia decide mudar as coisas: eles vão deixar outras pessoas cantarem as músicas.

A disputa começa pequena — um bilhete do meu selo ou empresário para a Academia, manifestando nosso desejo de fazer uma parada em Los Angeles, em rota para uma turnê na Austrália, para que eu me apresente na TV. Logo tudo aumenta, e as cartas vêm e vão muito rapidamente. Uma delas é endereçada a um tal "Sr. Paul Collins". Finalmente, Ahmet Ertegun escreve para Gregory Peck, presidente da Academia naquela época. Isso já foi longe demais. Desde que me entendo como gente assisto à cerimônia do Oscar; sou um cinéfilo inveterado. Sou um privilegiado por estar nesse exclusivo grupo de indicados. Não tenho a menor intenção de chatear ninguém me oferecendo para cantar minha música. Mas, de repente, estou, involuntariamente, no meio de um cataclismo envolvendo o Oscar.

A Academia entrega "Against All Odds" para uma dançarina, que a dubla. Para ser justo, ela não é qualquer dançarina antiga — é Ann Reinking, de enorme experiência, ex-parceira do supercoreógrafo Bob Fosse. Nada disso impede que a coisa toda seja um desastre.

Fica tudo meio constrangedor quando finalmente chego a Los Angeles, porque parece que eu é que escrevi as cartas. Vou à premiação e todo mundo da indústria já sabe da celeuma. Assim que a Sra. Reinking surge para apresentar a canção, todos se viram para olhar para mim, tentando avaliar minha reação. Estou envergonhado: tanto pelo que ela fez da música quanto pelo que acham ser minha briga. Stevie Wonder é o vencedor, por "I Just Called to Say I Love You". Mas pelo menos "Against All Odds" ganha o Grammy de Melhor Performance Vocal Masculina de Pop.

Dito isso: eu nem mesmo sabia que a música havia sido indicada para o Grammy. Só descobri quando recebi o prêmio pelo Correio. "O que é isso? Mais coisas para esse tal de Paul Collins?"

12
Oi, devo estar ocupado II

Ou: ainda pegando no pesado.

Voltemos 12 meses, para o período após o encerramento da turnê de *Mama*, em fevereiro de 1984, e depois do final da campanha de divulgação do "Against All Odds".

Simon e Joely estão crescendo e se tornando ótimas crianças. Dito isso, gosto de aprender com trabalho duro, então, meio que passo as férias escolares fiscalizando os deveres de matemática de Simon. Para encorajá-lo, compro uma carteira e uma cadeira escolares à moda antiga, da era vitoriana, para seu quarto. Ele fica sentado lá, de costas para a janela, batalhando com a álgebra enquanto o sol brilha no lado de fora. Desculpe, cara. Eu pensava que estava sendo um pai responsável. E, certamente, toda aquela álgebra vai ser útil para você mais tarde.

Quanto a Jill e eu, estamos construindo uma linda vida doméstica juntos, e ela me apoia completamente nos meus compromissos de trabalho. Mesmo que eles estejam se tornando, preciso admitir, excessivos.

Entre maio e o fim de 1984, produzo *Chinese Wall*, de Philip Bailey, nos Townhouse Studios, em Londres; produzo, também, *Behind the Sun*, de Eric Clapton, em Montserrat; componho e gravo a maior parte do meu terceiro álbum, *No Jacket Required*; e participo da gravação de "Do They Know It's Christmas?", pelo Band Aid.

Por que Philip Bailey quer que eu produza seu disco? Parece que, nesse momento, eu sou o cara. Além do mais, os instrumentistas dos metais do Earth, Wind & Fire relataram para ele como era trabalhar comigo. Philip e eu já nos encontramos algumas vezes, embora, felizmente, tenhamos superado o bizarro acontecimento de os empresários do Earth, Wind & Fire terem me confundido com o traficante da banda.

Eu estava em Nova York e o Earth, Wind & Fire estava tocando no Madison Square Garden. *Face Value* ainda não havia sido lançado — eu ainda não era "o Phil Collins". Entretanto, trabalhei com os Phenix Horns no disco, e eles me convidaram para o show. Marquei de encontrá-los antes, no lobby do Parker Meridien Hotel, na 56th Street.

O primeiro a aparecer é o gerente de turnê, Monte White, irmão do líder da banda, Maurice White. Logo todos os membros da banda chegam, e partem em suas limusines. Finalmente os caras do Phenix aparecem, procurando o carro reservado para eles. Monte, nesse meio-tempo, achou que esse misterioso cara inglês, com jeito vadio, era o traficante dos Horns. Ele informa a Don Myrick, o saxofonista e líder da área, que é absolutamente desautorizada a presença de qualquer outra pessoa que não os instrumentistas de metais no carro. Depois que ele vai embora, porém, Don insiste que eu entre com ele, e assim o faço, com certo desconforto: o carro dos irmãos White é notoriamente estreitinho.

Chegamos ao Madison Square Garden, subimos de carro pela rampa interna, e Monte está esperando com um checklist. Ele me olha de cima a baixo: meu nome não está na lista, e eu, certamente, não devia estar saindo da limusine dos Horns. Abandonado na entrada dos bastidores, de repente me sinto muito só. Misericordiosamente, a equipe de apoio e a turma da segurança me reconhecem do Genesis e me abrigam na cafeteria. Até hoje, o respeito e a afeição são recíprocos.

Voltando aos negócios: no começo do verão de 1984, Philip Bailey voa até Los Angeles. Ele se hospeda no Bramley Grange, um pequeno hotel na tranquila cidade de Bramley, Surrey, muito perto de minha casa. O cotidiano campestre inglês é uma experiência inédita para Philip, algo próximo do paraíso, embora pareçamos não alcançar aquilo que havíamos combinado fazer, que era compor as músicas juntos — havia muita gente para dar palpite, o que acabou complicando tudo.

Conseguimos escrever uma canção juntos, e isso só ocorre no finalzinho das sessões. Nos lançamos na missão e começamos a improvisar. Philip começa nos orientando, eu canto algo sobre uma "choosy lover", uma amante seletiva, que se torna o título do trabalho. Gravamos uma tomada grosseira e energética na última hora da noite para que possamos nos lembrar de tudo no dia seguinte. Pela manhã, gostamos do que ouvimos, e aquela é, basicamente, a versão definitiva. Escrevo a letra da canção, que será reintitulada, no final das contas, como "Easy Lover", e lançada como um dueto entre dois Philips. O single chega ao segundo lugar das paradas nos Estados Unidos, bem longe do primeiro, ocupado por "I Want to Know What Love Is", da banda Foreigner. E atinge o primeiro lugar no Reino Unido bem no momento em que estou fazendo caretas enquanto assisto à interpretação da Sra. Reinking de "Against All Odds" na cerimônia do Oscar de 1985.

Antes de *Chinese Wall* ser lançado, já estou ocupado: Eric me pede que produza seu novo álbum. Parece que o lendário produtor Tom Dowd recomendou que ele "tirasse uma casquinha de Phil Collins" no próximo disco, sem nem mesmo perceber que éramos amigos. Então, Eric decide cortar o intermediário e tratar diretamente comigo. Para ser sincero, não fazia ideia de que ele me respeitava tanto e de que confiaria em mim a esse ponto com seu novo trabalho. Mesmo antes de descobrir que gravaríamos em Montserrat, já topei. Citando o velho grafite da década de 1960: "Clapton is God", Clapton é Deus, mesmo que ele seja seu vizinho no campo e um companheiro de birita. Se eu tivesse uma bola de cristal e pudesse prever os problemas que viriam, ainda assim teria topado.

O disco anterior de Eric, *Money and Cigarettes* (1983), não me ajudou muito. Ali sua música estava começando a se acomodar. Para meus ouvidos, aquilo não tinha muito fogo. Então, começo a exaltar para Eric as vantagens de ter um pequeno estúdio doméstico, um lugar onde escrever. Inspirado, ele instala um cômodo como o meu em Hurtwood Edge. Acho que nunca o usou. Acho, também, que a ideia é meio alienígena para Eric nesse ponto, meio complicada demais para administrar por si só. Ele só quer tocar, enquanto eu quero que ele se exprima, não apenas duble canções de terceiros.

Os AIR Studios de Montserrat são idílicos. Inaugurado por George Martin em 1979, o lugar é belíssimo, cravado no alto de uma colina com vista para o oceano e para um vulcão inativo — que entra em erupção em 1997, destruindo grande parte da ilha, inclusive o estúdio. O sentimento de estar lá, naquele paraíso, é maravilhoso. Sou produtor do meu amigo e da sua banda cercada de lendas.

Contamos com o admirável Jamie Oldaker na bateria e, no piano, Chris Stainton, que já havia trabalhado por um bom tempo com a Grease Band, de Joe Cocker. O baixista da Stax, Donald "Duck" Dunn, faz parte do grupo, e seu desempenho e personalidade adicionam diversão e festejo. Esse cara é uma lenda de verdade, parte da formação original do Booker T. & the MG, que auxiliou Otis Redding em Monterey, Sam & Dave, Eddie Floyd e muitos outros. Estou acostumado a ver os baixistas viajarem com muitos baixos, e achava que isso era meio que a versão da inveja do pênis entre eles. Pergunto por que ele só está carregando um instrumento, ao que ele responde, com aquela fala arrastada sulista: "Eu tinha dois, mas um caiu com o Otis." É uma referência ao acidente aéreo de 1967, que matou Redding. Ele também me conta que nunca trocou as cordas do baixo. Ah, os velhos tempos...

Antes de sairmos para a ilha no jatinho, Eric nos passa as regras. Primeira de todas: proibida a presença de mulheres, então Jill fica em casa. No entanto, durante a gravação, ele se envolve com a gerente do estúdio, Yvonne, com quem virá a ter uma filhinha, Ruth.

Depois: drogas são proibidas. Para mim, tudo certo. Poucos dias depois Eric julga (equivocadamente) que estou escondendo drogas dele, e então o artista fica um pouco mal-humorado com o produtor. Acontece um arranca-rabo leve, mas Eric e eu conversamos e me livro das acusações.

Sigo o padrão de Eric, produzindo em comunicação com as músicas que ele já havia composto — canções que não são cheias de solos de guitarra intermináveis. Tivemos longas conversas sobre composição em Hurtwood Edge, e eu o estimulava a escrever mais. Mas fica claro que o que seu novo selo — queimado pelas baixas vendas de *Money and Cigarettes* — espera e cobra são exatamente intermináveis solos de guitarra. Nem o artista nem o produtor receberam esse memorando. Bem, talvez o artista tenha recebido, mas não o repassou para o produtor.

O álbum "concluído" é entregue ao selo... e logo rejeitado. Eles amarram Eric pelo pescoço e o arrastam até Los Angeles, onde ele grava algumas músicas novas compostas pelo cantor e compositor texano Jerry Lynn Williams. Lenny Waronker (presidente do selo que representa Eric nos EUA) supervisiona tudo de perto e faz uma produção extra.

Essa é a primeira vez que sinto a interferência de uma empresa fonográfica, e ainda tenho as cicatrizes. Só mais tarde naquele ano, quando ainda estou dolorido com a acusação de que Eric e eu deixamos a bola cair, é que entendo por que ele talvez estivesse distraído o suficiente para deixar o selo tomar tão agressivamente as rédeas do processo criativo. Por mais que eu seja um amigo próximo de ambos, não estou sabendo que ele e Pattie estão se separando. Para mim, são o casal perfeito.

Depois de finalmente entregar o álbum, Eric me liga um dia:

— Compus uma música que precisa estar no disco. Ela se chama "Behind the Sun".

Ele passa por *Old Croft* com sua guitarra e a canta para mim. Fico sem chão. É fantástica, e claramente muito pessoal e dolorosa.

— Como vamos gravar isso? — pergunto. — As sessões já acabaram. O álbum está feito. Todo mundo já voltou para casa.

— A gente vai gravar agora — Eric me responde.

De repente, não sou mais seu produtor, o vocalista do Genesis nem uma estrela em carreira solo. Não sou nem mesmo seu amigo. Sou uma criança novamente, o adolescente esquisito de 15 anos, em 1966, esperando o ônibus na frente do Attic, em Hounslow, quando ouve o Cream sacudindo as paredes. Eis que Eric Clapton em pessoa quer gravar o seu disco no meu estúdio doméstico basicão. É uma grande música, e ele quer que ela seja a faixa que dá título ao álbum, então, é melhor eu não estragar tudo.

Ele toca a canção uma ou duas vezes, não mais do que isso, e eu gravo. Os ponteiros estão se mexendo: bom sinal. Então, preciso gravá-lo cantando. Novamente vejo os ponteiros se movendo: que alívio. Pelo menos estamos gravando. Preciso explicar que, em geral, faço isso sozinho, só para mim, e não me incomodo com um pouquinho de bagunça. Mas agora estou com Eric, claramente em um turbilhão de emoções, e como seu amigo/produtor, quero ajudá-lo a fazer o melhor disco possível.

Agora precisamos mixar. Só ele e a guitarra, mas, para complementar, adiciono um som sintetizado, nada mais que sustentação de cordas. *Old Croft,* definitivamente, não é um bom estúdio para fazer mixagens, mas Eric gosta do que ouve. Fica sendo a última faixa do álbum, uma coda, uma meditação sobre o fim do casamento dele e de Pattie: *My love has gone behind the sun...* [Meu amor se escondeu atrás do sol].

É uma doce maneira de finalizar o disco, uma bela reviravolta. Tudo isso acontece depois da intromissão de Los Angeles, então me sinto um pouquinho vingado. Anos depois, Eric conta à *Mojo* que "Just Like a Prisoner", uma das faixas feitas em Montserrat, era o melhor desempenho dele com guitarra de que conseguia se lembrar. Tenho orgulho de ter estado lá.

Depois de finalmente terminarmos *Behind the Sun*, começo a pensar no meu terceiro disco solo. No decurso de 1984, vou refinar as ideias e gravar minhas pequenas demos. Tenho alguma noção do que quero fazer: sair do ciclo de "músicas românticas" em que me prendi. Vou fazer um álbum dançante. Ou pelo menos um álbum com umas faixas mais agitadinhas.

Programo uma faixa na caixa de ritmos e improviso algumas sílabas por cima dela. A palavra rítmica "sussudio" surge do nada. Se eu recebesse 1 libra toda vez que me perguntam o que essa palavra significa, teria ganhado muito dinheiro. Não consigo pensar em uma palavra melhor que "sussudio" para traduzir aquele som, então a mantenho e trabalho em torno dela. Peço a David Frank (The System: uma dupla de pop elétrico/sintético de Nova York de que gosto) que, com minha demo de "Sussudio" em mãos, a transforme em uma faixa dançante.

Mas é difícil mudar velhos hábitos: também componho uma pancada de músicas emocionais — "Inside Out", "One More Night", "Doesn't Anybody Stay Together Any More", esta última em resposta ao término do relacionamento de Eric e Pattie e às separações pelas quais, aparentemente, alguns amigos meus estão passando. Pelo menos Jill e eu estamos entrelaçados e felizes; nunca mais quero passar por esse trauma.

O título do meu novo disco, *No Jacket Required*, é inspirado em dois incidentes. Jill e eu estamos de férias em Caneel Bay, na ilha St. John, localizada nas Ilhas Virgens (EUA). Vamos comer no restaurante a céu aberto do hotel. Quando chego no início da fila, o *maître* informa, sério, que vou precisar de uma *jacket*. Um paletó.

— Não tenho paletó, camarada. Estou de férias. No Caribe.

Há alguns casais também de férias à nossa frente, e um dos maridos se vira e levanta as sobrancelhas para mim, dizendo:

— *Jacket required*, paletó obrigatório — brinca Reuben Addams, um médico de Dallas.

Não me esqueço dessa frase, e não me esqueço de Reuben nem de sua igualmente amável esposa, Lindalyn.

Na mesma época, na turnê de *Principle of Moments*, de Robert, nos hospedamos no Ambassador East, em Chicago. Ele está usando seu paletó WilliWear hiperchamativo, ajustado, enquanto eu estou com uma jaqueta de couro novinha e calça jeans. Vamos tomar um drinque no bar do hotel e o barman informa, sério, que vou precisar de uma *jacket*.

— Eu estou usando uma *jacket*.

— Uma *jacket* de verdade, senhor... Não uma de couro.

Percy Plant está vestido como o Palhaço Carequinha, mas tudo bem. Eu, com minha jaqueta de couro desenhada por um estilista (bem ao estilo *mod*, preciso informar ao leitor), é que estou baixando o padrão do lugar.

Então, essa ideia de "jackets required", da obrigatoriedade de paletós, parece estar pipocando para cima e para baixo. Sempre detestei qualquer tipo de esnobismo, então *No Jacket Required* se torna o título do meu álbum e, sim, por que não, um princípio para mim.

No itinerário da divulgação do disco em programas de entrevistas norte-americanos, é a história do hotel e Chicago que desencravo para David Letterman e Johnny Carson. No fim das contas, o gerente do Ambassador East me manda uma carta solicitando que eu pare de falar sobre seus códigos de vestuário idiota. Me diz que posso chegar a qualquer hora, vestindo o que bem entender, mas que, por favor, eu pare de falar sobre eles. Além disso, ele me manda um paletó, com estampas berrantes, que parecem ter sido respingadas com tintas multicoloridas. Desse modo vou entender que eles não estavam falando 100% sério. Me pergunto se Robert gostaria daquele paletó.

Estou no meio do processo de gravação de *No Jacket Required*, nos Townhouse Studios, quando Bob Geldof me liga. Nunca havia cruzado com ele, que é bem direto ao telefone:

— Você viu a notícia?

— Não. Ando ocupado trabalhando.

Quando você está em estúdio, fica enclausurado, isolado do mundo; você fica "no mato", como Quincy Jones diria. Geldof me fala sobre a reportagem de Michael Buerk, da BBC, sobre a fome na Etiópia. Então explica sua ideia de produzir um single filantrópico gravado só por estrelas.

— Temos que fazer alguma coisa, e eu preciso de um baterista famoso. Você foi o único em quem consegui pensar.

Ele menciona Midge Ure e George Michael, e isso é o suficiente. Poucos dias depois, em 25 de novembro de 1984, um domingo, desço para os SARM Studios — os antigos Island Studios, na Basing Street, em Notting Hill, onde o Genesis gravou *Foxtrot* e *Selling England* e mixou *The Lamb* — para me juntar ao que existe de melhor e mais famoso na cena pop britânica de meados dos anos 1980.

É emocionante. Todos os maiores do Top 40 estão lá, do Spandau Ballet até o Bananarama, Status Quo, U2, Sting e Culture Club. Grande parte da faixa já foi gravada, então por hoje só haverá a minha bateria e, depois, os vocais. Tenho que inventar uma sequência de imediato, enquanto a nata dos queridinhos das páginas da revista *Smash Hits* aguarda, assistindo e/ou passando maquiagem (isso só para falar dos homens). Mas às vezes o medo pode fazer a pessoa elevar suas apostas. Olho em volta e percebo um sentimento cálido de admiração vindo dos ídolos na sala. Isso é gratificante, mas também assustador, já que não faço ideia do que esperam de mim. Geldof apenas diz: "Comece ali e toque o que quiser." Faço meu número de bateria e eles me aplaudem. Entro na sala de controle e Midge diz:

— Foi o máximo.

— Me deixe repetir — peço.

— Não, não precisamos repetir.

— Ah, tá. Beleza...

E isso foi tudo. Uma tomada.

Encontro Bono pela primeira vez na vida, e começo a falar com Sting. Eu e o ex-membro do Police nos damos bem. Lembrando que tenho um álbum a concluir, pergunto a Sting se ele me ajudaria com alguns vocais. Ele acaba fazendo *backing vocals* nas faixas "Long Long Way to Go" e "Take Me Home", onde é acompanhado por Helen Terry e Peter Gabriel.

No Jacket Required sai no dia 25 de janeiro de 1985, uma semana antes do meu aniversário de 34 anos. Por que o rosto vermelho na capa? Porque se trata de um álbum quente, pulsante, digno de boate. As gotas de suor na minha testa são parcialmente verdadeiras, parcialmente de glicerina. As músicas e os sentimentos são reais, mas a capa, confesso, precisou ser um pouquinho forjada para que eu parecesse esquentado e aborrecido. Não sei bem por quê... mal parei quieto por três anos seguidos.

O álbum é um sucesso imediato. Quando "Sussudio" é lançada, fico no top dos singles e de venda de discos ao mesmo tempo nos Estados Unidos e no Reino Unido — se bem que, no Reino Unido, "Easy Lover" é que está em primeiro lugar entre os singles; uma música que nem mesmo está nesse álbum. *No Jacket Required* fica em primeiro lugar por sete semanas nos EUA e vende mais de 12 milhões de cópias no país. No mundo inteiro, até hoje, já vendeu 25 milhões de cópias.

Só sei disso porque procurei na *Wikipédia*. No olho do furacão, e por anos a fio, pouco me importei com conquistas em listas ou com números de vendas. Só estou correndo para me manter.

Nesses dias estou em todos os lugares, o tempo todo, monopolizando as ondas sonoras, a MTV e as listas. Até mesmo as malditas indicações ao Oscar. Tente quanto for: se você liga a TV ou o rádio, não escapa de mim. Sendo condescendente comigo, eu simplesmente componho muitos sucessos. Sendo pragmático comigo, minha música e eu não tiramos folga.

A turnê de *No Jacket Required* começa no Theatre Royal, em Nottingham, em 11 de fevereiro de 1985. Auxiliado por uma banda que apelido de The Hot Tub Club, toco no mundo inteiro por cinco meses, em 83 shows. Muitas noites no Royal Albert Hall de Londres e em outras casas do Reino Unido, e, depois, no restante da Europa, na Austrália, no Japão. Então, uma enorme rodada nos EUA — com três noites no Universal Amphitheatre, em Los Angeles, duas noites no Madison Square Garden — durante o verão.

Chega? Não se preocupe. Daqui a pouco desponta outro projeto, outro single, outro inescapável sucesso de Phil Collins.

Stephen Bishop é um grande amigo e um ótimo compositor, e eu gravei uma versão acústica de uma música dele, "Separate Lives", para *No Jacket Required*, mas ela realmente não combinou com o álbum, e foi cortada. A faixa ficou na gaveta, e, depois de um tempo, Doug Morris, da Atlantic, me liga e pergunta: "Você estaria interessado em gravar 'Separate Lives' em um dueto com a Marilyn Martin?" Não a conheço, mas Doug é o presidente da Atlantic Records, e eu confio em seu taco. O objetivo é que a música faça parte da trilha sonora de outro filme de Taylor Hackford, *O sol da meia-noite*. Aqui, no ápice da Guerra Fria, o mundo está precisando ardentemente de uma história que misture balé e espionagem.

"Separate Lives" é mais um n$^{\underline{o}}$ 1 nos Estados Unidos, o que significa que, em 1985, tenho mais n$^{\underline{os}}$ 1 naquele país que qualquer outro artista, e Stephen recebe uma indicação para o Oscar. Nessa mesma, digamos, temporada de prêmios, *No Jacket Required* ganha três Grammys, e eu conquisto meus primeiros Brit Awards: como Melhor Álbum Britânico e Melhor Artista Masculino Britânico. E mesmo antes dessas premiações acontecerem, no começo de 1986, pelo final de 1985 já estou de volta ao mundo do Genesis, fazendo o álbum que será conhecido como *Invisible Touch*. Vamos em frente.

Antes disso, durante o recesso de verão de 1985, recebo uma ligação do escritório. Parece que a popular série televisiva norte-americana *Miami Vice* quer que eu faça uma breve aparição em um dos episódios. A série usou "In the Air Tonight" no episódio-piloto, o que funcionou perfeitamente — tanto que muita gente começou a se referir à música como o tema de *Miami Vice*. De fato, Fred Lyle, o produtor musical da série, usou minha música mais algumas vezes.

Um punhado de gente do mundo musical já fez essas aparições breves — Glenn Frey e Frank Zappa, para citar dois —, e acho que isso pode render bons resultados. Só que, quando me mandam o roteiro, começo a suar frio. Em vez de fazer uma ponta, estou em todas as páginas, praticamente em todas as cenas. Meu personagem é chamado "Phil the Shill". Eu não sei o que significa "shill", mas está muito claro que aquilo foi escrito pensando em mim. Então, descubro que um "shill" é um vigarista, alguém que topa tudo por dinheiro. Não sei por que acharam que eu era assim.

Ligo e explico para eles que não atuo há anos; não sei se vou dar conta. O diretor, John Nicolella, dá um chega pra lá nas minhas preocupações:

— Venha. Eu só te peço isso. Vai ser legal. Nós vamos nos divertir.

Eu vou, e realmente nos divertimos. Don Johnson é particularmente simpático comigo, e a atriz que contracena comigo é Kyra Sedgwick, mulher de Kevin Bacon. Até Jill ganha um papel na cena da festa. Tudo se desenrola em dez dias, e volto para casa para passar o verão.

Olhando em retrospectiva, não consigo acreditar que consegui fazer todas essas coisas, que todas elas tiveram sucesso, que eu estava envolvido em um leque tão grande de projetos. Se olharmos com os olhos de hoje, em termos numéricos, eu era uma das maiores estrelas pop do mundo. Mas, na época, no olho do furacão, não parecia tudo isso. *No Jacket Required* foi o nº 1 por *quanto tempo*? Eu não saberia dizer.

A palavra com a qual me descrevem constantemente é *workaholic*. Nego até o meu rosto ficar vermelho e eu sentir gotas de suor de glicerina escorrendo na testa. Simplesmente sou convidado a fazer coisas irrecusáveis.

Não estou produzindo o Duran Duran, fazendo duetos com Boy George ou turnês com Cyndi Lauper. Não estou tentando outro encaixe no *Top of the Pops* ou tentando subir uma casa decimal no meu saldo bancário. Robert, Eric, John, Philip, Frida — essas são as pessoas com quem cresci, pessoas de quem sou fã, e/ou pessoas que ficam ótimas usando casaco de pele. Pessoas que classifico como ícones ou verdadeiros artistas. Trabalhar com elas é uma honra. Essa é a razão.

Ainda assim, entendo que, em alguns setores, eu seja um exemplar da época gloriosa dos anos 1980. Mas não sou um navegador de iates, consumidor voraz de Ferraris e coberturas. Há alguns processos judiciais dúbios, mas quem não os teve nos anos 1980? E daí que o narrador Patrick Bateman, de Bret Easton Ellis, em *Psicopata americano*, me veja como o que há de mais brilhante na música daquela década inebriante, espalhafatosa? Ele é um psicopata!

Uma das melhores coisas nessa época é que Jill consegue viajar comigo e curtir o que acontece, então, nosso relacionamento se fortalece cada vez mais. Ela nunca reclama do excesso de trabalho que assumo. Joely e Simon ficam acomodados com a mãe em Vancouver na maior parte desse tempo, e eu os visito sempre que posso. Eles sempre parecem felizes, o que me deixa feliz. Mas sinto falta de mais momentos importantes com eles. Olhando para o passado, mal consigo acreditar. Se há um lado obscuro do sucesso, certamente é esse.

Onde você estava no dia 4 de agosto de 1984, no meio das Olimpíadas de Los Angeles, os jogos que foram prejudicados pelo boicote do Bloco do Leste, por si só uma retaliação pelo boicote liderado pelos Estados Unidos aos Jogos Olímpicos de 1980 em Moscou?

Eu certamente sei onde estava: me casando com Jill Tavelman. A linda noiva vestiu um belo vestido branco; o noivo, um terno preto. Meus padrinhos e testemunhas foram Eric e Tony Smith, e as madrinhas e testemunhas da noiva foram sua amiga Megan Taylor e Pattie. O casamento aconteceu no cartório de Guildford, e depois recebemos as bênçãos em nossa igreja local. Simon e Joely também estavam lá, como padrinho e madrinha.

Nossa festa foi no jardim de *Old Croft*, onde uma banda formada só por estrelas tocou noite adentro. Eric, Gary Brooker, Robert Plant, Stephen Bishop, Ronnie, Daryl, Chester... tantos grandes amigos estavam presentes. Nem mesmo o incidente no banheiro do térreo — alguém entupiu o vaso — conseguiu atrapalhar.

Passamos a lua de mel em um iate no mar Egeu, cruzando os litorais grego e turco. Minha vida profissional estava nos trilhos, e a pessoal, também.

E onde estava você quando o Live Aid aconteceu, em 13 de julho de 1985? Bem, eu também sei onde estava...

13
O Live Aid: minha parcela em sua queda

Ou: o exibicionismo tem que continuar.

Robert Plant e eu nos encontramos no Mandalay Four Seasons, em Dallas. Estou ensaiando para a turnê de *No Jacket Required*. Estamos felizes trocando recordações sobre nosso trabalho juntos na gravação e na turnê de seus álbuns solo, e sobre aquela vez em Chicago em que minha caríssima jaqueta de couro foi reprovada no dress code do hotel, enquanto sua monstruosidade multicolorida foi aprovada com louvor.

Tem circulado um boato sobre um evento estilo "jukebox global" organizado por Bob Geldof — uma continuação do Band Aid que aparentemente reunirá shows enormes, cravejados de estrelas, no mesmo dia no Reino Unido e nos Estados Unidos. Tenho lido sobre a possibilidade e pensado: "Isso nunca vai acontecer. Muito fantasioso." Estamos em 1985, os primeiros dias da tecnologia da transmissão simultânea de shows, e produzir um show ao vivo dos dois lados do Atlântico parece simplesmente ambicioso demais.

Não ouvi nada diretamente do incansável Sr. Geldof — um homem capaz de resolver qualquer problema —, então concluí que era viagem na maionese, ou que eu mesmo não estaria envolvido. Para ser completamente sincero, já estou ocupado o suficiente com outras coisas. E, sendo mais franco ainda, o *No Jacket Required* está sendo trabalhado na estrada desde seu lançamento, no começo do ano.

Então, repentinamente, Geldof começa a fazer coletivas de imprensa, declarando que fulano e sicrano vão se apresentar no evento — sem ter de fato consultado fulano e sicrano. Depois ele corre para o telefone:

— O Bono topou. Você topa? — Ou, para ser mais preciso, já que se trata de Geldof: — O Bono topou, caralho, então você também vai topar, porra.

E é mais ou menos assim, no fim das contas, que surge o convite para eu me apresentar, de alguma forma, nesse jukebox global.

— Você vai estar nesse evento que o Geldof está organizando? — Robert me pergunta, em Dallas.

— Sim, acho que sim. Mas ainda não sei como.

— Ah! Será que você consegue me colocar dentro? — ele diz.

— Mas você não precisa de mim para isso: você é o Robert Plant! Liga para o Bill Graham, só isso.

Eu me refiro ao lendário promotor de shows norte-americano. Ele está fazendo a agenda do show de Geldof nos EUA, que vai ocorrer na Filadélfia, enquanto o igualmente lendário Harvey Goldsmith cuida da agenda do concerto de Londres.

— Ah, não. Não posso ligar para o Bill. Não me dou com o Bill. O Bill me odeia.

Então eu me lembro do "Incidente de Oakland": a famosa briga de bastidores em um show do Led Zeppelin em 1977, em que um dos membros da equipe de Graham foi agredido por um pessoal do staff do Zeppelin. Mas esse era o mundo "carregado" do Led Zeppelin, não o mundo infinitamente mais leve de Robert Plant.

Então concluo, tão descontraído quanto possível:

— Com certeza vai dar tudo certo. O Bill vai ficar de boa.

— Você, eu e o Jimmy bem que poderíamos fazer alguma coisa, né? — sugere Robert, então.

Para mim, a proposta parece (a) casual e (b) razoável. Ando ocupado em todos os sentidos; tenho me apresentado com todo mundo, e estou engajado nos projetos de Robert e Eric e até mesmo nos de Adam Ant (produzi e toquei bateria no single dele "Puss 'n'

Boots", do álbum *Strip*, de 1983). Então, mesmo que eu já esteja tocando por minha conta e risco, posso fazer algo mais. Por que não?

Nunca sequer pronuncio as sílabas "Led" ou "Zep". Não rola nenhum papo de retorno do Led Zeppelin, que não dá sinal de vida desde a morte de John Bonham, cinco anos antes. Nenhuma reunião. Nada. Então, nem cogitamos fazer disso uma coisa maior do que é, tampouco planejamos ensaios. Para quê? Somos eu e Planty, temos uma história juntos, e Jimmy Page vai chegar com a guitarra, fazendo uma bossa. Por Deus, o que poderia dar errado?

É dessas sementes inocentes que crescem as grandes árvores da brigalhada do mundo da música.

Não muito tempo depois de Dallas, estou em turnê em algum lugar dos Estados Unidos e recebo uma ligação no hotel. É Sting.

— Você vai participar desse evento do Geldof, Phil? — ele me pergunta.

— Sim, vou...

— Então... você quer participar comigo? — sugere Sting.

Depois de nos aproximarmos na gravação do Band Aid e de eu convidá-lo para fazer backing vocal em *No Jacket Required*, retribuí o favor trabalhando em algumas demos do primeiro disco pós-Police de Sting, *The Dream of the Blue Turtles*, que também será lançado nesse verão de 1985. Agora que ele rompeu com o passado e está no processo de se lançar em carreira solo, Sting não está ansioso para se reunir imediatamente com seus antigos colegas de banda, independentemente de quão grande ou global seja esse evento. No entanto, e ao mesmo tempo, não deseja estar sozinho no palco. E eu entendo isso.

— Claro, Sting. Por que não? A gente canta umas duas suas, outras duas minhas. — Repetindo: esse pedido pareceu razoável e, o que é tão importante quanto, fácil de atender.

Naquela primavera e começo de verão, todos nós saímos atrás de nossos projetos individuais. Minha turnê nos EUA termina uma semana antes do evento de Geldof — agora chamado de Live Aid —, e eu volto para casa, para os braços de Jill. Sting e eu conversamos por telefone e decidimos ensaiar em minha casa. Sting e sua esposa, Trudie Styler, chegam prontos para arrasar.

Jill e eu temos uma piscina. É uma piscina inglesa descoberta, estamos em julho, então é possível que o sol saia. Mas não estamos na Riviera Francesa, e a água não está muito aquecida. Mas, no espírito do bom anfitrião, e me lembrando de quão bem a Sra. Gabriel me recebeu no dia em que fiz a audição para o Genesis, sugiro:

— Se quiser dar um mergulho...

Antes de um piscar de olhos — ou de vestir um calção de banho —, Sting faz justamente isso. Tira a calça, dá uma leve ajeitada na cueca e escorrega, leve como uma lontra, mal respingando água. Jill tenta desviar os olhos, mas falha.

Depois de umas poucas braçadas, ele sai da piscina, se enxuga e imediatamente está com a aparência imaculada de novo. Que babacão. Penso, por um breve período, em iniciar aulas de ioga, mas graças aos céus o bom senso me salva.

Nós nos sentamos ao piano, na sala da frente. Relembro-o do que vamos fazer juntos — "Long Long Way to Go", que ele cantou em *No Jacket Required* —, e consigo fazer um mix com uma versão solo passável de "Against All Odds" no piano. Então ensaiamos "Every Breath You Take". Não consigo me lembrar da letra, então Sting me diz o que cantar e eu registro no papel.

Enquanto isso, no mundo de Plant e Page, uma coisa levou a outra. Harvey Goldsmith e Bill Graham acabaram se envolvendo. "Você, eu e o Jimmy bem que poderíamos fazer alguma coisa, né?" vira O Segundo Advento da Maior Banda de Rock da História. E, com a graça divina, isso se desenvolve com o meu completo desconhecimento. Robert não me ligou, então não estou ciente de que John Paul Jones também vai chegar junto. E, do nada, temos o Led Zepellin!

E só para colocar mais lenha na fogueira, houve outra conversa paralela.

— Seria maneiraço se você pudesse fazer algo mais no Live Aid, Phil... pensou em alguma coisa? — sugere alguém.

— Bem, eu preferiria mesmo só tocar bateria com alguém — respondo, sincero. Estou acostumado com isso. Dou conta de ficar encaixado naquele banquinho, naquele papel, sem problemas. Não preciso me preocupar com minha voz. — Onde o Eric e o Robert estão tocando? — pergunto a Harvey Goldsmith.

— O Eric está nos Estados Unidos. O Robert, também.

Então, penso comigo: não vai dar. Eu estou aqui e eles lá. Não vai funcionar.

— Bem, voltei pra Inglaterra depois de uma turnê extensa pelos Estados Unidos, então não me animo em voltar tão cedo. Além do mais, já me comprometi a tocar com o Sting no estádio de Wembley.

E é assim que começa a conspiração. Goldsmith vai embora, procura saber sobre a logística e anuncia a Tony Smith:

— É, *sim*, possível, se o Phil pegar o Concorde, que ele chegue à Filadélfia antes do final do show. Ele pode se apresentar em Wembley com o Sting, pegar um voo até os Estados Unidos e terminar o dia no palco com o Eric e o Robert.

Ao ouvir isso, penso: "Que foda. Vou conseguir tocar com todos os camaradas — se é possível, vou fazer."

Nem me preocupo com Eric. Fizemos o *Behind the Sun* juntos, já toquei com ele muitas vezes, e conheço seu baterista, Jamie Oldaker. Mamão com açúcar.

Então, recebo uma notícia: Robert e Jimmy finalmente querem ensaiar.

E ensaiar é a última coisa que eu quero fazer, especialmente porque isso teria de ser feito nos EUA. Acabei de chegar daquela turnê de dois meses e quero passar algum tempo, nesse verão, com meus filhos. Até porque conheço essas músicas. Assisti ao primeiro show do Zep. Sou fã dessa banda!

Mais tarde descubro que eles também chamaram o ex-baterista do Chic, Tony Thompson, para tocar, mas Robert ainda me quer a bordo. Me pergunto se é porque ele não quer me desapontar. Ou será que Goldsmith teria revelado a ele a engenhosa façanha de que eu faria os dois shows? Não sei; nunca cheguei a perguntar. Mas tenho certeza de que ainda não quero ensaiar, muito embora possa entender perfeitamente por que, com tantas fichas em jogo, Robert possa querer dar uma passada no som. Talvez eu tivesse decidido diferente se não tivesse subestimado a potência grandiosa dessa "reunião do Led Zeppelin".

De todo modo, digo para Robert:

— Vão lá e ensaiem vocês, me digam as músicas e, no avião, dou meu jeito e treino bastante. Vou ouvir as músicas no walkman.

Estamos no dia 13 de julho de 1985, a data do Live Aid. Acordo em Loxwood, nossa nova casa em West Sussex.

Está um dia lindo. O país inteiro — na verdade o mundo inteiro — está mega-ansioso por esse evento. Há meses os preparativos têm ocupado as primeiras páginas dos jornais de todo o globo, mas o começo desse dia é, para nós, igual ao de milhões de outras pessoas: temos probleminhas com as crianças.

Jill e eu decidimos deixar Joely e Simon na casa de minha mãe. Passados trinta anos, Joely ainda não conseguiu me perdoar. Simon está com 8 anos, mas Joely está com 12, quase 13, e o Live Aid e seu elenco fazem bem o tipo dela. Só que eu já fui prevendo um pesadelo de logística: vai ser um dia longo, envolvendo viagens e obrigações para lá e para cá, além de compromissos com o pessoal do Concorde, e tudo isso só vai acabar quando eu cair morto em um hotel de Nova York, às 5h. Calculando no horário do Reino Unido, vai dar quase 24 horas depois de eu sair de Sussex. Não tenho certeza se consigo conciliar as funções de pai *e* de baterista interatlântico do show-internacional-rei-da-porra-toda.

Então, me esquivando da aborrecência monumental de Joely, nós a deixamos com Simon na casa que minha mãe divide com Barbara Speake em Ealing, e Jill e eu nos encaminhamos para o estádio de Wembley. Em toda Londres a população está fora de casa, fazendo festas na rua e construindo uma fabulosa atmosfera carnavalesca.

Nos bastidores de Wembley, há um complexo de camarins formado por um monte de caravanas estacionadas. Por algum motivo — talvez pelo meu cabelo... — fico amontoado com representantes do New Romantic mob (Howard Jones, Nik Kershaw) e com Sting. Antes de o show começar, o patrono do editorial de música internacional da BBC, Andy Kershaw, vem até os bastidores nos entrevistar, claramente meio a contragosto. Ele daria um depoimento ao documentário da BBC sobre o Live Aid, anos depois, dizendo que preferiria estar falando com os carinhas mais legais, como Paul

McCartney ou a galera do Queen e do Who. Esses, sim, seriam mais divertidos e teriam mais credibilidade. Mas, em vez deles, acabou ficando com uns manés.

Depois de umas discussões em cima da hora, Sting e eu subimos ao palco, por volta das 14h. Quando entramos, há uma gritaria absoluta. Noel Edmonds, o apresentador, fala para o público que, assim que eu terminar esse show, vou pegar um Concorde para a Filadélfia e tocar lá também. Mais comoção.

Meus nervos estão à flor da pele. Tem a questão da logística — vamos mesmo conseguir fazer esse voo? — e o desafio imediato de não me foder na frente de 1 bilhão de espectadores de TV do mundo inteiro.

Logo antes de entrarmos, simples assim, Sting diz:
— Ah, aliás, de vez em quando eu me atrapalho com as letras...

Quando dou por mim, estou tocando piano, cantando, enquanto ele sai pela tangente, do outro lado do palco, cantando "*Every breath... every move... every bond...*". Tudo errado. Estou cantando a letra corretamente, enquanto o babacão está, para ser metafórico, improvisando e fazendo cagada. Em suas casas, os milhões de espectadores estão vociferando: "Cala a boca, Collins! Você está cantando essa porra errado! Devia ter ensaiado!"

E quem me dera esse fosse o último de meus problemas nesse dia.

O palco é branco e nós estamos em um dia muito ensolarado, então o calor é absurdo lá em cima. Estou tão ensopado de suor que meus dedos escorregam nas teclas do piano em "Against All Odds". O resultado é um estrondo tão alto que quase consigo ouvir as 80 mil pessoas do estádio de Wembley estremecerem. A nota soa como um peido, e é isso que é ouvido mundo afora. Com isso, e com a "confusão" na letra de "Every Breath", já estou parecendo meio amador.

Antes que eu perceba isso, já saí do palco. E aí começa a correria, acompanhada de espera: talvez até atravessemos o Atlântico em velocidade máxima, mas ainda preciso esperar algo em torno de uma hora até que Noel Edmonds e seu helicóptero me peguem e me deixem no aeroporto de Heathrow. Nem Geldolf poderia mandar os controladores de tráfego aéreo acelerarem seu trabalho.

Me asseguraram que eu não era o único que iria para a Filadélfia — definitivamente, eu não queria passar a impressão de que era o único exibidão em carreira solo tocando em ambos os shows. Me disseram para não me preocupar — o Duran Duran também ia!

Por alguma razão, agora o Duran Duran só vai tocar nos Estados Unidos. Assim, do nada, sou o único. A energia muda. Na aristocracia do pop e do rock do Live Aid, todos são iguais, mas alguns são mais iguais do que outros. Então, logo Jill e eu entramos em um carro rumo ao helicóptero de Edmonds, que está aguardando em algum lugar ali perto. E, é claro, a TV cobre cada passo que damos.

"E olhem aqui o Phil Collins, todo sorridente, ainda com a roupa que usou no palco, todo suado, e já a caminho da Filadélfia! Esse cara é o máximo!"

Estamos dentro do helicóptero, no alto, em um percurso rápido até o aeroporto, onde pousamos perto de um Concorde. E tudo isso sendo filmado.

É um voo comercial, então, há uma penca de passageiros esperando para decolar quando o trapo humano todo suado embarca. Muitos sabem o que está acontecendo porque a notícia saiu nos jornais, enquanto alguns poucos se cutucam, cochichando:

— Ele é muito mais baixo do que eu imaginava!

Pelo jeito, nem todos sabem o que está acontecendo. Na metade do avião, a caminho da minha poltrona, vejo Cher. Claramente, ela não tem a menor ideia do porquê do fuzuê. Está à paisana. Não parece a Cher *Cher*. Ela me encara, cercado pelo bando de jornalistas e fotógrafos.

Estou meio embasbacado. Cacete, é a *Cher*! Não ligo que ela não esteja usando sua maquiagem de guerra. Mas ela, evidentemente, se importa. Então, enquanto desembolso meu walkman quadradão dos anos 1980 e minhas fitas do Led Zeppelin, ela se levanta e vai caminhando até o toalete. E antes mesmo de decolarmos, ela está de volta, já com sua aparência Cher *Cher*. Minha nossa!

Durante o voo, ela se vira para trás para falar comigo:

— Oi, Phil. O que está acontecendo?

— Hum... você está sabendo do show do Live Aid? Aquele jukebox global, em Wembley e na Filadélfia, com 1 bilhão de espectadores mundo afora? Nós estamos a caminho para tocar no show dos Estados Unidos.

— Ah, tá. Você pode me colocar dentro?

E me pego pensando: "Cacete! De novo? Por acaso sou produtor de shows?"

Então, repito a mesma resposta que dei a Robert: ela não precisa de mim. Ela é a Cher! Tenho certeza de que tira de letra.

Houve muita fofoca sobre esse voo no Concorde. Para ser mais explícito, disseram que eu estava louco, cheirado, drogado até a alma. Só que eu nunca teria conseguido dar conta de fazer tudo que tinha de fazer no Live Aid se estivesse louco. Acho que consigo identificar de onde surgiu esse mito. São astros do rock voando! E nós estamos nos anos 1980! É a década certa para isso. Mas fico trabalhando o tempo todo, e o motivo disso, certamente, não é eu ter enchido a cara de pó.

Estou sempre atento a minhas responsabilidades. Especialmente em 13 de julho de 1985, o dia dos dias. Nem cheguei a ganhar minha garrafa de champanhe de cortesia no Concorde. Talvez Cher tenha ficado com ela.

Ficou combinado de, no meio do voo, eu fazer uma transmissão ao vivo, usando o sistema de comunicação dos pilotos. Me encaminho para a cabine de comando. São pilotos mandachuvas, megaespecializados, e me dizem coisas do tipo "Não devíamos estar deixando você fazer isso, não conte pra ninguém...". Eu penso: "Aham. Estamos prestes a entrar ao vivo em uma transmissão para o mundo inteiro!" Fica claro que o capitão também não havia pensado na engenhosidade pragmática desse jukebox internacional.

No estúdio de TV em Londres, os apresentadores da BBC estão alimentando a expectativa do público.

— E agora vamos entrar ao vivo com Phil Collins, direto da cabine de comando do Concorde. Como está a viagem, Phil? Como está se sentindo?

— Está tudo certo. Já estamos no meio da viagem.

Há um sentimento de choque nos convidados no estúdio: Billy Connolly, Andrew Ridgeley (do Wham!) e Pamela Stephenson. Tudo que eles conseguem ouvir são grunhidos abafados e barulhos de estática. Connolly está cético:

— Talvez tenhamos falado com qualquer um! Ele pode estar em qualquer lugar!

Antes de eu perceber, estamos aterrissando. Sem passar pela alfândega, saímos direto do Concorde, no aeroporto JFK, em Nova York, para outro helicóptero, e de lá para o estádio JFK, na Filadélfia. Demoramos quase tanto tempo para ir de Nova York à Filadélfia quanto levamos para atravessar o Atlântico.

Estacionamos o carro e, nos bastidores, encontro meu velho amigo e faz-tudo Steve Jones. Ele me assegura que a bateria está funcionando bem. Dou um pulo no camarim de Eric e sinto que até sua própria banda está tagarelando: "Exibido filho da mãe..." Mas já estou ligado no que vai acontecer, e estou tranquilaço. Estou vibrando de adrenalina. É tudo ou nada. E é tarde demais para desistir agora.

Nesse momento, Kenny Kragen, empresário de Lionel Richie, atravessa meu caminho. Ele é o responsável pela performance de encerramento da música "We Are the World", do filantrópico United Support of Artists for Africa — o USA for Africa. Foi Lionel quem compôs a canção.

— Phil, você poderia cantar um versinho para a música?
— Bem... Quanto tempo vai durar?
— É só um verso, relaxa.
— Ah, claro. Posso, sim.

Então, começo meu percurso rumo à caravana do Led Zeppelin. Não vejo nenhum sinal de bruxaria, magia negra etc. por perto, mas posso sentir as nuvens carregadas se juntando mesmo antes de chegar.

A história é a seguinte: Robert sozinho? Um cara maneiro pra caramba. Robert relacionado a qualquer coisa do Zeppelin? Rola uma química esquisita. Algo como uma alquimia reforçada. Tudo se torna muito obscuro e ácido. Fica imediatamente evidente que Jimmy é, digamos, pavio curto. Nervosinho. Só depois, quando assisto ao clipe, é que o vejo espumando nos bastidores: saliva mesmo. E ele mal consegue ficar de pé enquanto toca. Acho que isso deve ser, sei lá, sua "marca". Keith Richards também é assim, e é algo que dá gosto de ver. Já Jimmy... bem, Jimmy parece um filho de girafa.

Mas só nós vemos essa zona toda. Agora me apresentam a John Paul Jones, que é mais silencioso que um rato de igreja. Logo depois, me apresentam a Tony Thompson. Ele é muito bacana comigo. Mas não de um jeito bacana. Acho que o termo correto para sua atitude é *froideur*. Aponto para ele a cilada que é tocar com dois bateristas. Fui baterista por muitos anos no Genesis e na minha própria banda, então sei muito bem quais são os riscos. O segredo — aprendi da pior maneira possível — é não complicar demais as coisas.

Mas o olhar de Tony deixar ver que ele não está interessado em "dicas" de um "colono" inglês que acabou de atravessar o oceano e mal saiu de um Concorde esnobe.

Vou me dando conta aos poucos: esses caras têm treinado pesado para o Live Aid, e Tony está ensaiando com eles há pelo menos uma semana. É algo importantíssimo para todas as partes, exceto, talvez por inocência, para este que vos escreve, que ainda não entendeu muito bem o quanto está em jogo nessa apresentação.

— Então... — Jimmy comenta, me encarando, entre dentes e com alguma preguiça —, você sabe o que nós vamos tocar?

— Sei, sim. A única parte em que eu ainda preciso trabalhar é esse flamenco em guitarra antes do solo no "Stairway to Heaven".

— Bem, qual parte, então?

— Acho que é no...

— Não é nada disso! — interrompe, com um sorriso amarelo, o Sr. Page.

Eu me pego pensando: "Então tá! Mas vê se ajuda. Não me diga que não é nada disso. Me diga o que é!"

Sinto que fui reprovado no teste. Acho que Jimmy, na realidade, quer dizer algo como "Precisamos mesmo desse cara? Precisamos mesmo que ele toque com a gente?". Eles fazem eu me sentir como um penetra em uma festa.

Estou olhando para Robert e me perguntando: "Você falou com ele? Você falou com alguém por que eu estou aqui? Estou aqui porque você me pediu para eu te colocar dentro dessa porra desse show, e aí você me disse: 'Você, eu e o Jimmy bem que poderíamos fazer alguma coisa, né?' É por isso que eu estou aqui! Não vim para tocar com o Led Zeppelin. Vim para tocar com um amigo meu que voltou cambaleante como vocalista líder do Led Zeppelin, um bicho muito diferente daquele que havia me convidado."

Em relação aos vocais de Robert, é necessário fazer ajustes, principalmente se se está fazendo o que ele está fazendo, com toda essa coisa de alto escalão. Mas fica muito claro para mim que ele *não* está fazendo ajustes. É, é isso, tem todo esse lado desconhecido de Page. Claro, eu era o baterista de Robert e tinha tocado com ele em turnê. Mas não era a mesma coisa. *Não era o Zeppelin.* Não se mexe com o Zeppelin.

Fui jogado, agora, na rede incessantemente tóxica e disfuncional das relações interpessoais do Led Zeppelin, ativa até hoje. Mas não tenho opção a não ser abstrair as dúvidas e pisar fundo.

Dividir o palco com Eric foi o máximo, não teve problema algum. Jamie (seu baterista) e eu não atrapalhamos um ao outro, e o resultado foi uma lindeza. Então, antes do show do (não) Led Zeppelin, tenho de repetir a apresentação de duas músicas que fiz em Wembley. É moleza, apesar dos dedos meio suados e das notas desajeitadas.

E, finalmente: a famigerada reunião.

Sei que está tudo descarrilando desde o camarim. Não consigo escutar Robert claramente de onde estou, mas consigo ouvir o suficiente para saber que ele não está em seus melhores dias. Idem quanto a Jimmy. Não me lembro de ter tocado "Rock and Roll", mas, obviamente, toquei. Mas me lembro bem de que por algum tempo infeliz ouvi o que Robert chamava, pejorativamente, de "tricô": malabarismos com a bateria. Se você conseguir encontrar o vídeo (a gangue do Zeppelin fez o que pôde para apagá-lo da história da música), vai me ver gesticulando, tocando no ar, tentando impedir o colapso total. Se eu soubesse que a banda teria dois bateristas, teria caído fora dos preparativos muito antes de chegar perto da Filadélfia.

No palco, não tiro os olhos de Tony Thompson. Sou dependente dele. Tenho que seguir seus passos — foi ele quem pegou as batidas pesadas, e optou por ignorar todos os meus conselhos. Me colocando em seu lugar, ele provavelmente está pensando: "Este é o início de uma nova carreira pra mim. John Bonham não está mais na jogada. Vão precisar de alguém. Talvez este seja o começo de uma reunião do Led Zeppelin. E eu não quero que esse inglês de merda foda com as minhas chances."

Não o julgo. Que Deus tenha piedade de sua alma. Thompson era um baterista fantástico. Mas aquilo estava muito desconfortável, e se eu pudesse, teria saído do palco na metade de "Stairway to Heaven", senão antes. Mas o que a imprensa diria? DESISTÊNCIA NA REUNIÃO. QUEM COLLINS ACHA QUE É? É fato que qualquer humorista faria piada.

Depois de uma eternidade, terminamos. Fico pensando: "Deus, que merda... Quanto antes isso terminar, melhor."

Há outro momento de terror. Nos bastidores, Alan Hunter, VJ da MTV, está aguardando para entrevistar o Led Zeppelin. O suor ainda escorre em nossas sobrancelhas, ainda sinto um gosto ruim na boca, e nós nos reunimos do lado de fora da caravana do fim do mundo. No estúdio, ele dá um "up" na entrevista anunciando-a com as seguintes palavras: "Em um dia de reencontros, a reunião mais esperada é a do Led Zeppelin. Agora, ao vivo, uma entrevista com os membros reunidos..."

Hunter começa a fazer perguntas, e logo fica evidente que ninguém o está levando muito a sério. Robert e Jimmy não facilitam nada, dando respostas vagas e arrogantes a perguntas objetivas; John Paul Jones ainda está tão silencioso quanto um rato de igreja.

Fico com pena de Hunter. Ele está ao vivo com uma plateia mundial extasiada, e esses caras o fazem parecer um idiota. Então, tento salvá-lo, dando uma arejada com respostas. Respostas a questões que não estou lá muito habilitado a responder.

Hunter provavelmente está recebendo instruções de sua produção: "Não queremos falar com o Collins!" Mas eu penso: "Ah, caralho. Por que Robert e Jimmy estão se comportando desse jeito? Esse cara não está fazendo nada de mais, só perguntas. E como se já não bastasse o desastre no palco, essa entrevista vai piorar tudo."

Obviamente, o Led Zeppelin não autoriza que a performance seja incluída no DVD oficial do Live Aid. O motivo? Claro que ficaram com vergonha. E eu descobri que, em geral, fiquei com a culpa. O imaculado Led Zeppelin não poderia ser o responsável. Pelo contrário: o problema era aquele britanicozinho que saiu do Concorde sem ensaiar. Eis o culpado. Exibido.

De volta ao camarim, planejo sair à francesa. Eric agora está enfiado na caravana de Bob Dylan com Ronnie Wood e Keith Richards — o outro pessoal que também tinha feito feio naquele dia. Por sorte, não vi aquela confusão (embora talvez ela tivesse feito eu me sentir melhor comigo mesmo). Estou cansado, pensando: "Que merda foi essa?" Já toquei com uma porrada de músicos de merda, mas nunca passei por nada parecido com isso.

Então, abalado e finalmente exaurido, como se a pilha tivesse acabado, de repente me lembro: "Ih! Ainda tenho que cantar 'We Are the Fucking World' com Lionel Richie e Harry Belafonte."

Digo para Kenny Kragen que não vou dar conta. Certamente, do lugar onde estou sentado, em meio aos escombros de um Led Zeppelin destruído, não estou em condições de fazer jus à letra da música, que repete "We Are the World": nós somos o mundo. Não faço parte do mundo agora. Preciso ir embora dali e entrar no último helicóptero rumo a Nova York.

Tony Smith, Jill e eu subimos a bordo, sem fôlego. Aterrissamos de helicóptero no West Side de Manhattan e vamos explorar essa terra perdida entre rios. Depois de tudo que aconteceu hoje — Wembley, Heathrow, o Concorde, o Aeroporto JFK, o estádio JFK, quatro apresentações, tendo sido uma delas um show dos infernos, pegar o helicóptero para a cidade —, zarpamos de volta e, quando chegamos, nada pode ser mais ermo: *não tem carro*. Alguém esqueceu de providenciar um motorista para nós. Tampouco havia táxis disponíveis. Improváveis para essa parte da cidade, a essa hora da noite. E eu que achava que não podia piorar...

Passado algum tempo, conseguimos fazer sinal para um táxi, que nos deixa no hotel. Ligo a TV. Está passando o moribundo show da Filadélfia. E quem eu vejo no palco?

Cher.

É o encerramento insano de um dia que foi todo insano. E ela não apenas entrou no palco como pegou o microfone. E está cantando "We Are the World". Talvez esteja cantando os versos reservados para mim!

No dia seguinte, embarcamos no Concorde e pegamos as crianças — elas devem estar desejando minha morte. De volta, em casa, em West Sussex, no dia 14 de julho de 1985, estamos somente Jill, Joely, Simon e eu. É o começo das férias escolares de verão.

— O que vocês querem fazer? Vamos brincar de Lego?

É agora que começa o desafio de verdade.

14
O grande roubo de cérebros

Ou: tentando manter o bem-estar doméstico enquanto loto estádios (coletivamente), me torno (brevemente) um líder de banda estelar e constranjo o herdeiro do trono (inadvertidamente).

Papai chegou! Depois do Live Aid, no verão de 1985, tento o quanto posso voltar a ser um cara de família. Normalmente fico com Simon e Joely nos feriados escolares mais longos, e como eles moram em Vancouver no resto do ano e eu estou sempre ocupado em outros lugares, esses meses de verão em que nos reunimos são sagrados. Mesmo que Joely, Simon e eu conversemos com regularidade, toda visita é uma surpresa. Ambos vão fortalecendo suas personalidades, ganhando um senso de moda mais apurado, conhecendo mais seus estilos de corte de cabelo... e estão sempre mais altos.

Tenho muitos vídeos dessa época, e é fascinante escutar seus sotaques em evolução. Joely, particularmente, caminha de uma fala mais britanicamente afetada para uma entonação intermediária. Os dois estão se tornando jovens maravilhosos, bem-educados, mesmo que com essas mudanças todas surjam problemas — e eu gostaria de ter estado presente para lidar com esses problemas ao lado deles. Entre mim e meus filhos distantes no mapa-múndi, o ressentimento cresce mutuamente.

Nossa casa agora é a propriedade Lakers Lodge, na cidade de Loxwood, em West Sussex. Decidimos nos mudar de Old Croft enquanto eu estava gravando *No Jacket Required* em Londres. Jill assumiu a difícil tarefa de encontrar uma nova base para nós dois enquanto eu estava impossibilitado de sair do estúdio. Não foi a mesma coisa que quando minha mãe comprou uma nova casa e conseguiu fazer a mudança da família inteira durante o expediente do meu pai, que ia das 9 às 17, mas, ainda assim, foi difícil.

Lakers Lodge data do início do século XVIII, quando era chamada de Beggars Bush. É uma propriedade tombada pelo patrimônio inglês: não exatamente como o Palácio de Buckingham, mas também não é pouca coisa. Uma antiga casa georgiana construída com estrutura sólida em 12 acres de terra e com um jardim fechado. Futuramente, iríamos construir um lago, o que me permitiria fazer com os meus filhos o que o meu pai fazia comigo: passear de barco. Essa casa era um centro nevrálgico durante a Segunda Guerra Mundial — tenho fotos de um destacamento da Home Guard fazendo malabarismos com rifles no gramado.

A propriedade veio equipada com um pequeno corpo de funcionários, um casal de meia-idade: Len e Joyce Buck. Eles moram nessa terra há 25 anos. Len é um jardineiro silencioso e orgulhoso — com mérito — da velha-guarda. Ele sabe exatamente quando aparar e quando semear. Joyce é a zeladora da casa. A chefa.

O proprietário anterior comunicara aos Buck que o novo morador iria se desfazer deles depois da compra, mas eu não iria querer a casa se eles não viessem junto. Ambos são muito leais, e me ajudam e a Jill na mudança e na adaptação. Ao longo dos anos subsequentes, nos tornamos felizes membros da comunidade. Damos grandes festas de Natal e convidamos o povoado inteiro; viramos *habitués* do simpático pub local, o Cricketers; e eu ingresso no time de "celebridades" que joga críquete na grama em alguns domingos. Todos os vizinhos se tornam grandes amigos, e anos mais tarde comparecem em massa ao meu aniversário de 50 anos em Zermatt, na Suíça.

Agosto é também o mês do meu primeiro aniversário de casamento com Jill, então, essa é mais uma razão para eu ficar no aconchego do lar e nos braços dos entes queridos. Como fiquei pulando de projeto em projeto, de país em país e de coprodução em coprodução nos últimos quatro anos, ela normalmente estava viajando comigo. Botar o pé na estrada era muito animador para Jill, embora não tão fulminante quanto poderia ser, já que minha mulher tinha, em seu passado, um pezinho no showbiz: seu pai era alfaiate em Hollywood. Fazia ternos para os ricos e famosos. Sua mãe era atriz e dançarina. Quando eu estava gravando um trechinho de "Over the Rainbow" como coda para *Face Value* e tive um branco repentino na letra, Jill conseguiu ligar para a mãe, que conhecia o compositor, Yip Harburg. Ele ditou a letra para ela pelo telefone. Diretamente da boca de Dorothy, simples assim.

E o entusiasmo segue em mão dupla. Adoro que Jill viaje comigo. Tenho uma companheira de farra ao meu lado. A primeira metade dos anos 1980 foi corrida, mas não tão solitária quanto poderia ter sido. Jill me dá força. Apoio. Coragem.

Isso significa que, por grande parte desse primeiro ano de casamento, estivemos juntos. Entretanto, também significa que, por conta de todas as distrações profissionais, estivemos distantes enquanto estávamos juntos. Em suma, então, o verão de 1985 é o momento em que nós quatro nos dedicamos a curtir o tempo em casa.

Concordamos que ter filhos agora não é o ideal, nem vai ser por alguns anos. Em primeiro lugar, temos de pensar em Joely e Simon. Eles ainda são jovenzinhos — como ela nasceu no dia 8 de agosto, nas férias escolares em geral tenho oportunidade de comemorar seu aniversário; diferentemente, em geral perco o aniversário de Simon, que é no dia 14 de setembro —, e não queremos complicar ainda mais as coisas antes de os dois estarem prontos para lidar com mais mudanças ainda.

Nutro enorme admiração por Jill: tem sido muito difícil para ela herdar essa família. E também é difícil para as crianças aceitarem Jill como madrasta. Tecnicamente, a verdade é que agora Joely tem uma madrasta e um padrasto, mas jamais, desde que nos conhecemos, pensei em mim como padrasto. Tampouco ela. Sou seu pai, ela é minha filha. E é isso.

Mas essa família fragmentada, internacionalmente esfacelada — faremos piada disso anos depois, quando ela for ainda mais fragmentada e esfacelada —, é mais do que o esquema tradicional "mamãe e papai se divorciaram". A situação é complicada, mas tento mantê-la pacífica, funcional e, sobretudo, amorosa.

De todo modo, meu tempo livre, meu descanso, é sempre nos verões — mas eles não são exatamente um descanso para Jill. De repente, ela vira mãe. Ela é muito boa nisso, mas são muitas as tentativas enquanto as crianças tentam se reconectar com um pai inevitavelmente ausente e se conectar com uma nova figura materna. Quando ficam mais velhos, Simon e Joely me revelam que eles achavam isso tudo mais difícil do que fizeram parecer na época, até mesmo durante o breve período em que voltaram com Andy para morar no Reino Unido. De fato, o que Simon me revelou é que ele, frequentemente, fugia do colégio de ensino fundamental em Ealing porque odiava muito a escola. Ou porque odiasse muito sua vida. Por um ou outro motivo, não consigo não carregar essa culpa.

Ninguém me disse isso na época. Mas, percebo com atraso, conto com evidências fotográficas. Em uma foto de escola, Simon está posicionado no fim da fila; na verdade, está sentado a mais de 1 metro de distância de seus coleguinhas. Para ser mais simbólico que isso, só se ele estivesse carregando uma cópia do vinil *Face Value* debaixo do braço. Ainda estremeço diante dessa foto do meu garotinho.

Assim, me dedicando para compensar as horas paternas que tão dolorosamente perdi pelas vicissitudes da vida, passo um bom tempo com as crianças. Às vezes acho que isso poderia complicar as coisas com Jill. De novo, estamos juntos, mas distantes. E eu não consigo parar de pensar no inevitável: na volta de Joely e Simon para Vancouver. Então, desfruto de cada minuto em que estão comigo na Inglaterra.

Jill e eu temos um tempo reservado para nós depois que Joely e Simon vão dormir. Assistimos a um filme ou conversamos, mas, conforme as crianças vão crescendo, dormem cada vez mais tarde, e o tempo que Jill e eu temos juntos sozinhos encolhe — como acontece com a maioria dos casais com filhos.

Quando as férias escolares chegam ao fim, relutantemente levo Joely e Simon de carro até Heathrow e dou tchau enquanto eles começam a longa viagem de volta para sua mãe: menores sem a companhia de responsáveis em um voo de dez horas até Vancouver. Eu nem sonharia em fazer isso com Nicholas e Mathew hoje em dia — entraria no avião com eles. Não sei em que estava pensando. Peço desculpas a Jo e Simon aqui e agora pelo meu egoísmo. Juro que, na época, não via desse modo, principalmente por já estar batalhando em outra frente.

Estava acostumado a barganhar com Andy, negociando para ficar mais tempo com as crianças. Divórcios podem ser ruins para os filhos, peões no jogo adulto. Eles ouvem um lado da conversa, a gritaria, as batidas de telefone, e depois precisam ouvir mamãe ou papai fazendo sérias críticas um ao outro. Já é péssimo que seus pais não morem mais juntos; as crianças certamente não querem, agora que eles estão separados, continuar a ouvi-los discutindo. Com a idade, de qualquer modo, ficamos mais sábios, e agora sinto que tenho um diploma de mestrado em divórcio e gestão de pessoas. Em algum momento, vou encarar minha vida adulta como 40 anos de negociação.

Terminadas as férias de verão, estou pronto para voltar ao trabalho. Não que eu me ressinta disso de algum modo. Diferentemente do meu frustrado pai, que, a meu ver, no fim das contas se prejudicou pelo trabalho que era forçado a fazer, minha atividade profissional é o que me mantém vivo. Amo meu trabalho.

Com as crianças de volta sãs e salvas no Canadá, o Genesis se reúne na Farm naquele outubro para começar a trabalhar na gravação do que se tornará o álbum *Invisible Touch*. Agora que estou acomodado em Lakers Lodge, Mike, Tony e eu moramos perto um do outro, e todos chegamos de carro ao estúdio em cerca de dez minutos.

Se eu tivesse alguma intenção de sair do Genesis para priorizar minha carreira solo, em teoria, essa seria a hora ideal, pegando carona no grande sucesso ainda presente de *No Jacket Required*. Mas, ao mesmo tempo, eu sentia falta dos rapazes. Tony e Mike se tornaram mais amigáveis conforme o tempo passou, o que contraria a narrativa tradicional das bandas de rock. Tony, antes muito mais tímido e com dificuldade para conversar, virou um grande amigo, engraçado e espirituoso. Ele é uma pessoa diferente, principalmente depois de uma ou duas taças de vinho. E Mike também se soltou.

Portanto, eu sentia saudades deles, e sentia saudades de nosso jeito mágico de trabalhar em estúdio. Nunca tínhamos planejamento, só entrávamos e improvisávamos. Nós *tocávamos*! Não é como nos Beatles, em que John chegava com uma música e Paul com outra. Não conheço nenhuma outra banda que funcione assim, todo mundo sentando junto, improvisando junto, até que algo saia dali. Todas as outras bandas parecem ser mais organizadas — mais chatas — do que esse nosso estilo.

Eu penso: "Não tem outro lugar em que eu vá fazer isso." Temos algo especial.

E o Genesis é um porto seguro também. O grupo me dá apoio, estou cercado de amigos (a equipe de turnê é a mesma que uso em minhas campanhas solo). Trabalhamos juntos, relaxamos juntos, comemos juntos. Quando você entra no estúdio de manhã, os roadies estão tomando café enquanto esperam. Quando você está produzindo um álbum, durante um bom tempo não se faz nada, principalmente quando se começa a gravar. Então, depois de algumas horas de trabalho, você acaba saindo para ver se sobrou feijão, linguiça, essas coisas do café da manhã inglês. E aí acaba rolando também um curry à noite. Enquanto produz um álbum, você engorda. Tirando o aumento da barriga, a única parte ruim é ter de voltar para casa todo dia.

Começamos com uma folha de papel em branco e com a grande e bela sala de controle que foi construída na Farm desde que gravamos lá pela última vez. Também temos uma cabine de isolamento para minha bateria, mas começamos a usar mais caixas de ritmos do que no álbum anterior. Isso me libera da função, tanto para compor quanto para cantar as músicas.

A faixa "Invisible Touch" é um exemplo. Mike insiste num riff de guitarra, eu começo a cantar e, instantaneamente, surjo com esta frase: "*She seems to have an invisible touch...*" [Ela parece ter um toque invisível...] *this touch*, "*takes control and slowly tears you apart...*"

[Esse toque, é um toque que te domina e lentamente te despedaça...] Essa música está falando de Andy. De Lavinia. De alguém que vai chegar fodendo com a sua vida, cara, e é com esse verso que encerro a música nos palcos, sendo ovacionado, de modo geral, pelo público, e provocando certo embaraço nos meus filhos.

Mas "Invisible Touch" não é o tipo de música amargurada ou raivosa — ela fala de aceitação. Às vezes, quando Simon entrava em relacionamentos que não terminavam bem, eu dizia para ele: "She seems to have an invisible touch...", e ele ria. Ele parece cultivar relacionamentos similares àqueles meus. Até mesmo quando se trata de meu filho Nic e das garotas que ele está conhecendo na escola, digo que há certas pessoas com quem não devemos sair. Mas acabamos nos sentindo atraídos por elas.

Entretanto, embora "Invisible Touch" tenha características de um pesadelo patológico e meio assustador, tem também uma energia, com uma batida influenciada por "The Glamorous Life", um grande sucesso dançante dos Estados Unidos de 1984, gravado por Sheila E., que havia sido, por um breve período, percussionista e covocalista de Prince. Essa é uma das minhas músicas favoritas do Genesis, e quando é lançada como o primeiro single do álbum, em maio de 1986, torna-se nosso primeiro — e único — single campeão, nº 1, nos EUA. Na verdade, é o primeiro de cinco singles do *Invisible Touch* que fizeram parte do top 5 do país. Até hoje, *Invisible* é o disco mais vendido do Genesis, lançado um ano depois de *No Jacket Required*, meu mais vendido.

Estranhamente, os mundos do Genesis entram em colisão de outros modos nesse período. Tendo dominado a venda e as reproduções em rádios nos EUA naquele verão, somos despachados da lista de singles campeões pelo "Sledgehammer", de Peter, que é retirado de seu quinto e maravilhoso álbum *So*. Ele não se parece mais em nada com o cara que usava uma cabeça de raposa como fantasia, mas agora sua cabeça aparece em uma animação quadro a quadro no clássico clipe da música.

Admito: tenho inveja de Pete. Há algumas músicas compostas por ele que eu gostaria de ter composto — para começo de conversa, "Don't Give Up", seu fantástico dueto com Kate Bush.

Mas até aqui, do alto do sucesso da minha carreira, parece que, a cada conquista ou boa oportunidade com que me deparo, a regra é que eu comece a acumular críticas negativas da imprensa. Inversamente proporcional, Pete parece receber críticas positivas automaticamente. Parece um tanto injusto, embora eu reconheça que essa é uma palavra patética para ser usada neste contexto. Alguns anos depois, em 1996, quando lanço *Dance Into The Light*, a *Entertainment Weekly* escreve: "Até Phil Collins deve saber que estamos saturados de Phil Collins."

Entre concluirmos a gravação de *Invisible Touch* e começarmos a turnê subsequente, pego a estrada de novo com Eric. Parece que ambos fomos perdoados por *Behind the Sun*, uma vez que me permitem tocar bateria e coproduzir, com Tom Dowd, seu novo álbum. Será intitulado *August*, já que agosto foi o mês em que seu filho Conor nasceu. Gravamos em Los Angeles, sob os zelosos olhos de Lenny Waronker, assegurando-se de que haveria muita guitarra no álbum. *August* se torna o disco mais vendido de Eric até então, um resultado feliz que podemos atribuir a uma melhor seleção de músicas, à correção de Waronker, à minha produção de muito mais qualidade, ou a uma combinação mágica desses três fatores. Levamos esse sucesso a uma série de shows na Europa e nos Estados Unidos, em que me torno parte da banda da turnê de Eric. Tocar com Eric, Greg Phillinganes e Nathan East é pura diversão — nosso êxtase é tão grande que chamamos nosso grupo de The Heaven Band, A Banda dos Céus — e um relaxante e agradável prelúdio do que está por vir.

A turnê de *Invisible Touch* começa em setembro de 1986 com três shows noturnos em Detroit na Joe Louis Arena, um lugar com capacidade para 21 mil pessoas. Só saímos de turnê depois de dez meses, com 112 apresentações.

Essa é a turnê em que começam a jogar lingerie em nós enquanto tocamos no palco. Antes disso, costumavam jogar um pé de sapato — chegariam em casa mancando? —, mas agora é lingerie. Por quê? Será que a aparição dos nossos singles no top 5 norte-americano nos trouxe uma audiência mais jovem e liberal? Será que a paixão da letra de "Invisible Touch" está tocando as pessoas? Ou será que o galante Tom Jones não está fazendo turnê neste ano?

Rodamos pelo globo. Três noites aqui, quatro noites acolá, cinco noites no Madison Square Garden. Folgas em turnê? Não é nossa praia. Dou uma volta no hotel, talvez vá ao cinema, mas nada muito além disso. Não é que eu possa acabar me aborrecendo com os fãs na rua; é que simplesmente estou contando as horas até o show noturno. É por isso que estou aqui. De vez em quando, também fico no quarto ouvindo as fitas do show da noite anterior, verificando a mixagem, para alertar qualquer falta de atenção ou erros de qualquer um de nós durante a apresentação. No fim das contas, entendo que cada show tem seu próprio tempo, seu próprio espaço.

Às vezes, por sugestão dos melhores e mais caros fonoaudiólogos e otorrinos, me isolo na sauna mais próxima. Agora que estou fazendo tantos shows, tanto solo quanto do Genesis, e que as vendas estão crescendo cada vez mais, vivo morrendo de medo de perder minha voz, e o vapor ajuda.

Provavelmente não sou a pessoa mais agradável para se conviver em turnê, então, estimulo Jill a sair — fazer compras, ver a cidade, sentir a vibe da última parada das nossas permanentes andanças globais. Isso também me ajuda a ter algum tempo sozinho e recarregar minhas baterias. Sou obrigado a dar tanto de mim no palco que preciso de todo o tempo comigo mesmo que possa ter.

Eu sei o que parece. Lá estou eu, sentado sozinho no quarto, em silêncio, ouvindo o show da última noite ou tentando encontrar alguma coisa para assistir na TV dos Estados Unidos. Pareço Greta Garbo.

Na Austrália, nossa estadia coincide com a de Elton John, e eu passo uma noite muito didática em seu camarim em Melbourne. Ele vai tocar com a Melbourne Symphony, com transmissão ao vivo para todo o país. Elton começa a fazer uma cena porque acha que perdeu a voz. Parece que está prestes a cancelar o show, pouco importam as dezenas de instrumentistas de orquestra e os vários milhares de fãs. Ele chama sua limusine, é conduzido lentamente até o estacionamento tendo um ataque de raiva mas, no fim, volta e entra no palco.

Depois do show, já de volta ao camarim, eu lhe digo que só percebi uma breve oscilação vocal durante a música "Don't Let the Sun

Go Down on Me". Ele fica satisfeito em ouvir isso, mas percebo uma birrinha enquanto pigarreia.

Para mim, isso é um interlúdio esclarecedor. Muitas vezes o público simplesmente não percebe essas sutilezas — eu mesmo mal notei, e eu *sabia* que ele estava rouco. Deve-se pensar duas vezes antes de deixar que uma garganta inflamada se torne um cancelamento de show digno de diva. Há poucas desculpas admitidas por 20 mil fãs, e talvez elas se restrinjam ao cantor realmente morrer na sauna antes da apresentação.

A turnê de *Invisible Touch* finalmente é encerrada na Inglaterra, em julho de 1987. Mas somente seis dos 112 shows acontecem no Reino Unido, então é bom que arrebentemos a boca do balão. E o balão é desafiador: tocamos nos estádios de futebol nacionais da Escócia e da Inglaterra. O Hampden, em Glasgow, e o Wembley, em Londres.

Para um fã de futebol, esses momentos são especiais. No Hampden, nos deixam usar o salão de troféus como camarim. Fico pensando: "Foi aqui que a Inglaterra e a Escócia jogaram... Será que o superartilheiro Jimmy Greaves ficou sentado aqui?..."

A ambiência do Wembley é incrível, e as quatro noites em que tocamos lá facilmente podem ser consideradas o triunfo da turnê. Quando você está no palco em frente a 86 mil pessoas — no lar lendário do futebol inglês — e as orienta a fazer coisas estúpidas mas amáveis (gritar "Uh-hu" quando as luzes diminuem durante a abertura de "Domino", por exemplo), a cena é emocionante, intoxicante. Eu me sinto muito poderoso nessa noite. No topo do mundo, mamãe! E minha mamãe estava lá, como esteve presente em todos os shows do Genesis em Londres, mesmo quando, com a visão falhando e a força das pernas reduzida, teve de ser empurrada em uma cadeira de rodas.

Depois de alguns shows, volto a ter os pés no chão em um instante. Mas há algo estranho em Wembley. Nunca senti algo assim em nenhum outro lugar. Esse lugar foi tão importante na minha juventude que o simples ato de andar ao redor do estádio, caminhar na grama, me provoca uma sensação magnífica.

Então, como fazer para transformar essa energia divina, dourada, das quatro noites em Wembley? Outros talvez se encham de champanhe, cocaína, supermodelos e lanchas. Durante a turnê de *Invisible Touch,* andei visitando lojas de ferromodelismo mundo afora, encomendando locomotivas e vagões de tamanhos engraçados para serem entregues no Reino Unido. Pretendia encher o porão de Lakers Lodge com um layout de Liliput — de *As Viagens de Gulliver* —, algo que deixaria Rod "the Mod" Stewart com enorme inveja.

Também aproveito a oportunidade para revisitar algo que jurei nunca mais encarar: atuar. Acabei de fechar dez meses em alguns dos maiores palcos do mundo — *é claro* que posso liderar uma banda. E é óbvio que, dessa vez, ninguém vai me cortar na sala de edição.

Eu tinha 12 anos, em 1963, quando aconteceu o assalto ao trem pagador. Eu me lembro de passar os olhos nas manchetes no jornal dos meus pais no dia seguinte ao roubo. Sabia da importância daquilo. Muitos britânicos pareciam meio que gostar da audácia daquela gangue de 15 ladrões fortes que pararam o trem postal noturno de Glasgow para Londres de um modo tão simples — meramente adulterando as luzes de sinalização — e descarregaram dele sua carga monetária, com a soma principesca de 2,6 milhões de libras. Corrigindo para os dias de hoje, seriam 50 milhões de libras. Uma soma muito, muito principesca.

Depois de serem capturados, os membros da gangue receberam penas escandalosamente longas. Os badalados anos 1960 estavam apenas começando e o humor do país estava mudando, então a sensação que o povo tinha era a de que eles serviram de exemplo pela elite britânica. Um dos ladrões encarcerados, Ronnie Biggs, pejorativamente conhecido na gangue como "the tea boy", algo como "trombadinha", escapou da prisão Wandsworth, em Londres, e voou para Paris, seguindo para a Austrália, até se estabelecer, finalmente, no Rio de Janeiro, onde fez carreira como famoso ladrão de trens. Em 2001, quase quarenta anos depois do assalto, ele finalmente voltou para o Reino Unido e para a justiça.

Dois dos principais membros da gangue conseguiram escapar do país até antes de Biggs, em um avião rumo ao México, onde também se tornaram heróis folclóricos para algumas pessoas do Reino Unido. Um deles era o líder da gangue, Bruce Reynolds. O outro era seu braço direito e imediato, Buster Edwards.

Então, em um dia em 1987, recebi a oferta de uma empresa cinematográfica. Estavam produzindo um filme baseado na vida de Buster, que, depois de voltar do México com uma mão na frente e outra atrás, com saudades da família, ficou encarcerado por nove anos antes de criar juízo e abrir uma banca de flores do lado de fora da estação de trem de Waterloo, em Londres.

Os cineastas interpretavam a história de Buster como um romance. Ao longo de sua vida de crimes irrelevantes e do tempo de prisão regulamentar, ele e June, sua espora, foram inseparáveis. Então, os produtores queriam contar a história do casal, usando o assalto ao trem pagador meramente como pano de fundo.

E eu cogitaria aceitar o papel?

Mas é claro que sim. Eu posso ter desistido de atuar no auge da adolescência e no finalzinho dos anos 1960 — não foram poucas as minhas experiências ruins na TV (e na sala de edição) e, além de tudo, eu estava mais interessado em me firmar como músico —, mas isso já passou. O novo desafio criativo me atrai.

Por que eu? Parece que o diretor, David Green, estava vendo TV uma noite quando passou meu episódio do *Miami Vice*. Poucos minutos depois, sua esposa lhe disse: "Você encontrou o seu Buster."

Green já havia encontrado sua June: Julie Walters, a amada e talentosíssima atriz e comediante britânica. Ela ganhou um British Academy Film Awards (BAFTA) e um Globo de Ouro, além de ter sido indicada ao Oscar de Melhor Atriz com o filme *O despertar de Rita*, de 1983. Sua participação no projeto é um sinal de que devo aceitar, dissolvendo quaisquer dúvidas remanescentes que possa ter.

Uma das minhas primeiras tarefas é colocar uma prótese de nariz para um teste de atuação. O verdadeiro Buster fez cirurgias plásticas precárias quando estava fugindo da Europa. A ideia é que eu inicie o filme com uma prótese de nariz, que depois vai ser retirada para que meu nariz de verdade figure, de cara limpa, como o nariz pós-plástica do homem. Sacou? Isso faz sentido para a filmagem, mas efetivamente sugere que meu nariz de verdade é considerado cômico. Tento não me ofender. Nós, atores, passamos por cada uma, minha gente...

Mal saio da maquiagem, organizam um almoço nos Wembley Studios entre mim e os produtores Norma Heyman, David Green, Julie. Ainda estou com a prótese no nariz, e é a primeira vez que me encontro com Julie. A ideia é ver se a gente se dá bem. Ela fica encantada por me encontrar, bem como por ver meu nariz falso. Quanto a mim, me apaixono por ela instantaneamente. Ela é engraçada, mas de um jeito atraente, e tudo o que diz me faz lembrar os esquetes geniais que ela interpretava nos programas *Acorn Antiques* e *Wood and Walters*. Não tem problema me "apaixonar" um pouquinho, né? O casal protagonista precisa ter química, certo? Encantado com uma atriz tão experiente, e ainda mais por sua simpatia, anseio, em segredo, em saber se meu antigo talento de atuação ainda resiste. Não quero decepcionar Julie.

Já não bastasse a vergonha de ter de encontrá-la usando uma prótese de nariz esquisita, Green e Heyman sugerem que a gente se jogue em um ensaio. Em circunstâncias normais, isso provavelmente me causaria bastante prazer. Mas, como *Oliver!* não demandava muito beijo, tampouco *Calamity the Cow*, não faço ideia de como dar beijos técnicos. Quais são os parâmetros? Com língua ou sem língua? E se o meu nariz cair?

Enquanto estou tentando concentrar a cabeça, os lábios e o nariz para tudo dar certo, o diretor vem se aproximando, se inclinando, latindo instruções: "Vai com mais força... chega mais perto... vocês são casados, lembrem-se disso... cuidado com o nariz!" Green e Heyman estão gritando a 30 centímetros de mim. Tudo isso é muito intimidante.

Finalmente terminamos, e sem que Julie fique muito traumatizada. Por sorte, o diretor desiste do nariz e fazemos o filme sem ele.

É nessa época que Danny Gillen entra em minha vida. Nascido em Belfast, um grande cara, de grande coração, ele é contratado para me apanhar todo dia às 5:30 da madrugada em West Sussex, me levar até as locações, em vários locais de Londres, cuidar de mim ao longo do dia — pelo menos garantindo que nenhum dos antigos "parceiros" de Buster decida aparecer para dar um alô — e, no fim do expediente, me levar de volta para casa. Nós nos tornamos amigos inseparáveis durante essa empreitada, e seguimos unidos até hoje. Do *Buster* em diante, passarei por muitas experiências, não poucos arranhões — envolvendo de tudo, de paparazzi a fãs superimpulsivos e ladrões australianos viciados —, das quais só sairei incólume com a ajuda de Danny.

Devo confessar que acho tranquilo interpretar o papel de Buster Edwards. Presumo que ele seja uma extensão da Raposa Esperta, um marrento garoto *cockney*. A reviravolta mesmo vem de fora da tela.

Na noite de 15 de outubro de 1987 uma grande tempestade desaba sobre a Inglaterra. Naquela noite, na Lakers Lodge, sinto a sólida casa georgiana tremer e árvores caírem apocalipticamente. Perco, ao todo, vinte árvores, mas é muito, muito pior com outras pessoas — no país inteiro, estima-se que 15 milhões de árvores tenham caído. Reajustando para os valores de hoje, os estragos chegaram a 5 bilhões de libras.

Na manhã seguinte, Danny e eu não conseguimos chegar ao set de filmagem em Londres porque a maior parte das estradas na parte rural de Sussex está bloqueada por árvores caídas. Só no fim da tarde conseguimos encontrar um caminho, e as cenas com que deparamos são horríveis: árvores quebradas como palitos de fósforo, até mesmo na zona central de Londres. Casas destruídas. Carros amassados. Vidas soterradas em todo lugar. Naquele dia, nos esforçamos para dar o melhor de nós na filmagem, mas todos estão com a cabeça longe dali: a maior parte do elenco e da equipe sofreu prejuízos em suas casas e está tentando contatar parentes, serviços de emergência, companhias de água, gás e eletricidade e seguradoras.

Acabamos refilmando a cena alguns meses depois, quando Julie está com quase sete meses de gravidez. E conseguimos, com a atuação, lidar com o elefante na sala. Os produtores não queriam que eu conhecesse Buster pessoalmente antes da filmagem. Assim eu não me confundiria em minha representação dele. O roteiro é, afinal, uma novelesca narrativa de conto de fadas sobre sua vida. Entretanto, antes de começarmos a gravar, de fato o encontro brevemente, na *soirée* pré-filmagem, onde elenco e equipe se reúnem pela primeira vez. Essa falta de familiaridade realmente significa que há algumas trapalhadas em pontos-chave no filme. Eu o interpreto como um fumante inveterado, já que parecia que todo mundo fumava nos anos 1960; além disso, fumando eu tinha algo para fazer com minhas mãos enquanto estávamos filmando. Mas descubro que Buster era o único *não fumante* nos anos 1960. E, pior, muito pior: há uma cena no México em que dou uma surra em June/Julie. Quando vê isso, Buster fica estupefato

— Eu nunca faria isso com a minha June — ele me diz, ofendido com razão.

De modo geral, no fim Buster e June consideram que o filme não tem nada a ver com a vida real deles — Buster me confidenciou que não era tão bizarro e bobo quanto o filme *O mistério da torre*, apesar de o roteiro retratá-lo desse modo.

Bruce Reynolds, um dos parceiros de crime de Buster, vai à mesma festa de elenco e equipe, e posteriormente dá uma passada nas filmagens quando estamos gravando uma externa. Acabamos por criar uma relação amigável e, um dia, quando estamos filmando em uma localidade parecida com a fazenda Leatherslade, onde os verdadeiros ladrões ficaram escondidos depois do crime, Bruce se vira de repente e sussurra:

— Mas que lugar perfeito, Phil. Vou ter que registrar o endereço. Pelo jeito, ele ainda está aberto para negócios.

Enquanto isso, a trilha sonora de *Buster* tem passado por uma turbulência. Os produtores do filme, primeiro, pensaram em me convidar para cantar a música tema do filme. Queriam o "pacote Phil Collins" completo: ator, cantor, compositor.

— Não. Eu não quero que fiquem pensando em mim como um cantor quando me virem atuando.

Estou levando esse trabalho muito a sério. Forçar a barra com minha banda/faceta pop na telona seria demais: o trabalho já é pesado o suficiente.

Sugiro algumas alternativas. Conheço algumas pessoas que podem fornecer uma boa música romântica. Acabei de conhecer um de meus heróis, Lamont Dozier, do Holland-Dozier-Holland (estrela da Motown), na turnê de *No Jacket Required*. Ele entrou nos bastidores em um show de Los Angeles e nós trocamos elogios e contatos, além da promessa de trabalharmos juntos. E o produtor dos Beatles, George Martin, também é um bom amigo meu.

Por algum motivo desconhecido, os produtores parecem subestimar a ideia de contar com a ajuda de George, mas gostam de Lamont. Então, convido a lenda da Motown e ele aceita compor algumas músicas. Lamont vai até Acapulco, onde estamos filmando as cenas do exílio de Buster, e leva com ele dois rascunhos musicais: um instrumental com um título, "Loco in Acapulco", e uma música que não tinha nem título nem letra. Escrevo a letra de ambos de madrugada, batizo a que não tinha título como "Two Hearts", depois subo para o quarto de hotel de Lamont e canto as músicas com ele.

— Bem... — comenta Lamont, sorrindo —, agora você vai ter que cantá-las... Estas músicas são suas...

Como "Loco in Acapulco" vai tocar no meio do filme, me recuso a cantá-la. No fim, convido os Four Tops e produzo as músicas com Lamont. Ganho a enervante tarefa de cantar a melodia para Levi Stubbs, uma das vozes mais incríveis dos anos 1960. Entretanto, me pressionam muito para cantar "Two Hearts". Acabo aceitando, pedindo que só toquem a música nos créditos do filme.

— Quero que as pessoas concluam se eu sei atuar antes de me ouvirem cantando.

O tiro sai pela culatra.

— Também precisamos de uma música romântica por volta daquela época, algo que Buster e June possam ter ouvido no rádio... Um cantor meloso como Andy Williams cantando uma balada, algo como "A Groovy Kind of Love".

— Que bela ideia, Phil!

— Sim, mas nada meu — esclareço, em pânico.

— Claro, claro, mas você pode nos dar uma demonstração, para entendermos o que está sugerindo?

Ligo para Tony Banks e o convido para trabalhar nos acordes da música, gravar uma versão demo de meia horinha e enviar para os produtores.

— Isso está fantástico, Phil!

— Mas vocês vão chamar outra pessoa para cantar, certo?

— Pode ter certeza.

Vou assistir a uma versão preliminar do filme e reconheço, ali, minha demo, tocando durante um romântico beijo de despedida entre Julie e mim. Reclamo. Mas, como funcionou bem no filme, fico em um beco sem saída. Então regravamos "A Groovy Kind of Love" sob a produção de Anne Dudley, uma maestrina de orquestra, e essa versão é lançada como single.

Parafraseando a fala de Michael Cane no grande sucesso das telonas britânicas dos anos 1960 *Um golpe à italiana*, "You're only supposed to blow the bloody doors off!-The Italian Job", ou seja, eu estava fazendo muito mais do que o combinado inicialmente. E o resultado é que acabo emplacando outro single em primeiro lugar no Reino Unido e nos Estados Unidos, e muito mais grudento, por gravar outra versão cover de um clássico de música de estrada dos anos 1960, ainda que se tratasse apenas de um projeto para um filme.

Mas e daí? Depois de o filme ser lançado, em novembro de 1988, fico satisfeito em ver Buster Edwards se tornar um tipo diferente de herói popular. Ele e June são um casal lindo, e se tornam grandes amigos meus e de Jill. Visitam Lakers Lodge umas duas vezes por ano. Quando Buster comete suicídio, em 1994, fico arrasado. Os tabloides vomitam histórias horríveis sobre ele, mas tenho a impressão de que ele só estava deprimido e entediado.

— Porra, Phil, estou vendendo flores na porta da estação de Waterloo. Cadê o ânimo que eu tinha nos velhos tempos?... — ele dizia.

Buster: procura-se um ladrão é um clássico menor para o público britânico: uma nostálgica e romântica brincadeira no badalado período dos anos 1960. Rende boa bilheteria no Reino Unido. A combinação de Julie comigo foi muito boa, e fico empolgado com a experiência. Finalmente, sou o protagonista na tela.

Antes do lançamento, meu desempenho recebe boas menções da crítica, então fico satisfeito por ser capaz de fazer algo com esse poder cinematográfico recém-descoberto (e indubitavelmente passageiro). Em outra esfera da minha vida, ainda sou um curador do fundo de caridade do príncipe Charles. Como me tornei bem próximo dele e da princesa de Gales, tomo a decisão óbvia: convido os dois para a estreia do filme a fim de contribuir para o caixa do fundo.

Mas então os tabloides atacam. Durante o assalto ao trem pagador, um dos membros da gangue deu uma porrada no maquinista do trem, Jack Mills, com um *cosh*. Ele morreu sete anos depois, mas as pessoas dizem que, depois do roubo, nunca mais foi o mesmo. Os jornais publicam manchetes do tipo "Filme Real glorifica violência", e de repente a opinião pública se volta contra ele.

Certa noite chego em casa depois de cantar "A Groovy Kind of Love" no *Top of the Pops* e Jill me diz:

— Ligaram para você. Pediram para entrar em contato com o Palácio de Buckingham.

Pasmem! Pigarreio, me visto a caráter e disco o número informado.

— Estávamos esperando sua ligação, Sr. Collins.

E sou passado para o príncipe Charles.

— Minhas sinceras desculpas — diz o príncipe Charles, de seu jeito bem peculiar. — É algo estúpido, um alarde estúpido e por nada, mas Diana e eu não poderemos ir.

Causa e consequência: *Buster: procura-se um ladrão* afunda na bilheteria dos Estados Unidos. É um público que não sabe a diferença entre Buster Edwards e Buster Keaton, ou entre o assalto ao trem pagador e o assassinato do maquinista Casey Jones. Mas a trilha sonora é recebida com amor nos Grammys: "Two Hearts" ganha o prêmio de Melhor Canção Composta para Mídia Visual e é indicada para o Oscar. E para o Globo de Ouro de 1989, ano de *Um peixe chamado Wanda* — o que significa que John Cleese está na plateia, indicado para Melhor Ator de Musical ou Comédia.

Pulando no palco do Globo de Ouro em Los Angeles para receber o prêmio por "Two Hearts" (Melhor Canção Original), digo:

— Isso é fantástico. A música é, de fato, de um filme britânico chamado *Buster*, que foi um fracasso, principalmente por causa da empresa responsável pela distribuição. Mas, como eu sempre digo, perdoe e esqueça. Ou ao menos finja fazê-lo.

Ao ouvir isso, uma voz se destaca na multidão, gargalhando. É Cleese, que reconhece uma de suas tiradas do personagem Basil Fawlty. Isso coroa minha noite: fiz John Cleese gargalhar.

15
Mas sério mesmo, pessoal

Ou: os causos da vez...
e um caso de verdade.

Meu álbum de 1989, ...*But Seriously*, foi intitulado assim por dois motivos. Por um lado, em 18 de março desse ano, Jill dá à luz nossa filha, Lily. De repente, fico enredado novamente em sentimentos de responsabilidade parental e de pai babão. Estou contemplando minha família aqui dentro, mas também olhando para fora, para o mundo em que Lily vai crescer.

Esses sentimentos se refletem nas músicas que tenho composto. "Another Day in Paradise", "That's Just The Way It Is" (ambas contarão com a voz do fabuloso David Crosby cantando comigo), "Colours" e "Heat on The Street": quatro músicas social e politicamente engajadas que tratam, respectivamente, dos sem-teto, do apartheid, dos conflitos na Irlanda do Norte e do desconforto urbano. É possível adivinhar meu estado de espírito olhando para minha expressão na arte da capa do disco, que, como sempre, não mostra nada além de meu rosto. Na sobrecapa do álbum, estou demonstrando meu amor e minha seriedade.

Ainda assim, quando olho para essa capa hoje, penso: "Por que esse olhar longínquo, Phil? Por acaso você estava prevendo o crescimento de uma tempestade emocional?"

Ao fazer essas raras incursões na composição musical baseada em "problemas", eu não queria perder meu estilo. Não queria soar como Paul McCartney soou quando gravou sua música "Angry", meio inibido e pouco empenhado.

Depois do Live Aid, fui convidado para ir à fazenda de Paul em East Sussex para tocar em seu novo disco. Não sabia o que ele estava procurando. Só sabia que Hugh Padgham, que estava produzindo esse novo disco de McCartney, havia me indicado para dar uma chacoalhada na música.

Pete Townshend também tinha sido convidado, então ambos contribuímos para o que se tornaria o disco de 1986 de McCartney, *Press to Play*. Fico relutante em usar a terrível expressão dos anos 1980, "rock consciente", mas nós três somos homens do mundo conectados, engajados e maduros. Todos os três já passamos por muita coisa, inclusive pelos maiores estádios e palcos do planeta. Nós, ídolos milionários, sabemos tudo sobre desespero, pobreza e injustiça. Precisamos saber. Nós três fizemos parte do Live Aid.

No estúdio, McCartney declara:

— Quando eu estava fazendo o Live Aid, senti *raiva*. E queria escrever uma música sobre isso. Eu senti que devia ficar *com raiva* de algo. Então escrevi uma música. Ela se chama "Angry".

Na melhor das hipóteses, pode-se dizer que é uma atitude típica dos anos 1960. Me pego pensando: "Ou você está empenhado em fazer algo ou não está." Gosto de McCartney — ele foi um herói da minha adolescência —, mas tem uns probleminhas excêntricos. Quando você está falando com ele, ele deixa claro que você está falando com um Beatle, e que deve ser muito difícil falar com um Beatle.

Aqui, no trágico final dos anos 1980, ainda estamos bem envolvidos na era do rock'n'politics. Sting, Bono, Peter: todos são conhecidos por levantar bandeiras, tocar tambores, lutar a boa luta, pela boa causa. Ou pelas causas, no plural. Muito justo; esses caras merecem enorme respeito pelo trabalho social que desenvolvem.

Fico feliz por me levantar e por contarem comigo como convidado. Meu entusiasmo e meu empenho no trabalho da instituição The Prince's Trust é uma paixão que já completa quarenta anos. Mas, em geral, não me sinto confiante o suficiente, ou inteligente o bastante, para liderar o desafio desta ou daquela campanha. Na minha cabeça, se você vai fazer isso, precisa estar preparado para propor ideias e soluções, além de responder a questões difíceis. Para ser um ativista, é necessário estar completamente engajado com a questão. E esse não é o meu forte.

Para relatar um caso: durante minha turnê First Final Farewell, entre 2004 e 2005, faço shows consecutivos em Beirute e Tel Aviv. Mas, devido à situação no Oriente Médio, não conseguimos voar diretamente do Líbano para Israel; temos de dar uma volta por Chipre. Há importantes questões em jogo aqui, sobre um conflito milenar que ainda persiste. Mas sou apenas uma personalidade do rock passando pelas cidades a fim de tocar algumas melodias para os fãs. O que eu sou capaz de adicionar ao debate? Ainda assim, quando chego a Tel Aviv, sou levado, relutantemente, a uma coletiva de imprensa. Em frente a flashes de câmeras que não param de piscar, me sinto um peixe fora d'água.

— O que disseram sobre Israel em Beirute?
— Hum... — pauso. — Não disseram nada.

As questões, junto com minhas respostas, seguem, todas, essa linha. É uma situação ridícula. Então, escrupulosamente, tento evitar qualquer impressão de que estou oferecendo minha opinião: ela não vale nem 1 centavo.

Prefiro fazer isso de um jeito mais humilde e pessoal: musicalmente. Mas sou também o primeiro a fazer a autocrítica, dizendo que minhas investidas nisso nas letras do *...But Seriously* são bem básicas, possivelmente até ingênuas. Mas, repetindo, às vezes uma visão clara e objetiva das coisas não é completamente ruim. É como um monte de gente pensa. Às vezes, o óbvio é o certo, a última coisa em que qualquer um pensa.

Não me lembro das críticas do *...But Seriously*. Provavelmente, não muito boas, como vinha sendo o padrão. Mas curti fazer o álbum: disse o que me deu na telha; compus "Father to Son" para Simon; Eric me ajudou em "I Wish It Would Rain Down" (era possível ouvi-lo dessa vez, *e* ele apareceu no clipe). Então "Another Day in Paradise" vai avançando, até virar um sucesso global. É uma pancada em todo mundo.

As origens dessa música estão plantadas em Washington, quando o Genesis tocou no Robert F. Kennedy Memorial Stadium durante a turnê de *Invisible Touch*. Aterrissamos em Pittsburgh na neve, e enquanto estamos entrando no aeroporto, pergunto a Myron — que, além de ser nosso motorista, é também um pregador, um bom homem que se torna um grande amigo — sobre as caixas de papelão colocadas ao longo das calçadas à sombra do Capitólio.

— Sem-teto — responde ele.

Fico chocado. Sem-teto, muitos deles, tão próximos de toda essa riqueza e poder? A imagem se fixa em minha mente. Começo a me ligar mais nas caixas — as casas dos sem-teto — aonde quer que vamos tocar. Instituições de caridade do mundo inteiro pedem para usar a música "Another Day in Paradise" em suas campanhas. Muito depois, filmamos os ensaios da turnê de 1994-1995, Both Sides Of The World — que ocorrem no clube de trabalhadores de Chiddingfold —, e vendemos as filmagens na própria turnê. Todo o valor da venda é doado para abrigos locais de cada parada que fazemos na turnê, que tem 169 dias de apresentação e dura 13 meses. Essas organizações também arrecadam dinheiro nos shows, e eu entro com o mesmo valor que elas coletam. É o começo de um relacionamento importante.

Se eu sou "político", esse é o jeito como prefiro fazer política — com letra minúscula. Até hoje, todos os direitos autorais que recebo na África do Sul não saem de lá. Eles vão para a Topsy Foundation, que trabalha com soropositivos pobres nas partes rurais do país.

De volta ao mundo do pop/rock em 1989-1990, há um frenesi animador. A música "Another Day in Paradise" sai da bolha dos "fãs do Phil Collins" para se tornar uma daquelas canções que estão sempre tocando no rádio. Todo mundo parece ter o disco.

E também estou ocupado em outras esferas. Em 1989, finalmente tenho a chance de tentar seguir os passos do grande Keith Moon. Pete Townshend não teve mais necessidade de meus serviços depois da morte de Keith, em 1978, mas nesse ano finalmente me junto ao Who, temporariamente, para duas reapresentações especiais do *Tommy*. No Universal Amphitheatre de Los Angeles e no Royal Albert Hall de Londres, assumo o papel do esquisito tio Ernie, originalmente interpretado pelo próprio Moonie.

Me dedico de verdade a essas apresentações. Pud e eu trabalhamos pesado para arrebentar no "visual": uso roupão, cueca boxer semiaberta por cima; dentes que parecem soltos cobertos por tinta preta; uma garrafa vazia de xerez próprio para cozinhar; tudo realçado por um olhar de luxúria desconfiada. Townshend me vê me arrasando no palco enquanto interpreto o personagem, vira os olhos e sorri. Outro lunático, como Keith Moon. Roger Daltrey parece ligeiramente assustado quando me aproximo e me ajoelho diante dele.

Em fevereiro de 1990, compareço à cerimônia dos Brit Awards no Dominion Theatre de Londres, e canto "Another Day in Paradise". Ganho o prêmio de Melhor Artista Masculino Britânico, e a música conquista o prêmio de Melhor Single Britânico. Estou vestindo um belo terno Versace (acredite, já foram fabricados), e meu cabelo está preso para trás com gel (acredite, já tive cabelo). Em meu discurso de agradecimento, sinto que é correto que eu apenas ressalte o conteúdo da letra da música. Saliento que todos nós resmungamos dos problemas do Primeiro Mundo: o café meio frio; o bife meio malpassado; o ônibus meio atrasado. Mas que isso não é nada.

Está longe de ser um grito mobilizador de destaque digno de um Bono Vox. Mas, para mim, é algo bem razoável, um comentário genérico sobre os sentimentos que inspiraram "Another Day in Paradise". Nela, me coloco como um cara normal, e digo que esse é apenas mais um dia normal para você e para mim, comparado à condição daquelas pobres almas que fazem caixas de papelão de cama nas calçadas.

Em retrospecto, vejo diferente: uma estrela do rock que tem de tudo criticando de modo banal seus coleguinhas que adoram joias em uma noite cintilante da indústria cultural enquanto fala sobre os desafios dos sem-teto.

Mas não se restrinja ao meu relato. Billy Bragg pode falar mais: "Phil Collins pode até compor uma música sobre os sem-teto, mas, se não agir em prol deles, está só explorando sua condição para usar como tema."

Na cerimônia de 1991 dos Grammys, "Another Day in Paradise" ganha o prêmio de Gravação do Ano, o que é ótimo — especialmente por eu não ter ganhado em nenhuma das outras oito categorias para as quais fui indicado. É o último prêmio em uma cerimônia que parece ter durado um dia inteiro. Quando Hugh Padgham e eu subimos ao palco, a plateia já rareou dramaticamente. Todos foram para a festa pós-premiação. Os Grammys desse ano foram um festival Quincy Jones — o músico lançou seu primeiro álbum depois de anos, então, passou o rodo nos prêmios. Na festa, há uma bela foto de nós dois. Ele ganhou tudo, por isso se solidariza comigo. Amigos até o fim.

Estamos no final dos anos 1980 e no começo dos anos 1990. Dos dois lados do Atlântico, atravesso as mudanças das décadas como um gigante baixote coberto de roupas Versace. "Another Day in Paradise" foi a última nº 1 do Billboard Hot 100 nos anos 1980, e ...*But Seriously* é o primeiro álbum nº 1 da Billboard dos anos 1990. Vai se tornar o segundo álbum mais vendido nos Estados Unidos na década de 1990, superado somente por *Rhythm Nation 1814*, de Janet Jackson. Fica em primeiro lugar no Reino Unido por 15 semanas, sendo, de longe, o álbum mais vendido de 1990.

A nova década começa e nem dá tempo de respirar. A turnê de *Seriously, Live!*, que completará 121 dias de apresentação, começa em Nagoya, no Japão, em fevereiro de 1990, e termina em outubro com sete noites de ingressos esgotados no Madison Square Garden de Nova York.

Tudo me parece bem, acho... principalmente agora, quando pareço estar no radar de Hollywood. E não porque eles me confundem com Bob Hoskins — isso vem depois —, mas porque, a despeito de *Buster* ter sido um fracasso nos Estados Unidos, diretores de elenco e produtores da cidade se ligaram em mim com o filme.

Como se trata do caminho típico de Hollywood, tenho almoços, reuniões e audições. Um diretor de teatro em *Mudança de hábito 2*; um filme em que seria amigão de Mickey Rourke; um papel em *Maverick*, drama do Velho Oeste e jogatina com Mel Gibson/Jodie Foster/James Garner; um serial killer russo... não consigo nada disso. Mas faço um filme, um drama sobre Aids, de Roger Spottiswoode, *E a vida continua*. Interpreto um grego gay, dono de uma sauna, contracenando com Steve Martin, Lily Tomlin, Richard Gere, Ian

McKellen e dezenas de outros. É um elenco formado só por estrelas, embora eu ache que infelizmente tenha havido mais gente escalada que espectadores...

Também emplaco alguns trabalhos em desenhos animados. Em *Mogli: o menino lobo 2,* aos quatro famosos abutres "John, Paul, George e Ringo" de *Mogli: o menino lobo* original de 1967, reúne-se um "quinto Beatle", um corvo *cockney* perspicaz que tem, sim, uma pontinha de Raposa Esperta. Já em *Balto,* uma animação sobre um cachorro heroico, interpreto não apenas um, mas dois filhotinhos de urso-polar, Muk e Luk. Olha o tamanho do desafio: dois papéis em um filme (apesar de um deles não falar). E, sim, tenho o maior jeitão para trabalhar com dublagem de desenhos animados.

Mais ou menos nessa época, também estou desenvolvendo meus próprios projetos (isso também é o modo como as coisas funcionam em Hollywood). Um deles é a encenação em *live-action* do conto *Cachinhos Dourados e os três ursos.* A ideia surgiu durante a turnê de *No Jacket Required,* quando mais de um crítico notou minha semelhança com o ator inglês Bob Hoskins, um calvo encorpado. Depois outras críticas me compararam a Danny DeVito.

Em vez de me sentir ofendido com essas comparações difamatórias *sem qualquer base* em fatos físicos, tenho uma repentina inspiração: nós três podíamos interpretar os três ursos em um filme.

Essa ideia fica na gaveta por um ano, até que me encontro sentado perto de Hoskins na estreia em Londres de *Escândalo: a história que seduziu o mundo,* o filme de 1989 sobre o Caso Profumo. Comento com ele sobre o projeto. Hoskins adora, e sugere que abordemos Robert Zemeckis, que acabara de dirigir *Uma cilada para Roger Rabbit,* em que Hoskins também atuou.

De algum modo, a notícia sobre o "projeto" corre. Kim Basinger entra em contato — ela quer ser a Cachinhos Dourados. Tudo isso mesmo antes de termos um firme roteiro.

Quando sigo para Los Angeles, em outra ocasião, DeVito me convoca para ir a seu escritório. Ele me convida para compor uma música para um filme que está dirigindo sobre um casal que está se divorciando litigiosamente (e por que ele imaginaria que eu seria a pessoa certa pra escrever sobre isso?), *A guerra dos Roses.* Saio de lá e componho "Something Happened on the Way to Heaven", mas DeVito a recusa, então a guardo para ...*But Seriously*.

Aí ele me diz:

— Então você acha que sou um urso? É uma boa ideia. Zemeckis, né? Também é uma boa ideia. Devíamos fazer uma reunião.

Passo a fazer reuniões com DeVito, Zemeckis e seus roteiristas. Leva um longo tempo... para nada acontecer. Vejo "meu" filme gradativamente ficando mais caro, com humor mais cru e mais intangível. É como tentar pegar fumaça. Parafraseando o que teria sido uma das melhores falas do Papai Urso:

— Quem está mexendo no *meu* projeto?

Finalmente, entretanto, o filme vira factível. Não muito depois do final da turnê de *Seriously, Live!* o escritório de Steven Spielberg entra em contato com o de Tony Smith. O diretor me oferece um papel em *Hook: a volta do Capitão Gancho*, sua retrospectiva da história de Peter Pan, em que Dustin Hoffman estrelaria como Capitão Gancho, Robin Williams como um Peter Pan já crescido e Julia Roberts como Sininho. Spielberg quer que eu interprete um policial londrino à la John Cleese. Viciado que sou no humor britânico de Tony Hancock, Monty Python e *Fawlty Towers*, agarro essa chance com as duas mãos.

Spielberg me envia as páginas do roteiro e eu, entusiasmado, releio as falas até memorizá-las. Em fevereiro de 1991, no avião que segue para Los Angeles (o filme está sendo gravado em nove estúdios à prova de som na Sony Pictures Studios), enceno o diálogo repetidas vezes, testando-o de diferentes modos. Peço desculpas a quem quer que estivesse sentado ao lado desse lunático no voo.

Nessa época, eu tinha esquecido as duas coisas que Michael Caine uma vez me disse:

— Você é um bom ator, Phil. E lembre-se: nunca decore o roteiro inteiro, porque vão reescrevê-lo.

Mas estou morrendo de medo, então, memorizo tudo. Além do mais, sou um músico. Isso é uma música, então, vou decorá-la.

Chego ao set de filmagem e me entregam um roteiro de 15 páginas.

— Não precisa, obrigado. Já decorei tudo.

— Mas o Steven o reescreveu na noite passada.

— Tá de sacanagem!
— Não... Ele teve umas ideias novas...

No camarim, entro em pânico. Estou prestes a contracenar com o grande Robin Williams, um dos meus heróis da comédia; não quero estragar esse momento, nem por ele nem por Spielberg. Faço uma rápida e frenética leitura transversal das páginas, e é, basicamente, a mesma coisa, mas em uma outra ordem. O que só piora tudo.

Depois de uma hora me cagando de medo, me levam para o set. Spielberg não me reconhece, o que é bom — decidi me disfarçar o máximo possível. Não quero que os espectadores vejam "Phil Collins" nesse filme.

Spielberg, muito simpático, me aconselha a não me preocupar com o novo roteiro — contudo, vamos filmar essa cena em uma única e longa tomada.

Agora meu medo é duplo. Mas fazemos um ensaio e todas as pessoas certas acabam rindo, nas horas certas. Todos, com exceção de Hoffman.

Ele nem mesmo está naquela cena, mas está sentado ali, com os pés para o alto, seu próprio roteirista/assistente a tiracolo, um carinha que surge e deixa o roteiro mais com a cara de "Dustin". A primeira coisa que Hoffman me diz é:

— Onde você arrumou essa calça, cara?
— Ah... — começo a responder, lisonjeado — ... é uma Versace...
— Ei, anote aí onde ele consegue essas calças...

Mas logo me sinto menos lisonjeado.

— Tem certeza de que devia dar tanta fala para ele? — deixa escapar Hoffman para Spielberg.

Steven para, pensa e responde:
— Humm... Pois é... talvez devêssemos fazer uma versão reduzida também...

Uma versão da minha cena é mais longa, e muito engraçada, e as pessoas estavam rindo, e eu consigo fazer o que treinei incessantemente durante os preparativos para a filmagem. A outra versão perdeu toda a gordura... e as piadas.

— O Phil só vai estar conosco esta tarde, então talvez devamos filmar logo as duas versões — sugere Spielberg.

Filmamos as duas versões e eu digo a Spielberg:

— Eu adoraria vir ver o resultado.

— Claro, claro, venha ver a correria amanhã.

Quando apareço no dia seguinte, Hoffman já está lá, grudado no cotovelo de Spielberg como uma sanguessuga Versace. Assistimos às duas versões de minha cena. Engolindo em seco, de leve, tentando soar casual, jogo:

— A versão maior é mais engraçada...

Gesticulando metodicamente, Hoffman deixa claro que discorda. Naquele momento, já sei que devo dar adeus à versão mais longa. Eu estava pronto para brilhar, mas o Rain Man me ferrou.

Na estreia de *Hook* em Los Angeles, em novembro de 1991, Spielberg é muito simpático comigo. Depois da festa, ele me conta que foi obrigado a usar a versão curta. Então, sim, não foi exatamente uma rejeição na sala de edição, mas quase isso. Pobre Collins.

Em março de 1991, o mês seguinte à minha participação especial em *Hook*, Tony, Mike e eu começamos a gravar *We Can't Dance*. O álbum leva um tempo irregularmente longo para ser composto — quatro ou cinco meses —, mas estamos em nosso próprio estúdio, a Farm, então podemos fazer tudo com calma. E, para ser sincero, depois de alguns anos sem conseguir parar, não estou com pressa.

Além do mais, embora eu não tenha problemas em ser o líder da minha banda em carreira solo, é bom fugir da rotina com os rapazes.

Somos bons companheiros, como sempre, então, rola uma atmosfera alegre e relaxada entre nós três, algo que aguça nossa criatividade. Depois do lançamento em novembro, *We Can't Dance* se torna nosso quinto disco nº 1 consecutivo no Reino.

O sucesso comercial é, obviamente, ótimo, mas a música mais importante do álbum para mim não é um dos singles de sucesso. Escrevi a letra de "Since I Lost You" para Eric. É sobre a morte de seu filho de 4 anos de idade, Conor, um adorável garotinho que eu vi pela última vez em uma visita a Hurtwood Edge com Lily.

Estávamos prestes a terminar *We Can't Dance* quando recebi uma ligação com a notícia de que Conor havia morrido, ao cair da janela do apartamento de sua mãe em Manhattan, no 53º andar.

Eric estava sóbrio nessa época, e eu lhe relatei uma das minhas preocupações: que a coisa mais fácil para ele, depois dessa trágica perda, seria começar a beber novamente. Ele me respondeu que não, que essa seria a coisa mais difícil.

No estúdio, no dia seguinte, Mike, Tony e eu, todos três grandes amigos de Eric, conversamos sobre essa tragédia inimaginável. Estamos trabalhando em uma nova composição. Começo cantando um verso: *My heart is broken in pieces...* [Meu coração está despedaçado]. Lily fez 2 anos nessa mesma semana, e estou pensando em todas as vezes em que estou longe dela. Escrevo da perspectiva de um pai que frequentemente passa muito tempo distante dos filhos e que precisa confiar os cuidados deles a terceiros. É um sentimento perturbador que sempre me abateu — eu sempre disse para meus filhos: "Lembrem-se, quando estiverem atravessando a rua, de olhar para os dois lados. Pode parecer besteira, mas não deem sorte para o azar. Eu não vou estar com vocês."

Conto a Mike e a Tony sobre o que aqueles versos estão falando. Eles confirmam algo em que eu já havia pensado: preciso submeter a música a Eric. Se ele tiver qualquer problema com ela, não a incluímos no álbum.

No estágio da mixagem, dou um pulo em Hurtwood Edge, sento com Eric no sofá, explico o que fiz e toco "Since I Lost You". Ambos começamos a chorar.

— Valeu, cara... — diz ele. — Quanto amor.

Então ele fala que escreveu uma música e que seu selo quer lançá-la como single. Ele não está seguro com ela e pede minha opinião. Eric toca para mim "Tears in Heaven". É uma bela canção. Em seu luto, Eric conseguiu criar algo extraordinário. Outro motivo para amá-lo.

Em maio de 1992, a turnê de *We Can't Dance* começa. O Genesis está, agora, firme no alto das paradas, sobretudo nos Estados Unidos, onde geralmente temos tocado em estádios esportivos.

Em junho, a turnê passa por Vancouver. Enquanto estamos na cidade, ligo para Andy. Nessa época, estamos nos permitindo conversas quase educadas, e, na verdade, não tenho escolha, porque quero que Simon e Joely compareçam ao show. Andy pergunta onde será a próxima apresentação.

— Em Tacoma, e depois em Los Angeles.

— Ah! Você sabe que a Lavinia mora em Los Angeles, né? Você ainda se encontra com ela?

Vinte e cinco anos depois daqueles inebriantes meados dos anos 1960 passados na escola de Barbara Speake, Andy ainda sabe de meus sentimentos remanescentes por Lavinia. Mas, nessa época, já faz mais de vinte anos que não nos vemos. Ela se juntou ao grupo britânico de dança Hot Gossip — que já participou como elenco fixo do programa de esquetes anárquicas de TV *The Kenny Everett Video Show* — e, depois, se casou com um dos membros do The Hudson Brothers, um grupo musical norte-americano formado só por irmãos. Todos seguimos com nossas vidas. Ao menos é o que eu acho.

Agora, todos esses anos mais tarde, Andy me diz que Lavinia ainda mora em Los Angeles com o marido. Minha ex-esposa me passa seu número de telefone. Ao mesmo tempo, está me entregando uma granada. Me pergunto, depois, se ela sabia disso.

Chego a Los Angeles e faço a ligação. Uma voz surge na linha. Meu cérebro congela, o coração para.

— É você, Vinny?

— É você, Phil?

— Mas como você sabe que sou eu?

— *Sabendo*.

Nesse curto diálogo, uma saudade enorme. Lembra a peça *Desencanto*, mas mais shakespeariana. Dois amantes perdidos no tempo, presos pela aspereza das circunstâncias, separados eras atrás em uma enevoada, cinzenta, escura estação de trem. Algo assim. Eu mencionei que fiz escola de teatro, né?

Em todas as vezes que fui para Los Angeles — para tocar, gravar, comprar uma casa nova com Jill, produzir álbuns de outras pessoas —, nunca a havia contatado novamente. Eis que agora, anos depois, estamos aqui.

Conto para Lavinia que o Genesis vai tocar no Dodger Stadium na noite seguinte. Tento soar como quem não está implorando pela presença dela. Se ela quer ir? Ela adoraria.

— Posso levar meu marido?

— Ah, claro, claro...

Enfim, é óbvio que isso não vai dar em nada. Ela é casada e tem filhos, assim como eu. É óbvio que não vai dar em nada.

No dia seguinte, passo minha lista de convidados de Los Angeles para nossa assessora de imprensa, Sheryl Martinelli. Falo de Lavinia:

— É uma antiga amiga. Consiga uns lugares bons para ela.

Ligo mais tarde. Lavinia foi apanhar os convites?

— Uau, hein! — responde Sheryl.

— Ah, então ela continua bonita? — comento, esperando sepultar minha excitação de garotinho de escola sob uma lápide de despreocupação casual.

— Sim, sim! Linda garota.

Durante o show, sei que Lavinia está lá, embora não saiba onde. Acho que a vejo em um lugar, entre uma multidão de 40 mil pessoas, mas não tenho certeza. Passaram-se vinte anos. Por precaução, prego o olho nessa pessoa em particular na plateia... só para ter certeza, no fim do show, de que não era ela.

Apesar disso, é uma bela apresentação. Depois dele, pela primeira vez, Tony Smith finalmente nos elogia:

— Foi uma bom show. Tirou tudo da cartola, hein?

— Sério? — replico, o tom de despreocupação casual batendo forte.

Já contei que Jill também está em Los Angeles? Com Lily, que agora tem 3 anos? Elas têm viajado comigo para cima e para baixo na turnê. E, só para ficar mais divertido, Jane, minha sogra, também está lá.

Nos bastidores, uma baita confusão, ou seja, uma coleção de celebridades de Los Angeles. Kevin Costner se destaca. Ele e um fã, superanimado depois de um bom ano em que *Dança com lobos* ganhou sete Oscars. Não sei quem mais está lá, até porque, para ser sincero, não tenho o menor interesse.

Com os olhos girando pelo santuário particular depois do show, pergunto a Sheryl:

— Nenhum sinal de Lavinia?

Sheryl diz que vai dar uma olhada. Estou esperando, com a mente desligada, apertando as mãos dos convidados que vêm cumprimentar, esticando o pescoço para procurar melhor. Converso com Stephen Bishop. Converso com Costner. Não escuto nenhum deles.

Então, em um passe de mágica, Sheryl chega com Lavinia.

— Kevin, rapaz... o *Dança com lobos*, né? Adorei, mas tenho que ir...

Sheryl conduz Lavinia ao santuário particular. Ela não está acompanhada do marido. Levou Winnie, sua melhor amiga.

— Deixei minha bolsa com Winnie porque queria estar com as duas mãos livres e preparadas para isso... — diz Lavinia.

Ela me dá um abraço e um beijo. O tempo para, depois corre para trás, rápido, inebriante, para os sonhos de juventude em Acton, a oeste de Londres, nos anos 1960. Me pego pensando: "Meu Deus do céu..."

Não estou pensando em minha esposa, que está perto de mim, em minha filha de 3 anos de idade, em minha sogra.

Sei que contar isso me faz parecer um desalmado escroto. Mas não sou assim. Sou muito leal. Comprometido. Passei incólume pelas guerras do rock progressivo, sobrevivi aos vertiginosos e cambaleantes anos 1970 mantendo as narinas sem nenhum pó. Casei cedo e quis permanecer casado, mas só consegui ser traído. E agora aqui estou, em um casamento feliz, mas traído novamente, apesar de que, desta vez, pelos sentimentos que ainda tenho por alguém crucial em meus anos de formação.

Ver. Abraçar. Beijar Lavinia novamente. O clichê é verdadeiro: é elétrico. Em um flash, fui de *We Can't Dance* para "I can't breathe". Outro clichê: de repente, nessa multidão de gente do pós-show em Los Angeles, somos só eu e minha paixão da época da escola.

Levo Lavinia para longe desse povo todo, a caminho de minha caravana — o Genesis tem quatro ou cinco desses camarins em turnê, mas, em geral, reservo um deles só para minhas roupas e meu gel de cabelo —, e conversamos animadamente, lembrando dos velhos tempos. Stephen Bishop se aproxima discretamente. Seu radar apitou com nosso abraço

— Uau! Aquilo foi elétrico. O que está havendo? — cochicha comigo.

— Ah, ela é só uma antiga namorada...

Enquanto isso, olho em volta para ver se Jill percebeu tudo o que estava acontecendo. É claro que sim. Pode haver problemas no horizonte.

Lavinia e eu conversamos um pouco mais, e tenho bastante clareza de que estou sendo observado. Mas ela sempre gostou de contato físico, de encostar nas pessoas, e tudo o que posso fazer é ser recíproco. Ou, como Jill talvez interprete, não consigo manter as mãos longe dela. Por minha conta e risco, posso ficar contente com aquela caravana pessoal... mas há outras quarenta pessoas ao meu redor, todas indubitavelmente pensando: "O que está havendo aqui?" O magnetismo e a aura são tão poderosos que todos conseguem sentir.

No final, Lavinia vai embora, e é como se duas mãos se separassem naquele último segundo possível juntas, ao estilo Romeu e Julieta. E chega a ser engraçado: quando Franco Zeffirelli estava dirigindo sua adaptação, em 1968, desse magnífico romance trágico de Shakespeare, Lavinia se candidatou ao papel da protagonista (ela era uma grande amiga de Olivia Hussey, que acabou ficando com o papel). Eu me candidatei ao papel de Romeu. Sim. Isso é verdade. Foi muito tempo atrás, tudo bem?

Então, entramos na limusine para ir embora — Jill, sua mãe, Jane e Lily.

— Essa é aquela Lavinia — declara Jill, com convicção. Ela não havia conhecido Lavinia, mas havia ouvido falar dela. Ela sabe. — Você nunca havia comentado que ela era tão linda.

Eu mesmo nunca soube que ela era tão linda! Não a via há vinte anos.

No dia seguinte, ligo para Vinny, com a desculpa de me despedir. Em vez disso, proponho:

— Como podemos nos ver novamente?

Já estou desesperado para retomar nossa relação. Algo foi religado. E o que acontece agora? Eu sou casado. Ela é casada.

Ela me dá o número do telefone de Londres de seus pais. Em breve, Lavinia chegaria ao Reino Unido para visitar os pais. Jill e Lily ainda estão em Los Angeles; Jill está se dedicando à restauração da casa que compramos recentemente no Sunset Boulevard, que já pertenceu a Cole Porter. Forço a barra, abrindo essa janela de oportunidade para me encontrar com Lavinia algumas vezes. Começa o caso.

Por favor, não se engane: é difícil explicar como uma paixonite de colégio se mantém ao longo de uma vida inteira. Por mais que eu amasse Jill e Lily, adorava Lavinia. Ela era atraente, claro, mas havia algo mais que nos fez ficar juntos. Pois bem, por que eu sacrifiquei minha vida pessoal a essa altura do campeonato? Acredito que por questões malresolvidas do coração. Para dar uma última chance a algo de tantos anos atrás que eu achava que nunca devia ter acabado. Eu não consegui recusar essa chance.

De repente, minha vida se reorganiza para que eu tente ver Lavinia. Ligo para ela às 3 ou 4h da madrugada. Vivo desatento, tanto em relação à turnê quanto à minha família. É um saco! Eu estou um saco.

E as coisas mudam muito rapidamente. Vou abandonar Jill. Lavinia vai abandonar seu Hudson Brother, e nós vamos fugir juntos para as montanhas. Sem o conhecimento de Jill, atingi o ponto de não retorno. Antes disso, nunca havia sido infiel. Mas categorizo Lavinia como genuína exceção — aos meus olhos oblíquos, fiz tudo isso guiado pela razão. Ela foi o amor de minha vida na juventude. O que escapou de mim.

Voltei para minha paixão de infância. Tudo é como sempre devia ter sido.

Apenas três ou quatro intensas semanas depois de nosso primeiro reencontro, a turnê de *We Can't Dance* chega à Escandinávia. Ligo para casa, para Los Angeles, com o clássico telefonema: "Minha querida Jill..."

Lamentavelmente, a conversa teve altos — atordoantes — e baixos — nauseantes. A velocidade desse romance turbulento — claro, já que estava há 25 anos para acontecer — descarrila tudo. Lavinia volta para mim depois de conversar com o marido.

— Ele não vai me matar, mas vai acabar com a minha vida: vai ficar com as crianças — diz ela.

Tão rapidamente quanto começou, tudo termina. É claro que as crianças são prioridade. Jill e eu ficamos juntos — ou algo que o valha. Não tenho certeza de que algum dia as coisas vão voltar a ser como antes entre nós. É claro que vamos tentar, mas não vai ser fácil. Alguma coisa se quebrou. Dói.

16
O caso do fax

Ou: teria eu me divorciado de minha esposa por fax?
Claro que não.

Estamos na manhã seguinte do caso anterior. A turbulência emocional me deixou oco. Agora, é a rejeição que está me matando. É a perda. Não é de estranhar que minha cabeça não esteja completamente ligada quando a turnê de *We Can't Dance* termina, em Wolverhampton, em 17 de novembro de 1992. A corrida monumental dos shows globais pode ter finalmente chegado ao fim, mas ainda estou despedaçado — um sentimento em nada ajudado por uma passagem surreal por Neverland.

Naquele dezembro, estou em Los Angeles para apresentar os Billboard Awards, algo que eu nunca havia feito antes. O grande vencedor da noite será Michael Jackson. Ele ganhou de lavada com seu *Dangerous*. Além disso, é o décimo aniversário de *Thriller*, e os Billboard Awards querem registrar o mérito de seus números de venda mais que astronômicos.

Infelizmente, Jackson está fora, em turnê, no dia depois da premiação, então o plano é pré-filmar o momento em que lhe entrego os troféus em seu rancho Neverland, em Santa Bárbara.

A oportunidade de encontrar esse cara, em carne e osso, e ver como Neverland *realmente* é (será que há macacos-mordomos?), me deixa extremamente ansioso. Até chegar lá é uma experiência excitante, se você entende "excitante" como algo "alarmante": o helicóptero que me leva, a Jill e a Lily, se perde na neblina durante o caminho, temos de fazer um pouso com ajuda de instrumentos a quilômetros do rancho, e então fazemos o resto do caminho em uma limusine.

Quando finalmente saímos do carro, somos recebidos e saudados por dois anfitriões fantasiados à la Disney. Há uma música ambiente que fica tocando nos jardins e crianças correndo no meio do parque de diversões particular.

Somos levados para dentro da casa e deixados na sala de estar para esperar que o mestre desça as escadas. Nas paredes, há fotos dele em sua pompa da era *Thriller* e vários retratos de família. Também há uma enorme pintura a óleo de Jackson rodeado por animais e pássaros, o Rei do Pop emulando São Francisco de Assis.

Logo Michael desce e se apresenta. Ele é muito doce e amigável. Qualquer traço das coisas esquisitas que falavam sobre a sua pessoa desaparece na hora, e nem titubeio quando ele convida Lily e Jill para brincarem no andar de baixo, em sua sala de brinquedos. Ele e eu vamos às instalações de seu estúdio, onde as equipes de filmagem estão preparadas — além do pessoal dos Billboard Awards, lá está também sua própria equipe, que grava tudo que ele faz para seus arquivos pessoais.

Enquanto esperamos, temos um ligeiro bate-papo, e Michael se desculpa pela maquiagem pálida, que, segundo ele, se deve a um problema de pele. Tenho a impressão de que se sente seguro comigo — e não só porque sou um "inglês pálido", nas palavras do *LA Times* sobre a transmissão da entrega do prêmio.

Depois de terminarmos a filmagem da quem sabe afetada premiação — ele precisa fingir que não sabia do segundo prêmio —, caminhamos de volta à casa, e Michael se despede.

Tudo se resume a um breve encontro, mas fico com a impressão de que Michael Jackson, embora não fosse um mortal comum como nós, também não era a aberração alardeada. Um músico brilhante, um cara legal que teve de levar uma vida extraordinária desde os 5 anos de idade. Mas, apesar de eu não ter nenhum conhecimento profundo do lado obscuro da vida de Michael, devo dizer que provavelmente não existe fumaça sem que haja algum tipo de fogo.

Em janeiro de 1993, estou em casa, em Lakers Lodge, ponderando sobre meus planos futuros. O Genesis nunca fez tanto sucesso, e ainda assim jamais me senti tão minúsculo. A confusão está acelerada na minha cabeça, tal como os trens aceleram no ferromodelo em rápida expansão que construí para Simon (e para mim) no porão.

Pedi desculpas infinitas a Jill, expliquei que Lavinia tinha sido uma meteórica invasão do passado. Prometi ser um marido melhor, e mais honesto.

Em meu estúdio, no último andar da casa, enquanto contemplo o comecinho das músicas que talvez componham meu próximo álbum solo, estou tendo pensamentos diferentes, mais obscuros. Se tivesse sido com outra pessoa que não Lavinia, eu teria sido capaz de deixar a questão de lado, de expurgar os pensamentos e enterrar a dor. Mas foi com Lavinia. Ela é muito especial. Quer saber a verdade dolorosa? Estou profundamente confuso. Poderia o primeiro amor de minha vida ser também o último?

Escrevo muito no meu quartinho, com a paisagem apaziguante do nosso celeiro recentemente reformado. Somos só eu e meu gravador Akai de 12 faixas. Sento em minha banqueta e canto espontaneamente. Canto para fora, canto alto, sem fones de ouvido, só com os alto-falantes. As palavras, as músicas e as emoções extravasam de uma só vez. Componho "Can't Turn Back the Years" (*"the perfect love was all you wanted from me/but I cannot turn back the years..."*) e "I've Forgotten Everything" (*"I've forgotten everything about you till someone says your name..."*). Essa é a minha versão da música "I Get Along Without You Very Well", de Hoagy Carmichael, uma canção que criei e gravei tão rapidamente que nem mesmo registrei por escrito.

Componho "Both Sides of the Story", e seu pesado pedido de compreensão de todas as circunstâncias de um cenário me fornece o título do disco: *Both Sides*.

As emoções que incendeiam essas novas músicas são similares àquelas que potencializaram *Face Value*, bem como lhe deram impacto e, no final das contas, espero, ressonância. Essas emoções são eu mesmo, aberto e escancarado. Em meu primeiro álbum solo e nesse, meu quinto, despejo tudo o que posso despejar. Pensando a longo prazo, esse é o motivo por que *Face Value* e *Both Sides* são meus dois discos favoritos. Ao mesmo tempo, é por isso que *No Jacket Required* não me encanta.

Especificamente, em *Both Sides* a raiva e a mágoa de *Face Value* são substituídas pela pontada de arrependimento, tristeza e nostalgia. Liricamente, em minha opinião, atinjo algumas dessas emoções perfeitamente. Amo a simplicidade e a pureza das músicas.

Enquanto escrevo, decido algo. Com canções tão pessoais, tão próximas, ninguém mais vai tocá-las ou gravá-las. Isso é de foro íntimo, e vou manter assim até onde for possível. A ironia, claro, já que é assim, é que, se eu tiver feito um bom trabalho, traduzido os sentimentos em palavras, temo que, assim que Jill ouvir *Both Sides*, nosso casamento vá implodir.

Acredito que, ao restringir apenas a mim a criação e a gravação dessas músicas, eu esteja tentando adiar esse momento ao máximo.

Toco eu mesmo todos os instrumentos, gravo a voz e vou aprimorando minhas demos domésticas até que fiquem quase aceitáveis para serem lançadas. Tudo isso antes de levar o material para a Farm, onde a bateria será incluída. No estúdio, continuo próximo e ligado ao álbum, produzindo-o sozinho, e, posso dizer, vigorosamente. Podem até acusar a musicalidade de amadora. Ou melhor, de familiar. Mas são atributos que funcionam nessas músicas; é parte do charme.

Embora eu faça ideia de que compor essas canções vai reverberar como um terremoto em minha vida pessoal, nem desconfio de que gravá-las desse modo também vai repercutir de um modo igualmente impactante em minha vida pessoal, tumultuando-a. Isso vai acontecer mais tarde. No momento, o álbum está concluído.

Então, antes de lançar *Both Sides*, há um momento de descompressão. No começo de 1993, o telefone toca com um convite sedutor: um jovem diretor australiano, Stephan Elliott, assistiu a *Miami Vice* e quer que eu interprete o protagonista em um filme chamado *O mago da chantagem*, uma comédia de humor negro sobre um maligno inspetor de indenizações de seguros que aterroriza a vida de um casal que ele suspeita ter cometido fraude.

No intervalo entre concluir a gravação de *Both Sides* e lançá-lo, viajo para Sydney, para as filmagens. É muito divertido, uma mudança bem-vinda de ambiente mental depois da turnê de *We Can't Dance* e em relação ao que está acontecendo em minha casa. Hugo Weaving coestrela o filme, e em breve vai atingir o máximo da fama na trilogia *Matrix*, enquanto Elliott vai dirigir o genial *Priscilla, a rainha do deserto*, um musical com um quê de ABBA.

Em outubro de 1993, "Both Sides of the Story" é lançada como o primeiro single de *Both Sides*. É uma faixa longa, tomando quase sete minutos do disco. Mesmo editada para tocar nas rádios, ainda é uma música com cinco minutos e meio. Os norte-americanos querem que "Everyday" seja o primeiro single, porque "é mais a cara de Phil Collins". Bato o pé. Não me importa que esse álbum não seja tão comercial quanto os quatro anteriores. Ele não precisa ser. Trata-se de um disco desafiadora e orgulhosamente pessoal, feito inteiramente sob meus desígnios e especificações. É o meu coração nu e cru, tão feio e bagunçado quanto precisa, obrigatoriamente, ser.

Não encaro *Both Sides* como uma declaração pública de que meu segundo casamento chegou ao fim. Certamente, não foi essa a mensagem que eu quis passar para Jill. Ao contrário, é um relato sincero da crise pela qual estamos passando. Estou só reconhecendo o que aconteceu, e essa é a única maneira que conheço de fazê-lo.

"Both Sides of the Story" é o único supersucesso do álbum. Ainda assim, *Both Sides* atinge o primeiro lugar em vendas no Reino Unido, mas, de modo geral, os pensamentos e os sentimentos mais profundos desse homem atormentado e culpado não casam com o público consumidor, certamente não comparado ao enorme e surreal número de vendas dos anteriores. Não me importo. Fiz o que pretendia fazer.

De todo modo, tenho mais preocupações urgentes. Para ser dolorosamente sincero, percebi que meu casamento com Jill acabou. Eu explodi tudo, e não consigo ver um modo de voltar atrás. Estou muito triste por Lily, que está tentando compreender toda essa bagunça que o pai fez. Sempre vou lamentar por isso. Sei que admitir aqueles sentimentos vai tirar as vidas de Jill e Lily do prumo, então decido, com dificuldade, optar pelo gesto mais covarde: não dizer nada.

A turnê *Both Sides of the World* começa na primavera de 1994, no dia 1º de abril, Dia da Mentira. Dado o que em breve acontecerá, é uma data auspiciosa para começar uma turnê de 169 shows que vai durar 13 tórridos meses.

As primeiras três semanas da turnê ocorrem sem grandes sobressaltos, a não ser o fato de que o conceito do show está agradando os fãs. A apresentação é feita em duas metades. A primeira parte, que intitulo "Black & White", contém músicas de *Both Sides*, bem como outros números analogamente reflexivos e/ou melancólicos: "One More Night", "Another Day in Paradise", "Separate Lives". A segunda parte, "Colours", apesar de iniciada por "In the Air Tonight", é mais animada e divertida: "Easy Lover", "Two Hearts", "Sussudio". Daí para a frente, são montagens longas e que exigem bastante esforço desde a abertura. Entro no palco por uma porta falsa, penduro meu casaco e me sento no que parece uma pilha de lixo, mas que esconde a bateria. O baterista Ricky Lawson, que está estreando na banda, entra tocando um kit de almofadas escondidas no colete. Há um solo de bateria ao estilo chamada e resposta, e então nós emendamos, sem transição, em "I Don't Care Anymore". Aí terminamos. Estou adorando me doar por inteiro a essas performances. A diversão e a liberação de energia e emoção são bem-vindas. É tiro e queda: receber respostas extasiantes noite atrás de noite me anima muito.

No dia 26 de abril pego um voo para Genebra. Vou fazer um show, nessa noite, em Lausana, a quarta maior cidade da Suíça, localizada às margens do Lac Leman. No dia seguinte, estarei em Lyon, e, daqui a três dias, a turnê chega a Paris. Para lá estão agendados três shows na arena Palais Omnisports de Paris-Bercy, onde tocarei para 20 mil pessoas por noite.

Tony Smith, o agente de reservas John Giddings, o gerente de turnê Andy Mackrill, Danny Gillen (ainda ao meu lado sete anos depois de ter se juntado a mim durante a produção do filme *Buster*) e eu aterrissamos em Genebra, no hangar da Global Jet Aviation, na parte privativa do aeroporto.

Como em todos os outros aeroportos em que aterrissamos, somos recebidos por carros que chegam já diretamente na pista, normalmente acompanhados de um funcionário local da gravadora ou coisa semelhante.

Então saímos do avião e nos dividimos em dois grupos. À espera, conforme agendado, há duas vans Renault Espace com motoristas... e essa mulher muito atraente... na verdade, essa garota muito atraente.

Ela parece inteligente e está vestindo, a caráter, um blazer cinza com saia. É lindíssima. Apresenta-se como Orianne — um nome incomum, penso comigo mesmo — e diz ter sido contratada por Michael Drieberg, o suíço promotor de eventos, para ser nossa tradutora durante a estadia em Lausana. Parece asiática (mais tarde eu descobriria que sua mãe é tailandesa) e fala um ótimo inglês, com sotaque francês.

Entramos no carro e nos instalamos para a viagem de 45 minutos do aeroporto de Genebra até Lausana. Estou lendo o livro que acompanha o documentário *Os sons de Quincy Jones*. Adoro a grandiosidade da banda de Quincy, e ando ruminando a ideia de ter minha própria grande banda, então tenho tentado absorver tudo que encontro sobre esse cara e sua música.

Bem, eu disse que estava lendo o livro de Quincy, certo? Na verdade, estou *segurando* o livro de Quincy. A real é que estou delirando com essa incrível jovem no banco da frente. Cutuco Danny e levanto as sobrancelhas. Ele responde com aquele olhar de quem quer dizer "É, eu sei". Pergunto seu nome novamente — Oriel? Orion? —; sem brincadeira, não consigo mesmo me lembrar como ela se chama.

Ela não é uma tradutora profissional, embora todos fossem descrevê-la como tal. Orianne tem 21 anos e trabalha nos escritórios da Capital Ventures — uma empresa de investimentos — de Genebra. Mas, como Drieberg a conhece, e sabe que ela fala um excelente inglês, pede que me apanhe no aeroporto, me leve até o hotel, me acompanhe até o show e me deixe de volta no hotel: o tempo todo suprindo minhas necessidades linguísticas.

Não estou mentindo nem exagerando: a caminho do aeroporto de Genebra ao hotel Beau-Rivage, em Lausana, fico enlouquecido por Orianne Cevey. Não há flertes, em partes, porque nunca fui bom nisso. Ela também não dá espaço. Nem mesmo falo com ela. É algo realmente estúpido.

É claro que, sendo realista, estou pensando: "Isso não vai dar em nada." Mas, ao mesmo tempo, concluo: *Mas eu bem que gostaria*. Esse sentimento lembra a este velho de 43 anos o que é ser um adolescente. Com uma certeza veloz como a luz e uma irracionalidade sanguínea, sei que quero levar isso adiante. E não se trata só de sexo. E o sentimento não se deve, tampouco, à conversa ou a qualquer intimidade, porque está todo mundo em silêncio, e ela está na frente, eu, atrás, com o grandalhão do Danny e o heroico Quincy. Essa estranha presença, neste carro lotado, por 45 minutos, já basta. Aprendo mais tarde que, em francês, isso se chama *coup de foudre*.

Chegamos ao elegantérrimo Beau-Rivage. Saímos do carro, fazemos o check-in, e agora aproveito a oportunidade para apreciar todo o esplendor dessa jovem. Com metade da minha idade, meio asiática, meio mundo de distância. Mas os números são irrelevantes.

Tenho algo em torno de uma hora antes da checagem de som, então Orianne combina de voltar com o motorista para me apanhar e levar para o estádio. Danny e eu subimos e, pela primeira e única vez em toda a história de nossas turnês, ficamos em quartos contíguos. Abrimos as portas entre as suítes e conversamos, animados.

— Você viu, Danny?
— Sim. Linda, linda.
— Uau!

Para ser franco, nem consigo pensar muito mais. Um terapeuta amador poderia especular que agora estou predisposto a uma reação como essa, dada a confusão emocional pela qual estou passando (e, sim, claro, guardei tudo para mim). Mas eu mandaria o terapeuta amador ir catar coquinho. Essa mulher parece especial, assim como meus sentimentos.

Consigo desfazer as malas, organizar minha cabeça, lembrar que tenho um show para fazer naquela noite. No horário combinado, descemos para o lobby e encontramos Orianne à espera, ainda com a roupa de executiva, mas sorrindo com doçura.

De volta ao carro, a caminho do show no estádio poliesportivo Patinoire de Malley, vou direto para o camarim. Orianne fica a meu dispor, porque seu trabalho é tomar conta de mim. Logo fica comprovado que, assim como é linda, ela é mesmo inteligente. Somente nos recantos longínquos, bobos e esperançosos de minha imaginação algo aconteceu, mas já estou tomado pela velha mania dos Collins: *culpa*.

Nos bastidores, é como se uma pedra tivesse sido lançada em um lago. As ondas vão irradiando de dentro para fora.

— Deus do céu, quem é aquela? — pergunta nossa figurinista, Carol. Ela também está chocada diante de tanta beleza. Carol desaparece por alguns minutos para dar um jeito em seu cabelo e maquiagem. Há outra mulher nos bastidores, e ela não quer ser ofuscada.

— Quem é aquela? — questiona John Giddings, entrando boquiaberto no camarim.

— É minha intérprete. Pode tirar o cavalinho da chuva — respondo.

— *Quem é aquela?* — ecoa Andy Mackrill, repetindo a estupefação de Giddings

Então todos os caras da banda começam a demonstrar interesse. Nosso trombonista, um verdadeiro cavalheiro, quer o nome e o telefone dela. Ouço os outros cochichando: "Cara, ela é linda..."

Depois da checagem de som é que eu normalmente dou uma afiada na conversinha local que tenho no palco. Em francês, alemão, italiano, japonês — onde quer que eu toque, preparo um bate-papo na língua nativa. Um gesto de respeito, que complemento com acenos para os locais. Sempre fiz isso, assim como Peter fazia em sua época no Genesis.

— Quer cuidar do seu francês agora? — me pergunta Carol.

— Ah, sim, você pode chamar Orianne? — respondo, tentando parecer desligado.

— Sim, ela é uma graça, né?

Orianne entra, se senta à minha frente e pergunta:

— O que você gostaria de dizer?

Passamos algumas frases para o show: *"Bon soir..."* e *mais oui*, talvez nesta *soir* eu me esforce um pouco mais para aprender algumas passagens. Para ser sincero, quero prolongar isso ao máximo. Mas, enfim, não posso segurá-la por mais tempo. E, antes de ela sair, pergunto:

— Você tem namorado?
— Como assim?
— Você tem namorado?
— Sim.
— Ok... É que eu adoraria jantar com você.

Ela fica meio desconcertada, mas parece aceitar o convite. Então rapidamente se levanta e segue até a porta. "Pelo menos falei alguma coisa", penso, "fiz algum contato pessoal, não profissional." E logo antes de ela desaparecer, só para garantir, digo:

— Vejo você depois do show, né?
— Sim, vou levá-lo de volta para o hotel.

Fazemos o show, e sou obrigado a reconhecer: fiquei um tanto amuado. Mais do que o normal. Estou tentando fazer com que esse seja o melhor show possível. Talvez tenha até exagerado nas posições atléticas.

Como este é um cavernoso estabelecimento de hóquei no gelo, há muitas portas que levam do estádio a lojinhas de cachorro-quente, bares e bancas de expositores. Durante o show, vejo Orianne e um amigo em frente a uma das portas mais próximas do palco. Ela está dançando um pouco, se movendo na batida da música, aproveitando o momento. Fico satisfeito como um colegial.

O show termina e eu vou para o camarim me trocar. Pergunto a Carol pela tradutora. Carol, possivelmente com os lábios semicerrados, responde que não faz ideia de onde ela esteja. Danny entra com as malas. Estou pronto para ir embora? Na verdade, não. Onde está a tradutora? Danny diz que não consegue encontrá-la, mas que temos de ir embora. Volto relutantemente para o hotel. É justo dizer que meu humor ficou meio abatido.

Lá em cima, em nossos quartos contíguos, a meu pedido — relaxado, mas também insistente —, Danny liga para a área administrativa do estádio.

— Aquela menina tradutora está na área? A menina do promotor de eventos? Ah, então ela está aí?

Aparentemente, Orianne estava esperando por nós, mas nos perdeu em meio à extraordinária multidão de 10 mil fãs se retirando da arena e uma banda com dez homens grandes, além de trinta roadies correndo para um lado e para outro enquanto realizavam suas tarefas pós-show.

Danny me passa o telefone para que eu possa falar diretamente com Orianne. Peço o número dela. Depois de titubear um pouco, ela me dá seu telefone profissional.

— Posso ter seu telefone de casa? — E emendo: — O que você vai fazer amanhã? Vai trabalhar? E depois do trabalho? Vou ter um dia de folga.

— Bem, eu deveria... sei lá. Me liga amanhã que nós conversamos.

Fico em êxtase. Isso já é o bastante para mim.

Ligo no dia seguinte, mas ela não está. Acabo conhecendo Les, sua chefe na Capital Ventures, muito bem. Ela me conta que Orianne está fora, a serviço. Não faço ideia dos detalhes do mercado financeiro suíço (nem do queijo nem do chocolate suíço), mas consigo captar que seu trabalho é seduzir empresários para que invistam.

Naquela noite, ligo para a casa dela. Seu pai, Jean-François, atende, um suíço simpaticíssimo que mal fala inglês. Então, ele passa o telefone para sua mãe tailandesa, Orawan.

— Quem está falando? Phil? *Phil Collins!* — Ela fica embasbacada — Orianne me disse que você talvez ligasse. Ela não está.

Orawan me deixa esperando para me informar outro telefone. Só mais tarde fico sabendo que, na pressa para me dar outro número, ela deixou o jantar no forno. A janta queimou e a cozinha pegou fogo. O pai, desproporcionalmente, ficou furioso. Em um minuto o telefone toca; depois, é o alarme de incêndio que está tocando.

— Tudo bem! — informa Orawan em meio ao barulho, à fumaça e às chamas. — Estou com Phil Collins no telefone!

Ela me dá o telefone de Christophe, o melhor amigo de Orianne, com quem ela está no momento. Ligo para ele, que passa o telefone para a menina.

— Posso te encontrar para jantar hoje?
— Não posso. Tenho que ver o meu namorado.
— Beleza. E depois?
— Talvez. Vou ligar para o seu hotel mais tarde.

Reconheço que, na letra fria da página impressa, isso tudo pode soar meio que... uma perseguição doentia. Mas o que posso dizer? Ela já me tinha na palma da mão.

Danny e eu reservamos uma mesa grande no estrelado restaurante de nosso hotel, e imediatamente pedimos uma garrafa de um vinho esplêndido. Sentamos, bebericamos e esperamos. E esperamos. O garçom oferece outra garrafa de vinho. Estou me sentindo animado, e não apenas pelo Chateau Orianne.

Outro garçom se aproxima:
— Monsieur Collins, ligação para o senhor.

É Orianne. Ela diz que não vai poder comparecer. Por que não?
— Porque o meu namorado soube de você e me bateu.

Descubro, depois, que ela estava no processo de terminar com ele. Mas justamente agora ele deu um soco em seu rosto e ela está com o lábio inchado. Expresso minha indignação e minha solidariedade, e planejo mandar Danny lidar com aquele babaca. Digo que não me importo com sua aparência — ela tem que aparecer no restaurante.

— Talvez mais tarde.

Danny e eu pedimos algo para comer, e então subimos para nossos quartos contíguos. Mais tarde, o telefone toca. Orianne está no lobby, com Christophe. Ele é um cara grandalhão ótimo, de quem me aproximarei bastante. Ele quer ter certeza de que sua melhor amiga está bem, que não está saindo para se encontrar com qualquer escroto, principalmente depois da noite que teve. Talvez também já tenha sabido que a cozinha dos Cevey havia pegado fogo.

Nós quatro fazemos um *rendez-vous* com bebida no meu quarto, e, finalmente, Christophe olha para mim e diz:
— Phil. Você é um cara legal. Vou deixar vocês dois sozinhos. Mas estarei no carro, esperando por ela.

Nos dois dias seguintes, meu sorriso vai de orelha a orelha. Mas, ao mesmo tempo, estou prestes a partir para Paris. E em Paris devo encontrar minha esposa e nossa filha de 5 anos de idade, que estão indo de Londres para a capital francesa.

O que eu fiz? Bem, eu sei o que fiz. Traí minha esposa e minha filha. Novamente. E zarpei rumo a águas perigosamente desconhecidas. "Eis a nova namorada misteriosa de Phil Collins. Ela tem idade para ser sua filha." Cumpro todos os requisitos para ser enquadrado como homem em crise de meia-idade.

Meu caso amoroso com Lavinia já havia puxado o tapete sob meu casamento, e eu realmente devia estar me enganando se achava que conseguiria acertar as coisas com Jill novamente depois de Orianne. Isso não alivia em nada minha dificuldade em lidar com a culpa, nem aliviará, por anos a fio.

Minha vida amorosa é um caldeirão de contradições da qual não sou nada orgulhoso.

Em Paris, da janela do quarto de hotel, observo Jill e Lily saírem da limusine. Me sinto um merda.

Se meu casamento com Jill não havia acabado depois do episódio com Lavinia, agora acabou. Com minhas atitudes em Los Angeles e em Lausana, me certifiquei disso.

Levando em conta que estive com o pé na estrada praticamente a vida inteira, até Lavinia eu nunca havia sido infiel. Por que agora? Não sou convencido pelo argumento da "crise de meia-idade". Talvez o relacionamento como casal, entre mim e Jill, tenha alcançado seu prazo de validade...

Separações são caóticas e difíceis, na melhor das hipóteses, mas aqui são muito mais complicadas. Mal se passou um mês dessa turnê monstruosa, que vai durar mais um ano. Cancelar uma viagem não é uma opção, tampouco rearrumar a sequência de shows, para que eu possa voltar ao Reino Unido e organizar a bagunça legal e logística do colapso do meu casamento. Isso não é nada confortável para minha esposa — de fato, piora as coisas —, mas tenho obrigações profissionais fervilhando e preciso olhar o todo. Esses shows são enormes, empregam dezenas e mais dezenas de pessoas. Vou me apresentar para centenas de milhares de fãs do mundo inteiro. A caravana não pode parar.

Duas semanas depois de Paris, no meio de maio de 1994, estou do outro lado do Atlântico. Inicio a parte norte-americana da turnê com quatro noites no Palacio de los Deportes, no México, uma fantástica redoma, com capacidade para 26 mil pessoas, construída para as Olimpíadas de 1968. É um estabelecimento fenomenal para começar uma intensa rodada de shows de três meses. Nunca toquei no México, nem em carreira solo nem com o Genesis, então, a expectativa é enorme. Os shows se tornam um acontecimento nacional. Para 100 mil fãs mexicanos — alguns dos mais entusiastas apreciadores de música do mundo —, preciso, por um lado, controlar as emoções, por outro, liberá-las completamente. Decepcionei minha família. Não quero decepcionar os fãs também.

A turnê *Both Sides of the World* continua a todo vapor. Minha agenda está, muitas vezes literalmente, no ar, e agora também estamos enfrentando espinhosas e contínuas diferenças de fuso horário entre os Estados Unidos e o Reino Unido. Então, há poucos momentos em que posso me sentar em paz e em silêncio e fazer as difíceis ligações para casa. Quero conversar com Jill, quero conversar com Lily. Também quero conversar com Simon e com Joely, explicando a situação, mas isso também significa ter de passar por Andy, o que já é outro tanto de mágoa.

Nas raras ocasiões em que ligo para Jill, é difícil a conversa fluir. Dito isso, Jill ainda se junta a mim, de vez em quando, na turnê norte-americana — Lily quer me ver. Abençoada seja: ela está tentando abrir caminho para tudo e, em seu jovem coração, achando que o que estiver errado em breve vai ser consertado. Em mais de uma ocasião, estarei no meio do palco, cantando "Separate Lives" — que é, obviamente, um momento extremamente emotivo do show —, e, sempre que Jill está na plateia, ela faz questão de andar até a coxia lateral e ficar parada no palco, me encarando.

Com três semanas de turnê na América do Norte, seis semanas depois de Paris, escrevo à mão uma carta de quatro ou cinco páginas em que tento expressar como me sinto sobre nós, sobre o futuro. O jeito mais confiável e rápido de fazer essa carta chegar a ela é por fax, não pelo correio. Então, é isso que faço. O que de nada ajuda. As coisas ainda estão confusas e complicadas, as linhas de comunicação, ainda cortadas.

A situação não melhora quando a turnê retorna à Europa, no começo de setembro. De fato, no final desse mês, quando chegamos a Frankfurt, tudo está pior. Jill está caminhando pelos ecos e assobios de um casarão na zona rural inglesa, educando nossa filha como mãe solteira. Enquanto isso, seu marido infiel está para cima e para baixo, mundo afora, tocando em shows gigantescos para fãs idólatras, vivendo no luxo — e, acredito que seja o que ela acha, carregando sua namorada jovenzinha a tiracolo. A verdade é que Orianne só me acompanha de vez em quando; na maior parte do tempo, ela está trabalhando em Genebra. Ainda assim, a situação já é ruim o suficiente.

Agora, em Frankfurt, vamos tocar por três noites no centenário Festhalle. Fico por 72 horas em um lugar, e a diferença de fuso horário entre a Alemanha e a Grã-Bretanha é de apenas uma hora. Então imagino que esse seja um momento oportuno para me atualizar com Jill e resolver algumas coisas. Mas não consigo espaço. Parece impossível conseguir o tal espaço. Por achar que não tenho outra opção, mando outro fax para ela, direto para Lakers Lodge.

Nesse ponto da parte europeia da turnê, sempre que tenho um dia de folga pego um jato para a Suíça, onde fico em um pequeno hotel no fim da estrada próxima à casa dos pais de Orianne. Um dia, sou acordado bem cedo pelo telefone nesse hotel. É Annie Callingham, minha secretária:

— O que está havendo, Phil? Você está ocupando toda a capa do *Sun*.

— Como assim?

— O fax.

— Que faz?

— O faz que você enviou pra Jill.

— Mas como isso aconteceu?

A merda no ventilador. *De algum modo*, o tabloide de maior tiragem na Grã-Bretanha teve acesso ao fax que enviei de meu camarim em Frankfurt. Entre o que realmente escrevi e o que o *Sun* editou e usou teve como saldo a manchete "I'M FAXING FURIOUS" — ESTOU

ENVIANDO ESSE FAX FURIOSO —, e a reportagem de que estava me divorciando por fax.

Mais merda ainda. A imprensa fez fila ao redor da casa dos pais de Orianne. O pai dela está morrendo de câncer, e isso é a última coisa de que precisam.

Repórteres também aparecem na casa da minha mãe, meu irmão, minha irmã. Qualquer conhecido meu é procurado para dar um depoimento, e a história cai na boca do povo em nível nacional. Na verdade, em nível internacional. Acabo me acostumando a nunca entrar em um hotel pela porta da frente, a não ser que queira ser emboscado pelos paparazzi.

O recém-contratado editor, então com 29 anos, de outro tabloide, o *News of the World*, entra em contato. Piers Morgan é lisonjeiro, está jogando verde: é minha chance de contar o meu lado da história; vou aprovar o material que será publicado antes de ele sair, posso ficar seguro de que isso vai resolver as coisas com maturidade, blá-blá-blá. E, é claro, esse *News of the World*, não era tão "*of the World*" assim, não era tão mundial. Piers, o lisonjeiro, ainda coloca lenha na fogueira.

Essa vigilância é difícil demais para mim, principalmente porque o cerne da história é falso; para Orianne, contudo, uma jovem de 21 anos repentinamente envolvida em um mundo desconhecido e incompreensível para ela, é um inferno. Ela tem de ficar atenta aonde quer que vá.

Em uma sincronia que é ao mesmo tempo perfeita e dolorosa, assim que o caso do fax vem à tona, tenho uma apresentação agendada para o *MTV Unplugged* nos estúdios de TV de Wembley, em Londres, para divulgar a passagem da turnê pelo Reino Unido. É uma obrigação contratual, caso contrário eu não compareceria, por nada neste mundo. Ao entrar no palco, em Birmingham, alguns dias depois, fico pensando que esse é o pior momento possível para começar uma turnê em casa. Passo de Sr. Cara Legal Mesmo, Mesmo (Embora meio Onipresente e Chatinho Demais) para Sr. Filho da Mãe.

Como já comentei, o show começa com lixo no chão: telhas velhas, latas de lixo, jornais amassados. Depois do dueto de bateria com Ricky, a primeira música é "I Don't Care Anymore", de *Hello, I Must Be Going!* Essa música foi inspirada no fracasso do meu primeiro casamento, quando Andy e eu estávamos resolvendo detalhes legais. A letra, coerentemente, é cáustica, e eu a canto, para combinar, melancolicamente, me arrastando pelo lixo espalhado pelo palco.

Mas agora tudo toma uma ressonância a mais. A letra nada tem a ver com Jill e com nosso casamento. Mas, quando chuto aqueles jornais, parece que estou chutando os tabloides.

Depois da música de abertura, eu me sento na beira do palco do National Exhibition Centre, em Birmingham, e digo para o público: "Escutem, isso é tudo muito constrangedor, mas vocês não devem acreditar em tudo que leem nos jornais..." Não sei se isso deixa alguém confortável. Talvez nem eu mesmo tenha ficado. No teatro, sempre me disseram para nunca pedir desculpas para a plateia: "Só vai levando." Mas prefiro acreditar que alguns respiraram aliviados. "Graças a Deus, nos livramos desse problema."

Então, ao iniciarmos "I Wish It Would Rain Down", de *...But Seriously*, tento quebrar o gelo com um esquete de Sam Kinison, um comediante politicamente incorreto e intenso (além de intensamente engraçado). Ele era um amigo, e havia morrido dois anos antes. É sobre um casal em um carro, discutindo sobre uma ex-namorada que o marido acabara de ver. Penso: esse sou eu, atuando um pouquinho, comemorando meu amor por comediantes, introduzindo uma música com personalidade. Em minha ignorância, não vejo que as coisas ainda estão à flor da pele demais para algumas pessoas. Que pode parecer que estou tripudiando sobre o túmulo de nosso casamento. Só que estou desesperado para fazer a plateia rir, ou mesmo para aliviar a tensão que sinto no ar. Para minha vergonha, não compreendo que, nessas circunstâncias, soa de mau gosto.

A passagem pelo Reino Unido, assim como o ano de 1994, termina depois de oito noites na Wembley Arena. Parece impressionante, e em muitos aspectos é mesmo. Mas uma multidão de londrinos é uma multidão à parte; no melhor dos cenários, há pelo menos alguns poucos que estão na vibe "me conte(cante) uma novidade". Mas, agora, toda noite há uma multidão para quem eu sou o vilão.

Na primavera de 1995, continuo a turnê na África do Sul. Essa parte final é chamada de *The Far Side of the World*, e também vai passar pela Ásia e pela América do Sul. Profissionalmente, só sucesso. Toco em estádios de futebol, em lugares onde nunca estive: Indonésia, Filipinas, Porto Rico. Aqui, nos extremos do mundo, também há um alívio, pelo menos dos intermináveis barracos que tenho enfrentado com a imprensa do Reino Unido. No meu país, parece que o Faxgate, o caso do fax, é o escândalo que não vai acabar nunca.

Orianne me encontra sempre que consegue alguns dias de folga da Capital Ventures. Ela pega um avião, aparentemente imune a jet lags, e nós ficamos acordados a noite inteira, só conversando e contando as novidades. São momentos abençoados no redemoinho que é uma turnê mundial de 13 meses e na tempestade de um casamento em colapso.

Não há vencedores nessa situação. Tenho sorte de conseguir me enterrar no trabalho. Infelizmente, meu trabalho demanda estar exposto o tempo todo, no centro, em frente a milhares de pessoas que estão lendo todas essas coisas terríveis sobre minha terrível vida particular.

Noite após noite, perambulando pela escuridão atrás das luzes do palco, não vejo as dezenas de milhares se divertindo. Vejo os insólitos grupos que estão tagarelando: "Já gostei dele. Mas agora ele abandonou a esposa para ficar com essa novinha, um bibelô que ele pegou para criar. Mas ele não vai ter o nosso dinheiro por nada — ainda assim nós vamos ao show! Vamos ver como ele está decadente! Opa, eu gosto da música dele. Mas que filho da mãe. Ah, mas essa música é boa... mas é sobre o primeiro casamento dele! Outra ex! Esse aí, que adora passar um fax, não consegue se resolver sozinho?"

Paranoico? Sendo otimista, a culpa tem feito minha sensibilidade aumentar com a energia psíquica, real ou não.

Esse é o prejuízo que o caso do fax deixa. Bagunça minha cabeça, e, para meus confusos pensamentos, implode os alicerces da minha carreira. Eu certamente não gostava de ser o Sr. Cara Legal, o Amigão das Donas de Casa. Mas, mal deixei de ser esse cara, já sinto falta dele. Agora sou o inimigo pop nº 1. Rod Stewart também faz suas merdas, logo na sequência, mas aí é só o Rod sendo o Rod. Mick Jagger também, mas, é claro: é o Mick. Agora, quando Phil Collins faz, é aquilo: *que grande filho da puta.*

Agora estou perdido. Sinto que perdi o controle. Minha postura como ser humano — minha dignidade, ou a falta dela — está sendo esmurrada por coisas que se reduzem a manchetes de jornais. O efeito cumulativo é que eu só quero sair de cena. Quero apagar o quadro-negro e dizer: "Não quero saber de nada disso. Porque é muito para mim. Já tenho que lidar com muita coisa."

Essa ferida abre mais. Gera pústulas.

Depois de *...But Seriously* e de *Both Sides*, as pessoas começam a dizer "Phil, não queremos isso. Dá uma animada, amigo. Você é o 'You Can't Hurry Love'. Você é o 'Sussudio'. Você é o camarada sacana que nos faz rir no palco e zoa por duas horas. É isso que a gente ama. Chega desse baixo astral, por favor. Já temos outras pessoas para fazer isso."

E Lavinia? Nunca confirmei para ela de que tratava *Both Sides*. Então, não sei o que ela achou do álbum. Depois daquela ligação, nunca mais tive notícias dela. Mas ainda adoro *Both Sides*. Não foi subjugado ou prejudicado pelos acontecimentos que o inspiraram, que foram seu pano de fundo. Teve seus dias de glória.

Apesar dos cataclismos pessoais, não penso no álbum como uma experiência infeliz. Foi muito prazeroso fazê-lo. Compor, tocar e gravar inteiramente por mim mesmo, sozinho, foi, no final das contas, libertador. E foi por isso que decidi me libertar de outras formas. Durante a divulgação de *Both Sides* — antes da turnê, antes mesmo de Orianne —, digo a Tony Smith que estou saindo do Genesis.

17
O caso dos impostos

Ou: me apaixonei por uma mulher suíça.
E sigo meu coração, não o dinheiro.

F ico ou vou embora? Abandono Jill... abandono o Genesis... abandono o Reino Unido?

Os três anos entre meu reencontro com Lavinia, no verão de 1992, durante a turnê de *We Can't Dance* do Genesis, e a conclusão da minha turnê *Both Sides of the World*, na primavera de 1995, foram bem tempestuosos. Os anos 1980, imperiais, tornaram-se os anos 1990, emotivos. Qual década me empolgou mais e qual me ferrou mais? Até hoje é difícil responder.

Em retrospecto, voltando à turnê de *We Can't Dance*, percebo hoje que o peso de liderar uma banda finalmente chegou ao seu limite. Desde o começo daquela rodada global dos maiores shows de todos os tempos do Genesis havia um sentimento de nostalgia, algo como "olha quão longe chegamos". Isso ficou mais aparente ainda na filmagem que exibimos nas telas durante "I Know What I Like": muitos arquivos de filmes que se estendiam até a fase de Peter. Era um material emocionante.

Mas também desde os primórdios houve problemas e birras.

Depois da noite de abertura no Texas Stadium, em Irving, cidade do Texas, seguimos de Houston para a Flórida. Contraio uma infecção na garganta, então tento me tratar com acupuntura nos bastidores do Joe Robbie Stadium, em Miami. Na noite seguinte, em Tampa, só consigo cantar uma música, "Land of Confusion", antes de pedir desculpas e sair do palco, com minha voz em frangalhos. Acupuntura, né? Metade do estádio grita em solidariedade. A outra metade está berrando, enquanto isso, frases como "Seu babaca! Eu paguei o ingresso, então cante!". Corro para o camarim e choro. É intenso demais. Decepcionei todo mundo, de fãs à equipe, fornecedores e todo o pessoal que trabalhava dentro e ao redor do estádio. É uma responsabilidade muito pesada, um momento muito pesado. E tudo por minha conta. Com uma semana na estrada, em minha cabeça já inviabilizei a maior turnê do Genesis de todos os tempos.

Mas como rotineiramente me sinto obrigado a fazer, me empenho e a turnê vai em frente. Enquanto batemos ponto nos maiores estádios e casas de show do mundo, um pensamento pulsa: eu quero mesmo isso? Essa pressão? Essa obrigação? Eu conseguiria manter isso — o canto, as piadas, as megaperformances exigidas — ao longo de uma extenuante agenda de verão, até chegarmos a um show colossal e emocionante em casa, ao ar livre, de boas-vindas, em Knebworth?

A verdade é que eu odeio shows em estádios. Você não fica no controle. Esses estabelecimentos são construídos para esportes, não para turnês de rock. Você fica à mercê das intempéries; um tantinho de chuva pode arruinar a noite de todo mundo, e se o vento acelerar, que Deus proteja o som. Há muita atividade por todos os lados nesses lugares, e todas chamam sua atenção enquanto você está no palco. As filas para comprar cachorro-quente, o cheiro avassalador de cebola frita, as multidões nas portas dos banheiros, os esquadrões de policiais e seguranças. Se há 40 mil pessoas no lugar, 10 mil estão se movendo ao mesmo tempo enquanto você toca.

Lembro de ir assistir ao show do Bad Company no Texas nos anos 1970, dar uma volta ao redor da arena e ficar assombrado com tudo que rolava: pessoas se pegando, pessoas brigando, pessoas vomitando. Algumas até assistindo ao show. Na época em que o Genesis fazia turnês em estádios nos anos 1980, os fãs acompanhavam as apresentações em enormes telas de TV ao lado do palco, porque, para muitos espectadores, ou se assistia a palitos de fósforo a distância ou se via o grupo nas telonas — só que a imagem na tela não sincronizava direito com o som que retumbava nos monumentais alto-falantes. Nessas condições, não é surpresa alguma que ninguém estava integralmente dedicado à música em si. "Eu vim porque aqui tem um balde de chope e uma bandeja de nachos laranja-nuclear."

Uma turnê inteira nessas proporções demonstra a vertiginosa popularidade do Genesis no começo dos anos 1990. Mas, ao mesmo tempo, precisar concretizar isso tudo é um pé no saco.

E agora? Para onde vamos? O que acontece na turnê que sucede à turnê de estádios e arenas? Quando você já tocou quatro noites em Wembley e seis no Earls Court, qual é o seu próximo objetivo? Que meta bater? Já realizamos tudo abaixo desse patamar. Acima dele, estamos exauridos.

Além do mais, na maior parte da turnê, estou cumprimentando esses estádios enquanto minha cara amigável é exibida em um megatelão. Se há algo como vertigem do coração, sofro disso em nível avançado.

É esse o meu raciocínio enquanto componho e gravo *Both Sides*.

Dessa vez, Tony Smith está pisando em ovos. Ele é uma das poucas pessoas que sabem o que aconteceu comigo e Lavinia. Também está ciente de que, consequentemente, Jill e eu estamos patinando sobre gelo fino. Ele sabe que meu estado emocional resultou nesse álbum solo mais melancólico, e que o Phil Collins pop star alegrão dos anos 1980 está morrendo por dentro.

Sendo um empresário sempre antenado e meu confidente, Tony tem razão em se preocupar, mas não quanto à minha vida pessoal.

No final de 1993, Tony e eu estamos em um jatinho particular, voando para atender algumas obrigações de divulgação do álbum. Só nós dois estamos a bordo, sentados a uma mesa nos fundos do avião. Embora eu já tenha decidido meu futuro, não contei a ninguém. Estou divulgando *Both Sides* em entrevistas, e gosto disso. Na minha cabeça, esse é meu melhor momento: um disco muito pessoal cheio de músicas que dão o que falar.

Acima de tudo, estou aliviado por ter tomado a decisão.

— Tony, estou saindo do Genesis.

Ele não fica surpreso; já antecipou essa realidade há alguns anos, então sua resposta é comedida:

— Ok. Não precisamos dizer nada por enquanto. Vejamos como você se sente depois da turnê do *Both Sides*. Aí a gente senta e conversa.

Suspeito que, por dentro, seu monólogo tenha sido assim: "Eu conheço o Phil. Ele vai voltar atrás. Vai lançar o disco, cair na estrada, esvaziar o peito. Então, depois de perceber o erro que quer cometer, vai voltar a si, como sempre."

Mas eu sei o que sinto, e como vou me sentir depois da turnê. Dei o salto e revelei meus verdadeiros sentimentos. Não vou mudar de ideia. Mas concordo em manter isso em segredo, até que *precisemos* contar para o mundo.

Promovendo *Both Sides* de jatinho no final de 1993, minha vida está aos pedaços. Preparei o que considero ser o meu melhor álbum, mas a que preço? A inspiração veio da transpiração de tentar desenvolver minhas ideias e meus sentimentos. Essas músicas são sobre separação, sobre um amor perdido. Além do mais, a liberdade que tive para fazê-las provoca em mim sentimentos de antecipação. E se eu fizesse mais discos como *Both Sides*, pessoais e autossuficientes? Por que preciso fazer mais álbuns em banda?

Em suma, por motivos positivos e negativos, depois de dedicar metade da minha vida à banda, vejo que é hora de sair do Genesis. Só não posso contar a ninguém.

Então me mantenho em silêncio, por quase dois anos, durante os quais volto à dura realidade. *Terra infirma*. Na Suíça. Agora é hora de tratar das mulheres da minha vida.

Sempre odiei a imagem que faziam de mim na época — "se divorciou da esposa/se divorciou da banda", como se essas duas coisas pudessem ser abordadas juntas. É uma manchete concisa, mas distante da verdade. Na época, eu me convencia de que estava no controle de ambas as esferas da minha vida, mas que uma não se misturava com a outra. Ênfase, aqui, em "na época".

Quem está ao meu redor, imagino, acha que sou doido. Tony Smith, especialmente, compreende que sair do Genesis e deixar minha segunda esposa são coisas que vão me custar muito caro, em dobro, em todos os sentidos. Não me importo. Preciso dessa saída.

Não culpo o Genesis pelos traumas em série na minha vida pessoal. Posso ter sentido uma obrigação permanente de aceitar turnês e agendas e projetos, de manter todos felizes e empregados. Mas, fundamentalmente, o grosso fica comigo. Eu podia ter recusado aquele álbum subsequente, aquele encerramento de turnê com uma passagem pelos Estados Unidos, aquele último convite para produzir. E poderia ter dito não para Orianne — ou, melhor: poderia não tê-la perseguido com tanta intensidade.

Durante a turnê de *Both Sides* decido que, quando concluí-la, vou me mudar para a Suíça e morar com Orianne. Para um homem que foi achincalhado pela imprensa do Reino Unido, esses brutamontes conterrâneos não inspiram mais segurança e receptividade que um país pequeno, cercado de montanhas e lagos, amante da democracia, onde a discrição é um dos principais atributos naturais. Em busca de uma ruptura cirúrgica com todos os meus relacionamentos adultos — caseiros e profissionais —, há poucos lugares mais limpos que a Suíça.

A próxima coisa que as pessoas automaticamente acham é que estou me mudando por causa de dinheiro. Com isso, outra rodada de manchetes: "Estrela do rock milionária, Phil Collins escapa do país para se livrar dos impostos, negando ao governo do Reino Unido dinheiro para manter as luzes acesas e os hospitais funcionando." Ainda hoje tenho uma: "Phil Collins (que se divorciou por fax) foge dos impostos (que canalha)."

Com toda a sinceridade, nada disso é verdade. Não fiquei ponderando coisas como "Onde vou ser menos taxado no imposto de renda? Onde posso me esconder facilmente?".

A resposta é simples: Orianne mora na Suíça. Então, eu vou para onde ela mora. A "única" coisa de que sou culpado é de ser um homem casado de 44 anos que se apaixonou.

Tento dizer isso em umas duas entrevistas. Falo para um jornal do Reino Unido que, se Orianne morasse em Grimsby ou Hull, eu teria ido para lá. O jornal prontamente procura os habitantes de Grimsby e Hull para comentar minhas citações — sob o pretexto de que agora o passador-de-fax-imigrante-fujão-dos-impostos ataca os bons e honestos cidadãos ingleses. E então: outra rodada de hostilidade da imprensa, seguida de uma muralha de cartas virulentas de Grimsby e de Hull: "Qual é o problema com as nossas cidades?"

Ainda assim, a vantagem não intencional de me mudar para a Suíça é que, em geral, as pessoas ficam na delas, e deixam que você fique na sua. E se não deixarem, você pode, dentro da lei, atirar em alguém que pise em seu jardim. E, agora, algo assim é um atrativo.

Fico imediatamente muito, muito feliz na Suíça. Enquanto, obviamente, tenho uma merda enorme perpetrada por mim mesmo para limpar, nesse lugar a vida se torna mais simples em um segundo.

À espera de Orianne sair do trabalho todo dia em Genebra, frequento um bar das redondezas. O barman me diz:

— Mas por que você quer morar aqui? Todos estamos tentando ir embora.

Os motivos pelos quais eles querem ir embora são os motivos pelos quais eu quero ficar. A beleza natural, o ritmo lento, a paz ensurdecedora — isso tudo é uma bênção para mim. Depois de 25 anos sendo propriedade pública, agora posso ser propriedade privada. Precisei tomar medidas drásticas, mas consegui me retirar do circuito.

Nossa primeira casa fica no lado austral do lago Genebra, uma vivenda alugada em uma cidade medieval, Hermance, bem na fronteira com a França. Ela tem quatro andares, um cômodo em cada piso e nenhuma parede aprumada. É linda, um pequeno paraíso cheio de curvas.

Na Suíça, a família é mais central nas vidas, de um jeito terno e antiquado. O pai de Orianne está sofrendo com um câncer desde que a conheci, e ele falece tragicamente na noite em que toco em Stuttgart na turnê Both Sides. Pego um avião para ficar com ela imediatamente depois do show.

Agora sua família está unida como nunca. Vamos visitar sua mãe todo fim de semana, para almoçar com ela. Aperitivo, taça de vinho branco, boa refeição, boa conversa. Obviamente, não falo tanto (meu francês é *un peu* básico; estou aprendendo), mas a sensação é maravilhosa. Sou transportado para minha infância, para o oeste de Londres, o subúrbio, do final dos anos 1950, começo dos anos 1960 — para aqueles animados almoços de domingo com Reg e Len, mamãe assassinando os legumes e papai brigando com os pratos. É um pequeno passo para trás, no passado, e eu amo isso.

Com a separação dos meus pais, seguida da morte de meu pai em 1972, e do fato de eu ter passado os vinte anos seguintes na estrada, essa sensação de ser parte de uma família grande é algo que perdi por quase 25 anos, quase toda a minha vida adulta. A família de Andy estava em Vancouver; a de Jill, em Los Angeles. Aqui, na Suíça, todo mundo está junto. Isso é confortável, familiar, e nada tem a ver com o que faço ou o que sou.

E o restante da minha família? Complicado, para usar um termo otimista.

Para Jill, é absurdamente complicado lidar com essa confusão. Uma das primeiras coisas que ela me diz quando conto que vou me mudar para a Suíça é que não sei falar francês. Ela está certa, mas isso não me importa, pois eu poderia aprender. Tanto que aprendi mesmo.

Tento ver Lily, agora com 6 anos, sempre que posso. Pego um voo para o Reino Unido e fico nas terríveis acomodações do grupo Holiday Inn ou em hotéis de aeroporto. Eu a pego na escola e nós nos sentamos no carro para conversar, ou para ouvir e repetir a trilha sonora do último filme da Disney, *Aladdin*, enquanto esperamos que o restaurante italiano em Cranleigh (Surrey) abra. Difícil e triste para todos os envolvidos.

Orianne conhece Lily em Ascot — não posso ficar em Londres porque a imprensa ainda está me perseguindo, então reservo hospedagem em um pequeno hotel no campo, nada longe do Tittenhurst Park, a ex-propriedade de Lennon que aluguei com o Brand X.

Faço todo um preparo de Lily para o difícil assunto que é a nova mulher na vida do papai. Digo a ela:

— Conheci uma moça igualzinha à princesa Jasmine de *Aladdin*.
— Uau! — ela responde, arregalando os olhos.

Isso ajuda Lily e Orianne a terem uma sintonia instantânea.

Leva algum tempo até Orianne conhecer Simon ou Joely. Vamos com calma. Herdar uma família pode ser traumático para todos os envolvidos. Mas Orianne, uma mulher brilhante, inteligente, tira tudo de letra.

Ciente do fato de que preciso solidificar as coisas — quero que meus filhos possam me visitar sempre que possível —, começamos a procurar um lugar apropriado e familiar para morar. Mas os suíços são cuidadosos com esse tipo de coisa. Um estrangeiro não pode simplesmente chegar em seu país e comprar uma casa enorme — é necessário ter uma coisa conhecida como visto C, o visto de residência permanente. E para conquistar esse visto é necessário demonstrar o compromisso de ficar na Suíça, já tendo um visto B, o visto de residência inicial, por cinco anos. Assim, você prova que não está apenas se precipitando e comprando uma propriedade para se esconder em um paraíso fiscal.

Demora mais um tempo, mas, finalmente, encontramos a casa certa. É cercada de vinhedos, na pequena cidade de Begnins, no meio do caminho entre Genebra e Lausana. Clayton House é uma mansão de 650 metros quadrados com sete quartos, seis banheiros, quadra de tênis, piscina, casa da piscina e uma bela paisagem do lago Genebra e dos Alpes. Infelizmente, alguém já é dono do lugar: Sir Jackie Stewart, a lenda do automobilismo.

Por sorte, Sir Jackie é meu amigo, e ele e sua esposa Helen estão loucos para se mudar de volta para o Reino Unido. Por enquanto, vamos alugar a casa de Jackie, mas, depois que eu tiver convencido os suíços de minha boa-fé e de meu compromisso com seu belo país, compro Clayton House.

Eu me sinto acomodado, estável e sólido. Pela primeira vez desde... *sempre*.

Não sei se a notícia de minha emancipação recém-conquistada acabou vazando, mas descubro mais tarde que, em janeiro de 1996, meu nome tem circulado em um novo e estranho contexto. Um filme para TV do *Doctor Who* está em produção e, junto com Scott Glenn e Randy Quaid, estou sendo cotado para interpretar o arquirrival do Senhor do Tempo, o Mestre. A agenda acaba impedindo que eu seja formalmente convidado para fazer esse vilão intergaláctico, o que provavelmente é bom para mim. Não seria fácil trocar a turnê com a banda por uma viagem no tempo e no espaço.

Torna-se claro, nessa época, que não podemos mais adiar a notícia sobre o Genesis. Quero me "colocar fora dessa", sendo agora um ex-líder de banda, e Mike e Tony precisam progredir em seus planos.

Pego um avião para Londres, rumo a uma reunião na casa de Tony Smith. Imagino que Tony e Mike já devem ter sido avisados há muito tempo de minhas intenções pelo nosso empresário. Ainda assim, estou nervoso. Esses caras são meus amigos mais antigos do meio musical. Dois dos meus mais antigos amigos, para ser sincero. E estou prestes a me despedir formalmente deles.

Nós nos sentamos na cozinha de Smith com xícaras de chá. Batemos um papinho, mas todos sabemos o motivo do encontro.

— Estou saindo.

Tony Banks replica, com um eufemismo legitimamente britânico:

— Bem, é um dia triste.

— Nós entendemos. Mas estamos até surpresos por você ter ficado tanto tempo — emenda Mike.

Na minha cabeça, trata-se de uma lei inegável da física do rock'n'roll: o Genesis não pode diminuir. E agora fica só com dois membros? Isso não vai funcionar mesmo. E embora a saída de Peter tenha se revelado um bom negócio, o Genesis de hoje não é como o Genesis daquela época. O elogiado grupo de rock progressivo de meados dos anos 1970, agora, no meio dos anos 1990, é um fenômeno que lota estádios. Eu nunca quis que esse fosse o resultado de minhas ações, mas minha saída será o fim.

Mas não. Tony e Mike querem seguir em frente — vão arranjar outro vocalista. O Genesis não acabou. Não agora. Não ainda.

Secretamente, fico extasiado por eles estarem conspirando para continuar. Não quero que a banda termine, e, certamente, não quero ser o motivo do fim. Só quero sair.

Abraçamos um ao outro, desejamos o melhor um ao outro e nos despedimos. Sabemos que nos veremos novamente, mas com outro pano de fundo.

Em 28 de março de 1996 o anúncio oficial é feito por meio de um release para a imprensa assinado pelo nosso empresário: "O Genesis encerra um experimento de vinte anos e decide substituir o vocalista Peter Gabriel... Nos últimos vinte anos, o baterista Phil Collins tem feito bicos como cantor, com grande aceitação..."

Engraçado, conciso, afetivo. É o adeus perfeito. Viva! Agora que a notícia finalmente ganhou o mundo, desfruto de um sentimento que não vivenciava há anos.

Liberdade.

18
Uma big band, o rei da selva e o barco na Suíça

Ou: eu sou o cara.

Depois de me libertar de uma grande banda e de todo o peso que ela representava, decido fazer o óbvio: formar uma big band.

O Genesis tocou no Festival de Jazz de Montreux em 1987, durante a turnê *Invisible Touch*, e eu também toquei lá no ano anterior, com Clapton, participando da turnê do seu álbum *August* — produzido por mim. Portanto, já conheço o encantador Claude Nobs, fundador desse fantástico evento anual. Ele também manda na Warners na Suíça, o que o torna meu divulgador em minha recente pátria adotada.

Além disso, como novo residente, tudo indica que eu deveria me apresentar no primeiro festival mundial de jazz da Suíça. Na verdade, sabendo que o suíço é meticuloso e amante do jazz, um show em Montreux pode ter sido parte das letras minúsculas do contrato que finalmente me permitiu o direito de comprar a casa em Begnins. Não importa qual o motivo: toda vez que o jazz o convoca, você jamais recusa.

O jazz, e particularmente o jazz de uma big band, sempre mexeu comigo. Na minha juventude, ao lado dos Beatles estavam Buddy Rich e Count Basie, especificamente Basie, porque eu amava seu baterista, Sonny Payne — uma grande influência. Ouvi *Sinatra at the Sands*, com a regência de Quincy Jones, tanto quanto ouvi *With the Beatles*. Já mais velho, meus ouvidos iam mais longe, e eu me apaixonei por John Coltrane, Weather Report e Miles Davis.

Sob essa luz, o Genesis, com a diversidade que tínhamos em nossa composição, nunca satisfez todo o meu "eu" musical. Embora trabalhássemos muito nos anos 1970 e início dos anos 1980, faltava algo musicalmente. Isso explica a longa limitação que tive nesse período com o Brand X.

Agora, uma década e meia depois que o Brand X deixou de ser a banda em que eu conseguia curtir meu jazz aqui na Suíça em meados dos anos 1990, uma velha tendência começa a pulsar. Felizmente, o Festival de Jazz de Montreux me faz uma oferta que não posso recusar. Monsieur Nobs me pede para escolher um dia para fazer o que quiser.

— Bem, Claude, eu sempre quis tocar em uma big band.

Ele se entusiasma instantaneamente e logo decide envolver Ahmet Ertegun no planejamento. A mim cabe a felicidade de me reconectar com criatividade ao homem que foi o pivô no início da minha carreira solo. A paixão de Ahmet não era apenas profissional ou musical. Se ele amava alguém, amava inteiramente. Você se sentia como se fosse o filho que ele nunca teve, perdido havia muito tempo. Essa era a encantadora sensação que ele causava a muitos artistas — tive plena consciência disso quando me juntei a Eric, Wynton Marsalis, Dr. John, Solomon Burke, Ben E. King e a uma série de outros para nos apresentarmos no concerto memorial de Nova York após a morte de Ahmet, em 2006. Tudo o que sei é que ele me disse uma vez:

— Phil, você é o filho que eu nunca tive.

Ahmet chega de avião, e ele, Claude, Tony Smith e eu nos encontramos no hotel Beau-Rivage em Genebra. Discutimos os fundamentos do que já estou chamando de The Phil Collins Big Band: quem são os participantes desejados, qual vai ser o repertório, onde e como vamos nos apresentar e se vamos produzir um álbum.

Digo que gostaria de ter Quincy Jones como maestro. Amei os discos que ele fez com sua própria big band nos anos 1960, e, enquanto estava em turnê em Barcelona, enviei o que ele sempre menciona como um "fax de amor", depois de ter conferido seu disco *Listen Up*. Quando entro em contato com ele e explico meus planos, Quincy entende que estou falando sério, e imediatamente oferece seus serviços. Convenientemente, ele traz alguns grandes músicos: na Europa, Quincy costuma trabalhar com uma big band ligada a uma estação de rádio de Colônia, a WDR. Decidimos tê-los como músicos principais.

Mas quem vai cantar? Enquanto levar o meu nome, essa banda é, sem dúvida, uma *banda*; não vai ser o espetáculo de um homem só. Em parte por causa da minha paixão por música, em parte por causa das recentes dores pessoais que sofri, quero voltar lá para trás, para a segurança da banqueta do baterista. Também quero que seja tão autêntico quanto possível, um tributo tão verdadeiro à herança do jazz quanto pudermos produzir em conjunto. E eu não quero estar à frente.

Na turnê *Both Sides*, Tony Bennett e eu começamos a entrar na órbita um do outro. Esse é o início da nova carreira do lendário vocalista como artista de moda, um artista da geração MTV, uma transformação habilmente controlada depois que o filho de Tony, Danny, assumiu o controle da sua carreira. Em determinado momento, eu o vi na TV, dizendo:

— Existem alguns grandes compositores hoje. Phil Collins é um deles.

Lembro de ter pensado: "Caramba, Tony Bennett ouviu falar de mim." À medida que essa ideia ganha impulso, imagino um cartaz dos sonhos na frente de uma sala de concertos: "The Phil Collins Big Band, com regência de Quincy Jones. Vocalista convidado: Tony Bennett."

Em uma das vezes em que nossos caminhos se cruzaram, na Austrália, quando estávamos hospedados no mesmo hotel, deixei uma mensagem ao Sr. Bennett. Disse que estava pensando em formar minha própria big band, e que, se isso algum dia acontecesse, ficaria honrado se ele considerasse a possibilidade de cantar conosco. A resposta que chegou foi que Tony estaria muito interessado em tal projeto.

Agora que a ideia tomou forma, fazemos contato com os Bennett, pai e filho. E, novamente, o retorno é positivo: Tony está interessado. Então, para meu espanto e honra, parece que temos nossos artistas de destaque, embora o filho de Tony não confirme 100% a participação de seu pai até a última hora.

Mas o que nós vamos apresentar? Harry Kim, meu trompetista, acerta em cheio: se nós tentarmos as músicas que Count Basie e companhia limitada já tocaram, francamente, a chance de fracassarmos vai ser grande. Eles estavam entre os melhores artistas e vocalistas da história. Conheço todas as notas do álbum *Swingin' New Big Band,* de Buddy Rich; nunca mais parei de ouvi-lo desde que comecei, em 1966. Essa foi a minha droga de acesso a um novo mundo maravilhoso, e me colocou na rota da descoberta que levaria a Count Basie, Sonny Payne, Harold Jones, Jo Jones, Duke Ellington e tantos outros. Não estou pronto para pisar nesse chão sagrado.

Então, Harry sugere: vamos fazer alguma coisa que ninguém mais saiba fazer: reorganizar as versões instrumentais das minhas coisas; material da carreira solo e músicas do Genesis.

Harry me encontra em Hermance. Ele tem muitos contatos importantes que podem ajudar com os arranjos, e nós discutimos a escolha do material. Decidimos que ele vai enviar as canções selecionadas para seus contatos e ver o que volta.

Completo a formação qualificada que vai permitir que Phil Collins Big Band toque músicas de Phil Collins em estilo big band: acompanhando Quincy e Tony, como convidado especial, David Sanborn no saxofone principal. Os outros são Harry (trompete), Dan Fornero (trompete também), Luis Conte (percussão), Daryl Stuermer (guitarra), Nathan East (baixo), Brad Cole (piano), Arturo Velasco (trombone) e Andrew Woolfolk (saxofone). O restante vai ser constituído pela WDR Big Band. São cerca de vinte músicos ao todo.

Com esse número de profissionais compartilhando um palco, eu deveria ter previsto que poderiam surgir algumas questões interpessoais. Mas, provavelmente, não teria previsto que elas viriam do topo da árvore.

Marcamos oito shows, o primeiro no Royal Albert Hall de Londres. Será no dia 11 de julho de 1996, como parte de um concerto organizado para homenagear a primeira visita oficial do presidente sul-africano, Nelson Mandela, ao Reino Unido. Ele havia declarado que não queria um jantar de estado; queria uma festa.

O presidente Mandela vai estar presente, assim como a rainha, o príncipe Philip, o príncipe Charles e a filha do presidente, Zenani Mandela-Dlamini. A noite vai arrecadar fundos para o Nations Trust, uma instituição criada para ajudar jovens pobres da África do Sul. Eu bem que poderia ter escolhido um momento mais discreto — e com menos pressão — para revelar meus novos rumos.

No início de julho, a banda se reúne em Montreux para ensaiar. Ensaiamos até cair. Estamos levando a coisa a sério. Esse negócio de liberdade musical não é brincadeira. Tony Bennett se junta a nós no último dia para passar suas músicas.

O plano é que ele entre no palco no meio do show e cante várias de suas canções padrão. Não tenho a intenção de pedir ao Sr. Bennett que improvise "In The Air Tonight" ou "Sussudio". Até mesmo o refinamento artístico dos novos arranjos tem limites.

Durante os ensaios, Tony arrebenta e aparece vestido para matar. Tocar bateria atrás dele, cantando as músicas dele, é para mim a realização de um sonho. Quincy é como eu esperava que fosse: imperturbável e totalmente na dele. Sua figura é um talismã.

Claude também está lá. Parece um panteão de estrelas do jazz. Entre um ajuste e outro, há conversas ao redor do piano de cauda, uma troca de histórias pessoais entregando proezas de alguns dos meus heróis musicais de todos os tempos. "Lembro que o Sinatra, uma vez..." Basie confidencia, e eu fico mais emocionado do que podia acreditar. Sinto que realmente amadureci, sou um músico aceito entre os melhores, e estou tão distante quanto é possível ficar do aparelho de fax, dos impostos e das manchetes de tabloides. Alívio.

Depois de algumas canções com Tony em vocais individuais — incluindo "Over the Rainbow", "Old Devil Moon" e "The Lady's Love with You" —, ele sugere que cantemos uma música juntos.

— Não, não. Desculpe, Tony. Eu não vou cantar nessa turnê.

Tony insiste, sugerindo que façamos um dueto de "Do Not Get Around Much Anymore", de Duke Ellington.

— Ah, tudo bem — aceito, relutante. — Como vai ser?

Não tenho certeza de que realmente funcione, mas talvez Tony de fato ache que vai funcionar. Quinze anos depois ele grava essa mesma canção em dueto com o cantor canadense Michael Bublé, e novamente, no ano seguinte, com o ator e cantor panamenho Miguel Bosé.

Viajamos para Londres, a fim de fazer a passagem de som para o show Mandela no Royal Albert Hall. Estou confiante: estamos no auge da nossa forma, e, apesar da pressão, o show vai ser incrível. E foi. O lendário trompetista sul-africano Hugh Masekela toca conosco em uma versão de "Two Hearts", e Quincy se diverte naquela que é, de fato, sua primeira aparição em um palco britânico.

Em seguida, há uma cerimônia de apresentação e cumprimentos ao presidente Mandela e à Família Real. Uma noite para não esquecer: um grande show, uma estreia impecável e um encontro privilegiado com um verdadeiro gigante político.

Nosso segundo e terceiro shows são no elegante Sporting Club de Monte Carlo. Infelizmente, na frente do estabelecimento há apenas o anúncio da "The Phil Collins Big Band". Nada sobre Quincy, nem sobre Tony. Entro em pânico. Nenhum dos dois fica feliz com a súbita ausência de seus nomes no cartaz. Colocamos a cabeça para funcionar e logo desencavamos uma solução. Antes que os jazzistas e ricaços de Monte Carlo comecem a chegar para o espetáculo, o cartaz corrigido já estava montado na entrada: "The Phil Collins Big Band, com Quincy Jones e Tony Bennett." Os nomes deles foram escritos com fita isolante, mas da calçada ninguém percebe.

Outro problema na mesma noite: depois da apresentação, algumas pessoas da equipe de Tony estão com uma cara estranha. Parece que, no palco, não tenho dado espaço suficiente para Bennett. Preciso acelerar um pouco, apresentar algo mais parecido com um número de música e dança. OK, entendi. E vem outro problema: depois do segundo show em Monte Carlo, Ralph Sharon, o pianista de Tony há quarenta anos, me visita no camarim.

— Phil, tenho uma notícia boa e uma ruim. O som está fantástico... mas está um pouco alto para Tony.

Nos ensaios, o som estava ainda mais alto, e Tony estava feliz, com a maior energia. As duas primeiras apresentações também foram realizadas em um volume decente e, de novo, Tony parecia perfeitamente à vontade. Então, não consigo entender de onde surgiu tal problema.

Em seguida, recebo a dica: alguém disse a Tony que eu sou um grande fã de Buddy Rich. Na grande rivalidade entre Frank e Tony, Buddy sempre se manteve firme no campo de Sinatra, como se podia esperar de um baterista que tocava sempre com o cara. Aparentemente, porém, uma vez Buddy tocou com Tony e, ao final das quatro ou cinco músicas deste último, Buddy, como o grande provocador (digamos assim) que era, gritou:

— Valeu a tentativa, Tony!

A partir de então, Tony passou a odiar Buddy, e aqui estou, aparentemente tentando *ser* Buddy. O que significa que, por extensão, Tony está um pouco inseguro a respeito da minha boa-fé. Eu diria que é um pouco exagerado me colocar no mesmo nível de Buddy, mas entendo que esse novo universo musical em que entrei tem suas próprias regras. Entre os grandes monstros do gênero, as antigas recordações e inimizades são difíceis de eliminar. Tudo é justo no amor e no jazz. Já a política do rock'n'roll não tem nada disso.

Então, diminuímos o som, noite após noite, em cada um dos seis shows subsequentes.

— Sim, Phil, ainda está um pouco alto... — diz Ralph.

Fazemos um som tão baixinho que praticamente não tocamos. Dava para ouvir um alfinete de gravata caindo.

Em Perugia, na Itália, sempre há tempo para mais um conflito. Como até altas horas Danny Bennett não havia confirmado a participação de Tony, os empresários italianos tiveram que se adiantar e encomendar os cartazes do concerto sem saber ao todo quem estaria se apresentando. Assim, para proteger seus investimentos, eles os imprimiram usando apenas o meu nome.

Tony chega ao local, lê os dizeres "The Phil Collins Big Band" e se vira para mim:

— Eu poderia ir embora agora mesmo.

— O que foi, Tony?

— Meu contrato prevê 50% de faturamento, mas eu não estou em nenhum desses cartazes — e não estive durante a turnê inteira!

— É porque até o último minuto o seu filho não tinha confirmado sua presença!

Estou fora da minha zona de conforto aqui, para não dizer que fico completamente cansado de toda essa falta de comprometimento. Assim, convoco um profissional. Tony Smith, um negociador competente e extraordinário, se senta com Tony Bennett, os dois discutem o problema e o resolvem.

O Sr. Bennett, no entanto, veterano como é, ri por último. Na última das suas apresentações conosco, eu lhe peço uma foto e um autógrafo. Ele assina por obrigação: *Para Phil, meu "amigo"*. Isso mesmo. A palavra *amigo* está entre aspas.

A vida familiar com Orianne, pelo menos, é feliz, mas, com certeza, já dá para ouvir crescendo no horizonte os tambores do meu iminente divórcio de Jill. Em algumas colunas da imprensa britânica, ainda sou o inimigo público nº 1. Mas estou absolutamente apaixonado, e me sinto pleno de energia espiritual, criativo, ágil e, de todos os jeitos certos, livre. Vinte e cinco anos sem parar, e, enfim, eu parei. Este novo começo na Suíça está trazendo tudo o que eu esperava.

Com a música também vai tudo bem. Uma manhã recebo um telefonema de Sir George Martin. Como parte do encerramento de sua carreira, ele quer fazer um álbum, *In My Life*, com novas versões de algumas de suas músicas favoritas dos Beatles. Nós nos conhecemos há anos, mas nunca trabalhamos juntos, portanto, fico emocionado por ser convidado. Ele e seu filho Giles viajam para a França, para uma casa que aluguei para usar como estúdio para gravar meu próximo álbum.

Fica decidido que vou ficar com "Carry That Weight / Slumbers Golden", do *Abbey Road*. Primeiro toco as partes de bateria, incluindo o famoso solo de Ringo. Nós dobramos a duração do solo, e George adora. Em seguida, tratamos dos vocais, cheios de harmonias vizinhas de três partes, com George explicando: "Esta era a parte do Paul... Esta era a parte do John." Trabalhar com essa verdadeira lenda da música, que, além disso, é uma pessoa muito amável, é uma das minhas lembranças mais queridas.

O meu sexto álbum da carreira solo, *Dance Into the Light*, é lançado mais adiante naquele ano, em outubro de 1996. O título e o som são simbólicos: é um disco otimista, cheio de brilho e cores. Estou ouvindo muito Youssou N'Dour e também tenho consciência de que as bandas de guitarras estão de volta. Esta é a era do Britpop, e, enquanto estou o mais longe possível da Cool Britannia e do novo ambiente de swinging de Londres, embora me sinta perto do Noel Gallagher, do Oasis — na medida em que ele adora me criticar —, estou inspirado a experimentar sons de guitarra em meus teclados. Assim, escrevo algumas "canções de guitarra"; ou seja, músicas que não são do tipo que Phil Collins costumava escrever. Agora que sou um artista solo em tempo integral, estou decidido a levantar a bandeira da liberdade bem alto e misturar um pouco as estações.

Pouco depois do lançamento do álbum sou apresentado a Noel em Mustique. Ele está de férias com sua primeira esposa; eu estou lá com Orianne. Orianne e eu frequentamos um barzinho chamado The Firefly e fazemos amizade com os proprietários, Stan e Liz. Uma noite, comento com Stan que o lugar poderia ter um pouco de música ao vivo. Ele responde:

— Eu trago os músicos se você tocar bateria.

Parece divertido, então digo que sim.

Chego na noite combinada e encontro uma saxofonista e seu marido, que toca piano; eles chegaram de barco, de uma ilha vizinha. Sentados no canto desse barzinho estão Noel, a esposa dele, Johnny Depp, Kate Moss e um congressista do Labour Party (não lembro o nome).

Eu me apresento e pergunto a Noel se ele estaria interessado em fazer uma brincadeira conosco.

Sua esposa me diz, com voz estridente, que viu o clipe de "It's in Your Eyes" o segundo single de *Dance Into the Light*, no qual eu "toco" guitarra (uma guitarra que alguém pegou emprestada de Paul McCartney, um colega canhoto). Ela brinca que sabe que eu não sou guitarrista e que não enganei ninguém. "Não foi essa minha intenção", respondi. "Eu só queria curtir."

Noel, por sua vez, declina ostensivamente do convite. Eu me retiro para o bar, sem constrangimento algum. Crédito para Kate Moss, contudo — ela se aproxima e se desculpa pelo estranho encontro. Nosso pequeno trio começa a tocar, apesar de tudo, e os Gallagher se levantam juntos e saem em seguida.

Enquanto *Dance Into the Light* está caminhando para um possível fracasso, a turnê começa bem. *A Trip Into the Light* é lançada no Ice Palace, em Tampa, Flórida, em 28 de fevereiro de 1997, e percorre a América do Norte até o final de abril. Depois de um intervalo de cinco meses, retoma uma temporada de três meses na Europa, que me mantém ocupado até o final do ano.

Esses dois primeiros anos pós-Genesis trazem outro projeto, com algumas batalhas. Mas o que é uma oportunidade sem luta? Se for fácil, não vale a pena. E conhecendo como eu conhecia o trabalho deles e seu método de trabalho, eu não esperaria nada menos ao negociar com Walt Disney.

No verão de 1995 uma equipe da Disney de Burbank, em Los Angeles, viaja para a Suíça. O grupo é peso-pesado: Tom Schumacher, presidente dos Walt Disney Animation Studios; Chris Montan, produtor executivo de música da empresa; Kevin Lima, parte da equipe histórica de *Aladdin* e *O Rei Leão*; e Chris Buck, designer de animação e de personagens que trabalhou em *Uma cilada para Roger Rabbit* e *A pequena ser*eia (e que terminaria por codirigir *Frozen: uma aventura congelante,* de 2013, o filme de animação de maior bilheteria de todos os tempos). Esses caras vão se tornar meus amigos íntimos quando o projeto estiver concluído, em 1999.

Chegamos a uma sala de conferências no hotel Metropole, em Genebra. Os homens da Disney vêm com uma proposta. Eles querem que eu escreva a música para a 37ª animação da empresa, uma adaptação dos romances de *Tarzan, o filho das selvas,* de Edgar Rice Burroughs. Mais tarde descubro o nível dessa importância: com um orçamento de 130 milhões de dólares, *Tarzan* vai ser a produção em animação mais cara de todos os tempos. Mas, de certa forma, precisa ser: *O Rei Leão*, lançado em 1994, foi um enorme sucesso; na época, o quinto filme mais popular na história da bilheteria americana. Schumacher e sua equipe estão dando o máximo para atingir a mesma performance.

O que mais posso dizer? *Que proposta!* A essa altura nem a equipe da Disney nem o resto do mundo sabe que saí do Genesis, portanto, em termos relativos, minha agenda está livre. Aliás, sendo bem sincero, eu cresci com a Disney; está no meu DNA. Assisti a todos os filmes, com todos os meus filhos. Assisti aos filmes até mesmo sem os meus filhos: lembro de estar em Los Angeles com Tony Banks uma vez e sair para ver *A Bela e a Fera* assim que estreou.

Quando eu era pequeno, a futura carreira de meu irmão Clive como cartunista tomou muito espaço em minha consciência: o trabalho dos lendários animadores da Disney, os Nine Old Men, estava colado nas paredes do quarto que nós dividíamos. Com a cortesia da minha irmã Carole, patinadora de gelo profissional, a família Collins sempre via o show de gelo de Natal em Wembley, que, na maioria das vezes, se baseava no filme da Disney que estivesse em exibição no momento. Era normal ver a Rainha das Fadas (Carole) papeando com os bichos da Disney, incluindo todos os sete anões, no ano em que ela estava em *Branca de Neve*. Na verdade, com o Dunga eu convivi mais de perto: ele morou em minha casa por algum tempo durante a temporada de inverno do show em Wembley.

O nome do cara era Kenny Baker, e ele também tocava em um grupo de comédia musical chamado The Mini Tones. Mas Kenny se tornou mais conhecido em outra esfera: ele fazia o R2-D2 nos filmes de *Star Wars*. Ele tinha uma namorada de 1,80m, Annette, que também ficava conosco. A decência me impede de pensar o que os dois aprontavam. Eu logo me acostumei a vê-los em nossa casa, mas nosso vira-lata, Buddy, demorou um pouco mais para se acostumar. Kenny tocava a campainha, eu abria a porta, e Buddy confrontava o rapaz, sem dó.

Mas não eram só os os desenhos animados e as personagens que me diziam alguma coisa. Como para qualquer pessoa que cresceu no pós-guerra, as músicas da Disney fazem parte da minha vida. Um exemplo: eu me lembro do meu pai cantando "Hi-Diddle-Dee--Dee", de *Pinóquio,* na primeira vez que ele soltou o assento quando aprendi a andar de bicicleta. Muito mais tarde *Aladdin* foi a trilha sonora daqueles agridoces interlúdios que davam o ritmo aos momentos no carro com Lily depois que Jill e eu nos separamos.

As lembranças são específicas assim, marcantes a esse ponto. Essas canções estão em meu sangue. E isso é antes de minha mente voar para o aqui e agora, para 1995 — o ano em que Elton John ganhou um Oscar, um Grammy e um Globo de Ouro pelo seu trabalho na trilha sonora de *O Rei Leão*.

Assim, quando você é compositor e recebe um telefonema comunicando que a Disney quer que você escreva para eles, o que vem à cabeça é: "Meu Deus, estou sendo convidado para entrar em um clube do qual nunca pensei que pudesse ser membro."

Logo em seguida você pensa: "Meu Deus, estão me pedindo para fazer uma coisa que eu acho que não sei fazer."

O quarteto da Disney me explica a história. É Tarzan, e faz sentido me convidar: bateria, ritmos da selva, percussão. No papel combina muito bem, mas, ainda assim, eu não tenho certeza. Esse empreendimento vai ser gigantesco. E não tenho certeza de que eles tenham certeza. Será que eles sabem que o meu último lançamento foi *Both Sides*, não o meu primeiro, mas o meu segundo "álbum de divórcio" bem sombrio? E será que já ouviram falar do caso do fax? E quanto ao caso dos impostos?

Mas esses caras são americanos, e, em grande medida, ficam imunes aos encantos dos tabloides britânicos. Além disso, *eles são a Disney*. Sabem o que estão fazendo. Foi a brilhante ideia de Chris Montan, responsável pela produção musical, contratar Elton para *O Rei Leão*, então, está claro que ele não é um imbecil. Além disso, poucos ouvintes pegaram o detalhe lírico de *Both Sides*, e mesmo assim, com esse aparente fracasso, as vendas ainda totalizavam cerca de 7 milhões no mundo. Deduzo que os principais pensamentos de Chris são: "Esse cara é bom. Ele está no mercado há muito tempo, e nós precisamos de alguém com um índice de sucesso confiável para fazer nosso filme."

No entanto, sempre pessimista, eu me pego dizendo:

— Não sei se consigo escrever uma música como "Be Our Guest", de *A Bela e a Fera*. Não sei se posso "ser" os candelabros cantando para todos os tachos e panelas. Não sou capaz de fazer as músicas do show, e também não tenho certeza de que vou conseguir escrever as canções engraçadas.

A equipe Disney responde:

— Se nós quiséssemos isso, teríamos convidado Alan Menken [o proeminente compositor americano de musicais de teatro e filme]. Nós queremos que você seja você.

A névoa se dissipa. "Bem, se eles querem que eu seja eu mesmo, é provável que eu consiga."

Depois disso, outra conclusão: não tenho que sair de casa. Posso escrever *Tarzan* no meu galpão, no jardim, na minha nova casa suíça.

E tem mais: sou convidado a fazer isso como compositor. Eles me querem por causa da minha capacidade de criar músicas com uma voz distinta. O melhor de tudo: eles só querem que eu componha as músicas, e não que as cante. Isso significa que posso continuar com minha meta de ficar em segundo plano nesse ou em qualquer outro cenário.

O argumento final vem quando a Disney me diz que não há pressa e que é um projeto a longo prazo. E eles não estão brincando: leva quatro anos para *Tarzan* chegar às telas.

É uma proposta que não posso recusar.

De contrato assinado com a Mouse House, dou tudo de mim a *Tarzan*, tratando-o com a seriedade e determinação que dediquei a qualquer um dos álbuns da banda ou da carreira solo. Para mim, isso não é coisa de criança. Me pediram para compor algo que dure para sempre. É isso que acontece com os filmes da Disney: eles passam de geração em geração, geralmente (no caso dos grandes) se tornando mais populares com o passar do tempo. Não se pode dizer isso a respeito de muitas bandas de rock. Não estou sugerindo que *Tarzan* tenha a longevidade de *Branca de Neve*, mas se fizermos o certo — e é claro que os animadores, os roteiristas e autores dos storyboards também estão incluídos —, esse filme tem condições de ser visto por muitos e muitos anos. Seguindo a tendência moderna multiplataforma das coisas, pode até se tornar um musical de teatro.

Mas não nos antecipemos. Na Suíça, no outono de 1995, superada minha crise de confiança inicial, começo a compor. Continuo compondo. Escrevo muito. Escrevo "You Will Be in My Heart", "Son of Man" e "Strangers Like Me". A equipe da Disney está nas nuvens com o meu entusiasmo e com a profundidade e qualidade do material. É incrível o que você consegue fazer quando está aterrorizado.

Esse compromisso vem de cima para baixo, da razão para o coração, um comprometimento profundamente pessoal para mim. A canção de ninar "You'll Be in My Heart" começou a se formar como uma melodia que imaginei cantar para Lily quando ela era bebê. E o meu comprometimento não termina com a composição inicial. Ouvi as demos de Elton para *O Rei Leão*, e era só ele, um piano e uma caixa de ritmos. Mas eu quero mesmo é fazer parte do mecanismo de montagem de toda a trilha sonora. Então, as demos que faço são mais do que simples gravações caseiras, com produções bem próximas das músicas finalizadas. A Disney adora. E quando a Disney te ama, você sente de fato que é amado.

Ainda assim, são muitas idas e vindas criativas. A realização de um filme da Disney envolve uma centena de pessoas, o que pode significar muitos palpites em sua trajetória particular de criatividade. Não existe um roteiro, apenas páginas, que podem mudar, e mudarão, portanto, a música precisa mudar. Uma personagem pode ser eliminada, logo, uma canção tem que sair. Se a narrativa vira para a esquerda, suas letras precisam virar à esquerda. Isso não é um problema para mim. Estive anos em uma banda; estou acostumado a me submeter a uma comissão para poder compor.

Assumi esse projeto com a suposição de que o ator que representa o Tarzan e todo o elenco de outras vozes serão aqueles que vão cantar as canções. Sempre foi essa a direção da Disney. As músicas movimentam o desenrolar da narrativa, portanto, você tem de ter as personagens liderando as canções. Mesmo os desenhos animados com animais falantes devem possuir uma lógica interna.

A providência seguinte do senso comum é que vou estar presente no estúdio para ajudar a supervisionar a gravação. Corta para um estúdio em Nova York quando começa o processo. Enviei as demos da equipe ao longo do processo de composição. Sem o meu conhecimento, ficaram muito apegados a elas. Tanto que está se tornando muito difícil para eles verem qualquer outra voz cantando as músicas. Mas eles vão tentar. Glenn Close, que atua como Kala, a gorila mãe adotiva de Tarzan, vai cantar "You'll Be in My Heart", e Rosie O'Donnell (Terk, a irmã adotiva de Tarzan) vai interpretar "Trashin' the Camp". Antes de começarmos a gravar, pedem que eu ensine a canção a Glenn.

Antes dessa ocasião eu nunca tive a oportunidade de analisar isso, mas com "In the Air Tonight", por exemplo, a caixa de ritmos não faz nada no tempo forte do compasso. Então, alguém que não seja baterista teria dificuldade em saber onde está — ou seja, essa pessoa vai lutar para saber quando entrar. Agora percebo que "You'll Be in My Heart" segue o mesmo padrão. E Glenn simplesmente não consegue cantá-la. Ela canta no tempo forte. É uma cantora da Broadway, e sabe cantar. Mas está acontecendo aqui uma desconexão rítmica básica.

Usando o microfone do estúdio, tento ajudar, dizendo gentilmente (assim espero): "Não, não, não, Glenn. É assim..." Mas, depois de um número desanimador de reinícios sem sucesso, os participantes da banda de metais da Disney brass começam a se entreolhar, gritando telepaticamente: "Como é que nós vamos resolver essa encrenca?"

A frustração de Glenn também aumenta. É uma mulher bonita, que não se poderia nunca considerar uma diva, mas posso ver através do vidro do estúdio que ela está chegando a um ponto em que não há retorno.

Gravamos uma versão em dueto para atender às câmeras que também estão ali (só para aumentar a pressão), filmando para o kit de imprensa. É muito engraçado, e ajuda a quebrar o gelo. Mas logo o gelo congela de novo.

Fazemos uma pausa e uma discussão rápida acontece.

— Vamos fazer Glenn falar cantando o primeiro verso, e em seguida Phil canta o resto.

Aceno que sim com a cabeça, enquanto penso: "Tá, mas não estou no filme."

Nós gravamos Glenn, quase à capela, e então eu entro, dentro do meu timing de baterista. Finalmente parece estar ficando bom. Mas ainda penso: "Como vai ficar essa trilha, afinal?"

No final, a banda de metais da Disney chega a uma decisão:

— Phil, você vai cantar.

Além disso, assim que fizemos "You'll Be in My Heart", fica decidido que vou cantar quatro das cinco canções. É a primeira vez que isso acontece em um filme da Disney.

A maioria das músicas ainda funciona, e eu respiro aliviado. Agora canto mais como o narrador da história, embora seja um narrador sem linhas faladas de diálogo. Finalmente conseguimos persuadir Rosie a fazer a coisa jazzística improvisando sons vocais em "Trashin' the Camp", e ela canta. Mas essa é a única canção no filme em que a personagem canta.

Não vou mentir: estou emocionado com o resultado. Não só minhas músicas vão estar em um filme da Disney como minha voz vai estar lá. Além disso, as músicas vão ser executadas exatamente como foram compostas. Esse era o meu grande medo — você escreve, e, de repente, seu trabalho é interpretado por outro cantor, em outro estilo. Possivelmente, um estilo musical de clarim da Broadway. Essa é, eu aprendi, a arte de compor para um musical, quer seja de animação ou um musical da Broadway.

O que eu ainda não sabia é que cantar minhas canções significa cantá-las em línguas diferentes. Como as músicas nos filmes são normalmente interpretadas pelas personagens, geralmente acontece de uma voz talentosa de cada região cantar as versões traduzidas. Mas Tarzan não canta essas músicas em inglês, consequentemente, também não as canta em japonês. Como a Disney é uma potência da indústria de entretenimento que desconhece fronteiras nacionais, e é popular de Burbank a Bangkok e a Beijing, é mais apropriado que esse narrador anônimo tenha patins multilíngues. *Tarzan* é dublado em 35 línguas, um recorde para um filme da Disney.

Firmamos um compromisso: vou regravar toda a trilha sonora em italiano, espanhol europeu, espanhol latino-americano, francês e alemão.

A tarefa de compor *Tarzan* me proporcionou uma sensação que eu desejava e procurava havia muito tempo: ao receber a incumbência de fazer as músicas para um filme inteiro da Disney, sou levado a sério como compositor. Com todo o meu sucesso comercial, sempre me ressenti da ausência dessa sensação.

No dia 16 de junho de 1999, dois dias antes do lançamento do filme nos Estados Unidos, fui premiado com uma estrela na Calçada da Fama de Hollywood, do lado de fora do Teatro El Capitan, de propriedade da Disney. Um menino criado no fim da linha de Hounslow não sonharia com isso nem em 1 milhão de anos.

Tarzan é um sucesso, não só de crítica, mas também comercial: arrecadou quase 500 milhões de dólares em todo o mundo, tornando-se o quinto maior filme do ano. "You'll Be in My Heart" foi indicada para um Oscar e ganhou o Globo de Ouro de Melhor Canção Original para Filme. No Grammy, o compositor Mark Mancina e eu ganhamos o prêmio de Melhor Álbum de Trilha Sonora.

Um pouco antes da distribuição dos prêmios da Academia, a MusiCares, uma instituição de caridade da indústria da música, faz uma pequena saudação a Elton John em Los Angeles. Vários homenageados anteriores e futuros — incluindo Stevie Wonder, Tony Bennett e Sting — apresentam uma seleção das canções dele. Eu canto "Burn Down the Mission". Depois, no camarim de Elton, nós conversamos sobre os próximos Oscars, o que ele sentiu quando ganhou com "Can You Feel the Love Tonight" e o que eu vou sentir se tiver a sorte de ganhar. Ele me diz que sentiu "uma puta felicidade".

Chega a noite do Oscar de 2000, e dessa vez sou considerado bom o suficiente para executar minha música. Cher apresenta a categoria. Quando ela abre aquele envelope e diz o meu nome — ganhei o Prêmio da Academia pela Melhor Canção Original —, fico lá em pé, cheio de desconfiança.

Dito isso, considero os quatro anos que passei trabalhando em *Tarzan* uma brilhante aventura. Trabalhei duro, dei tudo de mim, conheci algumas pessoas excelentes e aprendi muito sobre o trabalho em um novo tipo de mídia.

À medida que os anos 1990 chegam ao fim, sinto que posso ir a qualquer lugar. Fiz um filme da Disney. Compus um álbum colorido e otimista da minha carreira solo. Criei uma big band — na verdade, fiz isso duas vezes: em 1998, a Phil Collins Big Band sai mais uma vez em turnê, dessa vez por mais tempo, e também na América. Em 1999 lançamos um álbum ao vivo, *A Hot Night in Paris*.

Também traço uma linha na minha história até agora. Em 1998, lanço ... *Hits*, e em 1999 o Genesis lança *Turn It on Again: The Hits*, e ambos fazem exatamente o que propõem. Era assim antes, agora é isso.

Cresço por dentro, cresço para o mundo, sigo crescendo. Fui revigorado pelo meu novo amor com Orianne. Estou aprendendo francês. Estou gostando da Suíça. Anos depois dos dias calmos do Converted Cruiser Club, finalmente consigo ter um barco. As águas cintilantes do Lac Léman não são como as águas turvas do Tâmisa, mas dão para o gasto. *Je suis vivant le rêve.*

Pouco antes do início do novo milênio, no dia 24 de julho de 1999, eu me comprometo com o futuro. Orianne e eu estamos casados — duas vezes, só para ter certeza: primeiro, em nossa cidade, Begnins, e, depois, em Lausana, onde nos conhecemos. A noiva usa branco; o noivo, um terno escuro. Oferecemos uma bela recepção no Beau-Rivage em Lausana, com todos os nossos amigos presentes. Acho que estão falando da festa até hoje. É isso aí. Estou realizado.

19
Adeus a tudo isso

Ou: dor de ouvido, mágoa e despedida.

Como você chama alguém que anda por aí com músicos? Baterista.

Você já ouviu falar de algum baterista que tenha terminado o ensino médio? Nem eu.

Qual é a última coisa que um baterista diz em uma banda? "Ei, pessoal, que tal a gente tentar uma das minhas músicas?"

Não é fácil ser baterista. Ouvi todas as piadas. Sei que são necessários cinco de nós para mudar uma lâmpada — um para rosquear a lâmpada e os outros quatro para ficar falando que o Steve Gadd teria feito muito melhor. Me chateei com uma piada do baterista que morreu, foi para o céu, ficou surpreso ao ouvir baterias fenomenais tocando atrás de Pearly Gates e correu para São Pedro a fim de perguntar se era mesmo o Buddy Rich tocando. "Não, é Deus. É que ele pensa que é Buddy Rich." Eu devia ter contado essa piada a Tony Bennett.

Logo no início me acostumei com as piadinhas. Nós, os bateristas, temos que vestir uma couraça, especialmente nos dedos. Somos os caras com mais exposição física no palco, e temos que aguentar. Depois do show, o baterista é aquele cara que está um caco, ensopado de suor, ofegante no camarim. Não me importo. Essa é a minha vida. O melhor de tudo é a batida.

Quando completei a turnê *A Trip Into the Light* — um show movimentado e com muitas vozes — em 1997, e organizei a turma para fazermos a segunda turnê da big band em 1998, estava na estrada há quase trinta anos. Embora eu já tenha há muito tempo passado a incumbência do instrumento para Chester Thompson ou Ricky Lawson, ambos bateristas fantásticos, ainda participo: em algum momento de cada show, em todas as turnês, eu toco um pouco. O suficiente para me manter em forma. Sempre volto para o abraço caloroso da banqueta da bateria. Ela foi o meu primeiro amor, a fonte do meu poder.

Em três décadas de apresentações, quase nunca fraquejei. As bolhas são geralmente muito ruins na hora em se formam. Depois de algum tempo, em casa, você já as sente mais suaves. Algumas semanas dando banho nas crianças, ou lavando os pratos depois do jantar, bastam para você sentir as mãos tão macias quanto seu rosto. De repente, você tem que fazer uma turnê novamente, e seus dedos têm de estar endurecidos e preparados para o show.

Lembro da primeira vez que saí em turnê com Eric, em 1986. Mal tínhamos começado e eu já estava reclamando das bolhas de sangue. Ele me contou do seu ritual: algumas semanas antes de ir para a estrada, ele começava a lixar as pontas dos dedos. Eric, literalmente, arrancava as almofadas das pontas dos dedos; ali se formava uma crosta, e em seguida ele as raspava de novo. No fim, elas ficavam com uma boa calosidade e ele estava em ponto de bala para mais uma temporada cheia de solos longuíssimos.

Sentir dor e ter bolhas são parte do negócio. Os primeiros anos do Genesis foram fisicamente difíceis, especialmente quando eu tinha que trabalhar por dois. Alguns vocalistas se desligam fisicamente quando há uma seção instrumental em uma canção. Eu? Eu corria de volta para a bateria e tocava. As coisas ficaram mais fáceis, naturalmente, quando cantar começou a suplantar a atividade na bateria. Porém, quando voltei para os shows de pura execução instrumental, com a chegada de Eric e Robert é que ficou difícil: tocar sem parar e apoiar os vocalistas que sabiam alguma coisa a respeito do trabalho de grandes bateristas como Ginger Baker e John Bonham.

Alguns profissionais — Stewart Copeland, do The Police, por exemplo — usam luvas. Eu jamais conseguiria fazer isso. Preciso sentir a baqueta.

Então, fundamentalmente, não tem como melhorar. Você simplesmente precisa desenvolver força e resiliência. Nas excursões do início da carreira, quando estava no hotel, eu tocava nos travesseiros na frente da TV, sem parar, horas, durante a noite, para fortalecer os pulsos. Com as bolhas, você precisa ir até o fim. A bolha se rompe, você fica com uma bolha de sangue, que em seguida se rompe, e você fica trabalhando com os dedos em carne cada vez mais viva.

Você não tem outra opção que não seja tocar com os dedos esfolados em tempo real no palco. Mesmo que tenha ensaiado — sete, oito, nove, dez horas por dia —, você não vai chegar lá. Se os seus dedos não ficarem em carne viva, você não vai ter a preocupação, os nervos ou a tensão de se apresentar em um show. Sem as bolhas, os dedos também não vão ficar endurecidos.

Você pode até usar o New-Skin, um produto semelhante a um esmalte de unha, só que mais espesso, que você espalha sobre a pele esfolada, com desesperada necessidade de proteção. Você pincela o esmalte, que arde e fede, e, assim que seca, o fedor de remédio desaparece, a dor, também, e você tem o reforço de mais uma camada de proteção. Depois, quando a película cai, arranca outra camada da própria pele. E aí começa tudo de novo.

Embora tudo isso pareça dramático demais, é a realidade que os bateristas vivenciam. Você toca, toca, sem parar. Na hora do desespero, você pode colar emplastros, mas o suor os solta durante a apresentação, então, você tem a sensação de que sua pele endureceu e está se despedaçando. Caso contrário, o suor salgado vai fazer você sentir como se os seus dedos rachados e sangrentos estivessem pegando fogo.

Depois do processo todo, o pior já passou. Você agora tem dedos de turnê.

Então, se, como baterista, você pode estar enfraquecido mentalmente, no plano físico está bem resistente. Mesmo quando me tornei vocalista, mantive essa atitude mental e essa forma física. Depois de *A Trip Into the Light*, com as voltas de honra em torno do nosso palco enorme e redondo todas as noites, eu me sinto em grande forma. Nada de personal trainers babacas. Nada de vício em academia, como parece ser o caminho das estrelas pop modernas, vaidosas e exibicionistas.

A voz, no entanto, é um animal de outra natureza. Você não pode grudar um emplastro nas cordas vocais quando elas estão ameaçadas. Você precisa tentar transcender por outros meios.

Felizmente, se, por um lado, nunca sofri de nódulos em nenhuma das gigantescas turnês do Genesis ou da minha carreira solo nos anos 1980 ou 1990, por outro, não deixava de ir ao médico em todas as paradas. Raramente cancelei shows, porque sabia quando era hora de acionar a emergência e partir para a injeção de prednisona, um corticosteroide.

As cordas vocais são muito pequenas, como duas pequenas moedas que se esfregam. Se elas incharem, ou se forem usadas demais, deixam de se encontrar e não permitem que você cante. É nesse ponto que os problemas começam. Se você continuar com o uso excessivo, inflamadas como estão, nódulos vão acabar se formando. Mas uma rápida injeção de esteroides reduz o inchaço e você fica perfeito — pelo menos no curto prazo.

Fui forçado a buscar esse recurso em várias ocasiões ao longo da minha vida de vocalista.

A conversa costumava ser assim:

— Doutor, não consigo cantar.

— OK. Quando é o seu próximo compromisso de trabalho?

— Hoje à noite.

— Onde?

— Em um estádio para 40 mil pessoas.

— Ah...

Em seguida te dão uma injeção de prednisona no traseiro. O esteroide te faz aguentar o show inteiro, mas, já que você começou, vai ficar nisso uns dez dias. Também vai haver uma série adorável de efeitos colaterais de nomes horrorosos: mudanças psicóticas de humor, retenção de água, rosto lunar.

Isso aconteceu em Fremantle, na Austrália, na gigantesca turnê *Invisible Touch* de 1986 e 1987. Fazer turnês na Austrália é uma aventura — fusos horários diferentes, os voos principais são domésticos, de cima para baixo e da frente para trás, no fim do mundo.

Essa é a turnê em que nos encontramos com Elton John. Meu velho amigo percussionista Ray Cooper faz parte da banda dele. Nós vamos vê-lo porque tocaremos no mesmo local logo depois. Ray diz:

— Ei, cara, você está se exercitando? — Claro que não. — Você está ótimo, você está ótimo... — ele acrescenta, apressadamente, falando um pouco demais.

Quando volto para o hotel, me olho no espelho. "Pareço bem", penso, pelo menos para mim mesmo.

No entanto, sofri uma lesão nessa turnê. Uma noite, no final de "Domino", saltei e caí em cima da beiradinha do meu pé. A dor foi lancinante, mas era só uma torção, então, continuei até o fim. Alguma coisa — adrenalina, cortisona, prêmios de seguro, a ameaça de pesadas multas por cancelamento — me ajudou a continuar com a turnê.

Alguns meses depois, vejo fotos minhas em ação, e percebo o que Ray não estava dizendo. Pareço David Crosby no auge de sua angústia com as drogas. Não, David Crosby é *fichinha* quando comparado a mim. Por conta da cortisona, eu estava bebendo água como se fosse uma baleia azul absorvendo plâncton. Fiquei superinchado, e ninguém disse uma palavra.

Aquelas fotos me assustaram pra valer. É como se eu não tivesse observado o aviso: "Não opere máquinas pesadas enquanto estiver sob o efeito da droga." E uma turnê do Genesis em um estádio não deixa de ser quase tão pesada quanto as tais máquinas.

Quando encontro Ray, um pouco depois, em um show no Royal Albert Hall, ele admite que o único "exercício" que vinha à sua cabeça na Austrália era ele tentando descobrir por que o seu velho amigo Phil estava tão horrível, com uma aparência tão ferrada.

E não foi apenas essa turnê. Como já contei, a longuíssima turnê, cheia de clima, *We Can't Dance,* foi quase interrompida no começo quando minha voz sumiu em Tampa. Essa turnê tinha plateias gigantescas, e elas conheciam as letras das músicas melhor do que eu. Eu não podia decepcioná-la. Só que, naquela ocasião, nem mesmo a picada da agulha conseguiu salvar o show.

A essa altura eu estava dançando em torno das notas altas havia algum tempo. Isso não aconteceu tanto em minhas turnês da carreira solo, porque minha música era composta para eu cantar. Mas as partes do Genesis foram compostas para a voz de Peter. E, apesar de todas as semelhanças misteriosas entre nossas vozes, algumas músicas eram difíceis para minha extensão vocal. Mesmo que o próprio Peter as estivesse cantando, elas teriam ficado altas para ele nesse momento tanto na vida dele quanto na minha.

Você poderia baixar o tom em certas canções, mas isso punha em risco a magia. "Mama", por exemplo: se baixar demais o tom, perde a magia. Tudo tem a ver com o tom em que a canção é composta, o lugar na guitarra em que você executa os acordes, a ressonância de certos sons do teclado.

Havia algumas músicas no repertório do Genesis que eu tinha pavor de como sairiam. "Home by the Sea" tem a letra bem comprida. Eu tinha que me assegurar de que me lembraria do início das linhas como método mnemônico. Tony Banks compôs essa melodia e os versos, mas nunca se preocupou em saber qual seria o efeito sonoro final; ele nunca a cantou em voz alta. Assim, para fazer o show, eu tinha que dar o meu toque de suavidade em torno de alguns pontos negros acidentais.

Tony sempre percebeu.

— Teve alguma dificuldade hoje à noite? — ele dizia, depois de um show, sem ser desagradável. — Percebi que você perdeu algumas das minhas melhores notas...

Mesmo "I Can´t Dance", uma música bem simples, ficou difícil. A explosão alta de abertura da primeira linha de coro — *ai*. O motivo pelo qual eu compus aquele pedacinho foi como uma saudação a Roland Gift, do Fine Young Cannibals, que tem uma fantástica voz *soul*. Porém, ao cantar essa canção todas as noites, comecei a ficar tremulando em torno da nota. Se não fosse assim, a coisa desandava. Tomei uma injeção nas cordas vocais com aquela nota.

Em seguida vem "In the Air Tonight". Se eu cantasse essa música friamente, algumas vezes teria que fazer um esforço para alcançar os picos emotivos que a conduzem. Em outras ocasiões, os movimentos do corpo e a forma da boca poderiam ajudar a chegar lá. Mas se eu estivesse tocando bateria também, a distração jogaria minha voz lá em cima. Quanto a isso, uma coisa ajudava a outra: tocar bateria empurrava o cantar.

No entanto, de forma geral, eu não tinha muito tempo para pensar nesses problemas. Segui em frente durante três décadas, O mais preocupante é que, se eu computasse agora todas as vezes que levei uma picada de injeção na bunda em nome de uma boa execução vocal, teria problemas para sentar. Teria dificuldade para levantar também: como eu descobriria um dia, cortisona demais pode fragilizar seus ossos.

Em 1998, a experiência de *Tarzan* está chegando ao fim, e nós temos que fazer uma versão pop de "You'll Be in My Heart" para o lançamento do single.

Reservei algum tempo no estúdio na Ocean Way, em Los Angeles, com Rob Cavallo, um produtor que também é vice-presidente sênior da A&R no selo da Disney Hollywood Records (e filho do chefe do selo). Cavallo fez enorme sucesso ao vencer o Grammy com *Dookie,* do Green Day. Ele ainda vai fazer mais sucesso como produtor (*American Idiot,* do Green Day, *Say You Will,* do Fleetwood Mac, *The Black Parade,* do My Chemical Romance, para citar apenas três). Como executivo, em 2010, torna-se presidente da Warner Bros Records.

Uma tarde, na Oceano Way, estamos ouvindo uma tomada vocal mais uma vez. Estou na cabine de som, usando fones de ouvido, quando o engenheiro aperta o play.

Bang!

O som é incrivelmente alto. Inacreditável. Não é só uma dor de rachar o ouvido: é de rachar a cabeça. O som sai diretamente dos fones para mim, esmagador e explosivo. Fico surdo de um ouvido. Simples e rápido assim. No ouvido esquerdo não consigo ouvir nada. Nenhuma campainha, nenhum zumbido, nada.

Bastante calmo, digo ao engenheiro:

— Por favor, não faça isso de novo.

Um tanto atordoado, volto para o hotel, o Beverly Hills Peninsula. Lily, agora com 9 anos, está me esperando, o que ilumina as coisas por completo. Ela e eu começamos a jogar Spyro the Dragon — jogos no computador são uma das nossas novas paixões em comum. Eu adoro os jogos, e adoro o Spyro, mas, se a coisa ficar feia, me declaro fã de Crash Bandicoot. Como se fosse mágica, a audição no meu ouvido esquerdo ruge de volta. É como se eu estivesse debaixo d'água, e o bloqueio desaparece de repente. Agradeço a Deus por isso.

Naquela noite, saímos para jantar em um lugarzinho italiano em frente ao hotel. Estou prestes a curtir a massa que pedi quando de repente minha audição some novamente. A partir desse momento, ela nunca mais funcionará bem do lado esquerdo. Fim de jogo. Exatamente assim.

Consulto mais do que alguns otorrinos. Todos me submetem a audiogramas e, no final, vêm com a mesma história: sofri o que é conhecido como um mini-AVC, causado por uma infecção. Não tem nada a ver com a música. É puro azar. Se você trabalha atrás de um balcão em uma loja de doces, pode acontecer com você.

Aprendo que, em termos simples, as células dos nervos entre o meu cérebro e o meu ouvido foram atacadas por um vírus.

Isso causou a perda da minha capacidade de ouvir as frequências média e baixa. Se eu tivesse tratado disso imediatamente — com uma dose da minha velha amiga cortisona, seria possível iniciar a regeneração das células —, poderia ter sido diferente. Mas deixei ficar tarde demais, seguindo a verdadeira tradição Collins. Foi o que acabou matando meu pai: ele não lidar com a diabetes nem com o problema cardíaco.

Agora, sendo uma infecção viral, a explosão de ruído nos fones, provavelmente, não foi a causa. No entanto, à medida que os meses e os anos passam, é a única experiência fora do comum que tenho relacionada à audição, por isso não consigo evitar sentir que, em parte, sou culpado.

Seguindo uma recomendação de Chris Montan, da Disney, cujo filho tem surdez crônica, visito o House Ear Institute em Los Angeles. O especialista pergunta:

— Você vai fazer outra turnê?

— Na verdade, não.

— Bem, então, por que você faria uma turnê? Porque qualquer coisa pode acontecer e você pode ficar completamente surdo. Ninguém sabe o que causa essa infecção viral, e você estaria de novo se arriscando.

Entro em pânico? Na verdade, não, estranhamente. Por um lado, penso: "Isso vai acabar sendo bom." Por outro lado, penso com mais profundidade: "Se não ficar OK no final, dá para viver com isso."

Não estou completamente surdo, apenas 50% em um ouvido, então posso continuar trabalhando em casa. Se eu estivesse fazendo shows com um grupo de rock, ou liderando minha própria banda em um grande espetáculo pop, isso poderia ser um problema. Mas não tenho a intenção de fazer nem uma coisa nem outra em um futuro previsível.

Estou feliz aqui, protegido no meu jardim em uma encosta suíça. Estou compondo músicas para filmes. Tenho minha big band, que só toca em locais menores, com a qual quase não canto. Posso levar todo o tempo do mundo para fazer meu próximo álbum da carreira solo.

Então, se tenho de parar de ser o "Phil Collins" de boa e má reputação das manchetes e do show principal, tudo bem para mim. Perder parte da audição representa um aviso da minha saída de cena.

Estou enfrentando com otimismo essa nova realidade de semissurdez, que é desconcertante para meus entes mais próximos e queridos. Mas a verdade é que perder a audição me trouxe algo: controle. É o controle induzido pela deficiência, mas vou aceitar isso. Depois de tantos anos pagando tudo sem dar todas as ordens, posso retomar as rédeas de meu destino.

Passei a ter inveja desse sósia "Phil Collins", aquele que estava lá fazendo apresentações, se mostrando, acumulando aplausos e (cada vez mais) bajulação. "Phil Collins" vem com agravantes, expectativas, obrigações e suposições se enredando em seus tornozelos e se pendurando em seu pescoço. Ele desintegrou famílias e amargurou parceiros e filhos distantes. Não gosto desse cara. Não quero ser esse cara. Já tive o suficiente de mim mesmo.

Querem que eu saia e faça turnês novamente e seja de novo uma estrela pop e do rock? Desculpem, não dá mais. Ordens médicas.

Perdi a audição? Me encontrei. Ou o que restava de mim.

É verdade que já tenho um bom plano B. No mesmo dia em que *Tarzan* foi lançado nos cinemas, em junho de 1999, Tom Schumacher me pediu para embarcar em outro novo filme da Disney. *Irmão urso* — um relato sobre os nativos americanos, a antiga harmonia entre homem e natureza, espíritos animais e, sim, ursos — incluiria a composição das canções e, ainda mais interessante, de parte da trilha sonora. Era um desafio que eu estava ansioso para enfrentar. Essa proposta compensava mais do que a outra sugestão criativa da Disney — e eu, possivelmente, não cantaria as músicas do filme.

A realização de *Irmão urso* é outro processo criativo prolongado, como eu poderia ter esperado de uma história que, em sua primeira manifestação, tivesse um subtexto do Rei Leão.

Para começo de conversa, a equipe da Disney insiste que eu tenha um computador em minha vida. Antes disso, eu trabalhava com fita. Em *Tarzan*, todas as vezes que faziam edições no filme, a mudança afetava as canções, o que significava que eu tinha que sair e gravar novamente a coisa toda. Levava muito tempo, mas eu não sabia fazer de outro jeito. Com os computadores, você pode modificar o compasso e a música à vontade.

Mergulho em um curso de uma semana com Chuck Choi, um dos especialistas técnicos de Mark Mancina. Faço muitas anotações e, no início, tudo parece difícil como escalar uma montanha. Mas logo depois eu já virei um gênio da informática. Desenvolvi minhas próprias formas de trabalhar em estúdio; além disso, estou sentado do lado de caras que vivem e respiram essas coisas. Mark é jovem, entusiasmado e tem muita experiência em produzir arranjos musicais; ainda por cima, é fã da velha escola do Genesis. Nós nos damos bem, dividimos as marcações para a entrada de cada instrumento na execução da música. Sou um homem muito entusiasmado, compositor de trilha sonora, afiliado à Disney e parcialmente surdo.

Imagine agora um desses velhos filmes em preto e branco em que se mostram voando as páginas do calendário, uma após outra, mês após mês. Uma multidão de chamadas de videoconferência com os diretores e as equipes de roteiro e de animação. Muitas conversas telefônicas noturnas entre Begnins, Burbank e Orlando (localização dos estúdios da Disney na Flórida), o receptor do telefone pressionado com força contra meu ouvido direito (o bom). Muitas idas e vindas enquanto escuto a orquestração provisória — usada pelos cineastas quando estão em produção —, e eu me pergunto se seria melhor copiar, replicar ou melhorar a partitura.

Mais idas e vindas quando Mark tenta traduzir minhas partes de composição da trilha sonora em um gráfico real para orquestra. Descobrimos que trechos que compus para flauta estão fora do alcance da flauta, ou que o trecho que fiz para o trombone é de fato uma parte para a trompa. Estou aprendendo, e aprendendo rápido, que, apesar de toda a minha experiência musical, quando se trata de produzir a trilha sonora de um filme, em algumas áreas cruciais não sou capaz de dizer qual é a diferença entre minha bunda e um oboé.

Nesse meio-tempo, a composição das canções está indo muito bem. Estou confiante. Mas me pergunto quem vai cantar a parte do peixe, a do urso e a de todos os outros animais. Em última análise, as necessidades do *Irmão urso* são um problema da Disney, não meu, embora eu esteja incluído em todas as discussões.

Para "Great Spirits", a canção de abertura do filme, chamamos Richie Havens, um herói para mim há muito tempo. Ele faz uma versão bonita, mas não está à altura da equipe. Depois de mais algumas tentativas, decidimos convidar Tina Turner. No entanto, ela acabou de anunciar sua aposentadoria, de modo que contar com a participação dela poderia ser uma luta. Convenientemente, eu a encontrei com Eric durante a realização de August — ela cantou em dueto com ele no "Tearing Us Apart". Além disso, ela mora na Suíça, que é outra vantagem para facilitar que Collins se mantenha em casa.

Tina aceita, e nós partimos para Zurique a fim de gravá-la. Extremamente profissional, uma verdadeira artista, ela aprendeu a música com a fita que enviei. Ela se entrega de corpo e alma e, depois de algumas tomadas, conseguimos. Tina transborda musicalidade e classe.

Outro trecho inspirador, "Transformation", traz a trilha sonora da transição de homem-para-urso no filme. Minhas letras são traduzidas para a língua inuíte, e a música acaba sendo cantada pelo Coro das Mulheres Búlgaras. No papel, é uma aproximação estranha e uma escolha atípica, pode-se dizer. No filme acabado, fica extraordinária.

Acabo cantando seis das músicas como extras no álbum da trilha sonora, portanto, estou parcialmente satisfeito. Mas para "Welcome", uma das minhas melhores músicas para o filme, considerou-se uma boa ideia pedir a The Blind Boys of Alabama que a cantassem. É para uma cena de caça, em que o clã dos ursos dá as boas-vindas ao urso herói na família. Uma verdadeira orgia de pesca de salmão. Estranhamente, o salmão parece não se importar.

Esse segmento é o único que sinto que não funciona musicalmente: os Boys ficaram um pouco aquém do ápice da carreira deles e não conseguiram se encaixar em uma canção que compus dentro do estilo Motown.

Além disso, quando *Irmão urso* finalmente estreia, em outubro de 2003, compartilho o palco com Tina Turner na première, no New Amsterdam Theatre da Broadway. Após a exibição do filme, canto uma das minhas músicas, "No Way Out", e em seguida apresento Tina, que canta "Great Spirits", comigo na bateria. É incrível como Tina fica ligada. Ela caminha durante a passagem de som, "finge" que está aposentada e depois arrebenta com a música.

Enquanto isso, de volta ao mundo real (sem animação)... Paralelamente ao trabalho com *Irmão urso,* trabalhei em casa, sem pressa, nas músicas do meu sétimo álbum de carreira solo.

No final do verão de 2000 descobrimos que Orianne está grávida. Nicholas Grev Austin Collins nasce em 21 de abril de 2001. "Grev", em homenagem a meu pai, e Austin, a meu irmão Clive (é o nome do meio dele) e a nosso avô paterno. Essa gloriosa ocasião inspira uma nova leva de composições. "Come with Me" é sobre Nic ainda bebê, mas na verdade é sobre qualquer bebê. É uma onda de puro amor e cuidado paterno: não se preocupe com nada, venha comigo, feche os olhos, tudo vai ficar bem.

A letra é para qualquer um dos meus filhos, ou qualquer criança, em qualquer lugar. É uma das minhas músicas favoritas, cuja melodia é uma canção de ninar que eu costumava cantar para Lily na parte de trás das limusines na América. Fazemos uma caixinha de música para o bebê Nic, algo para ajudá-lo a dormir, que contém essa melodia. Depois tenho que escrever uma canção para seu irmão Matt e dar a ele sua própria caixinha de música. Para sua frustração, até o momento em que escrevo estas linhas, a melodia ainda tem que ser transformada em canção.

Resolvi chamar esse novo álbum profundamente pessoal de *Testify*, uma palavra que resume como me sinto nessa época. Quero contar ao mundo sobre uma mulher que amo muito e um bebê na família. Nesse período, vivo extremamente feliz, escondido na Suíça.

Naturalmente, é preciso que haja algo extraordinário para me arrastar, cintilando, de volta ao centro do palco. Essa coisa extraordinária é chamada de Sua Majestade.

Na primavera de 2002, sou convidado para ser o baterista da banda da casa para a Celebração no Palácio, um concerto a ser realizado no Palácio de Buckingham para celebrar o Jubileu de Ouro da rainha Elizabeth II. Com o ouvido duvidoso ou não, não posso recusar isso.

O breve plano é fazer um show comemorando os mais de quarenta anos da música britânica. Todos os principais artistas desse período vão cantar as músicas que os tornaram famosos. Somente Paul McCartney e Brian Wilson vão trazer suas próprias bandas. Para todos os outros artistas, vou tocar bateria e atuar de fato como líder de banda para os músicos da casa.

Praticamos durante algumas semanas, um comboio de artistas que chega à sala de ensaios do lado da Tower Bridge: Ozzy Osbourne, Rod Stewart, Eric Clapton, Stevie Winwood, Ray Davies, Joe Cocker, Annie Lennox, Cliff Richard, Tom Jones, Shirley Bassey e muitos outros.

Chega o dia do show, minhas mãos estão firmes, meu ouvido não me incomoda e todos estão em excelente forma — até mesmo Brian May, que toca no terraço do Palácio de Buckingham e tem de enfrentar o vento, que deve ser um pesadelo para o som dele, sem mencionar seu cabelo.

Cinco meses depois, acontece o lançamento de *Testify*. Dou meu testemunho perante vocês que foi um fracasso bastante dramático. Os franceses, suíços, suecos, alemães, holandeses e belgas, Deus abençoe a todos, demonstraram um pouco de apreço, classificando-o como nº 2, 3 ou 4 em suas paradas nacionais. Mas o restante do mundo livre, principalmente o Reino Unido e os Estados Unidos, mostrou menos entusiasmo.

Também vou agora lhes dar meu testemunho de que tenho uma atitude verdadeiramente filosófica sobre isso. Tive mais do que meus 15 minutos.

Pelo lado positivo, fiz um álbum que canta um hino a meu amor, a minha esposa e a meu bebê. Eu o fiz em casa na maior parte, e o produzi enquanto lutava contra uma súbita surdez que, em dado momento, parecia ter acabado com tudo. Isso tem que ser computado como resultado.

Ainda assim... Em 2003, depois de *Testify* ter surgido e sumido rapidamente, eu me encontro imerso em pensamentos.

No dia 12 de junho, no Marriott Marquis de Nova York, sou inscrito no Songwriters Hall of Fame, o hall da fama dos compositores. Essa instituição foi criada em 1969 pelo lendário compositor Johnny Mercer, em colaboração com os editores de música Abe Olman e Howie Richmond, como uma instituição que tem o objetivo de (citando o site deles) "lançar luzes sobre as realizações dos compositores que nos deram as letras e músicas que constituem a trilha sonora de nossa vida". Ser considerado digno de inclusão pelos meus colegas é uma emoção. Constituem um grupo criterioso — até esta data (2016), há menos de quatrocentos membros. Meus colegas incluídos em 2003 são Little Richard, Van Morrison e Queen, enquanto Jimmy Webb ("Galveston", "Wichita Lineman", "By the Time I Get to Phoenix" e inúmeros outros clássicos que não trazem referências a lugares em seus títulos) leva para casa o Prêmio Johnny Mercer anual. Boa companhia.

É uma bela consagração, e isso me faz pensar. Se eu for aposentar lentamente esse personagem "Phil Collins", deveria fazê-lo de forma adequada. Musicalmente falando, um álbum na carreira solo e uma turnê da big band que tivessem desempenho inferior não deveriam ser meu último suspiro.

Outro fator-chave no meu processo de tomada de decisão: nesse momento, três anos após minha súbita surdez, a vida está quase normal.

Meu cérebro se adaptou, meu ouvido direito fez a compensação, minhas deficiências auditivas se estabilizaram. Estou novamente apto a ouvir e apreciar música. E como descubro no pequeno show da Rainha Liz, o uso de monitores intra-auriculares torna muito plausível o desempenho.

Levando tudo em consideração — e eu levo isso a sério, com criteriosa ponderação —, acho que talvez seja possível sair em turnê e, em vez de desaparecer sem deixar rasto, me despedir adequadamente.

Uma turnê final também servirá de aviso a todos os mais velhos e mais importantes, e a meu empresário: quando digo que quero parar, falo sério. Prevejo que ninguém vai de fato acreditar em mim, porque, como já vimos, jamais parei. Mas, talvez, se eu falar bem alto — ao longo dos 77 dias de uma turnê mundial de despedida, por exemplo —, possa alertar aqueles que me rodeiam de que de fato quero parar, apropriadamente, enfim, para sempre, amém. Depois disso, estarei livre.

OK, denominar a turnê *The* First *Final Farewell* [*A primeira* turnê do adeus final] pode confundir algumas pessoas, e lhes dar a ideia de que há espaço para alguma negociação. Mas não vamos fazer os fatos impedirem uma boa piada maluca no estilo Monty Python.

O que eu levo muito tempo para entender é que, ao dizer a Orianne que quero me aposentar, que essa turnê é o fim da estrada para mim, ela tem uma visão súbita: *homem precocemente envelhecido, casado com mulher mais jovem.* Ela só tem 31 anos, é mãe de uma criança dando os primeiros passos, e aqui está seu velho dizendo que está pendurando as chuteiras. E está meio surdo! O que vem depois disso, a gota?

Enquanto me preparo para a turnê, no início de 2004, estou alheio a tudo isso. Minha cabeça está em outro lugar. Mas volto à realidade doméstica na primavera, quando Orianne me diz que está grávida de novo. Notícias fantásticas. Pela primeira vez em minha vida aderi ao conceito de licença-paternidade: a programação da turnê é reorganizada às pressas para garantir que estejamos em casa para o nascimento, e por perto, um bom tempo depois disso.

A turnê *The First Final Farewell* começa no Fila Forum de Milão em 1º de junho de 2004. Viajamos pela Europa e América até o final de setembro, quando me despeço dos Estados Unidos no Office Depot Center, em Fort Lauderdale.

No entanto, antes de sair da América, aproveito um dia de folga após o show em Houston. Consciente de que minha aposentadoria está perto — o que significa que esta pode ser minha última visita ao Texas —, faço uma peregrinação especial a San Antonio, local onde fica o Álamo.

Faz meio século que vi na TV, pela primeira vez, o filme da Disney *Davy Crockett, o rei das fronteiras*. Eu tinha 5 anos, e o filme estimulava meu interesse pela batalha entre 185 texanos e alguns milhares de soldados mexicanos. Mas o que começou como jogos de criança que traziam soldados de brinquedo e um forte no jardim na Estrada Hanworth 453 tornou-se, na idade adulta, um hobby sério.

Em 1973, durante a turnê *Foxtrot* do Genesis, levei Peter Gabriel comigo quando visitei o lugar histórico para explorar a realidade por trás do mito de Hollywood. Foi incrível e incrivelmente emocionante testemunhar a fachada icônica da igreja do Álamo; para mim, a cena do sangrento cerco de 13 dias era terreno sagrado. Mal podia esperar para voltar e, em uma viagem posterior à cidade, conheci uma clarividente que estava convencida de que, em uma vida anterior, eu tinha sido um desses 185 defensores — um mensageiro, John W. Smith. Eu não teria levado isso a sério e teria detonado a hipótese se não fosse pelo fato de eu terminar meus jogos de infância incendiando meus soldados de brinquedo — o que, aprendi muito depois, era na verdade o destino dos texanos.

Em um dia de folga em Washington, em outra turnê nos Estados Unidos, em algum momento em meados dos anos 1980, acabei em uma loja chamada The Gallery of History. Lá se vendiam documentos históricos, e no meio da coleção de ordens de militares nazistas e partituras assinadas por Beethoven, encontrei uma carta escrita por Davy Crockett. Custava 60 mil dólares. Crockett era meu herói, mas não consegui justificar gastar esse valor por um pedaço de papel, por mais emocionante que fosse me sentir tão perto do lendário homem da fronteira.

Porém, fiquei intrigado e comecei calmamente a procurar outros itens de colecionador relacionados com aquela batalha. No entanto, só foi no Natal de 1995 que tomei posse do meu primeiro documento do Álamo, um presente de Orianne: um recibo de uma sela de propriedade do mensageiro acima mencionado, Smith. Ele estava entregando as derradeiras cartas quando o Álamo caiu, no dia 6 de março de 1836, e eu não conseguia parar de pensar em quantos quilômetros essa sela havia percorrido em nome do estado do Texas.

Desde então, passei a ser um colecionador de todas as coisas do Álamo, comprando armamentos e documentos sempre que a oportunidade e o orçamento permitiam — e, ocasionalmente, quando o orçamento não permitia.

Agora, pensando que 2004 será a última vez que farei uma turnê na América, freto um pequeno avião para fazer outra visita ao local. Arrasto comigo Orianne, Nicholas, com 3 anos, e Danny Gillen. Saindo do Álamo depois de um passeio particular de noventa minutos, avisto uma loja cerca de 20 metros do canto nordeste do complexo, lugar onde aconteceram algumas das piores carnificinas.

Dentro da loja de história, converso com o gerente, Jim Guimarin. É o início de uma grande amizade e de um relacionamento frutífero — Jim vai me ajudar em minhas atividades de colecionador nos anos seguintes.

Algum tempo depois, Jim — que está alugando o imóvel — menciona que tem certeza de que o solo embaixo da loja nunca foi escavado. Assim, faço o óbvio: compro a loja para poder fazer a escavação.

Debaixo da loja de história encontramos um tesouro cheio de artefatos: objetos pessoais dos soldados, botões, ferraduras e dentes, tanto de gente como de animais. Limpamos todos os itens e os organizamos; em seguida, refazemos o chão e reconstruímos o estabelecimento. Agora a loja abriga um modelo preciso do Álamo como era há 200 anos e atrai muitos turistas com uma gravação com minha voz descrevendo a visita.

Depois da temporada americana da turnê *The First Final Farewell*, estou em casa há dois meses, e, em Genebra, Mathew Thomas Clemence Collins nasce em 1º de dezembro de 2004. Sou um pai extremamente feliz mais uma vez. Todos os meus filhos mais velhos parecem tão felizes quanto eu, e finalmente estou prestes a desistir da vida itinerante de músico, ansioso e pronto para me tornar um pai do lar e ajudar a criar os pequenos.

Fico afastado do trabalho até outubro de 2005, quando retomamos a última etapa final da turnê no Saku Suurhall em Tallinn, na Estônia. Os shows são fantásticos. A temporada de encerramento é excelente, em especial porque estou tocando em lugares — Estônia, Lituânia, Finlândia — onde jamais toquei antes. Minha audição mantém-se bem, o que é um grande alívio. Todos estão se divertindo. Eu, aposentado, com minha idade (cheio de vida aos 54 anos no final da turnê)?

Mas meu compromisso de parar é inabalável. Eu disse que esse seria o fim. Tenho de manter a palavra. Tenho de ir para casa. Se não for por mais nada, seja porque é justo — enquanto estou me despedindo com a turnê *The First Final Farewell*, Orianne está presa em casa, grávida ou tomando conta de uma criança aprendendo a andar, ou, na segunda etapa, amamentando um recém-nascido enquanto toma conta de uma criança começando a andar. Com um marido ausente, ela tem um monte de coisas para fazer.

Estou contando os dias para poder sair da estrada, encerrar toda uma vida de apresentações, ir para casa e me instalar em um emprego que sempre desejei e de que nunca pude desfrutar a minha vida inteira: ser um bom pai. Um pai de tempo integral. Em ambas as ocasiões anteriores, com Simon e Joely, e depois com Lily, jamais consegui ser um pai em horário comercial. Todos nós pagamos o preço disso. Dessa vez, com meus dois bebês menininhos, vou agir certo. Tenho muito amor para dar e, com certeza, muito a compensar. É hora da família.

Ao mesmo tempo, Orianne está pensando muito e com muita preocupação. Ela está convencida de que minha aposentadoria será total: nada de trabalho para mim nem para ninguém mais.

Mas Orianne não tem interesse em renunciar a uma carreira, se tornar mãe em tempo integral e se estabelecer como parceira de tempo integral de um aposentado desligado e indolente. Ela é criativa, tem mestrado em gestão internacional e diploma de bacharel em comércio, com experiência de administração de seu próprio negócio, uma organização de eventos chamada O-com.

O dinamismo dela foi uma das forças motrizes de uma instituição de caridade que lançamos em 2000. Durante anos recebi cartas de crianças que pediam conselhos sobre acesso a empreendimentos de música. Além de lhes dar alguns contatos, eu realmente não sabia mais o que dizer. Ao discutir isso em casa, uma noite, Orianne e eu criamos um plano para criar uma fundação que poderia ajudar com taxa de matrícula, treinamento e orientação nos campos da música, das artes e do esporte. Fizemos contato com nossos amigos nessas áreas e pedimos que fossem padrinhos, cada um em seu campo particular de especialização. Começou assim a Fundação Little Dreams.

Assim, com tudo isso posto, parar o trabalho e me entregar à confortável senilidade não é uma ideia particularmente atraente para Orianne. Posso imaginar o que ela pensa: "Não era esse o trato."

Além desses medos genuínos e preocupações justificadas, Orianne começa a ter oscilações de humor. Ela se sente pouco atraente e inútil. E, fico consternado em admitir, não tenho muita consideração. Continuo repetindo a atitude do meu pai em relação à doença de qualquer tipo: "trate de melhorar", ele dizia, e "volte ao trabalho".

Os receios de Orianne sobre o que minha aposentadoria significará para nós como família, agravados pela depressão pós-parto, indicam que, ao voltar para casa no meio da turnê, ela e eu estamos com atitudes mentais muito diferentes. É uma casa tensa, nós dois estamos estilhaçados e aumenta a incompreensão entre nós.

Quando há infelicidade dentro de casa, as turnês podem ser o lugar mais difícil para você continuar sorrindo. Ainda assim, quando retomo a última temporada de dois meses em outubro de 2005, uma parte de mim fica grata pela distração. Talvez um pouco de distância seja bom para nós dois. Posso usar o tempo para pensar com mais cuidado sobre o nosso futuro e sobre as necessidades de Orianne. Ela pode usar o tempo para melhorar — embora, ainda assim, esteja cuidando de dois filhos pequenos.

Mas, nas poucas ocasiões em que ela vem me encontrar na turnê, as coisas ainda estão tensas. Durante o tempo de inatividade nos hotéis, nós discutimos. Nos traslados para o aeroporto na van da banda, os silêncios são gelados e estranhos, intensificados pelo desconforto dos outros participantes da turnê. Joely, que veio ficar comigo, está bem consciente da discórdia. O brilho da celebração da turnê *First Final Farewell* é entediante. O paraíso de nosso casamento e da nossa jovem família está se ofuscando.

Existe um amor profundo, com certeza, mas Orianne e eu simplesmente não conseguimos encontrá-lo nesse momento.

Não consigo deixar de pensar: "Não acredito." Lá vou eu de novo. Mais uma vez estou em turnê, e mais uma vez meu casamento balança, se é que não é ainda pior. Terceira vez sem sorte. E qual é o denominador comum? Eu. Não pode haver mais ninguém a quem eu possa culpar.

Se eu tiver de resumir o que está causando a ruptura entre Orianne e eu, diria que é minha culpa não tê-la ouvido gritar. Não consigo entender por que estamos discutindo, não consigo entender por que estou sendo empurrado para fora da nossa cama. Simplesmente não entendo. E lamento muito.

Nic tem 4 anos e meio, Matt ainda nem completou 1 ano. Se isso tomar o rumo que acho que pode tomar, meus filhos vão ser arrancados de mim. Eles não têm ideia. A sensação de *déjà vu* me deixa doente do estômago.

Quando a turnê *The First Final Farewell* termina, em 24 de novembro de 2005, na Sazka Arena de Praga, Orianne e eu ainda estamos juntos, uma vez que ainda estamos casados, pelo menos no papel. E ainda vivemos na mesma casa, mas não moraremos juntos por muito tempo.

Como se chama um baterista que se separa de sua namorada? Sem-teto.

Como se chama um baterista que se separa de sua terceira esposa? Louco.

20
Liga outra vez, desliga de novo

Ou: um reencontro do Genesis, um encontro na Broadway, um desencontro de família.

As seis últimas semanas de 2005 trazem um congestionamento de pressões conflitantes. Na verdade, é mais parecido com um acidente de carro. Na colisão resultante, não são só os para-lamas que ficam retorcidos.

Em meados de novembro, os cinco integrantes principais do Genesis têm um encontro há muito planejado em Glasgow, que é a última parada na minha turnê *First Final Farewell* (*Primeiro Adeus Final*), para discutir um reencontro aguardado e largamente discutido.

No final de novembro, a turnê se despede e eu vou para casa, para uma casa que não parece mais ser minha, e para uma jovem família que necessita urgentemente de amor e carinho.

Em dezembro, a Disney exige minha presença para ontem na Broadway. Eles querem começar a trabalhar em uma adaptação musical teatral de *Tarzan* — quatro meses antes do programado e, para piorar, no dia seguinte ao Natal.

Em suma, o equilíbrio entre minha vida e minha profissão ainda está mais uma vez, de fato, bem fora de prumo. Bela aposentadoria.

A reunião do Genesis vai discutir o trigésimo aniversário de *The Lamb Lies Down on Broadway*, o momento lendário da banda. Na verdade, para ser preciso, o trigésimo aniversário de *The Lamb Lies Down on Broadway* foi em 2004. Mesmo três décadas depois, o ápice da trajetória do Genesis era incapaz de cumprir a programação. Uma sugestão que circulou por algum tempo era que a formação "original" — eu, Tony, Mike, Peter e Steve — voltasse para uma nova apresentação do álbum que foi o canto de cisne de Peter conosco. Dessa vez, no entanto, estaremos preparados. A mais moderna e melhor tecnologia será utilizada para concretizar corretamente a visão teatral contida nas letras de Peter e todo o conceito da narrativa do álbum duplo. No papel, isso é mais atraente do que em uma turnê corriqueira, de maiores sucessos, com voltinhas para receber aplausos, com retorno para faturar. De toda forma, era atraente o bastante para cinco homens de meia-idade com residências em pontos geográficos diversos a ponto de se submeterem a um louco malabarismo diário, como aconteceu quando nós cinco nos encontramos no meu hotel em Glasgow em 20 de novembro de 2005. Mesmo que essa ocasião aconteça nos dias finais da minha turnê, conhecida como turnê da aposentadoria, em tese estou pronto para esse novo projeto.

Ao vivo, *The Lamb* nunca teve as mesmas oportunidades. Pessoalmente, sinto que não me despedi do Genesis como deveria, nem nos despedimos adequadamente de nossos fãs. Passados dez anos, sinto falta de Mike e Tony. Da mesma forma, seria bom me sentar atrás de todo o equipamento de novo e simplesmente tocar bateria com a banda. E, por definição, uma apresentação teatral multimídia ambiciosa e dispendiosa de *The Lamb* não se prestaria a uma longa temporada pelos maiores estabelecimentos do mundo. Seria mais curta e infinitamente mais habilidosa do que a turnê original. Seria reduzida a várias noites em um bom teatro, em algum lugar, talvez até mesmo na Broadway, com o restante do interesse global atenuado por uma transmissão ao vivo pela internet, ou por uma transmissão em salas de cinema. As possibilidades são animadoras.

Então, pela primeira vez em trinta anos, nós cinco nos sentamos juntos. Também estão presentes Tony Smith e o empresário de Peter, Mike Large.

O clima é bom. Estamos lá para conversar sobre detalhes, e para escolher datas bem definidas para ensaiar e tocar — *se* Peter conseguir decidir se quer ou não se envolver. Com ele, a situação é "vamos lá". Sem ele, é não "vale a pena".

Assim que a conversa se volta para os negócios, rapidamente retornamos ao modelo já conhecido de longa data: Peter um pouco nervoso ainda, resmungando e murmurando; Tony ainda provocando Peter um pouco; Steve sempre opaco; Mike, ainda o mediador cordial; eu ainda fazendo palhaçada e brincando para diluir qualquer tensão. Como sempre foi.

Fica logo claro que o desempenho do tradicional *The Lamb* com a tecnologia de hoje — ou seja, com a tecnologia de hoje funcionando corretamente — vai exigir um tempo enorme, muito comprometimento e entusiasmo de todos. Sem dizer muito, todos nós sabemos que isso significa algum tipo de trégua entre Peter e Tony. A viabilidade de todo esse esforço vai girar em torno daquele que detiver as rédeas e conduzir o tráfego. O potencial é infinito, mas, com a tecnologia de produção em rápida evolução abrindo todo tipo de caminho, o mesmo acontece com as armadilhas.

Igualmente, todos sabemos que não pode haver muitas delongas sobre o conceito da turnê, mas que — novamente retornando ao modelo já conhecido de longa data — Peter vai querer explorar todas as opções criativas. Portanto, inevitavelmente, ele vai assumir o controle de alguns aspectos da operação. E mesmo com a boa vontade mais sólida do mundo, pode haver algum ressentimento de uma das quatro partes. Não é só a tecnologia que vai atingir seus limites.

Então, como cortesia da administração, nós nos insurgimos contra duras realidades econômicas e logísticas: serão meses de preparação e uma equipe enorme para fazer o projeto decolar. E mesmo que os shows sejam filmados e transmitidos pelo mundo inteiro, o empreendimento todo vai deixar de ser financeiramente viável se fizermos só quatro ou cinco shows em um só lugar.

Problemática também é a programação de Peter, que parece estar lotada por muito tempo. Ele passou trinta anos tentando fazer as pessoas se esquecerem de que era o cantor do Genesis e se reinventou, processo esse em que ainda está inteiramente engajado.

Depois de algumas horas batendo na mesma tecla, decidimos fazer uma pausa e pensar na questão. Mais uma. Exceto pelo fato de ser legal ver os velhos amigos, não chegamos a lugar nenhum.

Assim que Peter e seu empresário saem, seguidos por Steve, Tony, Mike e eu respiramos e nos perguntamos, de brincadeira: "Essa merda toda foi por quê?" Caímos na gargalhada sobre o fato de nós cinco sermos incapazes de fazer a única coisa que tínhamos pensado em fazer em Glasgow: sair da sala com uma resposta "sim" ou "não". Assim, com a vantagem do ambiente de três alternativas, familiar, aberto, calmo, que havíamos desenvolvido ao longo de vinte anos como um trio, reconhecemos o que era óbvio e silenciosamente pusemos *The Lamb* de volta na cama para dormir.

Na verdade, estamos tão à vontade que logo em seguida Tony, Mike e eu decidimos que, agora que estamos aqui, por que não fazemos alguma coisa juntos?

Existe entre nós a sensação de um negócio que não foi resolvido. Depois que deixei a banda, Tony e Mike recrutaram um novo vocalista, o músico escocês Ray Wilson (também conhecido como líder da banda grunge Stiltskin), e produziram um álbum, *Calling All Stations* (1997). Porém, depois de uma turnê em 1998, decidiram acabar com a banda, em 2000. E parecia que esse anticlímax encerrava a saga do Genesis.

Em cinco minutos chegamos a um acordo. O Genesis da era Banks, Collins e Rutherford vai cair na estrada mais uma vez. Nós três, mais uma vez.

Eu, pessoalmente, tenho duas condições. Uma, que seja uma turnê com um número decente de apresentações, ou seja, *curta*. A segunda é que eu tenha tempo para estar presente em todos os meus compromissos do musical *Tarzan-on-Broadway* antes de reativarmos a máquina Genesis. Isso significa não só agendar o início dos shows para daqui a 18 meses, no verão de 2007, mas também adiar por um ano inteiro, para novembro de 2006, o anúncio de que estamos juntos outra vez. Com isso, tenho um bom tempo sem interrupções para me concentrar no musical *Tarzan* e, mais importante ainda, para tentar criar uma ponte sobre o mar que se abria entre Orianne e eu.

No entanto, quando termina o último circuito da turnê *First Final Farewell* e eu enfrento a perspectiva de retorno ao que sobrou do meu lar, sinto que estou perdendo, ou que já perdi, Orianne. Desejo desesperadamente me religar a minha esposa, mas, para todo lado que eu me vire, deparo com conflitos, com o trabalho lutando contra a vida real.

É triste que, assim que a turnê termine, como aconteceu tantas vezes no passado, vença o trabalho. Quando a Disney me avisa de que tenho que estar em Nova York no feriado do Boxing Day, a única opção que tenho é aceitar. *Tarzan* é uma imensa produção da Broadway, envolvendo um elenco de milhares de participantes, e eu sou essencial — é um musical, e a música é minha. Raramente estou em casa, e quando estou, é sempre de saída.

Eu me hospedo no hotel Peninsula e, desde o início de 2006, mergulho apaixonadamente nesse terceiro projeto Disney. Tenho de fazê-lo, porque a estreia de *Tarzan* no Richard Rodgers Theatre foi anunciada há alguns meses. Ter a incumbência de escrever *Tarzan* na Broadway é a extensão lógica de escrever a trilha sonora do filme *Tarzan*. Mas é uma tarefa que impõe muita responsabilidade, mais até do que com o filme. Também tem um potencial enorme. Espero que esse tipo de trabalho possibilite mudar minha vida e me permita ficar em casa, pelo bem de meus filhos. Se for esse o caso, a aposentadoria do personagem "Phil Collins" pode ter uma sequência rápida. Talvez, quem sabe, eu possa salvar meu terceiro casamento.

Do ponto de vista da criatividade, trabalhar em um musical para o palco de fato melhora meu desempenho. Vou da composição de canções pop até a composição de material que fica em um plano totalmente diferente: músicas que conduzem toda a produção de palco, com um incrível número de partes em movimento.

Estou no Richard Rodgers Theatre todo santo dia. Ensaiando. Ouvindo como a orquestra está executando minhas canções. Criticando, fazendo observações, comparecendo às sessões de gravação para o álbum de lançamento. Todos acham que sou maluco de me comprometer e ir tão fundo assim.

Fazendo uma retrospectiva, talvez eu devesse ter feito o que Elton fez em *O Rei Leão*: me distanciar, ir para casa e deixar a Disney levar à frente o que faz de melhor. Mas esse é meu lado obsessivo, que ouvia fitas dos shows dia após dia durante as turnês.

E qual foi o preço da minha obsessão? No início de 2006, Orianne deixa bem claro que as coisas entre nós estão em estágio terminal.

Tony Smith traz um advogado a Nova York, e em uma sexta-feira temos uma breve discussão sobre os procedimentos e respostas caso Orianne dê o pontapé inicial no processo de separação legal. Na manhã seguinte, um pouco antes que o advogado tenha de retornar à Suíça, recebo uma carta registrada do representante legal de Orianne, me informando de que ela entrou com um processo de divórcio em seu país.

Fico sem chão. Enquanto estou *contemplando* o futuro, ela o está *decidindo*. Isso muda tudo, portanto, o advogado e eu temos uma reunião de última hora antes do seu embarque. Tudo que me vem à cabeça é: "Lá vamos nós outra vez." E: "Por quê?"

Porém, o fato é que nós nos encurralamos, o orgulho atrapalhou, os advogados se envolveram, os acontecimentos tomaram um rumo e o resultado agora é... inevitável.

O que eu deveria fazer era voar até a Suíça e dizer cara a cara a Orianne o que tentei dizer pelo telefone: *"O que nós estamos fazendo?* Eu não quero ficar sem você. Amo meus filhos. Quero que isso dê certo. O que é necessário? Que eu desapareça por seis meses enquanto você tenta se sentir bem consigo mesma outra vez? Sem problemas."

Mas não é isso que faço. Só sinto isso, é assim. Não há nenhuma racionalidade, só resignação. Uma besta idiota, é o que eu sou.

E, ainda assim, a caravana Disney não será interrompida. Depois de três meses de ensaios, as pré-estreias de *Tarzan* começam em 24 de março. A grande e boa elite cultural de Nova York comparece aos espetáculos. Como distração desesperada da vida real, estou presente em todas as pré-estreias de "meus" shows. Em um deles, Tom Schumacher me apresenta a Dana Tyler. Como âncora do noticiário das 18h da WCBS-TV, ela é assídua frequentadora de espetáculos teatrais. Também apresenta um programa sobre a Broadway na CBS, e no dia seguinte me entrevista para uma de suas edições.

Dana e eu nos damos muito bem durante a longa e profunda entrevista. Lentamente, cuidadosamente, eu e ela começamos a nos ver. É uma mulher encantadora, inteligente e com brilho nos olhos. Uma adulta de um mundo completamente diferente. Nós nos conectamos com naturalidade e empatia. Ela ajuda a restaurar minha autoestima.

Comecei a desgostar da pessoa que eu me tornara. Então, quando iniciamos nosso namoro, peço a ela que me chame de Philip. Por que eu não gosto de "Phil Collins"? Porque minha vida é uma bagunça. Ele é um cara que está passando por outro divórcio — seu terceiro — e que está prestes a ter sua terceira família despedaçada diante de si. Depois de perder Joely e Simon em uma separação, seguidos de Lily, agora ele vai perder Nicholas e Mathew.

Começo a me perguntar o que, ou quem, eu sou. Se eu me der outro nome, outra identidade, é quase certo que consigo me retirar de cena. Eu me chamo Philip, um novo homem.

Estar com Dana acelera esse sentimento. Conforme o tempo passa, depois de os meninos fazerem algumas viagens para Nova York, vejo que ela é ótima com eles. Joely, Lily e Simon, todos os três criam laços com Dana. Minha mãe, meu irmão e minha irmã passam a gostar muito dela. É uma pessoa fácil de lidar. Até começamos a jogar golfe juntos.

*

Em novembro de 2006, seis meses depois da estreia de *Tarzan,* pego um voo para Londres para me reunir a Mike e a Tony em uma coletiva de imprensa que anunciaria a passagem europeia, em 2007, da turnê *Turn It On Again*.

As coisas estão lentamente melhorando. Estou com uma peça na Broadway e, tanto profissional quanto pessoalmente, Phil *e* Philip Collins estão saindo da lama. É claro que ainda sinto saudade de Orianne, e muita falta dos meninos, mas estou tentando seguir. Ela deixou claro que preciso seguir.

O Genesis se encontra em Nova York para os ensaios, e depois em Genebra. Tudo é muito divertido, mas não à prova dos contratempos inerentes. Somos um grupo estranho, já que parece que nunca conseguimos lembrar o restante da música. É uma atitude muito bonitinha, sincera, coisa de "banda de escola". Por sorte, nosso guitarrista Daryl Stuermer, velho de guerra, está quase sempre disponível para nos ajudar com esse debate de pirralhos enquanto procuramos as palavras e os tons certos. Um Genesis enferrujado parecia estranhamente amador quando começávamos a ensaiar para qualquer coisa, mas agora, uma década depois, passada uma penca de projetos e dois divórcios e meio, me pego em um esforço incrível para me lembrar de partes de músicas escritas nos anos 1970. Muitas palavras. Outra vida, parece. Mas estar de volta com esses velhos amigos é um bom lembrete de por que todos aqueles anos foram divertidíssimos.

Vou a esses ensaios para fazer o que preciso fazer: sacar as palavras certas, regularizar meu canto. Enquanto isso, Tony e Mike se debatem com a apresentação no palco — Patrick Woodroffe, um grande artista de produção e colaborador de longa data, está cuidando da iluminação, enquanto Mark Fisher, um aclamado cenógrafo, está cuidando dos cenários. Mas não estou nem engajado nem distraído com esses detalhes, muito por causa dos incômodos ocasionais e visíveis de Tony Banks.

Embora essa sempre tenha sido minha postura com o Genesis no passado, agora, admito, há uma mensagem subliminar que aponta para meu semidesapego. Sim, essa é uma turnê de reunião, mas não é uma volta com tudo. Suspeito de que todos os demais envolvidos no projeto esperassem que, nos 18 meses entre nosso reencontro em Glasgow e o começo da turnê, um novo álbum tivesse até sido concluído. Mas isso não era algo que eu estivesse nem preparado para cogitar. Sou radicalmente contrário. Já estava segurando uma barra muito pesada com a estreia de um musical na Broadway e o colapso de um casamento.

E a verdade é que, fundamentalmente, não precisamos fazer um álbum para dar a partida novamente. Isso significaria dar um passo atrás. Não estou voltando para o Genesis. Estou me despedindo. É de fato hora de dar tchau.

Em março de 2007 nós três chegamos a Nova York para outra coletiva de imprensa. Dessa vez anunciamos a passagem da turnê pela

América do Norte. Começaremos em Toronto, em setembro. São seis semanas ("um mês", no mundo de Tony Smith) de estabelecimentos cujos nomes se iniciavam com as palavras "Field", "Arena", "Stadium" ou "Garden". Nosso apelo para que não complicássemos as coisas e tocássemos em casas de shows há muito tempo já fora enterrado na grama dos estádios por Giddings, o agente, e Smith, o empresário.

A turnê *Turn It On Again* estreia na Finlândia, em junho de 2007. A primeira perna dela inclui 23 shows, inclusive dois em um único dia no Reino Unido, e chega a seu ápice mais de um mês depois, com uma esplendorosa apresentação gratuita no Circus Maximus de Roma.

Desde o começo, há um retorno maravilhoso, e a reação do público é fantástica. Os estádios europeus estão repletos de jovens que nem eram nascidos quando assumi os vocais da banda, e todos conhecem as músicas e estão curtindo. A chuva que parece nos seguir por todo o continente naquele mês não os desanima de modo algum.

É a primeira vez que vou a alguns desses espaços. Um destaque para o Katowice, na Polônia. O clima de lá é tão bíblico quanto perigoso. Os trovões e raios forçam o pessoal da iluminação a descer de suas torres de comando. Na passagem de som no palco, ficamos ensopados, mas, lá fora, há 40 mil fãs poloneses nos esperando entrar. Não podemos decepcioná-los. Tocamos durante a tempestade e concluímos o show com a "The Carpet Crawlers". A plateia inteira está encharcada e cantando com a banda encharcada. É emocionante, e Dana está nos ouvindo lá de baixo, vendo a velha banda do Philip e seus fãs em seu potencial máximo.

Já o Live Earth, um show de caridade que contava só com superestrelas, não foi tão bom. Abrimos o espetáculo no estádio de Wembley porque temos de chegar a Manchester para outro show naquela noite. As pessoas estão se acotovelando nos portões quando entramos. É um vasto palco com uma passarela, e em geral não uso esse tipo de coisa, mas vou caminhando nela cuidadosamente durante *Invisible Touch*. Só aí me lembro por que me aposentei — ou tentei fazê-lo — de turnês em carreira solo dois anos antes, tentando evitar o sentimento de "estou velho demais para essa presepada", mas não sou plenamente bem-sucedido. Quanto antes terminar isso, melhor.

Do ridículo ao sublime: a noite em que estamos no estádio Old Trafford, o teatro dos sonhos do time Manchester United. Sempre foi fantástico tocar na cidade de Manchester. Essa vez não foi uma exceção.

No dia seguinte, estamos de volta a Londres, para uma apresentação em outro templo dos esportes, o estádio de Twickenham, o lar do rúgbi inglês (também o lugar em que, séculos atrás, um jovem Phil Collins competiu como corredor em um encontro atlético da Nelson Infants School).

Todos esses anos depois temos uma exigência especial para a nossa lista de pedidos ao estádio naquela noite: rampas para cadeiras de rodas. Minha mãe, a única outra pessoa que me chama de Philip, está na plateia. Aos 94 anos, com a visão fraca, ela precisa ser levada em sua cadeira de rodas para dentro do estádio. Mas ela está lá, tão entusiasta da banda de seu filho mais novo como sempre foi. Será a última vez que mamãe vai me ver tocar. Dois anos depois, ela sofre um AVC e nunca mais será a mesma. Ela tenta reagir, mas, depois de outros episódios, seu estado começa lentamente a se agravar. June Winifred Collins morre no dia de seu aniversário, em 6 de novembro de 2011. Aos 98 anos.

Desfruto cada momento de toda a passagem pela Europa. Consigo superar o nervosismo de estar de volta como o líder da banda. Minha voz permanece firme, fico novamente antenado com o material do Genesis, tenho prazer em ser parte de uma banda novamente, e nossa fama de nos darmos bem se alastra, como se nunca tivéssemos nos separado. Como em qualquer relação de amizade.

Orianne aparece com os meninos em dois shows, em Paris e em Hanover. Nic e Matt são, ambos, jovens demais para se lembrarem da turnê *The First Final Farewell*, e querem ver ao vivo o que o papai faz. Depois do show, Orianne e eu nos entendemos muito bem, tomamos um drinque juntos e adoramos o ânimo dos meninos. Embora reconheçamos que as coisas mudaram, é bom sentir que ainda somos próximos.

Em Roma, um clímax adequado. É muito especial sentir que você está tocando nesse *terroir* ancestral. É o Circus Maximus, lugar em que, milênios atrás, os artistas viviam com medo de o polegar do imperador virar para baixo. Como não sou bobo, preparei toda a minha lenga-lenga em italiano. Mas, quando estou lá na frente, com meio milhão de pessoas me encarando, me dou conta de que todos aqueles fãs na plateia são do Brasil, da Inglaterra, da Alemanha — tudo quanto é lugar, não só da Itália. Mas, no fim das contas, conseguimos que o público nos vire o polegar para cima. E foi assim que esses gladiadores grisalhos sobreviveram para mais um dia de luta.

Depois de um recesso de sete semanas, a turnê *Turn It On Again* chega ao Canadá. E então, depois de seis semanas de estabelecimentos monstruosos na América do Norte, concluímos essa passagem pelo continente nas noites de 12 e 13 de outubro de 2007, com dois shows no Hollywood Bowl, em Los Angeles. Nunca chove naquela cidade. Mas choveu para nós.

A primeira noite parece, sobretudo, medíocre — nunca me convenci de que um boliche projetado para shows sinfônicos fosse o estabelecimento certo para o Genesis —, mas a segunda noite é muito melhor. Uma coisa boa: todos estamos cientes da magnitude dessa apresentação. Todos os envolvidos com o Genesis estão lá — todos os filhos, as famílias, as equipes. Estou profundamente emocionado.

No bis da música "The Carpet Crawlers" — e tenho a plateia como testemunha disso —, digo a Tony Banks e a Mike Rutherford que os amo. Esses caras me conhecem melhor do que qualquer um no mundo, e entendem o que estou realmente dizendo: acabou, chega. É o fim da linha. Chega de Genesis para mim.

Para ser sincero, eu preferiria ter tocado na Austrália, na América do Sul e no Extremo Oriente a ter feito outra grande rodada pela América do Norte. Mas agora meu prazo de validade expirou. Finalmente cheguei à sólida conclusão de que minha vida pessoal significa mais do que isso tudo. Um mês e meio longe de meus meninos já foi o suficiente para fechar essa porta e jogar a chave fora.

Minha decisão fica inabalada mesmo depois de receber uma notícia indesejada no meio da rodada europeia da turnê: o musical *Tarzan* vai ser encerrado somente depois de 15 meses de temporada. As vendas foram boas, mas não boas o suficiente para sustentar um espetáculo caro no mercado hipercompetitivo da Broadway.

É óbvio que fico decepcionado com essa notícia, especialmente por não poder me despedir adequadamente de meu bebê. Estou preso na turnê em algum lugar do mundo enquanto todo o elenco cai em lágrimas nos bastidores em Nova York.

Ironicamente — amargamente, até —, a peça sai de cartaz no dia 8 de julho de 2007, a noite em que o Genesis toca no estádio de Twickenham. Uma noite de sentimentos divididos.

Entretanto, até o fim, eu me sinto pressionado a mudar de ideia quanto à minha decisão de parar. Em termos de gestão, o Genesis não "maximizou" as possibilidades. Meu ressentimento quanto a isso está registrado no documentário da turnê de reunião: *Genesis, When in Rome*. John Giddings e Tony Smith *não podem deixar de fazer seu trabalho*. Mas, se os agentes, empresários e promotores tivessem sido flexíveis nessa decisão, eu ainda estaria lá até hoje. Então, se eu não for firme, sei onde isso vai parar. Teria se transformado em três, quatro, cinco meses, e depois em um disco. E é por isso que as câmeras do documentário me filmam defendendo minha posição tão firmemente: "Não me enrola, John."

Meu nome é Philip Collins, e ninguém vai me enrolar. Não outras pessoas, pelo menos. Infelizmente, meu corpo tem outras ideias.

*

Em algum momento da turnê descubro um problema no meu braço esquerdo. Chega ao ponto de eu mal conseguir segurar as baquetas na "Los Endos", a última música do show em que toco bateria. Tento baquetas mais pesadas, tento címbalos maiores. Durante a passagem pelo continente americano, visito diversos médicos. Vou até a um curandeiro. Em Montreal, nosso promotor Donald K. Donald, há muito tempo conosco, sugere que eu procure um massoterapeuta que o ajudou a se recuperar de uma cirurgia nas costas. Tento de tudo para combater a dormência nos dedos e restaurar a força nas mãos.

Mas nada é muito eficaz: não consigo mais a potência usual.

Depois da turnê, sigo a tradição da família Collins: não faço nada para resolver esse problema de saúde. Deve melhorar sozinho.

Não melhora. Piora.

Já de volta à Suíça, vou à minha clínica de rotina para fazer uma ressonância magnética. O radiologista não demora nada para ver que as vértebras do alto da minha espinha estão em péssima condição. Mais de cinquenta anos tocando bateria e o resultado é que o cálcio se foi e os ossos estão se esfarelando. Se o diagnóstico é alarmante, o prognóstico é aterrorizante: ou eu faço uma cirurgia com urgência, ou corro o risco de ficar paralisado, em uma cadeira de rodas.

Na Clinique de Genolier, entro na faca. Os cirurgiões abrem meu pescoço atrás da orelha esquerda, vão cutucando até chegar às vértebras esfareladas e as aparafusam com cálcio sintético.

Fico em recuperação por um ano. Mas, depois disso, os dedos da minha mão esquerda ainda estão dormentes. Não conseguia segurar baquetas? Agora não consigo segurar uma faca de pão. Como canhoto, rapidamente passo a apreciar como posso confiar em minha mão direita. Volto à minha médica local, que atende na Clinique, Dra. Sylviane Loizeau, uma moça simpaticíssima que vai continuar me ajudando muito, em vários sentidos: afirmando... salvando minha vida. Ela me encaminha para Lausana, onde há outro especialista. Eis que surge um novo diagnóstico. O problema não está no pescoço. Está dentro do cotovelo esquerdo, onde se esconde o nervo deslocado. Ele foi torcido para fora de sua posição normal, então, no começo de 2008, me submeto a duas cirurgias, para que o médico tente realocar o nervo. Dessa vez a parte de dentro do meu braço é toda rasgada, assim como a palma da minha mão esquerda.

Mais quarentena. Nunca fiquei tanto tempo sem tocar bateria desde os meus 12 anos. Sei que todo mundo precisa voltar à ativa, mas acho que o cenário não é nada bom.

Os anos de 2008 e 2009 representam, ao mesmo tempo, o que há de melhor e o que há de pior. Compro uma casa nova em Féchy, uma cidade a 15 minutos da antiga casa de nossa família em Begnins. É um lugar confortável, modesto e, como estou sozinho, é tudo de que preciso agora. Com compromissos profissionais noturnos, Dana está presa em Nova York a maior parte do tempo. Ela me visita sempre que pode, mas infelizmente essas viagens são escassas e demoram a acontecer.

Vejo bastante Nic e Matt, e o relacionamento com Orianne é cordial. Mesmo que meus dias de marido tenham acabado, meus dias como pai presente acabaram de começar, e pela primeira vez na minha vida, de verdade.

O contraponto é que a recuperação das cirurgias no pescoço, braço e mão está demorando muito mais do que eu e qualquer dos médicos especialistas prevíamos. Se eu tinha alguma dúvida quanto o quão sábio foi me distanciar de tanto trabalho, meu corpo está deixando claro. Ele está balançando uma bandeira branca.

Decido relaxar.

Mas, agora, outra bandeira é hasteada. Uma vermelha. Tony Smith quer saber como estou. Ele é meu empresário, mas também meu amigo. Quer se assegurar de que não estou desacelerando rumo a uma parada completa e terminal na Suíça. Assim que lhe contei que estava me mudando, acho que acionei o alerta dele. Mesmo sabendo que eu era feliz de verdade com Orianne, ele temia que o país mais neutro da Europa estivesse aniquilando minha criatividade. E não estava *completamente* errado. Ainda por cima, agora estou sozinho. Mas não vou sair do país assim. Enquanto os meninos estiverem aqui, é aqui que vou ficar.

— O que você está fazendo? — pergunta Tony ao telefone.

— Não estou fazendo nada. Estou jogado no sofá vendo uma partida de críquete.

Sinto que mereço isso, principalmente porque meu corpo está, é óbvio, cobrando um descanso. Eu *vou* resistir a isso.

Então, Tony tenta dar o xeque-mate:

— Por que você não faz um álbum de covers?

Como meu empresário espertíssimo sabe, eu sempre quis fazer isso. A música da minha juventude, as coisas que me energizaram cinquenta anos antes, ainda me animam e habitam em mim. Então, sugiro algo nesse perfil: minhas interpretações e homenagens aos clássicos dos anos 1960 que me ligaram ao soul e ao R&B, e que eu adorava quando a banda Action apimentava com suas versões mais inclinadas ao estilo *mod*. Se esse vai ser o canto de cisne dos meus discos — e eu sinto que será —, nada melhor que terminar justamente onde comecei. No fim da minha carreira musical, estou desenterrando minha gênese musical. Intitulo esse álbum como *Going Back*, sublinhando a ideia mas também em homenagem à bela música "Goin' Back", de Carole King e Gerry Goffin, um dos clássicos de minha lista de sucessos.

Sim, é nostalgia, uma chance de fazer o que eu tentava fazer com minha banda de colégio, mas — finalmente — de modo correto. E é a nostalgia que faz eu me sentir bem vivo.

Em pouco tempo sou todo ouvidos a esse projeto. Ouço atentamente centenas de canções da Motown e compilo uma longa lista de músicas que quero gravar. "Uptight (Everything's Alright)", de Stevie Wonder; "Jimmy Mack" e "Heatwave", de Martha and the Vandellas; e "Papa Was a Rolling Stone", dos Temptations. Estou determinado a fazer justiça a esses pilares bombásticos da música norte-americana reproduzindo da melhor forma que puder todos os sons — e o fazendo em meu próprio estúdio.

Não demoro muito a perceber que isso é um desejo inalcançável. Mesmo se minhas capacidades físicas — e na bateria — estivessem plenas — e é explícito que não estão —, preciso de instrumentistas adequados para me ajudarem a honrar aquelas brilhantes gravações originais. É incrível, é surreal, mas Bob Babbitt, Eddie Willis e Ray Monette — três dos Funk Brothers, que tocam em muitos dos vinis de 45rpm que colecionei na adolescência — aceitam se juntar a mim.

As sessões de gravação são um completo deleite. Trabalho com um fantástico engenheiro de som, Yvan Bing, e nos divertimos replicando aquelas faixas. É um lembrete de um tempo mais simples e puro. É o som autêntico que eu procurava. Estou buscando o solo específico na "Dancing in the Street", a batida específica em "Standing in the Shadows of Love". Houve três grandes bateristas da Motown, e eu quero emular todos. Benny Benjamin, Uriel Jones e Richard "Pistol" Allen eram bateristas de jazz, e se você é um baterista, consegue reconhecer um *quê* diferente em cada um deles. Quero ser capaz de honrá-los. Noto que mal arranhei a superfície com a "You Can't Hurry Love". Quero que as pessoas saibam que é *assim* que Phil Collins toca Motown. Porque ele é um conhecedor e amante.

Claro, a ironia é que, quando se trata de tocar bateria, não consigo nem segurar uma baqueta com a minha mão esquerda. Esse é o nível de fraqueza em que me encontro. Então, amarro uma baqueta à minha mão com fita. É óbvio que isso não é o ideal. Por sorte, com exceção dos solos que eram a marca registrada de cada um desses rapazes, as demais partes são bem básicas, e é isso que compõe seu charme atemporal.

Trabalhando metodicamente ao longo de 2009, gravamos 29 músicas. Com o álbum mais ou menos concluído no começo de 2010, em março estou de volta ao Genesis. Logo quando eu achava que estava fora, eles me puxam de volta pra dentro.

A banda vai ser integrada ao Rock and Roll Hall of Fame, em Nova York. Mike, Tony, Steve e eu pegamos um voo até lá, mas sem Peter; ele está ocupado com seus ensaios de turnê no Reino Unido. E não estamos sendo reclamões quando digo que nenhum de nós está incomodado demais com sua ausência. Nós nos acostumamos com o fato de que sua agenda é isso mesmo... complicada.

Além do mais, ele acabou nos fazendo um favor. Com Peter inevitavelmente preso em outro lugar, isso mata qualquer sugestão de que um Genesis "reformado" pudesse tocar na cerimônia. Com minha recuperação caminhando a passos de tartaruga, tocar bateria com uma baqueta presa na mão certamente não é uma boa visão.

Três meses depois, estou de volta a Nova York, para receber outro prêmio: o Johnny Mercer Award, anual, no baile de gala de 2010 da organização Songwriters Hall of Fame. Fico passado, especialmente porque a composição musical é uma arte que aprendi relativamente tarde na vida. E também estou surpreso: não estou brincando quando digo à BBC, no tapete vermelho, que quando recebi a ligação solicitando minha presença achei que quisessem me convidar para entregar o prêmio, não para recebê-lo. Ainda não estou certo de que o mereço, e não são todos os clubes aos quais eu gostaria de me associar que me aceitariam como membro, mas estou feliz em fazer parte do grêmio de compositores.

Essas duas validações chegam na hora certa, porque, dois dias depois desse acontecimento no Songwriters Hall of Fame, estou na Filadélfia, a fim de começar uma série de shows para divulgar o iminente *Going Back*. É uma rodada rápida, apenas sete apresentações (Filadélfia, Nova York, Londres, o Montreux Jazz Festival), mas ainda assim é muita coisa. Essas apresentações deveriam ter sido incríveis, mas minha cabeça simplesmente não está onde devia. E para piorar as coisas, quando entro no palco, inexplicavelmente tenho problemas para lembrar as letras das músicas com as quais cresci.

Tento não deixar essa experiência enevoar o prazer que tenho com o álbum. O *Going Back* é um retrato pessoal e sincero do artista de 59 anos quando jovem. A arte de capa diz algo parecido: é uma fotografia minha, aos 12 ou 13 anos, arrumadinho, vestindo camisa social e gravata, sentado em nossa sala da frente do número 453 da Hanworth Road, atrás da minha bateria Stratford.

Dois meses depois dos shows, em setembro de 2010, o *Going Back* é lançado. Meu oitavo álbum em carreira solo emplaca em primeiro lugar no Reino Unido, tornando-se meu primeiro álbum com material novo no topo das paradas desde *Both Sides*, 17 anos antes. Collins voltou! Não que queira realmente "voltar".

Going Back, o álbum-homenagem que eu sempre quis fazer, é um ponto final. Meu contrato com a Atlantic Records nos Estados Unidos expirou. Com a morte de Ahmet, as coisas andam diferentes por lá. Quaisquer conexões entre a gravadora e minha carreira solo ou o Genesis viraram pó pela sucessão de contratos e demissões de executivos. Esse é, percebo, o funcionamento moderno do mercado fonográfico. Não pertenço mais a esse mundo.

Infelizmente, o outro mundo de que eu achava que ainda podia fazer parte não está demonstrando sinais de amor por mim. O musical *Tarzan* não desembocou em uma enxurrada de novas encomendas do mundo teatral.

Pesando tudo, lá pelo final de 2010 começo a pensar que, finalmente, é hora de dar tchau. Minha vida nos palcos se esgotou com os inexpressivos resultados dos shows do *Going Back*. Mas eu posso viver assim. Ou quase viver.

Decido dar mais uma chance para me apresentar em shows. Meu braço e minha mão esquerdos ainda não estão completamente recuperados, mas vou tateando para voltar ao mercado. Sou convidado a tocar com Eric em uma festa de gala da instituição de caridade do príncipe em Londres; um concerto agendado para o dia 17 de novembro de 2010. Não estou certo de que esteja pronto. Mas Eric e eu somos parceiros há muito tempo, e sou parceiro dessa instituição há mais tempo ainda. Não posso recusar.

No entanto, assim que me sento para tocar, sei que cometi um erro. Só vamos tocar uma música juntos, "Crossroads", mas já é uma música a mais do que eu poderia tocar. Não tenho nenhuma sensibilidade. "Nunca mais vou tocar", penso.

E é isso. Abandonei minha banda. A bateria me abandonou. Meu futuro brilhante na Broadway não parece exatamente brilhante agora. Com três azares consecutivos, meu casamento acabou. Minha namorada está presa em Nova York. Minha vida está vazia.

Como vou preenchê-la?

Já sei. Vou beber um pouquinho.

21
Camisa de força obrigatória

Ou: como eu quase bebi até morrer.

Tenho um buraco, um vazio: onde havia trabalho, agora há tempo. Muito tempo. Parar de trabalhar para estar com os meninos vai se mostrar completamente inútil e destrutivo. Não só vai virar a minha vida de cabeça para baixo como vai, praticamente, acabar com ela.

Mas não nos precipitemos.

No início de 2006, estou sozinho no hotel Peninsula em Nova York, trabalhando no musical *Tarzan*. Onde vou ficar por uns seis meses. Orianne e os meninos voltaram para a Suíça. De vez em quando, dou um pulo em casa, mas não é o suficiente.

Se não falo com os meninos todos os dias, fico irritado. Estou preocupado: "Meu Deus, o que eles devem estar pensando?" É claro que é difícil fazê-los dizer duas palavras quando nos falamos.

— Como vai a escola?

— Bem.

Os mais velhos também precisam que eu fale com eles. "Eu sei que sou quase adulta, pai — Lily me disse uma vez —, mas ainda preciso que você diga que me ama."

Por que eu não vou para casa? É uma boa pergunta. Acho que estou tão cheio de obrigações com o trabalho que não consigo perceber bem a situação. Não é à toa que tenho infindáveis brigas pelo telefone com Orianne.

Quando volto para a Suíça, é para me tornar um homem solteiro no tribunal de Nyon. Imediatamente, me vem à cabeça o pensamento: "Meu Deus. Nicholas e Mathew estão na escola e no berçário agora. E não têm ideia de que as vidas deles mudaram." Não consigo evitar esse pensamento. Nic está com 4 anos; ele sabe que sua mãe e seu pai andam brigando um pouco. Mas é isso.

Eu me sinto péssimo. O que posso fazer? Confuso, divorciado e desesperado como estou, órfão de meus filhos pela terceira vez, encontro um jeito todo meu de canalizar as coisas: mergulho no trabalho da Disney, e mergulho no Bar Centrale, na Rua 46, aonde chego com uma rápida caminhada saindo do Teatro Richard Rodgers. É um bar de gente de teatro; você tem que reservar. Mas nosso produtor e presidente do teatro da Disney, Tom Schumacher, sempre tem uma mesa. Desse jeito, desenvolvo uma rotina diária. Ando do hotel Peninsula até o Richard Rodgers todas as manhãs e passo no Bar Centrale todas as noites.

Começo também a me enterrar no minibar, um drinquezinho pra dormir ou três depois de uma noite no Centrale. De vez em quando, vejo o homem do minibar abastecendo-o. Ele comenta:

— Você gosta *mesmo* de vodca!

Não especialmente; nesse momento, gosto mesmo é de qualquer bebida alcoólica, qualquer coisa que amorteça a dor. Vou passando das minigarrafinhas para as meias garrafas, e, depois, todo o estoque desaparece. Bem, eu largo o uísque. Não é tudo que eu bebo. Tenho sede, mas não tanto. Ainda não.

Quando você bebe direto do gargalo das garrafinhas, de pé junto à geladeira, isso é perigoso. Para que sujar um copo? E você também não precisa de *mixer*. Mas pelo menos não estou carregando garrafas para casa. Isso acontece mais tarde, quando vou morar no meu apartamento em Nova York.

Quando não trabalho aos sábados e domingos, vivo o que chamo de Fins de Semana Perdidos de Ray Milland, em homenagem ao excelente filme de Billy Wilder de 1945. Bebo, durmo, espero o minibar ser reabastecido. Mesmo quando estou ocupado, às vezes tomo uma bebida antes de ir para os ensaios. Ovos pochê com uma dose de vodca acompanhando, direto da garrafa, às 10h.

Para esclarecer: eu nunca bebo no trabalho. Sou profissional, então beber no horário de expediente está fora de cogitação. Mas isso só significa que eu tenho de beber com muito mais intensidade quando saio do trabalho.

O mais assustador é que minha tolerância ao álcool passou dos limites. A vodca não está fazendo efeito. Quantas doses preciso beber antes de sentir alguma coisa? Ninguém sabe, nem mesmo Danny Gillen, ainda ao meu lado, ainda juntando meus pedaços e cuidando de mim.

Danny tenta:

— Tem certeza de que quer mais uma?

Mas ele só pode agir quando me vê bebendo. A dificuldade para todos é que eu faço isso sozinho. É o que Robin Williams comentou sobre seus dias de cocaína. Robin não a considerava uma droga social: ele ia para casa e cheirava quando estava sozinho. É o que eu faço com a bebida.

Algumas pessoas ficam mórbidas, miseráveis, agressivas, insistentes quando bebem. Eu, não. Simplesmente fico feliz. Mas a verdade é: por dentro estou chorando. O clichê é verdadeiro: estou, literalmente, afogando minhas mágoas. A bebida não faz eu me sentir melhor. Mas me faz dormir. E se eu estiver dormindo, não vou estar pensando. É bem nisso que consistem os fins de semana perdidos. Vou beber, e vou ficar fora do ar as 48 horas inteiras, até o momento de voltar ao santuário do trabalho. Estou enchendo de birita o vazio no meu cérebro e o buraco na minha vida.

Depois de seis meses no hotel Peninsula — a esta altura eu já podia até ter comprado o lugar só com a minha despesa de bar —, e depois que a produção de *Tarzan* terminou e o musical já estava sendo exibido, volto para a Suíça.

Não tenho casa, portanto, fico em um hotel em Genebra, ou em vários hotéis em Nyon. Todo santo dia tento fazer parte da vida dos meninos, mas, na maioria das vezes, isso se resume a simplesmente levá-los e pegá-los na escola. E noites seguidas eu fico deitado na cama, olhando pela claraboia o cinza dos céus suíços, lamentando pela minha vida. Estou totalmente sozinho, exceto pelos meus bons amigos Johnnie Walker e Gray Goose. "Você tem tudo", penso eu, "mas na verdade você está fodido."

Minha mente fica zumbindo, obcecada por um cenário antigo e familiar: *o que os meus filhos pensam quando as luzes se apagam de noite?*

Finalmente, em novembro de 2007, compro uma pequena casa em Féchy, a 15 minutos de carro dos meninos. Mas pela primeira vez em 45 anos os dias são longos e vazios. Jogo para o alto os telefonemas preocupados de Tony Smith, que está ansioso para saber o que mais estou fazendo além de ficar deitado no sofá, ver esporte na TV e esvaziar garrafas de vinho. Não é a aposentadoria que eu imaginei, mas tenho que seguir em frente.

Não preciso dizer que fico de cara cheia o tempo todo. A vida se estabelece, eu tenho que pegar os meninos depois da escola, e eles ficam comigo durante longos fins de semana ou feriados. Assim, ainda tenho essa responsabilidade — eu dirijo. E se eu fizer alguma besteira, eles vão ser levados por Lindsey Evans. Ela é a nossa incansável babá há muitos anos, embora eu ache que não esperava tomar conta de três garotos.

E isso, nos próximos anos, se torna meu show, um período de lazer voando baixo, cheio de cana, intercalado com a distração ocasional da profissão e das viagens a Nova York para ver Dana. Prevendo que haverá mais trabalhos da Broadway, compro um apartamento no Central Park West e nós passamos muito tempo lá, saímos para assistir a espetáculos novos ou jantamos. Nunca escondi que Orianne e eu não deveríamos ter nos divorciado, e Dana parece compreender esse fato.

A essa altura, do nada, em maio de 2012, Orianne anuncia que vai se mudar para a América. Ela se casou de novo e eles querem recomeçar. Estão pensando em Los Angeles. Penso: "Espera aí, porra."

Reclamo:

— Você não vai para Los Angeles. Não vou fazer isso tudo de novo, pegar um voo de dez horas para ver meus filhos.

Orianne, mais do que ninguém, sabe que já sofri duas vezes com a separação forçada por causa da distância (Joely e Simon foram levados para Vancouver, Lily para Los Angeles).

Ameaço:

— Vou te processar por conta disso.

Mas Orianne examina os documentos de divórcio e afirma:

— Os advogados disseram que você não tem esse direito.

Assim sendo, eles decidem ir e, "felizmente", escolhem Miami. Fica no sul da América do Norte, mas pelo menos fica do lado "direito" (europeu). Pequenas amabilidades etc. e tal.

É verão de 2012 e as crianças simplesmente ainda estão na Suíça. Com fortes dores de estômago, sou levado à clínica de Genolier. A conclusão do Dr. Loizeau é rápida e firme: por causa da bebida, estou com pancreatite aguda e preciso me internar no Hospital Universitário de Lausana imediatamente. Preciso me desidratar, desintoxicar, e essa é uma unidade hospitalar mais bem-equipada para tratar pacientes como eu, nessa condição.

Essa "condição", sem dúvida, preocupa os profissionais da área médica: eles querem que eu vá para a unidade de tratamento intensivo em Lausana o mais rápido possível, por isso me transportam em um helicóptero. Lá permaneço por um tempo que me parece uma eternidade. Provavelmente, foram duas ou três semanas. O tempo se arrasta quando você não tem uma bebida à mão.

Não se trata de reabilitação, tecnicamente falando (quando você é um alcoólatra de verdade, vira especialista nessas nuances — "Só tomei um golinho..."). Mas, sob pressão de Lindsey, Dana e Tony, estou vendo instituições de reabilitação, embora não com muito entusiasmo. Não preciso ir para a reabilitação. Posso simplesmente parar. E paro — algumas vezes. Me torno muito bom em parar. Mas, melhor ainda, em começar de novo.

Na unidade de terapia intensiva do hospital da universidade, estou conectado a uma série de máquinas que piscam e apitam. Mas a melhor tecnologia na cidade pode não resolver: meu pâncreas está prestes a pifar, e, ao que parece, estou para morrer.

O tratamento intensivo é horrível mesmo. Estou tendo sonhos terríveis por causa da medicação pesada. Não consigo me mexer, porque estou com fios e cabos que se enroscam em volta do meu nariz, pescoço e até do pênis. Estou com um cateter. Não estou com uma bolsa de colostomia, graças a Deus!, mas tenho que, digamos, lidar com tudo isso. Dessa forma, ir ao banheiro é traumático, a mortificação da minha humilhação pública — estou em tratamento intensivo, mas não em um quarto particular —, embaralhada à dor e à situação horrorosa e complicada de arrastar atrás de mim uma tubulação em forma de espaguete pendurada em quase todos os meus orifícios.

Mas nada disso é o pior. O pior é o fato de estar preso e amarrado neste hospital quando Nic e Matt deixam a Suíça para uma nova vida, em Miami. Não consigo nem me despedir. Por um lado, eles têm de sair de casa às 4h da manhã para fazer as conexões de voo. Por outro lado, Orianne, com toda razão, diz:

— Você não vai ver as crianças neste estado.

Meus filhos saem do país — emigram — e o pai deles sequer consegue se despedir.

Meu coração e minha alma estão atormentados pela dor e pela culpa, mas, pelo menos, não estou com dor de verdade: estou à base de morfina. Por favor, enfermeira, pode me dar um pouco mais?

— Você está com dor?

— Ah, um pouco.

— OK, então.

Uma noite, chumbado com a bomba de remédios à base de ópio, completamente preso por fios, tento arrancar tudo. Os alarmes tocam e as enfermeiras vêm correndo. Ouço umas duras verdades. Não é de admirar — parece que são esses cabos e fios que estão me mantendo; estão, literalmente, me conectando ao gerador de back-up de vida.

Vou do entorpecimento causado pelas bebidas ao entorpecimento causado pelas drogas, e, fato que eu desconhecia, meu estado é tão grave que vários profissionais da área médica puxam Lindsey com urgência pelo braço, ainda que de forma gentil, e lhe perguntam:

— O testamento de monsieur Collins está em ordem?

Duas semanas se passam. Pergunto à médica-chefe, professora Berger:

— Posso voltar para Genolier hoje?

Ela diz que não, talvez amanhã. Estou desesperado para sair. Na minha ala há vítimas de acidentes de moto dando entrada em uma noite de sábado. Há apenas uma cortina que nos separa, e eu ouço os lamentos e gemidos, portanto, sei que o cara a poucos metros de distância está vivendo uma cena sangrenta. Meus sonhos já são ruins o suficiente.

Ao longo de todo esse tempo, graças a Deus, Dana tem sido uma presença constante no hospital. Ela conseguiu, por intervenção de um chefe solidário, tirar uma licença de assistência à família. Lá está ela quando acordo, e também quando vou dormir. Essa dedicação ajuda um pouco.

Finalmente recebo alta e começo a ter uma vida relativamente normal. Tomo vários medicamentos — para hipertensão, para o pâncreas, para o coração. E, contra todas as recomendações médicas, as não médicas, e sanidade mental, começo a beber novamente — lentamente. Lentamente *a princípio*. O que mais vou fazer? Minha família me deixou e eu estou rodando em Féchy, praticamente sozinho. Dana vai vir ficar comigo por alguns dias, Lindsey aparece para me visitar, mas, sem os meninos, não há motivo para ela vir. Eu sei qual é a dela. Quer ter certeza de que não estou morto.

Com os meninos agora em Miami, tenho que começar a visitá-los. É nesse momento que acontece um voo particularmente turbulento. Tendo chegado ao ponto mais baixo, estou prestes a decolar para as alturas.

Lindsey, Danny e eu temos voo marcado para Nova York — pela Swiss International Air Lines — e de lá vamos embarcar para Miami em um avião particular. Lindsey chega a Féchy para me levar até o aeroporto de Genebra.

— Você está bem? — ela pergunta.

— Claro que sim!

Com certeza estou bem, porque me levantei e terminei a bebida de ontem. Não tenho escrúpulos em relação ao assunto, e como primeira coisa do dia, vou ao freezer, pego uma garrafa de vodca, tomo uns goles — *ai!* — e continuo.

Temos reserva em um voo ao meio-dia, portanto, já estamos no salão suíço por volta das 10h. Lindsey e Danny começam a fazer o papel de policiais. Mas eu conheço a localização de tudo — e quando digo "tudo", eu me refiro aos drinques de cortesia —, e sei o que devo fazer e a rapidez que preciso ter. Enquanto pegam os cafés, faço uma pausa para isso. Um drink rápido. Em seguida, outro. De pé junto à geladeira, engulo a vodca. Elas não conseguem me ver, não há pistas.

É aí que a coisa começa a ficar meio indecorosa, se é que ainda não tinha chegado a esse ponto. O novo chefão da Swiss Air Lines vem me conhecer. Aparentemente, estou com as pernas jogadas por cima do braço da poltrona no salão. Claro que não me levanto nem digo "Prazer em conhecê-lo" nem levo um papinho, como teria feito normalmente. Assumo uma atitude indelicada, que não é comum, e deixo todos sem graça.

O chefão da Swiss vai embora. Embarcamos na aeronave.

— Uma taça de champanhe, monsieur Collins?

— Sim, por favor.

Bem, não estou bêbado. *Juro que não estou bêbado*. Mas, segundo o relato que Lindsey me passa mais tarde, não coloco a minha poltrona na posição certa para a decolagem. Me recuso terminantemente. Antes de passarmos o portão, o comandante se aproxima de mim. Estou sem saber de nada, mas ele foi alertado do meu óbvio distúrbio. Precisamos de assistência médica? Lindsey e Danny, agindo de forma natural, me protegem, pondo a culpa em um joelho nada confiável. É a medicação, comandante.

Elas são obrigadas a me colocar o cinto de segurança, e se dão por felizes diante do fato de que, em alguns minutos, todos vamos estar colocando nossos assentos de volta na posição vertical. Essa dupla dinâmica tem de passar todas as oito horas de um voo transatlântico sem me perder de vista.

Não tenho a menor lembrança desse voo, nem da decolagem, nem do pouso, tampouco das oito horas entre uma coisa e a outra.

É melhor assim

Quando chegamos a Nova York, sou transportado em uma cadeira de rodas. Por algum motivo que eu desconheço, mal posso ficar desperto, e, certamente, não consigo andar. Nicoletta, a adorável senhora romena que cumprimenta os passageiros da primeira classe, me conduz na cadeira de rodas ao salão onde fazemos a conexão para o avião particular para Miami. Outra viagem da qual não tenho lembrança.

Agora estou mais do que um pouco teimoso... *aparentemente* (na verdade, depois fico sabendo, estou horrível). Chegamos a Miami e fazemos o check-in no Hotel W. Houve telefonemas, com certeza, porque os comentários chegaram aos ouvidos de Orianne. Ela aparece no hotel, descontrolada, com Nic e Matt. Pretende deixar os meninos para esse adorável final de semana que planejamos. Dana também foi avisada e já vem zunindo de Nova York para o sul, a fim de se juntar ao grupo.

Eu? Estou muito animado. Digo:

— Qual é o problema?

Agora estou em meu quarto. O quarto do hotel W tem uma cozinha, e nessa cozinha há uísque. Então, abro a garrafa de uísque, tomo alguns drinques. E isso serve para demonstrar a tolerância que desenvolvi. Estou ligado — tomando birita — desde antes de sair da Suíça. Há cerca de 18 horas.

O marido de Orianne aparece para levar os meninos de volta. Eles ficam confusos. "O que nós vamos fazer? Para onde vamos? Papai está aqui!"

Durante o tempo que leva para que meus meninos sejam levados pelo padrasto e enquanto aguardamos Francesca, uma médica amiga de Orianne, vou ao banheiro, tiro os sapatos, escorrego com minhas meias e a toalha de banho e caio no chão com uma pancada estrondosa.

Saio do banheiro cambaleando, e Francesca me manda sentar. Vou me deitar na minha cama, mas estou com muita dor. Ela diz:

— Vamos ter que levá-lo para o hospital.

Acontece que eu quebrei uma costela. E a costela quebrada perfurou um pulmão.

Ainda protesto:

— Não há nada de errado comigo! Vim ver os meus filhos!

Mas a médica insiste. E eu estou rodando — até mesmo para um bebedor com minha intensa experiência, esse comportamento não é do meu feitio. Estou começando a me perguntar sobre a mistura da minha medicação (que inclui Rivotril, um poderoso tranquilizante) com o álcool.

De repente, há dois caras enormes dentro do quarto.

— Não vou para o hospital.

— Vai, sim. Esses caras vão ajudá-lo.

Fico pensando: são sádicos como a enfermeira Ratched do filme *Um estranho no ninho*.

Na sequência, eles "me ajudam", praticamente aos chutes e aos gritos, a chegar até a cadeira de rodas. Me carregam para baixo. Lindsey vem logo atrás. Tudo isso é um pesadelo para ela.

No lobby do W, a gerente, que tinha sido tão gentil e solícita quando cheguei, parece um pouco ansiosa.

— O senhor está bem, Sr. Collins?

Mas o que ela quer mesmo dizer é: "Não morra aqui, por favor."

A esta altura Dana chega de Nova York, e logo me ouve dizendo:

— Quero ficar com minha mãe.

Mamãe morreu em novembro do ano anterior.

Sou removido para o hospital Mount Sinai e levado para um quarto. Outro cara corpulento já está sentado lá. Digo:

— Pode ir embora. Estou bem.

— Ah, não. Eu vou passar a noite aqui.

— O quê? Quando eu sentar na privada, quando eu peidar, você vai estar aqui? Eu não preciso de você.

Mas dou uma olhada no meu pulso e vejo uma pulseira: "Perigoso." Perigoso com risco de pular da janela. Ele está lá com sua lanterna e seu livro para impedir que eu faça mal a mim mesmo, ou a qualquer outra pessoa.

No dia seguinte, estou pronto para sair dali. Tenho um encontro com a médica. Ela diz:

— Só posso deixar você ir se for para alguma clínica de reabilitação.

Respondo:

— Acho que não vai dar para mim.

Volto para o hotel W, onde, de alguma forma, ainda sou bem-vindo. Dana e Lindsey estão lá, e as duas estão chorando. Elas não podem continuar assim. Elas me dizem que eu não posso continuar assim. Os meninos também estão preocupados.

Na Suíça, eles já tinham me visto beber. Uma vez, Nicholas sugeriu sabiamente a Lindsey: "Acho que nós devemos parar de comprar bebida para o papai." Uma coisa doída para Lindsey ouvir de um garoto de 10 anos e uma imagem terrível para seu pai processar.

Eles também tinham me visto cair em casa em Féchy. Eu não estava caindo de bêbado. Era, mais uma vez, a mistura letal de Rivotril e álcool afetando meu equilíbrio. Me levantei para dar um abraço neles e *pá*. Meus dentes afundaram no piso do chão da sala de estar. Ainda tem uma marca lá, e meus dentes ainda estão lascados. O lábio sangrento levou tempo para cicatrizar, mas o que não sarou ainda foi a lembrança de Mathew gritando:

— Lindsey! Lala! Lala! Papai caiu!

Consequentemente, agora, em Miami, estou sendo pressionado por todos os lados para aceitar a reabilitação. Porém, finco pé que não quero. Quero fazer isso sozinho. Eu consigo fazer isso sozinho.

Eles continuam insistindo. Tony Smith está agora envolvido. Ele diz que fez contato com uma mulher chamada Claire Clarke, que é diretora de uma clínica, a Clouds House, em Wiltshire. Liga pra ela, Phil.

Digo que vou ligar, mas não estou prometendo nada.

— Olá, Phil — diz ela.

É uma senhora simpática e experiente, acostumada com viciados e com recuperação de viciados. Eric já ficou internado em Clouds, e Robbie Williams também. Mas não é uma clínica de reabilitação de "celebridades". Ela explica que as pessoas tendem a ver o lugar como um internato.

— Eu posso sair se quiser?

— Pode, sim.

Lindsey novamente diz:

— Eu não aguento mais. Não quero entrar aqui um dia e te ver aí deitado, morto.

Dana acrescenta:

— Você vai se matar.

Isso me convence. No dia seguinte, ligo de volta para Claire.

— OK.

Viajo em um avião particular de Miami para Bournemouth, o trajeto que não é o mais congestionado de tráfego aéreo. Descanso deitado no avião. Mas, primeiro, digo a Dana:

— Posso tomar uma última bebida?

— Sim.

Então eu tomo um copo de vinho de maneira cerimoniosa. Acho que todos nós temos, finalmente, alguma coisa para comemorar. Bem, pensamos que sim.

Desembarco do avião e me levam para Clouds. Nosso motorista, David Lane, que me conhece desde mil novecentos e bolinha, está surpreso. Ele nunca me viu beber, em momento algum. "Ei? Para onde estão levando o Phil?" é a pergunta que parece fazer a si mesmo. É só outra pessoa no meu mundo para quem nada disso faz sentido.

Na Clouds, os acompanhantes dos recém-chegados ficam em uma área de espera enquanto a equipe mostra o lugar a quem vai se internar. Mais uma vez, enquanto conheço os companheiros, o filme *Um estranho no ninho* me vem à cabeça.

— E este, Phil, vai ser o seu quarto.

— Não tenho um quarto só para mim? Não quero ficar com o Billy Bibbit.

— Bem, nós podemos resolver isso.

— Quero um quarto só para mim — insisto. — Não quero ficar preso em um quarto com outro lunático.

Volto para a área de espera e digo, dando de ombros, que vou ficar. Lindsey e Dana respiram aliviadas. Todo mundo está chorando.

— Tem certeza de que vai ficar bem, Phil?

— Acho que sim...

Mas não tenho certeza.

A enfermeira pega minhas malas e começa a vistoriá-las.

— Não me interessa se você é famoso. Nós temos que procurar.

— Por quê? Você acha que eu estou contrabandeando bebidas alcoólicas? Eu não trouxe nada.

Eles retiram todos os comprimidos que o médico prescreveu. Vão entregá-los aos médicos da Clouds, que pretendem receitar algo "mais apropriado em termos clínicos". Tudo mais vai para um armário trancado. A sensação de encarceramento está aumentando.

Me levam para o meu quarto, onde há outra cama.

— Não coloque mais ninguém aqui — rosno.

— OK. Nós vamos ficar bem por algumas semanas assim.

— Bem, quanto tempo eu tenho de ficar aqui?

— Quatro semanas — dizem. — Ou seis.
Não sei se consigo aguentar isso.

Por causa dos meus problemas médicos — a pancreatite, a costela — e dos problemas com a bebida, eles me colocam ao lado do setor médico. Infelizmente, nesta casa antiga (que não é muito diferente de um internato), o setor médico é onde todos fazem a fila às 6h para pegar os remédios da manhã — e fila novamente às 23h, para obter a medicação da noite. Portanto, nunca consigo dormir antes das 23, e sou sempre despertado às 6h. Ainda por cima, sempre que alguém sai depois do jantar para fumar, forma um grupinho bem embaixo da minha janela.

Os motivos para odiar este lugar — e me odiar por me colocar neste lugar — estão se acumulando. Mas pelo menos eu tenho uns contrabandozinhos para me ajudar. Eu trouxe alguns soporíferos — comprimidos homeopáticos leves — e tenho um telefone. Eles pegaram o iPhone, mas consegui esconder o meu antigo Sony Ericsson. Tenho de carregá-lo discretamente, para conseguir telefonar para as crianças todos os dias. Ainda tentando ser um bom pai, mesmo atrás das grades.

Faço as orações matinais, quando todos têm de dizer algo revelador/honesto/autodilacerante. Não tenho nenhum problema com esse tipo de coisa de terapia de grupo, mas é estranho devido às pessoas que você conhece: das mais agressivas até donas de casa.

No café da manhã, almoço e jantar, a tendência é nos sentarmos às mesmas mesas, com o mesmo grupo. Há uma adorável senhora chamada Louise, que é uma quarentona bem envelhecida. O marido dela a mandou para cá com a ameaça de que, se ela não parar de beber, não verá mais a filha. Muito triste. E muito próximo. Poderia ser comigo.

Há até um jornalista do *The Sun* aqui. Estou convencido de que vou estar novamente nas primeiras páginas dos tabloides, mas no fim ele é uma pessoa muito legal. Estar aqui acaba com muitas diferenças entre as pessoas.

Convidei Pud e Danny para me visitarem. Ambos dizem:

— Não tem nada a ver com você, certo? Você não tem esse tipo de problema. Você consegue parar isso. Você não precisa disso.

Tenho dever de casa. Preciso escrever uma história sobre minha pessoa e depois entregá-la, em um mês. Por onde começo? "Meu nome é Phil Collins, vendi zilhões de álbuns..." Sim, nós sabemos disso. É uma ótima história. No entanto, apesar de ser um recordista, Phil Collins, o vencedor do Oscar, aqui estou, na clínica de reabilitação, tentando lidar com o vício em bebida. Assim como todos os outros.

Tony Smith telefona:

— Eric quer vir te ver.

— Por favor, peça para ele não vir. Não quero ver ninguém.

Depois de uma semana, chego ao meu limite. Ligo para Danny pelo meu telefone contrabandeado.

— Pegue o carro e venha me buscar. — Deus abençoe Danny; ele ficou hospedado em uma pousada a poucos quilômetros da estrada. — É melhor reservar um avião, porque eu vou cair fora daqui e vou para a Suíça. — Parece o filme *Fugindo do inferno*.

Digo a Claire:

— Você disse que eu posso sair quando eu quiser.

— Tem certeza, Phil?

— Certeza absoluta.

— OK... não sei se é tão fácil. Mas quando você quer sair?

— Agora? Amanhã?

Minha saída coincide com a saída de dois outros companheiros que deixaram o prédio de forma regular. Eles cumpriram seu tempo. Eu? Estou me concedendo a liberdade porque não consigo suportar isso, e porque fico brincando comigo mesmo com a ideia de que sei o que tem que ser feito.

Depois do café da manhã, há uma cerimônia de despedida para aqueles que vão reingressar no mundo livre. Abraços, beijos, cantoria. Eu participo, mas, como estou blefando, fico envergonhado. Eles aguentaram seis semanas. Eu, só uma semana. Mas para minha surpresa (e conforto) todos insistem que só entrar já foi um grande passo, e que eu deveria estar orgulhoso. Faço um grande esforço para isso.

Com a papelada completa, estou na porta com minhas malas e Danny aparece. Digo adeus a todos que posso reunir e entro no carro.

— Danny, pisa aí. O mais fundo que puder. — Agora me sinto como Patrick McGoohan no filme *O prisioneiro*. Esse grande balão saltitante vai nos alcançar e me levar de volta.

Seguimos de carro durante um tempo que parece uma vida, chegamos ao aeroporto e eu embarco. Nunca na vida fiquei tão feliz por viajar para qualquer lugar. Por estar partindo.

Estamos em novembro de 2012, e eu estou a seco há uma semana. Sem convulsões. Sem *Delirium Tremens*. Mas acho que bebi algo, sim, porque em casa, em Féchy, no dia 15, me encontro lá embaixo, no fim dos 18 degraus da minha escada de concreto. A parte de trás da minha cabeça está rachada, há uma poça de sangue e, mais rápido do que se possa entoar "Smoke on the Water", estou de volta à Clínica de Genolier.

Peter Gabriel telefona para saber de mim. Tony Smith, Tony Banks e Mike Rutherford viajam para me ver. Estou muito emocionado. Também estou muito envergonhado. Os ferimentos sangrentos na minha cabeça vazam no travesseiro, e todos nós podemos ver o estrago.

Com algumas mudanças sérias a fazer, decido levar Nic e Matt para uma pausa, reservando para nós quatro (a salva-vidas Lindsey também) umas férias em Turks e Caicos. Meus meninos se sentem mais distantes do que nunca — uma desastrosa temporada na clínica de reabilitação que mais parece uma prisão pode fazer você se sentir assim —, e eu estou desesperado para mantê-los o mais próximo possível.

Mas, infelizmente, apesar de tudo que acabei de viver — apesar de tudo o que os fiz passar —, nessas férias eu estou *mesmo* com vontade de ir fundo.

Embora eu precise contar esta história, não quero me lembrar dela. Meus filhos também não. Se toco no assunto Turks e Caicos com Nic ou Matt, eles me interrompem:

— Não mencione esse lugar. Nunca mais vamos para lá.

Já tínhamos estado lá, de férias, uma vez, no aniversário de Nic no ano anterior, e todos nos divertimos bastante. Mas, nessa viagem, meu consumo de bebidas aumentou de novo. Além do Rivotril, estou tomando medicamentos novos, para hipertensão.

Temos uma encantadora casa à beira-mar em Parrot Cay. Keith Richards fica na propriedade adjacente com a família, onde tremula a bandeira de pirata de seu personagem "pai de Jack Sparrow". É preciso aprontar muito para morar ao lado de Keith Richards e ser classificado como vizinho desordeiro. Não. Eu não me orgulho.

Não há bar na praia onde alugamos nosso chalezinho, mas isso não é problema: a cozinha está bem abastecida. Garrafas de tequila, vodca, uísque e rum estão lá.

O uísque simplesmente desaparece. Saio para beber longe da vista de todos sempre que posso, mas não deixo de fazê-lo na frente dos meninos.

— O que é isso, pai?
— É a bebida do papai.

Percebo que estou em uma encruzilhada — ou, melhor dizendo, em um beco sem saída — quando embarco em um fim de semana perdido de proporções catastróficas. Essas casas têm empregadas, e a empregada viu todas as garrafas vazias ("O senhor gosta *mesmo* de uísque!"), mas vou em frente, desavergonhado e descarado. Depois que o uísque desaparece, caio no sono. Lindsey me acorda para me dizer que vai levar as crianças à praia.

— Você quer ir?
— Não, vou ficar aqui.

Caio no sono catatônico de novo, e finalmente acordo, às 4h. É foda. Nós vamos embora hoje! Eu me levanto, arrumo as malas às pressas e saio pisando duro.

— Olá? — grito. — Olá, Lindsey, Nic, Matt? Nós precisamos ir embora!

Mas não consigo vê-los em lugar algum. Cai a ficha: é madrugada. Não são 4 horas da tarde, são 4 horas da manhã. E só passamos um dia aqui.

Se Lindsey estava preocupada antes, agora está louca de ansiedade. Ela já vinha antecipando que encontraria meu corpo sem vida, mas neste fim de semana está vendo os meninos testemunharem que o papai não está agindo como o papai. Ela está assustada, por minha causa, e aterrorizada, por causa deles. Assim, mais tarde, naquela manhã, ela me dá um ultimato:

— Já deu o que tinha que dar, Phil. Vou ter que ligar para um médico porque acho que você está mesmo com problemas.

— Se você acha que deve. Mas eu estou me sentindo bem.

Lindsey também falou com Dana, em Nova York.

— Ele está de mal a pior — ela informa a Dana. — Possivelmente pior do que antes.

Assim, ela liga para o Dr. Timothy Dutta, em Nova York, que já teve oportunidade de aconselhar Lindsey e Dana sobre como lidar comigo e com minha aparente missão suicida.

A Dra. Nurzanahwati é a médica do resort da ilha. Ela vem me examinar e não gosta do que vê. Sou um perigo para mim mesmo, e, ao que parece, um potencial prejuízo para o resort — se algo der errado, estamos todos no banco dos réus. No meu caso, no pronto-socorro. Ou pior.

— Sr. Collins, o seu coração está acelerado. Como o senhor estava planejando chegar à sua casa?

— Nós temos um avião particular para nos levar de volta a Miami.

Danny consegue organizar qualquer coisa em um piscar de olhos. Eu não dou a mínima para a porra do dinheiro. Vou dizer: faça qualquer coisa para mais essa médica fajuta parar de me encher o saco.

A Dra. Nurzanahwati diz:

— O senhor precisa vir comigo e consultar outro médico, senão eu não vou deixá-lo sair da ilha.

Fico pensando: "Por quê? Se eu tenho o meu próprio avião."

Mas respondo:

— OK, eu vou com você.

Estamos de férias há 48 horas, e eu já fracassei. Parecer da Dra. Nurzanahwati: estou tão doente que preciso de cuidados médicos urgentes — cuidados que estão além da capacidade do hospital da ilha.

Peço a Lindsey para ir para o aeroporto com os meninos; vou encontra-los lá. Primeiro tenho que conseguir um atestado que me permita viajar de avião. Acompanho a Dra. Nurzanahwati a uma pequena sala de cirurgia e os exames deixam claro que estou com muito álcool na corrente sanguínea; ou, com mais precisão, pouco sangue na minha corrente alcoólica.

O segundo médico diz:

— Não posso deixá-lo ir embora.

— Do que você está falando? Eu vou embora no meu avião! Tenho que levar os meus filhos para Miami. A mãe deles está esperando.

Estou metido em uma armadilha que eu mesmo criei: tão doente que preciso de ajuda médica no continente, doente demais para sair da ilha.

Vejo os meninos e Lindsey irem embora de táxi, impotente para conter minhas lágrimas. Eles voam para Miami. Me deixam para trás, sozinho mais uma vez, me sentindo mais do que muito frágil, ainda por cima tomado por um profundo sentimento de repugnância a mim mesmo. Não tenho nem a chance de ver os meninos antes de embarcarem, um sentimento abjeto bem conhecido.

O grupinho triste aterrissa em Miami e segue caminho para a alfândega e a imigração. Lindsey tenta explicar ao Sr. Rogers, o misericordioso agente de imigração, o motivo pelo qual ela está viajando com dois meninos menores de idade com outro sobrenome, e com os pertences pessoais de seu empregador — mais o hamster da família, Bobby, que também estava de férias.

Por incrível que pareça, o Sr. Rogers aceita a história de Lindsey — incluindo o pedacinho em que relata que Bobby não é um hamster traficante —, e logo a babá, os meninos e o bichinho de estimação passam pela alfândega e pela imigração e entram no carro que estava esperando.

Quando Orianne os vê sem a presença do pai, fica uma fera, com toda razão.

— Você deixou os meninos te verem desse jeito? — Mais tarde ela explode pelo telefone.

No carro vindo do aeroporto, os meninos, ainda desconcertados, têm muitas perguntas, obviamente, que podem ser resumidas assim:

— Por que o papai estava chorando e por que ele não está aqui?

Enquanto isso, de volta à ilha da Fantasia, o único jeito de me deixarem sair é em uma ambulância-avião ou helicóptero. Assim, sou transportado diretamente para Nova York em uma ambulância aérea. O transporte me deixa, a pedido do Dr. Dutta, bem na porta do Hospital Presbiteriano de Nova York, na Rua 68.

Aqui estou, sob exame microscópico, há algumas semanas. E aqui eu conheço pessoalmente o Dr. Dutta. É um homem adorável, um dos vinte maiores médicos dos Estados Unidos. Me encontro com ele para fazer uma revisão completa de 15 mil quilômetros. Ele me fala, sem rodeios:

— Phil, não há nenhuma dúvida. Você vai morrer se não tratar isso.

Começo a ver um terapeuta, o Dr. Laurie Stevens, e um especialista em dependência química, o Dr. Herbert Kleber — ambos especialistas em suas áreas. Gosto deles e confio neles. Talvez possam me ajudar, finalmente, a começar a gostar de mim mesmo e a voltar a ter autoconfiança.

É janeiro de 2013. Um novo ano e, espero, um novo eu.

Estou tomando uma medicação pesada, parte de um processo de desintoxicação com controle médico. Preciso que me façam compreender como estou perto da morte.

Depois de ter alta do novo Hospital Presbiteriano de Nova York, continuo a ver o Dr. Kleber regularmente.

— Eu posso te dar uma coisa, Phil, mas ainda não chegou a hora. Você quer parar de beber?

— Bem, sim. Agora eu quero mesmo.

Ele explica como funciona o Antabuse — uma droga prescrita para gente com alcoolismo crônico: ela bloqueia uma enzima que ajuda a metabolizar o álcool, o que significa efeitos colaterais muito desagradáveis se você beber enquanto a estiver usando. Basicamente, quando toma uma bebida, você tem uma brutal e imediata dor de cabeça e muita náusea. Vou ter que apresentar resultados de exames de sangue e, se não houver álcool em meu sangue, o Dr. Kleber pode me receitar o Antabuse — mas tenho que contratar uma enfermeira para administrá-lo.

— Vamos lá. Pode confiar em mim — afirmo.

— Eu confio em você — ele responde, possivelmente mentindo. — Não confio na doença.

Mas eu sou teimoso:

— Não posso. Meu estilo de vida não comporta ter uma enfermeira às 8h todas as manhãs para me administrar a pílula. Eu preciso ser capaz de tomar o Antabuse sozinho.

Firmamos um compromisso: apesar dos meus protestos contra ser tratado como bebê, Dana me dá a pílula todos os dias durante mais ou menos um mês.

No final, perto do *The End*, o Dr. Dutta salva minha vida. Ele me faz perceber como de fato, na verdade, realmente estou perto de morrer. Meu pâncreas não só está com escoriações; está mostrando sinais de danos irreparáveis.

Essa é, finalmente, razão suficiente para mim. Quero ver meus filhos crescerem, se casarem, terem seus próprios filhos. Eu quero viver.

Houve momentos de grande clareza ao longo desse período podre — a turnê Genesis *Turn It on Again*, meu álbum *Going Back* e os shows. Mas não foram suficientes.

Depois de toda a escuridão, tenho de agradecer a meus filhos, a todos eles: Joely, Simon, Lily, Nicholas e Mathew me deram total apoio durante esse horrível período da minha vida — da vida de todos nós. Por me dizerem constantemente: "Que bom, pai", quando talvez estivessem chorando por dentro. Também a Orianne, Dana, Lindsey, Danny, Pud, minha irmã Carole, meu irmão Clive e Tony Smith por ajudarem este filho da puta teimoso a permanecer vivo. Aos médicos e enfermeiras da Suíça, da América e da Grã-Bretanha, que levei ao limite da paciência — agradeço a todos vocês.

Enquanto conto essa história, tudo parece absolutamente pavoroso. Demorei 55 anos para me tornar alcoólatra. Passei pelos inebriantes anos 1960, pelos psicodélicos anos 1970, pelos imperiais anos 1980, pelos emotivos anos 1990. Estava aposentado, acomodado e, então, despenquei.

É que, de repente, passei a ter muito tempo. O enorme buraco, o vazio causado pelo afastamento de meus filhos, que foram tirados de mim novamente, eu tive que preencher de alguma forma. E preenchi com bebida. E a bebida quase me matou. Eu tive sorte.

22
Ainda estou vivo

Ou: me recompondo. Cinco na banda. Quatro na família.
A vida de um homem (senão a de um corpo).

Estamos na manhã seguinte àquela ressaca. Meu fim de semana perdido se transformou em alguns anos perdidos, e quase me fez perder a vida. Agora preciso me empenhar em algumas reflexões sóbrias, e me pergunto: como foi que eu terminei assim, sozinho, me afogando no fundo de uma garrafa?

Na passagem de 2013 para 2014, tenho oportunidade de ponderar bastante sobre isso. Tony Smith entra em contato comigo, Tony Banks, Mike Rutherford, Peter Gabriel e Steve Hackett. A BBC quer produzir um documentário sobre a história do Genesis e toda a música que criamos. Ficamos unanimemente gratos. Por mais que alguns filmes sobre a banda tenham sido feitos, estamos falando da BBC, e essa empresa inspira aceitação e autoridade, um selo de qualidade que ressoa mundo afora.

Será uma bela oportunidade de olhar para trás, para todas as nossas conquistas, como grupo e em carreira solo, de nos reconectarmos um com o outro — e de cada um se reconectar consigo mesmo. Como acabei de bater de frente com minha mortalidade, talvez isso seja mais significativo para mim do que para os outros caras, então sugiro ao diretor, John Edginton, que tentemos algo inédito. Por que ele não faz uma entrevista com todos nós, os cinco juntos, em uma sala?

Talvez essa ideia tenha acendido emoções semelhantes em Tony, Mike, Peter e Steve, porque é logo aceita e rapidamente colocada em ação.

Em março de 2014, estamos nós cinco sentados em uma ampla sala branca de estúdio fotográfico em Notting Hill, a oeste de Londres. É a primeira vez que estamos juntos desde nosso malvisto encontro em Glasgow em 2005, e a primeira vez que somos filmados conversando. Já se passaram mais de quarenta anos desde que Steve e eu nos tornamos colegas recém-ingressos na banda, e 35 anos desde a saída de Peter, então temos bastante papo para colocar em dia. Dito isso, é assustador perceber que ainda nos reduzimos aos mesmos papéis — Steve ainda é o obscuro, eu ainda sou o engraçado etc.

Sem decisões a serem tomadas, sem obrigações pendentes, o clima no estúdio é descontraído e jovial. Cada um de nós aproveita a oportunidade para dizer o que quer. A certa altura, Peter diz: "Quando nós acertávamos a mão, conseguíamos fazer coisas que nenhum de nós era capaz de fazer sozinho."

Digo a Peter uma coisa que, sinceramente, nunca tinha tido a oportunidade de comunicar diretamente: "Muita gente sempre achou que eu tentei te empurrar para fora porque queria ser o vocalista. Eu quero que você saiba que não foi nada disso."

Não acho que Peter jamais tenha pensado que eu tinha tramado com alguma alegria maquiavélica. Mas essa parece ser uma oportunidade de ouro, com câmeras gravando, para passar a limpo quarenta anos de especulações e fofocas sobre o fato de eu ter "tomado" o Genesis para mim. Surpreendentemente, essa confissão não resiste à edição final.

A franqueza é recíproca. Tony falou sobre meu sucesso em carreira solo em sua entrevista individual no documentário: "Foi ótimo para ele [Phil]. Ele era nosso amigo, então, nós queríamos que ele se saísse bem. Mas não queríamos que se saísse tão bem — pelo menos não a princípio", ele comenta, meio brincando. "Mas... o sucesso meio que nunca foi embora. Ele foi onipresente por cerca de 15 anos. Ninguém conseguia ficar longe dele. Um pesadelo", e dá de ombros, sorrindo. É relevante também dizer que ele mencionou que o Genesis era único porque nós fomos capazes de administrar a banda e nossas carreiras individuais, paralelamente, com facilidade, por tanto tempo. Daí o título do documentário: *Genesis: Together and Apart* [juntos e separados].

Durante uma pausa nas filmagens, no almoço, Tony Smith, Dana, Jo (esposa de Steve) e a banda foram engolindo as novidades da vida de cada um. Os filhos de todos cresceram, todo mundo fez muita coisa... Isso me faz lembrar como é ótimo ter esse tipo de amizade.

Tem rolado há algum tempo um papo sobre um novo álbum de compilação, e seu conceito reflete a convivência vitalícia e o espírito "todos por um" desse encontro. Pela primeira vez a nata da produção da banda está reunida ao lado da nata da produção em carreira solo de seus cinco membros. Esse box com três CDs, 37 faixas, com quase quatro horas de duração e abrangendo todo o nosso trabalho, ganha uma organização cronológica e uma divisão robustamente democrática: três faixas para cada um de nós. Em geral, fico de fora da negociação quanto a quais faixas do Genesis vão comparecer — confio nos rapazes para essa tarefa —, mas, dos meus álbuns, escolho "In the Air Tonight" (seria grosseiro não o fazer), "Easy Lover" (em parte por não estar em nenhum de meus álbuns gravados em estúdio) e "Wake Up Call", do disco *Testify* (porque é a minha música favorita em um álbum negligenciado).

Quanto ao título e à roupagem desse box, a facilidade das decisões é surpreendente. Embora tenha havido alguns dribles, todos nós envelhecemos bem, e o processo não tem lá muitos caprichos de diva. Uma das sugestões de título é *The Big Tree and Its Splinters*, mas, no final, embarcamos na ideia de Peter: *R-Kive*, com a pronúncia, "Archive" — "Arquivo" —, meio que registrando nosso "hoje".

O *R-Kive* é lançado em setembro, e, logo antes da exibição pela BBC de *Together and Apart,* em 4 de outubro de 2014, nós cinco vamos à estreia do documentário no hotel Haymarket de Londres.

É uma noite agradável e despojada, na companhia de um monte de velhos amigos, inclusive Hugh Padgham, Richard MacPhail e muitos outros. De olho na tela, todos riem nos momentos certos e ninguém sai antes da hora nem fica irritadinho com nada.

Nesses dias me pego pensando em meu legado em outras áreas também. Já se passaram sessenta anos desde que assisti pela primeira vez ao filme de Davy Crockett da Disney, e quase duas décadas que Orianne me presenteou, pela primeira vez, com um artefato da Batalha do Álamo. Com isso, já acumulei uma boa coleção de relíquias e modelos militares relacionados àquele confronto. Por sugestão de uma editora do Texas, até mesmo assinei um livro sobre o assunto, *The Alamo and Beyond: A Collector's Journey*. De acordo com algumas contagens, a minha é a maior coleção particular do mundo, valendo algo em torno de 10 milhões de dólares.

Se o valor monetário não significa nada para mim, o valor histórico é altíssimo. Agora, depois de minha dança bebum com a morte, estou mais preocupado do que nunca com o que vai ser da minha coleção depois que eu me for.

Então, para evitar qualquer discussão inconveniente sobre quem vai ficar com meu mosqueteiro Crockett, e só para prevenir eventuais disputas entre meus irmãos pelas minhas queridas bolas de canhão mexicanas, decido doar minha coleção de 200 peças para um museu ou instituição adequada em San Antonio.

Depois de falar com amigos e especialistas do Texas, decido que a melhor decisão para essa coleção é que ela volte para casa: vou doar tudo para o próprio Álamo, localizado no centro de San Antonio, a maior atração turística do Estado da Estrela Solitária.

Fazemos o anúncio público em 26 de junho de 2014, no próprio Álamo, e em outubro volto lá para ver a coleção chegar da Suíça. Ela será preservada em um museu, o centro de uma reconstituição do complexo do Álamo avaliada em 100 milhões de dólares. Recebo também o título de cidadão honorário do Texas na Câmara de Representantes daquele estado. O garotinho de Hounslow que vive em mim anda não consegue acreditar nisso. Mas se você me pegar falando com o típico som nasalizado texano, fique à vontade para me dar um tapão no ouvido.

Enquanto isso, voltando ao mundo da minha ex-ocupação regular, toda essa atividade — sem falar nas demonstrações públicas de amistosidade entre mim e meus antigos companheiros de banda — deu o pontapé inicial em outra enxurrada de conversas sobre uma reunião do Genesis. Como sempre, não estou completamente seguro de que pensaram direito nisso — se nós cinco voltássemos à estrada depois de uma ausência de quarenta anos, seria necessário que fosse na fase do Peter da banda. Isso significaria tocar o material que fizemos quando nós cinco estávamos juntos, e, para ser curto e grosso, esse material tem um público restrito. Os espectadores ouviriam "Can-Utility and the Coastliners", "Fountain of Salmacis", mas não "I Can't Dance" nem "Invisible Touch".

Dito isso tudo, há um problema mais prático e tenso: ainda não estou preparado para a tarefa de ser baterista. Mais ainda: ainda nem estou pronto para pensar em me apresentar.

Sei disso porque, em setembro de 2014, um pouco antes do lançamento do *R-Kive*, a pedido gentil, mas insistente, de Tony Smith, reúno em Miami uma penca de bons músicos. Já vou estar lá de todo modo, visitando os meninos, então, não reconheço nisso nada como um projeto ou um compromisso. Se é um ensaio, é mais um debate amigável. E, mais ainda, um paliativo para Nic e Matt, que estão sedentos para ver o velho deles sair tocando em alguns shows. Então, concordo com uma brincadeira relaxada, com ensaios em estúdio, ao longo de três semanas, tocando o material antigo.

Para contribuir com um pouco de energia relativamente jovial, convido Jason Bonham para tocar bateria, e nós nos instalamos para estudar o modo como vamos tocar algumas músicas. Inicialmente, tudo soa bem, com Jason mandando ver de verdade em números pesados, mas logo me vejo, odeio admitir, distraído. Penso: "Preciso mesmo cantar 'Against All Odds' de novo? Agora?"

Relato, com vergonha, que começo a agir como um molecote de 63 anos. Saio mais cedo dos ensaios, e no dia seguinte dou um jeito de mostrar um atestado, e depois mato a sessão inteira. Deixo o tecladista Brad Cole cuidando da banda, e eles tocam sem mim. Não poderia estar mais desinteressado.

Infelizmente, essa inconsistência aciona alarmes do mundo inteiro. Tony fica sabendo em Londres. Dana é informada em Nova York. Compreensivelmente, eles temem o pior. Antes mesmo de eu saber, Dana está invadindo meu quarto de hotel em Miami e cobrando algumas respostas. Por que estou faltando aos ensaios? Estou bebendo novamente?

Tranquilizo:

— Não. Sinceramente. Não estou bebendo.

Mas também fico furioso. Alertada por Tony, ela tirou um dia de folga, embarcou em um avião em Nova York, arrumou, de alguma forma, uma chave para entrar em meu quarto e o invadiu, pronta para o confronto e para uma intervenção. Claro que ela está fazendo tudo com as melhores intenções, e claro que passou por um pesadelo comigo nos últimos anos. Mas não gosto nada de ser tratado feito criança.

Nosso relacionamento se tornou um tanto turbulento a esta altura. Tenho passado mais e mais tempo em Miami com os meninos; do mesmo modo, acredito que ela tenha a sensação corrosiva de que Orianne e eu estejamos nos aproximando novamente. Isso certamente não ajuda em nada.

Ambos estamos aborrecidos, e o aborrecimento leva à sinceridade. A expectativa de Dana era já estar casada, enquanto eu não tenho intenção de subir ao altar uma quarta vez. Falamos o que precisava ser dito. O choro é consequência. Ela passa a noite no meu quarto de hotel, a um braço de distância, e quando acordo de manhã, já se foi. Depois de oito anos, nosso relacionamento acabou.

Se meu comportamento, pessoal e profissionalmente, está mostrando todos os sintomas de semidesapego, talvez seja pelo fato de outros apegos estarem me deixando desaprumado, mas de modo positivo. Os medos de Dana não são infundados. Orianne e eu estamos nos reaproximando.

Desde que ela e os meninos se mudaram para Miami, em julho de 2012, pego um avião e vou para lá de 15 em 15 dias, me acomodando regularmente no Ritz Carlton de South Beach. Claro que um pouco desse contato inicial talvez tenha sido enevoado por alguma bebedeira. Mas, certamente, desde que estou sóbrio, as conexões e a intimidade têm progredido constantemente. Ao mesmo tempo, o casamento de Orianne está caminhando para o fim. Frequentemente falamos um ao outro que não devíamos ter nos divorciado, que estamos com saudade, que sentimos falta de ser uma família.

No fim de dezembro de 2014, Orianne vai à Suíça para se submeter a uma operação na coluna, tratando sua radiculopatia. Infelizmente, ela sofre um espasmo durante a intervenção, e o resultado é que o seu lado direito fica totalmente paralisado. Ela não vai poder sair da cama, muito menos da Suíça, tão cedo. Quando ela me liga para contar, acho que é uma brincadeira.

Depois de passar o Ano-Novo com os meninos em Nova York, conforme planejamos, eu os levo de volta para Miami. Após muitas conversas com o marido dela, concordamos que devo ir visitá-la antes disso. Quando chego à Suíça, sou recebido com a visão de minha ex-mulher presa a uma cadeira de rodas, uma fantasmagórica sombra do que ela já foi. Ambos ficamos arrasados.

Passo uma semana lá, antes de voltar para ser mãe e pai dos meninos. Orianne fica amarrada na Suíça, se reabilitando, até o começo de março de 2015, quando finalmente volta para casa. Tanto ela quanto as crianças, para nem falar de mim, ficam aliviados e felizes.

Mas, de modo geral, o momento é de cura. Ao longo dos últimos poucos meses, temos sido sinceros um com o outro, e expressado nossos verdadeiros pensamentos e sentimentos. Tomamos uma decisão: Orianne e eu vamos nos reconciliar, para não dizer que anularemos nosso divórcio. Quando contamos a Nicholas e Mathew, ele ficam em êxtase. Matt faz uma fantástica revelação:

— Sabem, eu desejei isso no meu aniversário de 10 anos.

Só de pensar que as crianças estavam torcendo por isso já me emociona.

Juntos, começamos a procurar casas em Miami. Meus critérios são: um lugar em que Matt possa ter um campinho de futebol e Nic possa ter um pequeno estúdio, um lugar em que ele possa ensaiar com sua banda e refinar suas habilidades de baterista.

Encontramos a casa perfeita, e acaba que tinha pertencido a Jennifer Lopez (embora eu só descubra isso mais tarde, quando Joely me conta). Em junho de 2015 assino os documentos e fixamos residência em Miami Beach. Agora somos quatro. De novo! Na verdade, agora somos cinco: Orianne tem um filho, Andrea, nascido em 2011, de seu segundo casamento, e ele fica conosco grande parte do tempo. Complicado? Com meu passado, nada é complicado demais.

Só no começo de 2016 é que as notícias de que me reconciliei com minha terceira esposa vazam. Choque, espanto e mais que um pouco de malícia nos recantos eufóricos da imprensa internacional.

Enfim, voltei para minha ex-mulher e meus meninos, e nossa caravana está muito feliz.

O clã Collins é divertido. Sei que parece uma família fraturada e dispersa, comandada — no sentido mais solto do termo — por Phil, aquele das três esposas. Mas, a despeito de tudo, *por causa de tudo*, nós rimos disso. O amor encontra seu caminho.

Carrego muita culpa por cada um dos meus filhos. Carrego culpa por tudo, para ser franco. Por todas as vezes em que estive fora, todos os momentos que perdi, todos os períodos em que uma turnê ou um álbum atravessaram o caminho de uma vida familiar feliz, ou se chocaram com essa vida familiar. A música me construiu, mas também me destruiu.

Isso não vai se repetir. Agora que voltei a ser o pai de Nic e Matt, agradeço toda vez que estou disponível para uma partida de futebol ou um ensaio de banda de escola ou um deverzinho de casa.

Mas a felicidade gera mais culpa. Quanto mais fico feliz com Nic e Matt, mais culpado me sinto por não ter sido mais próximo dos mais velhos. Eu não estava próximo para ter essas mesmas conversas, nem para aproveitar a tranquilidade doméstica com Joely, Simon e Lily.

Somos um projeto em execução — me diga que família não é —, mas acho que estamos bem mesmo, levando em conta tudo que passamos. Joely começou a atuar, ganhou muitos prêmios e agora é uma produtora de TV e de vídeos na internet. Mora em Vancouver com seu marido holandês, Stefan, e os dois têm uma filhinha linda, Zoe. Nascida em 26 de outubro de 2009, ela fez de mim um vovô na jovem idade madura dos 58 anos. Eles são maravilhosamente felizes; um exemplo.

Todo o meu respeito a Simon: ele se complicou tentando seguir a linha de trabalho do pai. Teve algumas dificuldades, pessoais e profissionais, mas deu seu jeito. É um baterista fantástico e, como cantor, encontrou sua voz. Ganhou bastante prestígio no mundo do rock progressivo, e se saiu brilhantemente bem construindo uma base de fãs e encontrando um público. O fato de conseguir gravar discos — e de gravá-los conforme seus próprios valores — na indústria musical de hoje já é uma grande conquista. Ele é um músico de personalidade forte que sabe o que quer. E Deus sabe de quem ele herdou isso...

Simon e eu finalmente conseguimos tocar bateria juntos em 2008, em seu álbum *U Catastrophe*. Ele compôs uma faixa para nós dois tocarmos ao mesmo tempo, "The Big Bang", e eu peguei um voo para Las Vegas, onde ele estava gravando. É uma composição incrivelmente rápida, ligeiramente baseada nos duetos de bateria do Genesis, e o menino me deixou de boca aberta. Quase não dei conta. É uma faixa emocionante, e acho que essa colaboração com meu filho mais velho talvez tenha sido, sem que eu soubesse, meu último brinde como baterista. E isso parece adequado.

Lily é outro presente para seus pais. Foi modelo quando adolescente e depois conquistou uma carreira avassaladora como atriz. Enquanto escrevo, ela está filmando como protagonista em uma nova série dramática, baseada no romance *O último magnata*, de F. Scott Fitzgerald, para a Amazon, intitulada de acordo com o livro original, *The Last Tycoon*. Ela esteve no elenco de alguns filmes peso-pesado de Hollywood, entre eles *Um sonho possível* (com Sandra Bullock) e *Espelho, espelho meu* (com Julia Roberts), em que interpreta Branca de Neve; recentemente contracenou com Warren Beatty em *Regras não se aplicam*. Socialmente responsável e engajada, e uma grande oradora, também está envolvida com um projeto antibullying em Los Angeles.

Meu irmão Clive ainda desenha profissionalmente, e recebeu uma porção de honrarias internacionais. Recebeu até a Ordem do Império Britânico, em 2011. Fico delirantemente feliz por ele.

Minha irmã Carole, sorridente como sempre, vive feliz com Bob há 42 anos. Depois de sua longa trajetória como patinadora de gelo profissional, deu continuidade ao trabalho de nossa mãe como agente teatral. Ela interpretou uma vizinha enxerida em *Buster*, papel em que se saiu muitíssimo bem (graças a seu talento como atriz, melhor dizer logo).

Infelizmente, minha querida mãe não pôde estar conosco esta noite. Depois de sofrer seu primeiro AVC em abril de 2009, ela foi decaindo antes de falecer em 6 de novembro de 2011, apenas dois anos antes de seu centenário.

Pude passar um tempinho com ela antes do fim. Eu saía da Suíça para visitá-la em Ealing, na casa de Barbara Speake. Me sentava na cama e acariciava sua cabeça até que ela cochilasse, pensando: "Seria tão bom poder ter feito isso com meu pai..."

O único ponto positivo é que a situação de mamãe aproximou bastante a mim, a Carole e a Clive novamente. Pela distância geográfica entre nós, nos acostumamos a não nos falar por grandes períodos. Com a doença da nossa mãe, nos falávamos o tempo todo, e sempre a visitávamos no hospital.

Minha mãe apreciava minha carreira, e sabia que havia feito a coisa certa ao me ajudar e encorajar. Mas ainda lido mal com o fato de o meu pai ter morrido sem ver meu sucesso. O que será que ele pensa disso tudo, onde quer que esteja? Espero que tenha me perdoado por ter recusado o emprego no escritório da London Assurance. Eu gostaria de saber que ele tem orgulho de mim.

Tive sorte, disso não duvido. Minha carreira foi extensa, e no frigir dos ovos, acho que a música fez bem. Por um lado, certos momentos do meu catálogo anterior são datados. Se um programa de TV ou um filme quer usar um recurso sonoro, um atalho, para evocar o alto dos anos 1980, "In the Air Tonight" é tiro certo. Por outro lado, é fantástico ouvir artistas mais jovens dizendo que são meus fãs. Minha taxa de aprovação na comunidade hip-hop é particularmente alta. É uma grande emoção receber versões cover de Lil' Kim, Brandy e Bone Thugs-N-Harmony. Kanye West já falou que fui uma inspiração para ele, e saiu um álbum inteiro, o *Urban Renewal* (2001), de versões de minhas músicas em hip-hop e R&B. Isso me deixa feliz de verdade.

E parece que nos últimos tempos esse movimento tem crescido. Pharrell Williams foi chamado para remixar *Face Value*.

— Mas por que vocês querem fazer isso? Acho legal do jeito que é — foi sua resposta.

Lorde é uma grande fã do meu trabalho, assim como Ryan Tedder, extraordinário compositor e líder do OneRepublic. E até, imaginem, Adele.

O colapso de meus anos de bebedeira foi tão intenso que não dei conta de acompanhar a ascensão dessa moça. Na verdade, nem mesmo tinha ouvido falar dela. Mas quando Adele entrou em contato comigo, em 2013, com o projeto de compormos juntos para seu terceiro álbum, fiquei felicíssimo em conhecê-la. Fiz minhas pesquisas e fiquei totalmente impressionado. Ela tem um enorme talento, um dos mais importantes desta era.

Em novembro daquele ano, durante uma visita a Londres, ela vai ao meu encontro no Dorchester Hotel. Ela liga da recepção, eu informo meu quarto e ela chega, acompanhada de um segurança. Assim que o rapaz se certifica de que ela está segura comigo, a cantora pede que ele a espere no térreo.

E lá estamos, somente Adele e eu. Ela é exatamente como você espera que seja: uma amável menina do norte de Londres — e que adora um palavrãozinho —, com sua personalidade humilde inteiramente intocada, mesmo sendo a artista mais proeminente do momento, a inexorável salvadora da indústria musical.

Preparo um chá para ela e tento esconder meu arrepio de nervoso. Sinto que estou em uma audição; a insegurança bateu forte. Até onde sei, Adele deve estar pensando: "Diabos, esse caralho do Phil Collins é mais velho do que eu imaginava, caralho!" Para algumas pessoas, minha imagem está presa em algum clipe de música pop de algum ano específico. Vamos torcer para ela não pensar no Phil Collins de "You Can't Hurry Love", de 1982.

Ela puxa um pen-drive, pluga no meu laptop e toca uma música, ressoando uma vibe meio que do Fleetwood Mac. É maravilhosa. E longa. Não estou certo de como responder a isso, nem do que ela quer de mim, então digo:

— Eu precisaria ouvir novamente.

— Vou mandar pra você, e aí você finaliza.

Aprendo a canção em meu piano em Nova York, depois adiciono algumas partes em meu pequeno estúdio ali próximo, em Manhattan.

Depois de um tempo, envio um e-mail de volta: "Você está me esperando ou eu que estou te esperando?"

"Ah, não!", começa a resposta de desculpas de Adele, "estou mudando de casa, trocando de e-mail, cuidando do bebê etc."

Leio mais tarde que o processo de composição e de gravação do álbum 25, que se tornaria um supersucesso de vendas, foi muito precoce; que ela não estava pronta; que ela ainda me acha o máximo. Muito legal. Foi um belo e breve interlúdio e, com certeza, muito bom para minha autoestima.

Infelizmente, antes que eu possa começar a me gabar pela cidade, me dizendo o mais novo melhor amigo de Adele, outros problemas médicos entram em cena.

Em outubro de 2015, acordo em Miami com uma dor horripilante do lado direito, e vou mancando para uma consulta com o simpaticíssimo, para não dizer lendário, Dr. Barth Green. Podemos chamá-lo de Adele do mundo da cirurgia espinhal.

Sua abalizada opinião é a de que minhas costas — para não ser muito específico — "estão bem ferradas". Mas não é o caso de me preocupar, porque o Dr. Green tem a tecnologia que pode me reconstruir. Ele me carrega para dentro de uma sala de cirurgia, instala oito parafusos na minha espinha e me assegura de que agora tudo deve ficar bem.

Volto coxeando para casa para me recuperar. Nisso, prontamente tomo um tombo no quarto e fraturo o pé direito. De volta ao hospital, de volta para a sala de cirurgia. Durante a fisioterapia, sofro outra queda e fraturo novamente o pé. "Interessantemente", no decorrer desses traumas no pé, descubro que a "distensão" que me acometeu depois de um pouso forçado no final da música "Domino", na turnê de 1986 do Genesis pela Austrália, na verdade lascou um pedaço de osso. Também "interessantemente", descubro que talvez todas aquelas injeções de cortisona para relaxar as cordas vocais confluíram para deixar meus ossos quebradiços. Eu até riria disso tudo, se não estivesse sentindo tanta dor.

Levando em consideração todas essas ocorrências, parece que estou desmoronando aos poucos. Estou pagando o preço por todos aqueles anos tocando bateria? Tendo iniciado os trabalhos com 5 anos de idade, completo, enquanto escrevo, sessenta anos dessa atividade.

Saindo do hospital e me recuperando, finalmente sou forçado a escolher um lado. Infelizmente, é a escolha do lado em que vou andar sem apoio. Começo a usar uma bengala.

Ironicamente, esse período coincide com a demanda para que eu esteja mais apresentável para a mídia internacional. Tenho de iniciar um longo caminho para a divulgação das reedições, em 2016, de meus álbuns em carreira solo. A campanha, que vai durar um ano inteiro, é anunciada com o título "Take a Look at Me Now", justamente em um momento em que eu provavelmente preferiria que as pessoas não reparassem em mim, esse velho manco semi-inválido.

Ainda assim, meu ânimo está positivo nesses encontros midiáticos. Pela primeira vez, aparentemente desde sempre, as entrevistas e as reportagens resultantes delas são ornadas com elogios. É tudo meio eufórico. Então, graças ao meu entusiasmo ou ao entusiasmo do repórter, ou a uma combinação de ambos, uma dessas matérias emplaca na *Rolling Stone*. "Phil Collins Plotting Comeback" [Phil Collins planeja retorno], diz a manchete. "Não estou mais aposentado."

Ou seja: apareço na revista falando em detalhes. "Me envolvi muito nessas reedições... e fico facilmente lisonjeado. Se as pessoas redescobrem as coisas antigas e demonstram interesse, seria bobo não fazer mais músicas..." E então: "Acho que não quero uma turnê muito extensa. Mas gostaria de tocar em estádios na Austrália e no Extremo Oriente, e só dá para fazer isso em turnês maiores. Mas ainda tem uma parte de mim que só quer tocar em casas de espetáculos, então vamos ver."

Eu disse mesmo isso tudo? Devem ter sido, provavelmente, os remédios falando mais alto, embora sejam ideias até interessantes. O dono dessas palavras é um camarada manco, que mal consegue andar, muito menos balançar o corpo com o rock'n'roll. Rumores da minha volta podem ter sido exagerados, em especial os rumores iniciados por mim.

Em casa, no Reino Unido, até o programa de atualidades *Today*, da BBC Radio 4, muito sério, considera meu anunciado retorno da aposentadoria uma pauta digna de virar notícia no horário do café da manhã. Uma nação inteira engasga com seus flocos de milho, e logo desenterra seus apetrechos de festa dos anos 1980/1990.

Agradecimentos

Este livro, embora intitulado "uma autobiografia", não teria sido realizado sem a ajuda de muitas pessoas.

Primeiramente, preciso agradecer a Craig McLean, que me ouviu falando sem parar por meses, depois teve de transcrever minhas divagações com alguma coerência, apresentá-las para mim e então recuar, enquanto seu belo trabalho era dizimado por ninguém menos que eu. Obrigado para sempre, irmão.

Também ao meu editor, Trevor Dolby, que, bem quando eu achava que já tinha um material bom o suficiente, chegava com algo melhor ainda. Obrigado, *sir*.

Obrigado a você também, Lizzy Gaisford, do escritório de Trevor, que segurou as pontas e cuidou de assuntos que ninguém queria resolver. Agradeço também à Penguin Random House do Reino Unido, especialmente a Susan Sandon, Jason Smith, Charlotte Bush e Celeste Wardb-Best.

Obrigado a Kevin Doughten, meu editor nos Estados Unidos, que supervisionou tudo internacionalmente. E a toda a equipe da Penguin Random House do país, especialmente a David Drake, Molly Stern, Tricia Boczkowski, Christopher Brand e Jesse Aylen. E ao amável Lorenzo Agius, que tirou a foto de capa.

A vida é vazia sem as pessoas que a preenchem, então agradeço, do fundo do coração, aos meus filhos. Joely, Simon, Lily, Nicholas e Mathew, aprendi com todos vocês. Posso ser o pai, mas todos vocês me ensinaram algo.

Às minhas parceiras na vida. Andy, Jill, Orianne e Dana. Obrigado por me aguentarem. Vocês sempre terão um lugar em meu coração.

A todos os músicos que colocam suas carreiras em risco ao trabalharem comigo, toneladas de amor e gratidão.

Caro Tony Smith, obrigado por sua sensatez, seu amor e sua orientação.

Obrigado também a Jo Greenwood, do TSPM, que me atura há tanto tempo.

Danny Gillen e Steve Jones, além de pau para toda obra, vocês são grandes amigos.

E a todos os fãs que me acompanharam nos bons e maus momentos.

Amo vocês.

PC

Este livro foi composto na tipografia
ITC Stone Serif Std, em corpo 10,5/15, e impresso em
papel off-white no Sistema Digital Instant Duplex
da Divisão Gráfica da Distribuidora Record.